現代
コミュニティ
心理学

理論と展開

植村勝彦 ── [著]

東京大学出版会

Modern Community Psychology:
Theory and Deployment
Katsuhiko UEMURA
University of Tokyo Press, 2012
ISBN 978-4-13-012107-1

まえがき

　21世紀の科学は，専門家中心のものから，専門家もその一員として参加する市民に開かれたものになるべきである．2011年3月11日の東日本大震災とそれに続く原子力発電事故がもたらした，現在および将来に及ぶ人々の生活への影響に思いを馳せるとき，天災・人災両面からのあの悲劇と不幸から学ぶべき，せめてもの教訓である．学問に市民が参加することは，決して素人学問の誕生と同義ではない．自然科学であれ人文・社会科学であれ，扱われる問題や，解決や低減の方策について，その社会性が高ければ高いほど，当事者としての市民をも加えた科学でなければ，独善に陥る危険性を孕むということである．
　社会科学の一翼を担う心理学においても然りで，そのさらに一分科であるコミュニティ心理学も例外ではない．ただ，幸いというべきか，コミュニティ心理学は，その学問としての性格や理念として，社会の動向に早くから対応してきており，上に述べた特殊・専門性から一般・公共性への指向のみならず，単焦点から多焦点へ，トップダウンからボトムアップへ，一様性から多様性の尊重へ，といった視点の転換をいち早く取り込んだ，市民生活に最も近いところに位置する心理学である．
　このコミュニティ心理学に期待がかけられる理由は，現代という時代が，これまで以上に人と社会に関わる多種多様な問題を抱え，その解決を迫られており，そして一方，コミュニティ心理学は従来の心理学の枠を超えた新しい発想と切り込み方でそれに挑戦し，人々のコミュニティでの生活の質の向上を目指して，少しでも社会を変革していこうという姿勢を強くもっているからにほかならない．
　では，コミュニティ心理学とはどういう心理学であろうか．ある研究者は，その解答を説明するために30分が与えられるならば，生態学的視座に関連する主要な概念のいくつかを選べばよいが，短時間に限られているならば，Kult Lewinの公式，$B = f(P, E)$が意味するものを試みることによって，4文字で，かなりの質問に答えることができるだろう，と述べている（Scileppi *et al.*,

2000).すなわち,人の行動(B)は,その人(P)の側の要因と,その人を取り巻いている環境(E)の側の要因の関数である,というものである.このごく当然に思える考え方が,人の行動を研究する心理学においてこれまで適切に適用されておらず,行動の原因を追究するに際して,人の側の要因の研究に偏り(例えば,パーソナリティ・知能・欲求・動機・態度・価値観などと,行動との関係を扱う),かつ,環境の要因には,物理的・社会的・文化的・歴史的・人的なものなどが人の行動に影響を及ぼしているにもかかわらず,実験室を典型とする,せいぜい人工的環境との関係を扱う程度に偏ってきた実態がある.これを,Lewin の公式にいう本来の姿で扱おうとするのがコミュニティ心理学である.つまり,生態学的視座とは,実験場面のような人工的な環境ではなく,自然な環境下における人の行動を捉えることを重視する見方であり,コミュニティ心理学とは,人が場面(環境)と相互作用する中で,人と環境の適合を図るためのありようを明らかにすることを通して,人のウェルビーイングを探求する心理学である.そして,その際,人の側の要因よりも,それ以上に環境の側の要因に介入することによって,適合を生み出そうとするアプローチをとる.

ここで,コミュニティ心理学にいう「コミュニティ」とは,もともとの意味の地域社会に留まらず,学校や職場,病院,さらには,インターネット上の仮想空間をも含んだ概念として考えられており,そういう多様なコミュニティで生じている心理社会的問題に,人と環境の適合の視点からアプローチしようとする.例えば,学校コミュニティにおける不登校問題でいえば,これを当該児とクラス環境との不適合と捉え,主にクラス環境(担任・生徒),時には学校システムへの介入によって改善を図ろうとするものである.

本書は,こうした特徴をもつコミュニティ心理学を,いくつかの枠組みに即して紹介することを目的としている.

その枠組みの第1は,あえて対象者を,子ども,高齢者,障害者,市民の四つに分けて,これを各部として設定し,そのそれぞれに,さらに今日のコミュニティ心理学の主要な理念やテーマを配属させるかたちで,章立てを行ったことである.理念やテーマは,本来,コミュニティ心理学全体に共通するものであり,特定の対象に限定されるものでないことはいうまでもないことであるが,対象を特定化することでテーマの焦点が絞りやすくなり,理解をより深めるこ

とができると考えたことによる．これは著者の実際の講義体験から得たものである．

第2は，理念やテーマに基づいて設定した各章の構成を，理論篇と展開篇に分け，理論篇では，領域や対象者を念頭に置きながらもできる限り一般論として記述することを心がけ，一方，展開篇では，特定の対象者について扱った研究，しかも，日本の研究を紹介することとした．

第3は，序章と終章を置いたことである．序章で，先ずコミュニティ心理学とはどういう学問かを紹介することとし，それに即して展開される4部全12章からなる個別の内容を提示した後に，改めて，終章としてそれらを点検・整理することで，復習と確認の作業を行おうとするものである．

第4は，各部のはじめに，その部の領域が扱う対象者に関する今日的社会問題の一端を，「オープニング・クイズ」の形で問うことで理解の広がりを導こうとし，一方，各部の最後に，同じく「クロージング・エクササイズ」を置くことで理解の深まりを導こうとしたことである．クロージング・エクササイズは，大学生を想定したものとなっているが，これも，実際の講義体験に基づくものである．

それ以外には，各章の中で，章の内容の理解にとって重要な用語を，その概念の定義とともに原語を提示しながら太字で示したことである．

以上，こうした枠組みのもとで現代のコミュニティ心理学の大要を論述するものであるが，読者が，コミュニティにおける生活の質を高めるために，コミュニティ心理学の考え方やアプローチの仕方を理解し，賛同し，用いることを選択して下さるなら，著者としてこれに勝る喜びはない．そして，それに加えて，一人の市民として，ささやかながらも，日本の多様なコミュニティの変革を求める研究や実践に，さらには，機会が与えられれば政策決定の場に，参加していただけることを期待してやまない．

目　次

まえがき　i

序章　コミュニティ心理学とは何か…………………………………………1

【理論篇】
1節　コミュニティ心理学の簡単な歴史的背景　3
2節　コミュニティ心理学の定義　6
3節　コミュニティ心理学の理念　10

【展開篇】
4節　アメリカのコミュニティ心理学の社会文化的背景　17
5節　アメリカのコミュニティ心理学研究のトピックス　19
6節　日本のコミュニティ心理学　22

第I部：子どもとコミュニティ心理学

オープニング・クイズ　28

1章　子どもと生育環境：人と環境の適合………………………………29

【理論篇】
1節　人と環境の適合　30
2節　社会的文脈の中の存在としての人間　33
3節　人と環境の適合をめぐる諸理論：生態学的視座　35

【展開篇】
4節　乳幼児施設の環境改善と子どもの発達　44
5節　高層集合住宅と幼児の自立の遅れ　46
6節　乳幼児期の育児環境としてのメディア接触　48

2章　地域における子育て支援：ソーシャルサポート………………51

【理論篇】
1節　ソーシャルサポート研究の概観　53

2節　ソーシャルサポート・ネットワーク　57
　3節　ソーシャルサポート介入　61
【展開篇】
　4節　保健センター・保育所・療育施設の連携：
　　　　ソーシャルサポート・ネットワーク　65
　5節　こんにちは赤ちゃん事業：ソーシャルサポート介入　67
　6節　子育て支援ボランティア養成プログラム　69

3章　教師との心理学の共有化：コンサルテーション……73

【理論篇】
　1節　コンサルテーションとは何か　75
　2節　コンサルテーションの特徴　78
　3節　コンサルテーションの最近の展開　82
【展開篇】
　4節　不登校の男子中学生へのコンサルテーション　83
　5節　コンサルテーションの失敗事例：留意点と進め方　86
　6節　学級のアセスメントを用いたコンサルテーション　89

クロージング・エクササイズ　92

第II部：高齢者とコミュニティ心理学

オープニング・クイズ　96

4章　幸福な老い：ウェルビーイング……97

【理論篇】
　1節　クオリティ・オブ・ライフ(QOL)とウェルビーイング　98
　2節　主観的ウェルビーイングの測定　102
　3節　個人のウェルビーイングを超えて　107
【展開篇】
　4節　高齢者の心理的ウェルビーイング測定尺度の開発　110
　5節　高齢者の生きがい感：尺度の作成とその背景要因　112
　6節　パートナーシップから見た高齢者のウェルビーイング　114

5章　高齢者のヘルスケア：予防 …………………………………… 117

【理論篇】
- 1節　予防の簡単な歴史　119
- 2節　予防の類型　120
- 3節　予防の方程式　125
- 4節　予防の倫理的問題　126

【展開篇】
- 5節　農山村地域における高齢者の自殺予防　128
- 6節　大都市近郊の大規模団地に住む高齢者のうつ・孤独死予防　131
- 7節　地域在住高齢者への介護予防：回想法の活用　133

6章　高齢者神話とエイジズム：ラベリング …………………………… 137

【理論篇】
- 1節　ラベリングとは何か　139
- 2節　コミュニティ心理学とラベリング理論　142
- 3節　ラベリングの適用　144

【展開篇】
- 4節　若者の老人差別意識　151
- 5節　男子青年のエイジズムに関連する要因　152
- 6節　高齢者の自己ラベリング　155

クロージング・エクササイズ　157

第III部：障害者とコミュニティ心理学

オープニング・クイズ　160

7章　障害者の自立：エンパワメント …………………………………… 161

【理論篇】
- 1節　エンパワメントの概念・定義　163
- 2節　エンパワメントの過程とレベル　165
- 3節　個人・組織・コミュニティのエンパワメント　166

4節　エンパワメントの測定　171
【展開篇】
　　5節　聞き取り調査を通して見る精神障害者のエンパワメント　173
　　6節　統合失調症患者のエンパワメント　175
　　7節　「べてるの家」におけるコミュニティ・エンパワメント　177

8章　地域社会の受け入れ：コミュニティ感覚　…………………………181
【理論篇】
　　1節　コミュニティ感覚とは何か　182
　　2節　コミュニティ感覚の問題点　188
　　3節　コミュニティ感覚と関連する諸概念　190
【展開篇】
　　4節　薬物乱用回復施設における居住者のコミュニティ感覚　194
　　5節　コミュニティ意識類型による住民の障害者観の比較　196
　　6節　コミュニティ意識類型による障害児をもつ家族の
　　　　　近隣・地域社会に対するストレスの比較　198

9章　当事者・家族の会：セルフヘルプ・グループ　………………………201
【理論篇】
　　1節　セルフヘルプ・グループとは何か　203
　　2節　セルフヘルプ・グループの有効性　207
　　3節　セルフヘルプ・グループとコミュニティ心理学　210
【展開篇】
　　4節　ヘルパー・セラピー効果出現のメカニズム　211
　　5節　インターネット上のセルフヘルプ・ネットワーク　214
　　6節　セルフヘルプ・グループと専門職の関係：
　　　　　コミュニティ心理学からの事例　216

　　クロージング・エクササイズ　219

第Ⅳ部：市民とコミュニティ心理学

 オープニング・クイズ　222

10章　ストレス社会に暮らす：
   ストレス・コーピングとマネジメント介入 ……………………223

 【理論篇】
  1節　コミュニティ心理学的ストレス理論：
    ドーレンベンドの心理社会的ストレス・モデル　224
  2節　コーピング　229
  3節　ストレスマネジメント介入　231
 【展開篇】
  4節　ヒューマンサービス職のバーンアウト　234
  5節　ワーク・ファミリー・コンフリクトと従業員支援プログラム　236
  6節　在宅障害高齢者の介護ストレスへの対処　238
  7節　災害被害者のストレスと心のケア　240

11章　多職種との連携：コラボレーション ……………………………243

 【理論篇】
  1節　コラボレーションとは何か　245
  2節　コラボレーションから得られるものと課題　248
  3節　コミュニティとのコラボレーション　252
 【展開篇】
  4節　学校臨床におけるコラボレーション　255
  5節　ひきこもりのセルフヘルプ・グループ代表者との
    コラボレーション　257
  6節　児童相談所におけるコラボレーション　259

12章　現代社会とコミュニティ：社会変革 ……………………………263

 【理論篇】
  1節　なぜ社会変革が求められるのか　264
  2節　社会変革とは何か　266

3節　計画的社会変革はどのようにして行われるか　268
　　4節　社会変革はなぜ失敗するのか　271
　【展開篇】
　　5節　多様な住民の存在　273
　　6節　縮小する財源　276
　　7節　説明責任　279
　　8節　知識や技術の急速な進歩　282
　　9節　コミュニティ・コンフリクト　285
　　10節　伝統的サービスへの不満　287
　　11節　解決法の多様性への要求　290

　クロージング・エクササイズ　295

終章　再び，コミュニティ心理学とは何か　……………………297

　【理論篇】
　　1節　コミュニティ中心主義　298
　　2節　コミュニティ心理学の援助モデル　302
　　3節　コミュニティ心理学者の役割と価値　307
　【展開篇】
　　4節　インターネット・コミュニティと地域社会　313
　　5節　コミュニティ心理学のこれから　315

文　献　321
オープニング・クイズ正解　347
あとがき　351
人名索引　353
事項索引　359

序 章

コミュニティ心理学とは何か

　児童・生徒の不登校やいじめ，怠学などの学校・教育問題，育児不安や児童虐待，夫婦間暴力などの家族・家庭問題，非行や援助交際，10代の妊娠などの青少年問題，引きこもりやニート，フリーターなどの青年のキャリア支援問題，高齢者や障害者などの在宅介護・福祉問題，ストレスやうつ，リストラなどの職場問題，精神障害者やHIV感染者などの社会復帰支援問題，犯罪や災害などの被害者支援問題，ホームレスや暴力，薬物乱用などの都市病理問題，ゴミや近隣騒音などの環境問題，過疎・過密，まちづくりなどの地域問題，留学生や外国人居住者との異文化共生問題など，今日のさまざまなコミュニティを巡る社会問題は枚挙にいとまがない．また最近では，無縁社会や孤独死の問題が大きくクローズアップされている．ただ，こうした緊急を要する社会問題は，いずれもその根は複雑で多岐にわたっており，単一の視点や方法では解決は難しく，多面的で長期的な介入を必要とするだろう．

　Orford(2008)は，16年ぶりに前著 *Community Psychology: Theory and Practice* (1992)を書き改めるに際して，その「まえがき」で，コミュニティ心理学が拡張し続け，変革を求め続け，そして，常に議論好きな存在であることをあげ，「コミュニティ心理学とは何か？」という問への自らの答えとして，大きくは四つの内容からなる合計17の命題を提示している．その四つとは，①コミュニティ心理学は人々を彼らの文脈の中に位置づける，②パワー，エンパワメント，およびディスエンパワメント(無力化，パワーの脆弱化：disempowerment)がコミュニティ心理学における中心的概念である，③コミュニティ心理学の実践は他者，一般的には周辺化(marginalize：社会の進歩や主流から取り残すこと)されたり，ディスエンパワーされている人々と協働して取り組むことを含む，④コ

ミュニティ心理学は多様な研究方法および活動方法を用いる，というもので，これを Orford は，以下のようにホームレス問題を例として説明している．

まず①に関しては，これまでの心理学の考え方の多くは，ホームレス状態にあるその人の診断（たとえば，精神障害や薬物依存）や，個人的特性やパーソナリティ（自尊感情や自己効力感）に焦点を当ててきており，ホームレス経験のストレスフルな性質に関心が向けられることもあるが，ただその場合でも，強調点は依然としてその個人にかかっている（どんなストレスを経験しているか，それをどう評価しているか）．これに対して，コミュニティ心理学は個人を超えたところで考える．すなわち，その人の家族や関係者のサポート・ネットワークや，地域住民の態度，地域の警察やサービスの状況，ホームレスの人を受け入れるか排除するかの実践，地域の雇用状態，国の社会福祉政策，さらには，資本と労働の関係における世界および国家的潮流などである．それゆえ，たとえば，何がホームレスの人々の集合的な経験であるのかとか，その経験は失業や周囲の人々の態度でどのように影響を受けるか，を知ることに関心がある．このように，コミュニティ心理学は，個人や本人の直接的な対人場面を超えた分析のレベルや介入を強調するがゆえに，「コミュニティ」心理学なのである．

次に，②については，トピックスが何であれ，コミュニティ心理学はパワーや階層や不公正に対して批判的なスタンスを取る．ホームレス問題でいえば，彼らがどんな風にパワーレスであったり排除されたりしているのか，偏見的態度がどのような手段によって永続されるのか，現状が維持されることでどのようなグループが利益を受けているのか，などである．

さらに，③に関しては，コミュニティ心理学を実践する人は，活動を始めるときホームレスの人々との密接な協働のもとに取り組むことを欲し，彼らと可能な限りアイディアや知見を共有する姿勢を取る．リサーチ・クエスチョンを決める際にも，ホームレスの人々の意見を取り込むことに積極的である．

最後の④については，厳密に統制された調査よりも，質的方法など多様な研究方法を導入し，結果の知見の解釈や普及に寄与することでさらなる進歩を求めることを望み，ホームレスの人々が経験しているものを深いところで理解する能力に高い価値を置き，それに優先権を与えるのである．

この Orford の見解に示されるように，コミュニティ心理学は今日的社会問

題に，従来の心理学の枠を越えた新しい発想と切り込み方で取り組み，対処しようとする姿勢を強くもっている．もとより，これらの問題が―コミュニティ心理学のみで解決できるものではないにせよ，社会変革を目指すことへの希求には並々ならぬものがある．

本章は，こうしたコミュニティ心理学の特徴を，コミュニティの概念やコミュニティ心理学の定義，その拠って立つ理念や視座などの面から紹介することにある．まずは，コミュニティ心理学が今日の位置を占めるに至った経緯を，歴史的に簡潔に振り返ることで始めよう．

──────【理　論　篇】──────

1節　コミュニティ心理学の簡単な歴史的背景

(1) コミュニティ心理学前史

コミュニティ心理学の誕生は 1965 年であるとされるが，そこに至るまでにはさまざまな歴史的背景があった．次がその主だったものである（【展開篇】の 4 節でそれ以外のものを紹介している．詳細は，笹尾ら，2007；山本，1986 参照）．

①職業としての臨床心理学の登場

アメリカにおいて，第二次世界大戦で戦場から帰還した傷病兵の 40% が専門的治療を要する何らかの精神障害を有しており，それに対して精神科医は圧倒的に人的不足であった．そこで，アメリカ医師会はアメリカ心理学会に協力を要請し，大学でアカデミックな心理学の教育を受けた後，精神病院などで臨床的訓練を受けた者を，精神医療に携わる準医学的マンパワーとしての心理臨床家として，医師の指導のもとで患者を治療するという医師に準ずる役割を与えた．これにより臨床心理学が職業として認知されたが，当初は医師の管理下にあったことや，イギリスの臨床心理学者 Hans J. Eysenck が，精神分析をはじめとするあらゆる心理療法は効果がない，との批判を投げかけたこともあり，心理臨床家のアイデンティティが揺らぎを生じた．Eysenck の批判は Allen E.

Bergin らとの間で治療効果論争を引き起こし(Korchin, 1976),後にメタ分析と呼ばれる統計手法を生むきっかけとなったが,多くの臨床家がこの批判を無視するか逆批判をする中で,一部の臨床家にとっては,自らの活動に対して日頃から感じていた疑問が確認されるかたちとなり,コミュニティ心理学誕生の一つのきっかけを作った.

②地域精神保健運動の展開

精神障害者が大量に存在しているにもかかわらず,収容する病院も治療する医師も不足している状況を連邦政府は放置しておくことができなかった.1963年,ケネディ大統領(Kennedy, J. F.)は「精神障害者と精神遅滞者に関する教書」(大統領教書)を発表し,それに基づき,その年12月に**地域精神保健センター法**(Community Mental Health Center Act)が議会を通過した.この法律は,全国に「地域精神保健センター」を設置し,そこですべての人にすべての精神保健サービスを利用可能にするというもので,第3の精神医学革命と呼ばれた(ちなみに,第1の革命はフランス革命時の医師 Philip Pinel による狂者の鎖からの解放,第2の革命は Sigmund Freud による無意識の発見と神経症の解明である(原,2006a)).その考え方は,精神障害の社会的決定要因に狙いを定め,地域社会環境およびそこで生活する人々への介入を通して,障害を予防することを追求することにある.こうして,従来,地域社会から孤立して精神病院で行われていた精神医学的援助が病院に設置されたセンターで行われるようになり,障害者は脱施設化(deinstitutionalization)の名のもとに地域社会に戻り,医師や心理臨床家も地域の中で仕事をするようになった.コミュニティ心理学が生まれる大きな原動力となった動きである.

③公民権運動と教育的機会の公平性

1950年代から60年代にかけて,公民権運動の父と呼ばれるキング牧師(King, M. L. Jr)や,同じく公民権運動の母と呼ばれるローザ・パークス(Parks, R.)を中心にアフリカ系アメリカ人が公民権を求めて行った運動は,公民権法の制定や人種差別撤廃を前進させ,これを機に,障害者や女性,その他のマイノリティの権利主張や擁護が活発化した.また,貧困層やマイノリティの子どもへの教育水準の向上を目指して,就学前プログラムとして有名な「ヘッドスタート(Head Start)」が1965年に開始されるなど,市民参加やエンパワメントなどの

コミュニティ心理学の中核をなす理念を生む結果となった．

(2) コミュニティ心理学の誕生

これらの力学のすべての結果として，コミュニティ心理学は，1965年5月，ボストン郊外のスワンプスコットでの「地域精神保健に携わる心理学者の教育に関する会議」，通称**ボストン会議**で誕生した．39名の地域精神保健に携わる臨床心理学者が集合したこの会議の当初の目的は，精神障害者および精神障害の問題に対して，従来のクリニックという密室から飛び出して地域の中で役割を遂行するために，臨床心理学者がもつべき知識や技術の教育・訓練をどうするか，ということであった．しかし，会議を通して次第に内容が変質し，参加者たちは，地域精神保健運動を確認するだけではない，もっと多様な問題の存在を認識し始めた．

後述する表序.2の，ボストン会議でのコミュニティ心理学の定義に見られるように，彼らは，コミュニティ心理学の使命はもっと幅広いものだと認識した．すなわち，治療以上に予防を強調するとともに，個人が生活している社会システムを標的にし，社会変革の努力に参加する．また，貧困，人種差別，都市の過密やスラムといったコミュニティのさまざまな問題に対して，心理学者が独自に貢献していくべきであると自覚し，精神障害者だけを中核とする地域精神保健を越えた土俵として，「コミュニティ心理学」の領域を設定したのである．

つまり，コミュニティ心理学者の取り組む対象は，地域精神保健(community mental health)や地域精神医学が取り組む対象よりはもっと広い領域であり，また，病気を治療することだけでなく，それ以上に，健康な人をも含めた人々のさらなる健康増進に寄与することである．さらにまた，人だけでなく，人を取り巻く環境に対してもっと積極的に働きかけていき，コミュニティ側の変革を引き出すべきだ，ということであった．

(3) コミュニティ心理学の現在

1965年のボストン会議から10年の後，1975年にはテキサス大学でオースチン会議が開かれた．ここでは，コミュニティ心理学の新しい概念と方法論に基

づく，大学での教育モデルが提出された．この会議の共通のテーマは「人と環境の適合」であり，これまでの医学モデルに依っていたところから，より独立した成長促進モデルへと前進している．

また，研究対象も，当初の精神障害者や精神保健に限らず，さまざまな社会問題に取り組まれるようになってきている．この背景にはベトナム戦争があることは明らかで，この戦争を契機に噴き出したありとあらゆるアメリカ社会のネガティブな問題が対象となってきている(例：同性愛・ホームレス・薬物乱用・DV・HIV・10代の妊娠・幼児虐待)．

その間，1967 年には，アメリカ心理学会(APA)の第 27 分科会として**アメリカ・コミュニティ心理学会**が設立され，1973 年には学会機関誌 *American Journal of Community Psychology* が発刊された．その後 1980 年代に，学会名が Society for Community Research and Action(SCRA)と変更されて現在に至っている．この分野はその後も成長し続けており，21 世紀開幕の 2001 年の夏に，SCRA は多様性へのこの分野のコミットメントを強調し，一つの国際的な分野としてコミュニティ心理学を認識するために，使命声明を改定している(表序.1)．その四大原則は，多様性の尊重，文脈の力についての認識，積極的な協働と参加，多元的レベルでの介入の必要性，と要約することができよう．

一方，わが国では，1960 年代後半に山本和郎によってコミュニティ心理学が紹介され，1975 年に「コミュニティ心理学シンポジウム」が開催されて本格的に始動した．その初期の成果の一部は安藤編(1979)や山本編(1984)によって報告されている．この年次会合はその後 23 年間にわたって継続されてきたが，1998 年に発展的に改組され「日本コミュニティ心理学会」が設立された．また，これと時を同じくして学会機関誌『コミュニティ心理学研究』が刊行され，学会の年次大会も行われて現在に至っている(詳細は，安藤ら，2007；安藤，2009 参照)．

2節　コミュニティ心理学の定義

(1) コミュニティの概念

コミュニティ心理学にいう「コミュニティ(community)」とは，もともとの

表序.1　アメリカ・コミュニティ心理学会(SCRA)　使命声明(Rudkin, 2003, p. 15)

2001年9月26日

　アメリカ心理学会(APA)の第27分科会であるコミュニティ心理学会(The Society for Community Research and Action : SCRA)は，理論，研究，社会活動の進歩に貢献しようとする国際的な組織である．その構成員は，コミュニティや集団，個人における健康やエンパワメントの向上，および問題の予防に取り組むものである．
　以下に，SCRAの指針として四つの大原則を示す．
　1. コミュニティ研究と活動には，人や場面の多様性への明確な尊重と配慮が求められる．
　2. 人の有能さ(コンピテンス)と問題は，その社会的，文化的，経済的，地理的および歴史的な文脈内での人を見ることによって，最もよく理解することができる．
　3. コミュニティ研究と活動は，多元的な方法論を用いる研究者や実践家，およびコミュニティの構成員らによる，一つの積極的な協働の産物である．
　4. 有能さやウェルビーイングを促進する場面を育成するためには，多元的なレベルでの変革のための方略が必要である．
　われわれは，これらの価値を共有するすべての人を歓迎するものである．

意味の「地域社会」に留まらず，学校や企業，病院，施設，あるいはまたその下位の単位である，クラス，職場，病棟などもコミュニティと捉えており，学校コミュニティとか職場コミュニティという呼び方をしている．また，たとえば，HIV患者の会など各種サークルや，さらに，サイバースペース(電脳空間)上に創り出される無数のバーチャル(仮想)コミュニティ，いわゆるインターネット・コミュニティをも視野に入れたものとなっている．

　かつては**地理的コミュニティ**(geographical community)，すなわち，ある一定の場所に生活しているという生活環境を共有することから生まれる，いわゆる地域コミュニティに関心が置かれたが，交通・通信手段の発達や人々の流動性の高まり，経済やサービスのグローバル化やネットワーク化など，急速な変化とともに人々の生活様式も大きく変化し，都市における町内や農村における集落などの物理的範域に基づく地理的コミュニティは，今やその現実的意味や役割をもちえなくなっている．それに代わる，あるいは補うものとして，今日では**関係的コミュニティ**(relational community)が重きをなしてきている．それは，物理的な場所の広がりの大小を問わず，生活する人々にとって共通の規範や価値，関心，目標，同一視と信頼の感情を共有していることから生まれる心理社会的な場に基づくコミュニティであり，そこで行われている相互作用に実践的に介入していくことが可能な**機能的コミュニティ**(functional community)を指し

ている(植村, 2006).

上述の各種コミュニティもこうした視点で捉えられているものであり，コミュニティ心理学者 Sarason(1974)は，**コミュニティ**を定義して，「人が依存することができ，たやすく利用が可能で，お互いに支援的な，関係のネットワークである」(p.1)と述べている.

(2) コミュニティ心理学の定義

コミュニティをこのように概念化したうえで，それでは，コミュニティ心理学とはどういう心理学なのであろうか. 表序.2 は，コミュニティ心理学の誕

表序.2 コミュニティ心理学の諸定義

◎ボストン会議(Bennett *et al.*, 1966)
「コミュニティ心理学は，個人の行動に社会体系が複雑に相互作用する形で関連している心理的過程全般について研究を行うものである．この関連を概念的かつ実験的に明瞭化することによって，個人，集団，さらに社会体系を改善しようとする活動計画の基礎を提供するものである.」

◎Zax & Specter(1974)
「コミュニティ心理学は，人間行動の諸問題に対する一つのアプローチである．そのアプローチには，人間行動の問題は環境の力によって生成され，また，その環境の力によって人間行動の問題が軽減されるという，環境の潜在的寄与を強調している.」

◎山本和郎(1986)
「コミュニティ心理学とは，様々な異なる身体的心理的社会的文化的条件をもつ人々が，だれもが切りすてられることなく共に生きることを模索する中で，人と環境の適合性を最大にするための基礎知識と方略に関して，実際におこる様々な心理社会的問題の解決に具体的に参加しながら研究をすすめる心理学である.」

◎Duffy & Wong(1996) / Moritsugu *et al.* (2010)
「コミュニティ心理学は，集団や組織(そしてその中での個人)に影響を与える社会問題や社会制度，およびそのほかの場面に焦点を合わせる．その目標は，影響を受けたコミュニティ・メンバーや心理学の内外の関連する学問とのコラボレーション(協働)の中で作り出された，革新的で交互的な介入を用いて，コミュニティや個人のウェルビーイングをできるだけ完全にすることである.」

◎Dalton *et al.* (2007)
「コミュニティ心理学は，個人とコミュニティや社会との関係を取り扱う．そして，研究と実践を統合することによって，個人やコミュニティ，および社会にとっての生活の質(QOL)を理解し，高めようと努める．コミュニティ心理学は，個人と家族のウェルネス，コミュニティ感覚，人の多様性の尊重，社会正義，市民参加，協働とコミュニティの強さ，および経験的基礎知識という，その中核的価値によって導かれる.」

生のきっかけとなった「ボストン会議」での定義からほぼ10年ごとのものを列挙したものである．

歴史的背景のところで述べたように，当初のコミュニティ心理学は精神障害者に対する地域精神保健を中核とした領域への関心から出発したが，今や大きくシフトして，章頭にも例示したように，各種コミュニティの中で発生する多種多様な問題がコミュニティ心理学の研究と実践の対象となってきている．したがって，それを受けてのコミュニティ心理学の定義も時代とともに変化していることが読み取れる．

コミュニティ心理学は，人間の行動を生態学的視座(ecological perspective)から捉えることをその当初より一貫して掲げている．この視座は，すべての行動はその人が置かれている文脈との相互作用の中で生起すると考えるもので，社会心理学者 Lewin(1951)の有名な公式である $B=f(P, E)$，つまり，人の行動(B: behavior)は，人(P: person)の側の要因とその人を取り巻いている環境(E: environment)との関数(f: function)である，すなわち，両者の相互作用によって決定される，という考え方を心理学の中に定着させるだけでなく，この考え方に基づいた心理学を積極的に展開しようとしている．

ボストン会議での定義が，人の行動が環境(社会体系)との相互作用によって生起することを強調していることは，この間の事情をよく表している．この視点をさらに明確に表現したのが Zax & Specter(1974)の定義で，人の行動は常に環境の力によって影響を受けるという，環境のもつ影響力の大きさを強調するものとなっている．今日，コミュニティ心理学が，人の要因と同等もしくはそれ以上に環境(物理的・社会的・文化的・人的)の要因を重視するのも，この定義に導かれるところが大きい．

一方，日本にコミュニティ心理学を紹介し，その先頭に立って基盤を築いてきた山本(1986)は，おもに個人の健康とウェルビーイングの視点から，問題解決のために人と環境の適合性を図る方略を求めて，参加しながら研究する姿勢を強調している．

20世紀末から21世紀に入ると社会はいよいよ複雑と混迷を極め，多種多様な社会問題が噴出するようになって，そうした課題に単一の学問や研究者だけでは対応できなくなっていることを受けて，コラボレーション(協働)の視点が

導入されてくることとなった．Duffy & Wong (1996) の定義はそのことを明瞭に示しており，コラボレーションによる積極的な介入を志向することで，コミュニティやそのメンバーの生活の質を高めることを目指している．さらに最近になると，単独ではなく複数の価値を導入することでそれを成し遂げようとする方向にあることが，Dalton et al. (2007) の定義から窺える．

　このように，コミュニティ心理学は，人か環境かという二者択一の考え方を取るのではなく，人も環境も取り込んで，両者，とりわけ環境に働きかけることで両者の適合を図る．しかも，次節に述べるように，短所や病理の修復に目を向ける以上に，長所や健康のさらなる増進に焦点を当てるのがコミュニティ心理学の特徴である．

　それでは最後に，著者の定義を提示することとしたい．

　「コミュニティ心理学とは，多様なコミュニティの中に存在および発生する問題をメンバーが社会問題として捉え，当該コミュニティ内外の人的・物的・その他活用可能な社会資源を動員しながら協働することで，人と環境の不適合から生じたそれを解決・低減することを通して，コミュニティおよびそれを構成する人々のウェルビーイングの向上を目指す，市民主体の心理学である．」

　ここで，多様なコミュニティとは，先に紹介した地理的，関係的，仮想的のいずれのコミュニティをも含むことを表し，そこで生じる問題を社会問題と位置づけることで，誰にも生起しうる普遍性をもつものとして個別的・特殊的視点から解放し，それをコミュニティのメンバーが主体となり，資源を総動員しながら人と環境の不適合から生じたその問題の解決に向けて実践し，そして，個人に留まらず当該コミュニティのエンパワメントを通した生活の質 (QOL: Quality of Life) の向上と変革を志向し，専門家中心からの脱却を目指す市民主導の心理学である，というものである．この定義の意味する内容については，1章以降に順次展開するテーマにおいて具体化されるであろう．そして，それらのまとめについては，最終章において再度確認されることになろう．

3節　コミュニティ心理学の理念

　コミュニティ心理学の定義が，時代によって，また研究者によって，その力

点の置き所に相違がみられたように，コミュニティ心理学が目指す目標や理念，さらには関心対象もまた多様になってきている．コミュニティ心理学が時代の要請に即した社会問題の解決を志向していることから，その視点も時代や研究者によって多様なものが取り上げられた結果によるもので，むしろ当然といえよう．

そうした中で，今日のコミュニティ心理学にとっての理念や目標として大方の承認を得ている視座のうち，その主だったもの紹介しよう(植村，2008)．

①人と環境の適合を図ること

先にコミュニティ心理学の定義のところで紹介した，Lewinの公式を否定する研究者は一人もいないにもかかわらず，これまで心理学はもっぱら人の方に注目して，人を操作する(環境に人を適応させる)ことで対処することに力を注いできた．しかし，何十年もの社会生活の中でできあがったパーソナリティや能力，価値観，生き方は，そう簡単に変えられるものではない．それよりも，その人を取り巻いている環境(物理的・社会的・文化的・人的)を変える方が現実的で容易な場合も多いだろう．もちろん人の方も，変えられるところは変える努力は必要であるが，環境に人を一方的に適応させるのではなく，人と環境の適合(person-environment fit：P-E fit)を図ることこそが重要である．コミュニティ心理学は，「人」とともに，それ以上に「環境」に注目する姿勢をとる．このことは，別言すれば生態学的視座の重要性であり，1章2節で紹介する「文脈の中の存在としての人間(person-in-context)」(Orford, 1992)という視点である．

②人々を支援すること

コミュニティ心理学が多様な社会問題を扱い，その解決を求めて研究・実践を展開する科学である以上，支援に関わるありようを追求することは必然の使命であろう．

支援には自助，共助，公助があるが，コミュニティ心理学で「支援」というとき，最近までは住民相互の私的なもの，つまり，自助であるセルフヘルプ(グループ)と共助としてのソーシャルサポート(ネットワーク)を念頭に置いた議論が多く，公的・制度的な支援や公共性の高いものまでは含まないのが一般的であった．しかし，各種のボランティアやNPOの活動，また，公的教育機関の代替学校としてのフリースクールなどの支援問題が取り上げられるようにな

り，多様な様相を呈するようになってきている．

　ソーシャルサポートは対象者を特定することなしに対応し，一方，セルフヘルプは個別的に自らの関心に対応することで，生活上の困難に出くわしている人々を支援する．そうしたサポートの質を高めることは，これらの人々がストレスに屈服するリスクを減らすだろう．ソーシャルサポートについては2章で，セルフヘルプについては9章で詳述する．

　③人が本来もっている強さとコンピテンス(有能さ)を重視すること

　自然治癒力とか再生医療が注目されているように，人(生物)には元来回復力(レジリエンス：resilience)が備わっており，強くて有能な存在であるという人間観にコミュニティ心理学は立っている．

　心理学は歴史的に人間の弱さと問題点に焦点を合わせてきており，病んでいる部分や脆弱な部分を治療したり修復しようというのが**医学モデル**(修理モデルともいう：medical model/remedial model)に影響を受けた臨床心理学の考え方である．これに対して，コミュニティ心理学は，人のもつより健康な部分や強い部分に働きかけることでコンピテンス(有能さ)を発揮・向上させることに重きを置こうとする**成長促進モデル**(developmental model)を採用する．コンピテンス(competence)とは，人が環境と相互作用する中で問題を効果的かつ正確に処理する能力のことをいうが，成長促進モデルは，人の病理性よりも健康性や強さ(strength)に焦点を当てる考え方である．

　④治療よりも予防と増進を重視すること

　病気であれ問題行動であれ，発生してしまってから対応することで問題解決するよりも，問題が起きる前に介入することで未然に防ごうという発想である．まだ起きてもいない問題に手間や暇やお金をかけるのは，対象が漠然としていることもあって一見無駄なように見えるが，費用対効果(必ずしも金銭面だけの効果ではない)を実際に分析してみると，非常に有効であることが明らかにされている．

　予防(prevention)にもいくつかの考え方があるが，健康な人を健康なまま保つための予防(発生予防)が最も望ましい姿であることはいうまでもない．そして，予防だけに留まらず，現在の状態をよりよい方向にさらに増強すること，すなわち，増進(promotion)を志向することこそが大切な姿勢である．詳細は5章で

取り上げる．

⑤問題に対処すること

問題を未然に防ぐこと（予防）ができなかった場合には，その問題に対して対処（coping）しなければならない．人がストレスフルな状況や危機状況（環境）と適合する仕方の一つとしてのコーピングのありようは，個人のウェルビーイングやQOLの維持・向上に資することを研究や実践目的の一つとしているコミュニティ心理学にとって重要な課題である．

これまで，コーピングについては，問題焦点型対情動焦点型，接近型対回避型，向社会型対反社会型といったコーピング方略としての分類や，プラス思考，内的統制型，ハーディネス（頑健性），不安などのパーソナリティ要因との関連性，ソーシャルスキル訓練やリラクセーション，瞑想など，個別のコーピング方略などが取り上げられてきている（Scileppi et al., 2000）．10章はストレス対処とマネジメントを扱っている．

⑥人がエンパワーする（力を獲得する）ようになること

エンパワメント（empowerment）とは，「個人や家族やコミュニティが，自ら生活状況を改善することができるように，個人的に，対人関係的に，あるいは政治的に力を増していく過程である」（Gutierrez, 1994, p. 202）と定義されるように，何らかの理由でパワーの欠如状態（powerlessness）にある個人や集団やコミュニティが，自らの生活にコントロール感と意味を見出すことで力を獲得するプロセス，および，結果として獲得した力をいう．

結果としてのエンパワメントを捉える視点として，個人のレベルでは，肯定的な自己概念，自己効力感，自己決定能力，自己コントロール感などの獲得が，集団レベルでは，個人レベルの結果に加えて，コミュニケーション頻度の増加，リーダーシップ技能の向上，責任感の増強が，さらにコミュニティ・レベルでは，地域イベントへの参加の増加，選択肢の多さ，支援の回数の増加，などがその目安となっている．自らの力でこうしたものを獲得することをコミュニティ心理学では重視している．エンパワメントについては7章に詳述している．

⑦人の多様性を尊重し差別から解放すること

コミュニティ心理学は多様性（diversity）というものについて一つの認識をもっている．すなわち，人間は異なっているという権利をもっているし，その異

なっているということは，劣っているということを意味するものではないということである．人の多様性を確信すると，生活の仕方や世界観や社会的取り決めにはいろいろなスタイルがあるという認識が生まれる．民族，人種，職業，性，障害・病気，ライフスタイルなどにおける多様なグループがコミュニティにもたらす多様なアイディアや経験の豊富さは，社会の主流の部分ではないものの，われわれの社会の真の豊かさを特徴づけている(Duffy & Wong, 1996 ; Moritsugu et al., 2010)．多様性を尊重することは，いわれなきラベリング(labeling：レッテル貼り)や差別，偏見から解放(liberation)する力にもなる．ラベリングや差別の視点は6章で紹介する．

⑧**代替物を選択することができること**

前項で述べたように，多様性の理念を認めるならば，さまざまな社会資源はそれゆえこれらの異なるすべての人々の必要に応じて分配されるべきであり，受給者もまた受け身の姿勢ではなく，そのサービスの企画に参加し，自らがサービスを選択するパワーが求められることになる．

そのためには，特定の個人や集団に適したサービスを提供できる選択肢を開発したり，サービスへのアクセスを容易にするような工夫が重要になる．たった一つのサービス場面が誰にとっても最善のものとはならないことは明らかである．

適応指導教室やフリースクールは伝統的なサービス(公・私立学校)の代替物を示しているが，多様性を尊重し代替物が十分に機能するには，必要・十分な条件整備(容易なアクセス，教育・支援態勢，アフターケア，法制度など)が求められる．

⑨**人々がコミュニティ感覚をもつこと**

コミュニティが成立するためには，そこに集う人々がそれを自分たちのコミュニティであると認識し，愛着をもち，維持・発展させていこうとする意欲が必要である．これは，われわれ意識，コミュニティ意識，コミュニティ精神，コミュニティへの所属感，などさまざまな言い方で表現されてきたが，Sarason(1974)は「コミュニティ感覚」と呼び，今日のコミュニティ心理学では定着した用語となっている．

Sarason はコミュニティ感覚(sense of community)を，「他者との類似性の知覚，

他者との相互依存的関係の承認，他者が期待するものを与えたり自分が期待するものを他者から得たりすることによって相互依存関係を進んで維持しようとする気持ち，自分はある大きな依存可能な安定した構造の一部分であるという感覚」(p. 157)と定義している．

コミュニティ感覚がメンバーの間で強く意識されているほど好ましいコミュニティである，ということが多くの研究や観察で明らかにされている．たとえば，学校コミュニティ感覚，あるいはクラス・コミュニティ感覚が，本人を取り巻く人々(生徒・担任・保護者)の間に希薄であったことが生徒の不登校を生んだのかもしれない．8章ではコミュニティ感覚や類似の概念について展開している．

⑩他の学問や研究者・実践家と協働(コラボレーション)すること

コラボレーション(collaboration)とは，一緒に(co-)働く(labor)ことを意味する言葉で，「協働」と訳されている．その意味するところは，「所与のシステムの内外において異なる立場に立つ者同士が，共通の目標に向かって，限られた期間内に互いの人的・物的資源を活用して，直面する問題の解決に寄与する対話と活動を展開すること」(亀口, 2002, p. 7)である．コミュニティ心理学が対象とする問題は，現代社会が抱える多様でこみ入った，単独で解決するにはむずかしい課題であることが多く，したがって，近接の学問や研究者，あるいは多様な知識や技術をもつ専門家や現場の実践家の力を借りなければ，適切に対応・解決できないという現実を踏まえたところから生まれた理念である．

たとえば，不登校問題が表面化した場合，臨床心理学の専門家のみに問題の解決を期待することはできない．教育・心理・福祉・医療・法律・その他の学問や，研究者・実践家・ボランティア・行政職などとの協働が必要不可欠である．コラボレーションについては11章で詳しく取り上げる．

⑪社会変革を目指すこと

Duffy & Wong(1996)はその書で，「コミュニティ心理学の目標の一つは，研究で武装して社会変革を引き起こすことである」(訳書p. 24)と述べている．変革というとき，それには個人や組織，コミュニティなど大小のレベルが存在するが，コミュニティ心理学が目指す変革は，個人よりは組織やコミュニティなどのレベルを中心に据えていることは，その理念として明らかである．

ただ，Duffy & Wong のこの勇ましい表現も，その本質は，昨日よりは今日，今日よりは明日の方が少しでも生きやすく，住みやすい社会に変えていこうとするところにその意図がある．コミュニティの質を高める方向に向けた社会変革(social change)のために，コミュニティ心理学は何ができるのかを絶えず問う必要があることを強調した理念といえよう．社会変革の多様な姿を 12 章で紹介する．

最近の国内外の研究者が提示したこれらの理念は，Rudkin(2003)が同様の発想に基づいて幾人かの研究者のあげるテーマを総括したうえで，「コミュニティ心理学への案内となる五つの原理」としてまとめたものに含まれよう．すなわち，①研究や理論や実践はある価値システムの中で発展する，②人は個人が生活しているたくさんの水準の社会的文脈を理解することなくして個人を理解することはできない，③多様なグループ，特に公権を奪われたグループの視座に敬意が払われなければならない，④人の生活上の有意味な改善は時として社会変革を要求する，⑤研究や理論や実践は欠陥モデルよりもむしろ強さモデルを通して最も前進する，というものである．

このうち，①と⑤について簡潔に解説しておこう．前者は研究における「価値(観)」の問題である．コミュニティ心理学は，前節の「定義」にも明らかなように，従来の心理学のように「モデル検証のための」研究ではなく，「問題解決のための」研究や実践を志向する心理学である．特に，社会問題には必ず価値が伴っているので，研究の「科学的中立性」を守ることは当然としても，社会問題には「価値的中立性」はないものといえる．つまり，誰のために，何のために，どういう立場に立って，研究や実践を行うのかが求められることになる．

後者は研究における「人間観」の問題である．コミュニティ心理学は，人間の弱さやネガティブな面に目を向けて「修理する」のではなく，人が本来もっている強さやポジティブな面をさらに「成長・促進する」ことを目指す人間観に立っている．

以上，ここまで，コミュニティ心理学とはどのような心理学であるか，につ

いての今日における合意事項のおおよそを紹介してきた．これらの理念や価値のもとに展開される次章以降の個別のテーマを踏まえての総括については，改めて最終章で論じることとする．

────────【展　開　篇】────────

ここでは，1節で紹介することができなかったコミュニティ心理学の歴史的トピックスや，日米の研究の動向についてについて，いま少し詳しく紹介することにしよう．

4節　アメリカのコミュニティ心理学の社会文化的背景

笹尾ら(2007)は，1965年の「スワンプスコット会議」，つまりコミュニティ心理学が誕生した通称ボストン会議に至る流れを，アメリカのコミュニティ心理学の社会文化的背景として図序.1のように表している．これを1節の三つの項目に当てはめれば，①は図中の1945年の「帰還兵に対する心理的治療の需要」の周辺のトピックスに該当し，②は1963年の「地域精神保健センター法」の周辺，③は「公民権運動」へと向かったり，そこから発したりしているトピックスに該当するだろう．

これ以外に大きな影響を及ぼしたものに，山本(1986)はSarason(1977)を引用して，①1954年の「ブラウン対教育委員会裁判判決」，つまり，アメリカ最高裁判所が人種差別待遇廃止の判決をしたときに，この問題に関わる科学的判断の多くを心理学の調査データから得ており，心理学が原子力科学と同じく公器であることを認識させるとともに，多くの問題を抱える社会の要求に心理学はこれまで応えてきたのか，という苦々しい問いかけを自らにするようになったこと(図中の「心理学者の社会貢献の責任」)，②冷戦下におけるソ連の世界初の人工衛星の打ち上げ成功(図中の「スプートニクショック」)と，それに続く「有人宇宙飛行」はアメリカの威信を著しく失墜させ，この回復のためには科学技術力

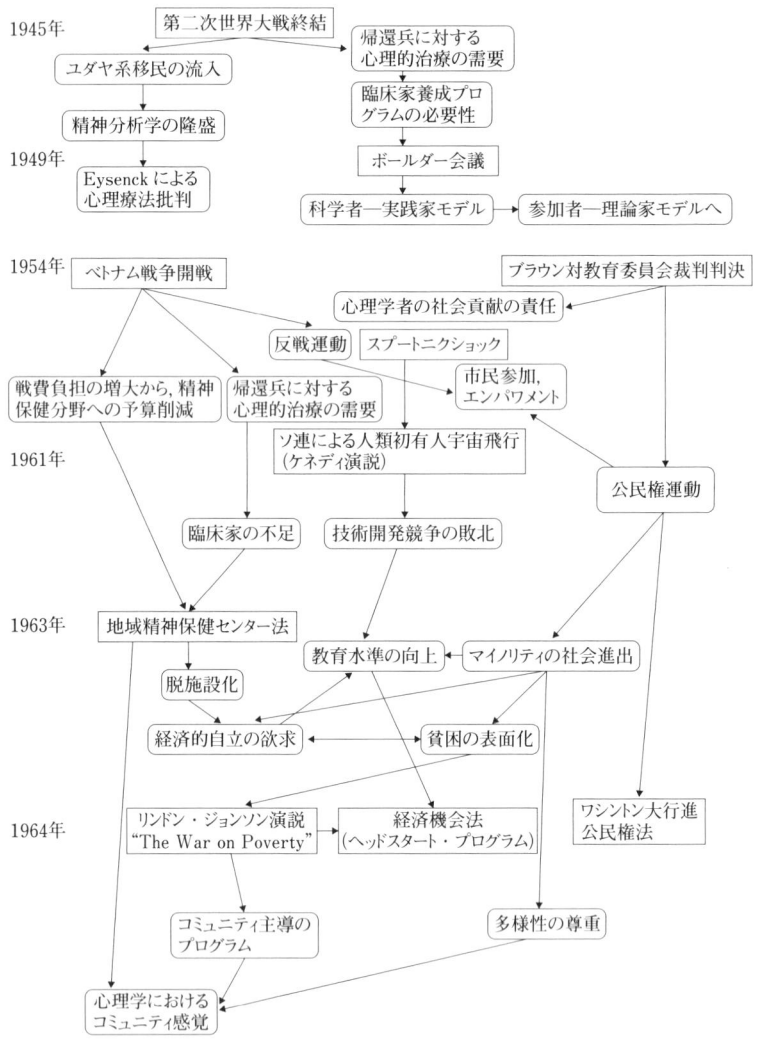

図序.1 アメリカ・コミュニティ心理学の社会文化的背景(笹尾ら，2007, p.6)

の発展を達成するための「教育水準の向上」と，学校問題を根底で支える地域社会の構造改革にあり，臨床や教育の心理学者に期待がかけられたこと，③1節の②に紹介した1963年のケネディの「大統領教書」が投げかけた波紋は，精神障害者が施設から出て(脱施設化)地域社会で生活するという問題ばかりでなく，人種差別や貧困，スラムの学校などに広がり，コミュニティで活躍する精神保健の専門家の責任に目を開かせたこと，④ケネディの方針を受け継いだジョンソン大統領(Johnson, L. B.)による「貧困との戦い(The War on Poverty)」演説は「経済機会均等法」を成立させ(図中の1964年周辺)，その一環として貧困家庭の子供の教育対策である「ヘッドスタート」プログラムが発足し，コミュニティをベースとする多くのプログラムが組まれ，個人教授補助，温かい給食，学校場面へ両親を参加させること，貧困家庭へのサービスなどが取り込まれることで，心理学者のみならず教育学者も加わり，大学自体がコミュニティ問題に深い関心を示すようになったこと，をあげている．

5節　アメリカのコミュニティ心理学研究のトピックス

表序.3は，アメリカのコミュニティ心理学を代表する二つの雑誌について，雑誌が同時創刊された1973年以降の「特集」をまとめたものである．*AJCP* (*American Journal of Community Psychology*)はアメリカ心理学会第27分科会のコミュニティ心理学会機関誌であり，一方*JCP* (*Journal of Community Psychology*)は民間誌である．*AJCP*は機関誌という性格のゆえかほぼ毎年特集が組まれているが，*JCP*の方には一貫性が見られない．また，両誌の間にはテーマが重複しないような配慮が窺われる．それぞれの雑誌に際だった特徴や傾向が見られるというほどのものはなく，両誌を通してみられる特徴として順序にとらわれずに列挙すれば，①子ども・青年・女性へのアプローチ，②予防への取り組み，③マイノリティ・人種・文化の多様性問題への関心，④暴力・薬物乱用問題，⑤研究法・実践・訓練など方法論の重視，などが比較的繰り返し取り上げられているテーマといえよう．これは，Dalton *et al*.(2001)が「今日のコミュニティ心理学における四つの潮流」としてあげる，予防とコンピテンスの促進，コミュニティづくり・市民参加・エンパワメント，人と文化の多様性の理解，コミ

表序.3 AJCP と JCP の特集記事

	American Journal of Community Psychology	Journal of Community Psychology
1978	地域精神保健センターにおける趨勢の発展援助過程	
1979	ストレスフルな生活出来事	
1982	精神保健における一次予防の研究	ストレスと精神医学的徴候：緩衝としてのパーソナリティとソーシャルサポート
1983		多文化コミュニティ心理学
1984	コミュニティ心理学の訓練	行動コミュニティ心理学 高齢成人のための心理社会的環境：資源志向の可能性
1985	子どもの環境と精神保健	キューバにおけるコミュニティ心理学
1986	農村の精神保健	心理的コミュニティ感覚 I：理論と概念 法と心理学 心理的コミュニティ感覚 II：研究と適用
1987	コミュニティ心理学における組織的視座 スワンプスコット会議記念シンポジウム	応用コミュニティ心理学
1988	コミュニティ心理学と法	コミュニティにおける女性
1989	アジアにおけるコミュニティ心理学	
1990	市民参加，ボランティア組織　コミュニティ開発	AIDS とコミュニティ
1991	予防的介入研究センター セルフヘルプ・グループ	変革のためのプログラム：薬物乱用予防局実験モデル
1993	予防研究における方法論的問題 文化現象と研究の全て：文化に根ざした方法論を目指して	
1994	沈黙の階層のエンパワメント	アジア系アメリカ人の精神保健
1995	エンパワメントの理論・研究・適用	
1996	生態学的アセスメント	コミュニティ感覚
1997	子どもと青年の一次予防プログラムのメタ分析 農村場面における予防研究 有色女性：二重のマイノリティ地位への挑戦	家庭訪問 I CSAP・ハイリスク青年予防プログラムからの知見
1998	コミュニティ心理学による HIV／AIDS 予防 コミュニティ心理学における質的研究	家庭訪問 II ラテンアメリカにおけるコミュニティ心理学
1999	青年のリスク行動 予防科学：第 I 部・第 II 部	ホームレス問題 子ども・青年・家族研究の最前線 コミュニティ感覚 II
2000	予防におけるマイノリティ問題 フェミニズムとコミュニティ心理学：第 I 部・第 II 部 コミュニティ連合づくり：現代的実践と研究 若者のメンタリング	霊性・宗教・コミュニティ心理学 コミュニティ・ベースの薬物乱用予防における研究と実践の間のギャップへの架橋 コミュニティにおける暴力：焦点への照準

2001		家庭・コミュニティ・国レベルでの子どもへの暴力の影響 霊性・宗教・コミュニティ心理学Ⅱ
2002	コミュニティ社会心理学の概念的・認識論的側面	
2003	解放の心理学：抑圧に対する反応 レズビアン・ゲイ・性転換者のコミュニティ：理論・研究・実践の結合 パート雇用とその社会的コスト：新たな研究動向 実験社会的イノベーションと普及	
2004	コミュニティ研究と活動の過程	コミュニティ暴力
2005	親密なパートナーの暴力研究における理論的・方法論的イノベーション	コミュニティ・プログラムにおける青年・成人関係：良好な実践への多様な視座 同時性障害とトラウマ歴をもつ女性のニーズへの援助
2006	コミュニティ・リサーチと活動における多様性挑戦の物語 コミュニティ・ベースの学際的研究：可能性・過程・接近法 コミュニティ実践の見本	文化的に有能な研究とコミュニティ・ベースの実践による精神保健問題の取り組み 青年のメンタリング：科学と実践の架橋
2007	システム変革	組織研究とコミュニティ心理学の横断の探索 青年と民主主義：個人的・関係的・集合的ウェルビーイングのための参加 同時性障害とトラウマ歴をもつ女性への援助の国家的評価
2008	普及と実施のための相互作用のシステム枠組みの解明 精神保健セルフヘルプ	心理政治的妥当性によるパワーのアセスメント コミュニティ心理学 青年の暴力の理解における進歩
2009	コミュニティ心理学と政治 多重コミュニティ・ベースの文化状況への介入 国際コミュニティ心理学 コミュニティ健康の研究と活動への社会生態学的アプローチ	
2010	男，男性性，ウェルネス，健康，および社会正義：コミュニティ・ベースのアプローチ 卒業後プログラム	
2011	文化とコミュニティ心理学 コミュニティ心理学と地球温暖化 青年の暴力予防に向けてのエビデンス・ベイスト実践を改善するためのコミュニティの動員化	

ユニティでの現象の複雑さに適合する「冒険的な」研究方法の展開，とたまたまいくつかの点で合致する内容となっている．その意味でも，少なくとも現代のアメリカのコミュニティ心理学の動向を反映しているといえるだろう．

6節 日本のコミュニティ心理学

ひるがえって，わが国のコミュニティ心理学はどうであろうか．アメリカに遅れること10年，1975年に第1回**コミュニティ心理学シンポジウム**と名付けた年次会合が九州大学でもたれた．それ以降毎年30名ほどの志を同じくする研究者が，当番を交代しながら各地で地元の研究者・実践家やゲスト・スピーカーをも交える方式で，3月中・下旬の時期に2泊3日の合宿形式の研究集会を23回まで開催してきた．この間の場所・発表題目・発表者などの20年の記録は，山本ら編(1995)の「資料」に詳しい．また，第1回(1979，安藤編)，第2・4回(1984，山本編)の発表は成果報告が公刊され，さらに，20年間の発表をテーマごとに分類したものが安藤ら(2007)に表としてまとめられ，理解を助けるものになっている．それは10分野にまたがり，特徴として，コミュニティの問題をただ取り上げて理解しようとするだけでなく，サポート，ケア，活動，コミュニティ形成といった積極的な実践介入を伴っていることだ，とまとめている．

このシンポジウム時代は，この時期を山本とともに導いてきた安藤(1998)によって，第1期：胎動期(1960年代後半)，第2期：誕生からよちよち歩きの時期(1970年代)，第3期：発展の時期(1980年代〜1997年)，に画期されている．

第1期はシンポジウムが誕生する前夜に当たるまさに胎動の時代であり，初期のコミュニティ心理学に大きな影響を与えたCaplan(1961)の『地域精神衛生の理論と実際』(山本訳，1968)や，同じくCaplan(1964)の『予防精神医学』(新福監訳，1970)が翻訳紹介された時期に当たる．第2期は啓発期で，シンポジウムが立ち上がった時期であり，狭い範囲ながらも国内にコミュニティ心理学の存在を知らしめた．また，システム論の視点からのコミュニティ心理学を唱えたMurrell(1973 安藤訳 1977)や，臨床心理学の新しい分野としてのコミュニティ心理学を位置づけたKorchin(1976 村瀬監訳 1980)の翻訳を通して，コミュニ

6節 日本のコミュニティ心理学

ティ心理学のなんたるかが本格的に紹介され,さらには,日本で初めてのコミュニティ心理学の論文集が安藤(1979)によって編まれた時期に当たる.そして迎えた長期間の第3期は,シンポジウムが軌道に乗るとともに,日本人によってはじめて単著で教科書『コミュニティ心理学――地域臨床の理論と実践』(山本,1986)が著された記念すべき時期であり,また,これまでのシンポジウムの集大成ともいうべき『臨床・コミュニティ心理学――臨床心理学的地域援助の基礎知識』(山本ら編,1995)が,55名もの執筆者を擁して完成した時期でもある.この時期にはまた,コミュニティ心理学の研究法の一つとして欠かせない「生態学的心理学」の理論や実践が紹介されたり(Barker & Gump, 1964 安藤監訳 1982『大きな学校,小さな学校』; Wicker, 1984 安藤監訳 1994『生態学的心理学入門』),アメリカとはまた少しニュアンスの異なるイギリスのコミュニティ心理学(Orford, 1992 山本監訳 1995『コミュニティ心理学――理論と実践』)の様子が紹介されたりした時期でもあった.

　こうしたいわば長い助走期間を経て,満を持して1998年に誕生したのが今日の**日本コミュニティ心理学会**である.同時に機関誌『コミュニティ心理学研究』が定期刊行されるようになり,年次大会も引き続きもたれ,会員の研究発表の場が確保されることとなって今日に至っている.この間,学会創立10周年を機に学会の総力をあげて取り組まれたのが2007年に出版された『コミュニティ心理学ハンドブック』であり,またこの前後には,アメリカの大学で教科書として広く用いられている著作の翻訳(精神保健のイメージから脱却したコミュニティ心理学のテキストだと宣言したDuffy & Wong, 1995 植村監訳 1999『コミュニティ心理学――社会問題への理解と援助』,精神保健問題への常識的アプローチとのサブタイトルをもつScileppi et al., 2000 植村訳 2005『コミュニティ心理学』,アメリカの大学で最も頻用されていると訳者がいうDalton et al., 2001 笹尾訳 2007『コミュニティ心理学――個人とコミュニティを結ぶ実践人間科学』)や,山本(1986)以来久しぶりに日本人の手によって書かれた教科書(コミュニティ心理学の標準的な入門書を目指した植村編,2007『コミュニティ心理学入門』,臨床心理学的色彩の濃い箕口編,2007『臨床心理地域援助特論』と,高畠,2011『コミュニティ・アプローチ』)や,震災被災者への心のケアや虐待防止活動など多様な実践場面でのアプローチを紹介した実践書(山本編,2001『臨床心理学的地域援助の展開――コミュニティ心理学の実践と

表序.4　日本コミュニティ心理学会年次大会シンポジウム

1回(1999)	子どもを育むコミュニティ
2回(2000)	家庭内暴力(ドメスティック・バイオレンス)の現状と展望
3回(2001)	
4回(2002)	コミュニティの心の問題にどう取り組むか：コミュニティ・アプローチによる臨床・実践の展開
5回(2002)	地域の教育力を考える ドメスティック・バイオレンスを乗り越えるために：被害者支援と加害者の暴力克服支援 きょうだいへのアプローチ コミュニティとカウンセリング コミュニティ心理学における「プログラム評価」の方法と課題
6回(2003)	コミュニティ心理学と政策づくりへの参加 コミュニティ・サイコロジストのNPO活動(自主シンポ) コミュニティ心理学からみたセクシャルハラスメント(自主シンポ)
7回(2004)	コミュニティの協働による家庭内暴力への対応
8回(2005)	犯罪被害者支援をめぐる諸問題
9回(2006)	グローバル社会の子どもの危機と危機介入：コミュニティ・サイコロジストとしてそのあり方を探る コミュニティ心理学における倫理問題
10回(2007)	日本におけるコミュニティ心理学のこれから メンタリング・プログラムによるコミュニティ再生の可能性を探る(自主シンポ)
11回(2008)	よりよいコミュニティ援助を目指して：過酷な状況の中で苦しむ人々を多様な連携・協働から支援する方法を模索する 臨床心理士養成大学院における「臨床心理地域援助特論」を巡って エンパワメント評価の今日的課題(自主シンポ) 暴力の関与する事例へのコミュニティ援助：脅威査定に基づく介入(自主シンポ) EAP現場で必要な知識・スキル(自主シンポ)
12回(2009)	学校におけるスクールカウンセラーの役割とあり方：スクールソーシャルワーカーとの関連で 大学生・若者とコミュニティ
13回(2010)	子が育つコミュニティへの貢献：コミュニティ心理学の力 心理臨床家によるケアワーカー・トレーニングの試み(自主シンポ)
14回(2011)	多様性を楽しむ社会の実現に向けて

今日的課題』），さらには，事典形式の1995年の『臨床・コミュニティ心理学』の改訂新版に当たる『よくわかるコミュニティ心理学』（植村ら編，2006）が出版された．そして，近年には，コミュニティ心理学シンポジウム開催のそもそものきっかけとなった1969年の東京大学における日本心理学会第33回大会でのシンポジウム「コミュニティ心理学の諸問題」の話題提供者の一人，安藤（2009）によるまさに40年間の集大成『コミュニティ心理学への招待——基礎・展開・実践』が著された．以上が内外の著作との関連できわめて簡潔に眺めた日本のコミュニティ心理学の動向である．

ところで，発展を続けているように見える日本のコミュニティ心理学ではあるが，『コミュニティ心理学研究』でアメリカのように「特集」を追っても，これまでのところ数えるほどしか見当たらない．会員数は伸張しているものの，質や層（領域・テーマ）の薄さが特集を組むほどの力量に達していないというのが率直なところであろう．そこで，次善の策として，毎年開催される年次大会のシンポジウムを取り上げたものが表序.4である．

学会企画・大会企画の公式なものと会員の自主企画によるものがあるが，大会企画のものは多くが市民への公開シンポジウムということもあって，子どもや家族に関わる問題のものが多くなっている．全体的に臨床心理学的色彩が濃いものになっており，アメリカの状況のようなテーマの広がりは残念ながら現在のところ見受けられない．一層の質の充実が求められる．

第 I 部

子どもとコミュニティ心理学

---【オープニング・クイズ】---

子どもクイズ

①全国の子ども(15歳未満)の数は，2012年現在で，この20年間減少し続けている．
　　1．そのとおりである　　　　2．10年間　　　　3．30年間

②20歳未満の母親の出生数は，この10年ほど増加傾向にある．
　　1．そのとおりである　　　　2．変わらない　　　3．減少傾向

③保育所待機児童問題が深刻化しているが，待機全体の約6割が低年齢児(3歳未満)である．
　　1．そのとおりである　　　　2．5割　　　　　　3．8割

④児童虐待の数は年々増加しているが，主たる虐待者は実父である．
　　1．そのとおりである　　　　2．実母　　　　　　3．実父以外の父

⑤児童養護施設への入所児童数は近年増加傾向にある．
　　1．そのとおりである　　　　2．変わらない　　　3．減少傾向

⑥小中学生が学校へ行かない理由は，いじめが主なものである．
　　1．そのとおりである　　　　2．無気力　　　　　3．不安など情緒面の問題

⑦中学生の不登校率は，クラスに1人程度の割合である．
　　1．そのとおりである　　　　2．0.5人　　　　　3．2人

⑧小学高学年〜中学生の半数以上が，平日・休日の平均で1日4時間以上メディア漬けになっている．
　　1．そのとおりである　　　　2．3時間　　　　　3．6時間

⑨高校中退後，ハローワークなどの就労支援機関を利用した者は30%程度である．
　　1．そのとおりである　　　　2．50%　　　　　　3．70%

⑩公立学校教員の病気休職者に占める精神疾患の割合は，10年前の2.5倍である．
　　1．そのとおりである　　　　2．1.5倍　　　　　3．3倍

(正解はp.347)

1　章

子どもと生育環境：人と環境の適合

　子どもにとって，身近な物理的・社会的・文化的環境は，発達と学習の主要な資源であり，手段である．子どもは環境との相互作用や環境操作を通して自己の存在の意味や可能性や限界を学び，自分の所属する社会の一員として必要な知識や社会的スキル，役割などを獲得していく．つまり，社会化の過程において，生育環境の占める影響は，子どもが小さければ小さいほど大きな意味をもつ．

　環境が子どもに与える影響力は直接的であり，しかも，一般的には大人が環境を支配する．物理的環境を例として取り上げてみよう．たとえそれが子どもがおもに使うものであっても，子どものために特別に設計される空間はほとんどない．たとえば，近隣のちょっとした遊園地でさえ大人の論理で造られ，秩序だった人工的で監視がし易い構造になっており，子どもが喜びそうな自然のままの放置された空間を欠くことが多い．こうした人工的な環境は，大人の子どもへの支配と，大人の期待や意図，価値観を明確に表現しており，それが子どもの期待や価値観と合致していないがゆえに，遊園地には子どもの遊ぶ姿が見られないという現実となって現れることになる．

　子どもに強い印象を与える環境とは，個人的アイデンティティを養い，能力の発達を促し，成長と豊かさのための機会を提供し，安全と信頼感を向上させ，相互作用とプライバシーを認め，遊びの機会を提供するものである．Kemp *et al.*(1997)は，子どもを念頭に置いて注意深く環境を構成したときには，子どもは直ちに喜びと所有感覚で反応するといい，シアトルの子ども病院を例としてあげている．その病院は一連の色彩豊かで親しみやすい空間となっており，子どものニーズと関心を第1に優先して構成し装飾されている．一般に子どもは，

病院に関連するすべてに否定的な連想をもっているにもかかわらず，この病院では，このような環境の作りを通して，ここは子どもを世話しニーズに応ずる場所である，とのメッセージが子どもの患者に対して送られている，と述べている．

このことは，大人の論理に基づく環境への子どもの適応の強要ではなく，子どもの論理を重視した環境作りや配慮の重要性を示しているといえよう．この視点を，コミュニティ心理学では「人と環境の適合」といい，「適応」と「適合」を区別することでその違いを明らかにしようとしている．それとともに，子どもの認識や行動などをあたかも独立した事象のように扱ったり，あるいは人工的な環境で実験場面を設定して検討するのではなく，上述の Kemp らの例のように，置かれた環境の中でその子どもがどのように行動するか，その様態や実態を観察し，子どもと環境との間の関係や相互の交流に注目して，両者をまとめた全体を分析の対象とする．このアプローチを心理学では**生態学的視座**(ecological perspective)というが，「社会的文脈の中の存在としての人間」という視点で考察するのも，コミュニティ心理学の特徴である．

以下に，まずはこれらの考え方や理論を紹介し，その後に生育環境が子どもの発達に及ぼす影響について研究例を紹介することにする．

───────────【理　論　篇】───────────

1節　人と環境の適合

(1) 人と環境の適合とは

酸欠状態のどぶ川でアップ・アップしている金魚を掬ってきて，浄化装置の付いた水槽に入れたところ，金魚は運良く回復して元気になった．しかし，この金魚を再びどぶ川へ戻せば，また病気を再発させるだろう．これは，臨床場面のたとえ話である．どぶ川(環境：日常の社会生活場面)でもがいている金魚(人：クライエント)を水槽(クリニック)で治療して蘇生させても，戻っていく環

境が元のままでは根本的な解決にはならない．川の改修(環境の改善)をしてこそ，金魚は安心や健康や幸福を得られるのである．

　人と環境の適合は，コミュニティ心理学の旗揚げとなったボストン会議の10年後の1975年に，テキサス大学で開かれたオースティン会議の共通のテーマであり，今日までコミュニティ心理学の理念の中心であり続けている．Scileppi et al. (2000)の定義によれば，**人と環境の適合**(person-environment fit：P-E fit)とは，「ある個人のニーズや能力が，ある社会場面の中に存在している資源や機会と調和しているその程度」(訳書 p. 343)とされる．つまり，人が環境(物理的・社会的・文化的・人的環境)と不断に相互作用する中で生じる諸事象のうち，当該環境に対して抱くニーズや価値や能力が，充足されたり一致したり，発揮できたりしたと思える感覚，ひいては，心理社会的に自分の居場所が確保されていて居心地がよいこと，と表現することができよう．

　人と環境の関係は相互に調整されるべきであり，両者の最適な釣り合いを確立するように吟味されなければならない．このとき，環境とは，客観的に存在しているものよりはむしろその個人によって知覚された環境，つまり**主観的環境**であることの方が重要であり，居心地が悪いと感じられるのであれば，環境と人の両方を対等に検査しなければならないのである．しかしながら，現実には，この調整は往々にして人の方に負荷をかけるかたちで「調和」を導こうとするものになっている．ここに，「適応」と「適合」の明確な区別が求められることになる．

(2) 適応と適合

　心理学辞典にも，適応について必ずしも共通の合意があるわけではないようである．適応を順応と同置しているもの，また，そもそもの出自である生物学を強く意識したものなど，多様な概念定義が見られる．その中の一つに，「(前略)人間の適応には，受動的適応と能動的適応とがある．前者は，自分を現在の環境に対してできるだけ合わせていくような適応行動であり，後者は，自分の適性に合うようにするため，あるいは自分の理想を実現するために，環境そのものを変える努力をする積極的な適応行動である．従来の考え方では，どちらかといえば前者の方が強調され，後者が軽視されがちであった．(後略)」(中

山, 1990, p. 303)というものがある．この説明では，従来の見解としては，適応とは，もともと環境は変わらない，あるいは変えられないものとして，人がそれにどのように合わせていくかという受動的適応を指して用いられてきたことになる．おそらくこの見解が共通認識に近いものであり，そうであるならば，能動的適応，受動的適応などの紛らわしい用法を捨て，図 1.1 に示すように，環境に人を合わせる形の調和を**適応**(adjustment)といい，人に環境を合わせる，および，人と環境をともに変える形の調和を**適合**(fit)とすべきであると考える．

これに対して，「適合状態」には二つのレベルがある，とするソーシャルワークの観点からのものがある(Richman *et al.*, 2004)．適合状態の第 1 の類型は，ニーズと充足のレベルからの観点で，個人には身体的・心理的に生存することに関わる特定のニーズがある，とするものである．Abraham H. Maslow の欲求階層説のように，下位のニーズが満たされない限り上位のニーズが動機づけられることはなく，「適合状態の第 1 の類型では，機会，資源，充足という文脈におけるこれらのニーズは，環境において満たすことができるとされる」(訳書 p. 172)．つまり，ニーズに合うよう環境を調整ないしは変革することで，適合状態を獲得するものである．これに対して第 2 の適合状態の類型は，要求

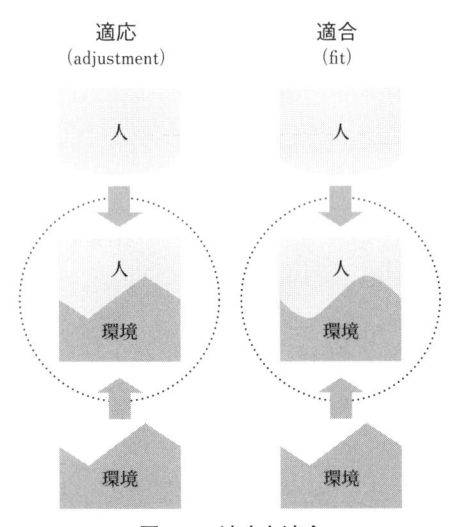

図 1.1　適応と適合

と対処能力のレベルからの観点で，環境からの要求および要請と，こうした要求に応えるための人の対処能力，適応力，スキルとの一致の程度に着目する．環境からの要求が人の能力にとってちょうどよい場合に，良好な適合状態がもたらされるというものである．つまり，人の対処能力を高めることで適合状態を獲得するものである．

Richman *et al.*(2004)は，これら二つのタイプの人と環境の適合状態は相互に独立していなければならないわけではないとしているが，これらは，これまで述べてきた「適合」と「適応」の考えに合わせれば，第1の類型が「適合」であり，第2の類型は「適応」に該当するといえるだろう．このことは，先のコミュニティ心理学者のScileppi *et al.*(2000)の定義がこれを証拠づけているといえよう．

改めてまとめれば，コミュニティ心理学における適合とは，人と環境を対等なものとして見ており，ある状況とは，人と環境とでできた一つの生態学的なシステムとして捉え，そのシステムを最適な状態に維持するために，人とともに，それ以上に環境を変えることでバランスを調整することをいう．その意味で，従来の心理学が「人」を変えることの方のみに関心を示した適応とは異なり，人以上に「環境」に視点を置いた考え方である．先の「どぶ川の金魚」のたとえでいえば，どぶ川でも生きていける耐性力を金魚につけること(適応)とともに，それ以上に，酸欠状態というどぶ川の環境を改善することで金魚の日常的な生態学的システムを最適の状態に調整すること(適合)を図ることこそ，システムとして無理の少ない永続性のあるものとなるであろう．

本書では，以降の記述に当たって，心理学において慣用的に定着している用語(例：適応機制，社会的再適応評定尺度，汎適応症候群，適応指導教室など)を除いて，「適応」と「適合」を意識的に区別して用いることにする．

2節　社会的文脈の中の存在としての人間

金魚の例もそうであるが，われわれ人間は，浄化水槽のように，クリニックや実験室のような人工的でシンプルな環境の中で生活しているわけではない．患者としてクリニック(単純な人工的環境)に来ても，治療を終えて一歩外へ出れ

ば，たとえば，その人には家へ帰れば妻も子どももおり，会社へ行けば仕事も人づき合いも待っている(複合状態の日常的環境)．つまり，われわれは，家族や学校や職場，地域社会，さらにはさまざまな社会制度や文化のもとでの多様で多重な現実環境の中で，お互いが生活しているということである．こうした複雑な社会システムの中に位置する存在，つまり，「社会的文脈の中の存在」という視点で人の行動を把握し，理解したうえで，生起している問題に対して現実的な判断や対処をしなければならないということである．

　この発想は，序章2節で紹介したLewin(1951)の公式に基づくものであり，それをさらに積極的に展開しようとしている．というのも，この公式を否定する心理学者はいないだろうが，現実には，心理学はこれまで人の行動を理解する努力において，情動や欲求，パーソナリティといった人の要因の方をもっぱら強調し，環境の要因にはほとんど関心を払ってこなかったという歴史的経緯があるからである(Bronfenbrenner, 1973)．

　たとえば，物理的環境を少し変えるだけで，そこに集う人々の相互作用が劇的に変化することを明らかにした研究がある．Holahan & Saegert(1973)は，精神科病棟の改装に際して，実験群の病棟は全体を明るいオフホワイトで塗装し，廊下の下半分の汚くなった大理石を明るい青のペンキで塗り直し，さらにすべてのドアと各部屋の一つの壁は明るい色で塗られた．これに対して，統制群の病棟はもとのままの状態であった．二つの病棟の患者の行動を時間標本法によって観察したところ，改装した病棟の患者には社会的行動が有意に増加し，孤立した受け身の行動は有意に減少した．また，他の患者やスタッフ，訪問者との交流も活発になった．

　また，名古屋市の某児童養護施設職員の観察では，乏しい予算のやりくりの中で，食器が割れるのを恐れるあまり，皿もコップも皆合成樹脂加工のものにした結果，子どもたちの食器の扱いが乱暴になり，それが他の物品や器物にも及んだ．そこで，瀬戸物の皿やガラスのコップに替えたところ，扱いも穏やかになり，生活態度にも変化が見られるようになった(著者への私信)．

　これらの例は，人の行動が，個人要因以上に環境要因によって大きく左右されることを示している．このように，Lewinの公式や，**文脈の中の存在としての人間**(person-in-context)という視点(Orford, 1992)は，人中心主義的なバイアス

を修正することを目的としており，人の行動は，彼がその一部分でありつつ，影響を受けたり与えたりしている社会的場面やシステムという文脈の中での相互作用の結果である，と考える．人は自分がいる場面に影響を与え，一方，場面はその中にいる人に影響を与える．したがって，もしもその人に何らかの不具合が生じているならば，人と環境の双方が検査される必要があり，そして，おそらく両方が何らかの変化を求められるだろう．

3節　人と環境の適合をめぐる諸理論：生態学的視座

　コミュニティ心理学は人間の行動を生態学的な視点で捉えようとする．「生態学」は，有機体(生物)が地理的・物理的な生活環境にどのように順応しているかを研究する生物学の一研究分野であるが，それを人に当てはめて考える「人間生態学」に基づいて，人と環境の関係(相互作用)を，実験のように研究者が操作を加えるのではなく，自然の日常生活環境のもとでの人の行動を研究しようとするアプローチの仕方である．

　先に述べたように，われわれ人間は，家族や学校，職場，地域社会などの多様で多重な現実環境の中で生活する存在であり，社会的文脈の中の存在という視点で人の行動を観察し，理解するのが最も自然な姿であろう．ただ，この「文脈の中の存在としての人間」という視点で人の行動を扱う作業は決して簡単なものではない．Orford(1992)がいうように，人とその環境との間の関係はほとんど常に相互的で，非常に複雑なものであり，互いに影響しながら分離不可能な全体を構成しており，また，連続性をもち長期間にわたることも多く，それらを正確に把握することを困難にしている．

　こうした困難がありながらも，コミュニティ心理学における思考の多くは，個人の行動は生態学的文脈を考えることなくして理解することはできない，という基本的仮定にその源をもっているので，文脈の中の存在としての人間についての良好な人と環境の適合を記述し，分析し，評価するのに必要な研究の道具として，いくつかの生態学的モデルが研究者によって考えられている．ここではその代表的な四つの理論を紹介するが，これらの諸理論を統合するような統一理論の構築が今日待ち望まれている．

(1) バーカー(Barker, R. G.)の生態学的心理学と行動場面

Barker(1968)は，行動の研究は実験室や作られた場面ではなく，日常の事態でなされるのが最もよいという信念のもとに，ある環境場面では誰もが示す行動と，その場面の構造特性との間の関係を明らかにする研究を自然観察法によって行った．つまり，彼の関心は，行動の背景を個人のパーソナリティーや能力などに求めるのではなく，個人には関係なく，場面に規定されてしまう行動パターンにあった．

この観察を記述する基本単位が**行動場面**(behavior setting)と呼ばれるもので，「序列化された一連の活動を実行するために協調的に相互作用する置き換え可能な人および人以外の構成部分からなり，時間的・空間的な境界のある，自己調節機能をもった階層システム」(Wicker, 1979 訳書 p. 17)と定義されるが，講義場面，スポーツ観戦場面，食事場面といった日常のさまざまな生活場面がその例である．この行動場面は，いずれの場面でも，場面内では共通するいくつかの特徴をもっている．「学校での授業場面」を例にとって説明しよう．

a) 置き換え可能な人と人以外の諸要素から構成されている：先生と生徒という人間と，机，椅子，黒板，ノートなどの人間以外の要素から成り立っており，生徒や黒板などが代わっても「授業場面」ということには代わりはない．

b) それらの諸要素は協調的に相互作用する：先生は講話をし板書するなど一連の活動を実行するが，生徒もまた椅子に座りノートをとるなど，人と人，人と物，物と物の間で協調的な相互作用が行われる．

c) 時間的・空間的な境界をもっている：あらかじめ決められた時間割に従い，特定の教室で講義がなされる．

d) 自己調節機能を備えた階層システムである：黒板は先生にとって十分大きくて書きやすく，生徒にとっては見やすい場所や高さに設置されている．また，「授業場面」は先生と黒板からなる「教授場面」と，生徒と机や椅子からなる「受講場面」という下位場面からなる階層システムをなしている．

e) 行動場面は行動場面プログラムという順序性をもつ一連の行動を遂行する機能をもっている：a)からd)に述べてきたものを含みながら，先生が生徒に知識を伝達することを目的とする，というプログラムを遂行している．

このように，一般的には行動と環境の間には適合性があり，行動場面は普段

は当然のこととして意識されることはあまりない．この理論が分析の威力を発揮するのは，行動場面がその目的に合致しない様相を見せるときである．たとえば，場違いの行動はなぜ起きるのか？(授業中の生徒の私語)，物理的な次元で違う点があったらどんな変化が起こるのか？(教室での授業と体育館での授業)など．こうして，行動場面の特性によって差が生じるのは行動のどの部分であるのかが明らかにされることで，個人とは関係なく，行動場面や行動の本質が明らかになる．

　読者も，先にあげたたとえば「スポーツ観戦場面」について，サッカーやゴルフ，相撲，弓道，マラソン，水泳など，形態の異なる多様なスポーツの観戦場面における共通性と特異性を，上記a)からe)の観点で分析してみられたい．

　ところで，この最重要単位である「行動場面」は，どのようにして識別・選定されるのであろうか．Barkerは，ある二つの行動場面の間の相互依存性を測定する7段階評定(高得点ほど相互依存度が低い)の7尺度からなる「Kテスト」という調査法を考案し，そのテスト得点の合計が21点以上になれば(つまり，相互依存度が低い)，二つの行動場面は互いに独立したものであるとする方法(K-21法)を開発している(Wicker, 1979)．例をあげて説明しよう．校長室の一角にパーティションで仕切られたスクールカウンセラー用の相談室があるとしよう．この相談室は独立した行動場面だろうか．Kテストを構成するうちの「空間的相互依存性尺度」は，この二つのコーナーがどの程度の共有空間率かを7段階で測るもので(共有率0%＝7点から，共有率95-100%＝1点)，また「リーダーシップ面の相互依存性尺度」は責任者の重複率を測定する(重複率0%＝7点から，重複率95-100%＝1点)．その他，「行動の相互依存度」や「時間的な近接性」など計七つの尺度が用意されており，この合計点が21点を超えていれば，両コーナーは独立の行動場面と判定されることになる．この例では，相談室として独立した部屋を確保することが難しいことからこうした措置がとられたが，カウンセラーの強い要求で，カウンセラーの来校日は校長が部屋を明け渡すことで独立した行動場面を確保したケースである(得点化の詳細は，Wicker, 1979 訳書 p. 276「付録」参照)．

(2) ケリー(Kelly, J. G.)の生態学の原理

Kelly(1966)は，コミュニティの中での個人の機能に影響を及ぼす力を理解するには生態学の視点が重要であるとして，四つの原理を提唱している．

◎相互依存(interdependence)

ある社会システムのすべての部分は一緒に作動しており，一つの部分における変化はシステムを構成しているすべての部分に影響を及ぼす，というのが相互依存の原理である．システム内の一つの要素が変えられると，システムにストレスを生む．もしも相互関連している成分のすべてがこの改訂された要素と調和できれば，この変化は受容されシステムは安定するが，調和できなければ，そのときシステムは自らを調節することで，分裂を導く現状を再確立するために抵抗するので，この変化は拒絶されるだろう．たとえば，矯正期間を終えて地域に戻った元非行少年は，受け皿となる地域が彼を拒絶することで従前の地域システムを維持しようとする力が強ければ，少年は居場所がなくなり，再び非行の道に舞い戻ることになるかもしれない．

◎資源の循環(cycling of resource)

これは資源がどのように利用されるかに関わる原理で，いかなる社会システムにおいても資源やエネルギーが存在しており，それらがそのシステムを通してどのように転移されるかを考えることは意味のあることである．ある部分で廃棄物であるものも，別の部分では有益な資源になり得る．たとえば，成人した子どもをもつ母親は「空の巣症候群」によるうつ状態を経験しているかもしれないが，地域の若い母親たちからは経験豊富な子育て支援ボランティアとして期待されているかもしれない．また，5年前のコンピュータはもはや企業では旧式で使えないかもしれないが，その地域の小学校の生徒の教材用としては十分に役に立つだろう．

◎順応(adaptation)

この原理は，ある特定の生育地や環境の中で生活し，成長するためのその人の能力に関わるものである．順応は個人のコンピテンスを高めたり，人が広範な生育地の中で成長することを可能にしたり，その環境を親しみのあるものとすることで，人の成長が促進される．順応はよりよい人と環境の適合を創り出すというコミュニティ心理学の中心テーマを表現している．この原理は，人志

向の介入にも場面(環境)志向の介入にもともに理解できるものであるので，適合性の良さを高めることになるだろう．たとえば，中学校に入学した1年生は，自ら時間管理や対人スキルを学習することによって新しい学校環境に快適に順応することができるようになるし，一方，学校側も，新入生用のガイダンスやワークショップを開くことで，生徒が早く学校生活に慣れることができるような工夫を凝らす．

　◎**遷移**(succession)
　遷移は連続性とも訳されるが，これは，環境は長い時間をかけて連続しながら変化し，より順応にとむ集団が順応の低いものに取って代わるというものである．環境は「行動から中立である」のではなく，むしろ，環境はある集団を好み他を強圧するのが自然生態の原理であり，人間生態もこれに類似する．たとえば婚姻の形態がある．わが国もこの1世紀の間に婚姻のあり方が大きく変化し，離婚や未婚での同棲はありふれたことになった．それとともに片親の子どもも増加しているが，昔のように偏見や差別的な目で見られることも少なくなってきている．こうした変化はより大きな社会・文化的な力から影響を受けるし，反対に，個人の婚姻についての選択に際して影響を与える．この遷移の原理は，コミュニティ心理学者に，一つの社会システムとしてコミュニティを見ること，そして，そのシステムの中に存在しているマクロレベルの傾向を認識することを可能にする．

　このように，Kellyの四つの生態学原理は，社会環境のダイナミックスを記述するのに独特の有用な概念を提供するものとなっている．

(3) ムース(Moos, R. H.)の社会的風土の知覚

　Barkerは場面が行動にどのように影響するかを明らかにしたが，Moos(1973)は同じタイプの場面の間の差異を測定するための道具を開発することに関心をもった．Moosはこのニーズを満たすために一連の社会的風土尺度(social climate scale)を開発したが，それは，ある特定の環境場面の中に住んでいたり働いている人々のその環境場面に対する認知を集めることによって，その場面や環境の雰囲気や社会的風土に関する関係者の総意を示すプロフィールを提示することができるというものである(Orford, 1992)．

彼が開発した尺度には，病棟の社会環境をアセスメントするための「病棟雰囲気尺度(WAS)」や，知覚された家族の質を測定するための「家族環境尺度(FES)」，学級環境の圧力を雰囲気として捉える「学級環境尺度(CES)」など8種類のものがある．これらの尺度の項目は，いずれも「この病棟は」とか「うちの家族は」「このクラスは」といった表現がとられ，個人による当該場面や環境の「全体の雰囲気」の認知を問う形式になっている点に特徴をもっている．彼によれば，学級環境や病棟環境など環境はさまざまでも，共通の項目の組み合わせで記述することができ，それは大きく「関係性の次元」「個人的発達の次元」「システム維持と変革の次元」の三つのカテゴリーにまとめられるという．そして，異なる環境ごとにこの各カテゴリー次元内では独自の構成要素(下位尺度)が成立するとされ，実際これら8種類の環境尺度はいずれも9ないし10の下位尺度(各10項目)から構成されたものとなっている(Moos, 1976)．

◎**関係性の次元**：メンバーが他者と関わりをもっているか，互いにサポートし合っているか，言いたいことが言える雰囲気か，などの程度を測定するもので，WASを例にとれば，「関与」「援助」「自発性」の3下位尺度がこれを構成し，FESでは「凝集性」「感情表出」「葛藤」がこれを構成している．

◎**個人的発達の次元**：自己決定ができることや，課題志向的であったり達成をメンバーが評価する雰囲気があるか，個人的問題についての態度決定など，個人的な成長に関わる次元で，WASには「自律性」「現実的な態度決定」「個人的問題の態度決定」「怒りと攻撃性」の四つの下位尺度が，FESでは「独立性」「達成志向」「知的・文化的志向」「活動的・娯楽的志向」「道徳・宗教の強調」の五つが用意されている．

◎**システム維持と変革の次元**：プログラムの目標の明確さやスタッフの構成，秩序と計画性など，当該環境場面をシステムや組織として捉えたときの管理的視点の次元を測定するもので，WASでは「秩序と組織」「明瞭性」「統制」の3下位尺度が，FESでは「組織」と「統制」から成っている(Orford, 1992)．

このMoosタイプの尺度は日本でもいくつか作られており，たとえば，伊藤(1999；2001)は学級風土質問紙を作成し，中学校を対象にクラス比較をしたり，学級編成時の生徒の精神的健康が風土形成に与える影響を調べることで，この尺度の臨床的妥当性を検討している(本書3章6節参照)．

Moosの社会的風土尺度は，三つの次元に見られるように，重要ではあるが場面と人との関係からだけでは見えない側面を測定している点に特徴がある．これらの特質を測定するには個人の認知に頼らざるを得ず，Barkerの行動場面理論にはないやり方で場面の特徴を捉えるこのアプローチは，質問紙を用いることによる方法の得失はあるものの，コミュニティ心理学の研究と実践の双方を豊かなものにしてきた功績は大きいといえよう．

(4) ブロンフェンブレンナー (Bronfenbrenner, U.) の児童発達の生態学理論

Bronfenbrenner (1979) は，児童発達の理論のほとんどがその子どもの発達する文脈に対して十分な関心を払わず，子どもを文脈から独立した一つの存在物として扱っていることに異を唱え，「理論および実証的研究両方のレベルで，研究モデルの中に文脈を組み込むための基礎を提供しようとする」（訳書 p. 22）という意図のもとに『人間発達の生態学』を著した．そして，「人間発達の生態学は，積極的で成長しつつある人間と，そうした発達しつつある人間が生活している直接的な行動場面の変わりつつある特性との間の漸進的な相互調整についての科学的研究である．この過程は，これらの行動場面間の関係によって影響を受け，さらにそれらの行動場面が組み込まれているもっと広範な文脈によって影響を受ける」（訳書 p. 23）と定義している．彼はこの社会的文脈を，図1.2のように，彼がミクロ，メゾ，エクソ，マクロと呼ぶ，一組の同心円を類推させる四つの入れ籠状のシステムで構成されるものと想定した．

◎**ミクロシステム**(microsystem)：最小の単位であり，家庭や学級のような，個々の子どもが直接的な経験をもち，自らの存在を見出す場面であり，このシステムはその子どもが規則的に，また頻繁に相互作用する人や物体を含んでいる．このレベルの分析は，たとえば，学級の風土が子どもの成績や対人行動の発達に及ぼす効果の理論的根拠を提供する．

◎**メゾシステム**(mesosystem)：二つあるいはそれ以上のミクロシステム間の連結からなっており，子どもの家庭と学校や，病院と患者の家族との連携に見られるような，これらミクロシステム間の関係である．

◎**エクソシステム**(exosystem)：子どもが直接経験をもつミクロシステムと，その子が直接入ることはないが，それにもかかわらずその子の直接的環境で生

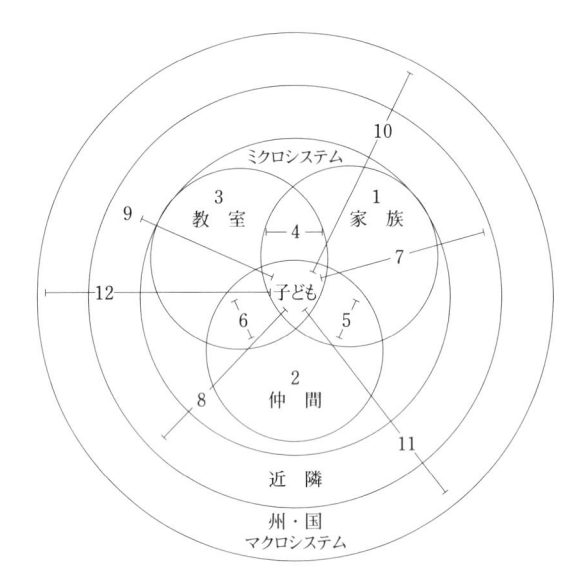

入れ籠状システムにおける要因の例
A．ミクロレベル
 1．核家族・拡大家族
 2．仲間・隣人
 3．教室・学校
B．メゾシステム
 4．親―教師面談
 5．きょうだい・近所の友だち
 6．退学した友だち
C．エクソシステム
 7．親の職場の上司
 8．地域の外出禁止令
 9．教育委員会
D．マクロレベル
 10．景気後退
 11．差別，文化規範
 12．義務教育法

図1.2　Bronfenbrennerの人間発達についての生態学的モデル
(Scileppi *et al.*, 2000 訳書 p. 67)

じることに影響を及ぼす環境場面との間の関係を指す．たとえば，教育委員会や親の勤務先などがこれに当たり，教育委員会の学校管理方針や親の勤務先が変われば，子どもの生活に影響を及ぼすだろう．

◎**マクロシステム**(macrosystem)：最大の単位であり，これには文化や政治・経済的条件のような規模の大きな社会的要因が含まれる．たとえば，社会の性別役割観はその社会の人々の生活に影響を及ぼすし，経済の動向は子どもの親の生活に(ひいては子どもに)影響を及ぼすだろう．

　これらの単位はそれぞれが独立のものではなく，相互に関連し合っている．例をあげることで理解を助けることとしよう．5年生のKが勉強に集中できな

いという問題を抱えているとする．個人的な視点では，担任教師は個別指導とか，集中力を欠くという障害に心理治療を考えるかもしれない．一方，生態学的な見方では，Kを取り巻く環境や文脈に考慮を払う．実際Kの家庭は両親が離婚問題に直面しており(ミクロシステム：Kと両親の関係／夫と妻の関係)，その原因が父親の失業にあり(エクソシステム：Kと父親の職場の関係)，さらにそれが不況による勤務先での人員削減の結果(マクロシステム：Kの父親および会社と経済情勢の関係)によるものであった．こうした背景が両親の不和とKの怠学に繋がったとすれば，Kに最も役立つのは，恐らく仲間や家族，担任からの情緒的なサポート(メゾシステム)であり，特別な個別指導などではないだろう．

このように，生態学的視座は，人間行動のより全体的な理解のための理論的根拠と，コミュニティにおける精神保健をはじめとするさまざまな生活の質(QOL)を高めるための，多様で効果的な方略のための基礎を提供してくれる．ただ，はじめにも述べたように，これら個別の理論を統合した，生態学的心理学の統一理論を発展させる努力が引き続きの課題であることに変わりはない．

――――――――【展　開　篇】――――――――

【理論篇】で紹介した生態学的視座に基づく四つの理論を日本の子どもに直接適用した実証研究は，著者の知る限り残念なことに皆無に等しい．そこで，ここでは厳密な理論の枠を超えて，子どもの「人と環境の適合」の研究に置き換えて，環境として，施設環境，建築環境，メディア環境を取り上げ，それが特に幼い子どもの発達にどのような影響を及ぼすかを追究した研究例を取り上げることとする．なお，Moosの社会的風土については，本書の3章で，学級風土の研究として伊藤(2003；2009)の研究を紹介している．また，国外では，Barkerの行動場面については，Barker & Gump(1964)の『大きな学校，小さな学校』が，Bronfenbrennerのシステム論については彼の『人間発達の生態学』(1979)において紹介されている例が参考になる．

4節　乳幼児施設の環境改善と子どもの発達

　両親や家族と離れて生活をせざるを得ない境遇に置かれた乳幼児施設の子どもたちにとっての大きな問題は，特定の養育者との絆を形成できず，人見知りをせず誰にでも近寄っていく，などの対人行動に歪みが見られる現象であり，その原因として，乳幼児期に特定の養育者とのアタッチメントが形成されず，社会生活に必要な対人関係が育っていないことがあげられてきた．

　Bronfenbrenner(1979)は，自分の家庭を除けば，乳児期以降の人間の発達に包括的な文脈として機能する唯一の行動場面は児童施設であり，生態学的な視点からすると，家庭とは違う基本的な行動場面がどのような影響を及ぼすかを研究するのによい機会を与えてくれる点で重要であるといっている．ただ，残念なことには，これまでの施設における発達の研究は個人の心理的結果のみに気を取られており，個人が組み込まれているミクロシステムの構造に無関心であり，施設という行動場面を特徴づけ，家族や家庭という普通の発達的文脈におけるものと区別される諸々の活動，役割，関係をすべて包括させたものについてほとんど情報がない，と述べている．

　こうした中，金子(1996)は，勤務する乳児院が，併設の養護施設幼児部との相互乗り入れを行うことで養育担当制の採用をはじめ養育態勢を大幅に改善し，諸発達の遅滞や情緒・社会面の歪みなどの問題を解決するべく0歳から就園前までの「乳幼児ホーム」を計画したことを機に，それに参画して，乳児院・養護施設の移転に伴う養育態勢の改善により，入所児の発達が移転前と移転後でどう変化したかを検討している．

　新しい養育態勢の取り組みとして次の3点が実施された．(1)小グループ化(社会的環境の改善)：子どもの生活の場である保育単位をより小さくする．すなわち，職員と子どもの数が1対1になるようにし，10名未満の小グループでの養育を行う．移転前は，職員は児童福祉施設の最低基準どおり，直接処遇職員：子ども＝1：1.7に従って配置されていた．(2)養育の一貫性(人的環境の改善)：担当者と子どもの継続的人間関係を保つために担当制を行う．すなわち，入所から退所まで養育担当者を変えない態勢を採用し，子どもと担当者との個人的絆を保障する．移転前は，1クラス20名という集団養育の中で，養育担

4節 乳幼児施設の環境改善と子どもの発達　　　　　　　　　　　45

当制をとっていなかった．(3)家庭的雰囲気(物理的環境の改善)：家庭での生活が乳児院でも体験できるように，居室を家庭的な環境にする．すなわち，居室には台所・食堂・居間・寝室・トイレなどを備え，一般家庭の雰囲気を感じることができる構造にする．移転前は，生活の場は寝室・保育室・食堂と分けられており，全員の子どもを一斉に保育しており，また，子どもの手の届くところに家具や遊具はなく，遊ぶ時になると職員が倉庫からおもちゃなどを持ってきていた．

　移転前後の比較のための子どもの観察指標として，1981年以降に出生して入所した乳児のうち，出生時体重や障害などに問題のない116名が対象とされた．彼らの個人記録表に残されている各種発達指標のうち，(1)人見知り：馴染みのない人に対しての泣きや明らかな拒否反応，(2)初語：「マンマ」「タータン」などの有意味語，(3)二語文：「タータン，キタ」「ブーブー，イッタ」などの有意味語と有意味語の言葉，の発現した月日と対象児の生年月日から，各指標の発現月例を算出した．

　移転は1986年から87年にかけて行われたため，これの前後に在籍した入所児の記録に基づいて，出生年を横軸に，各指標の発現までの生後日数を縦軸に，個人をプロットしたものの1例が図1.3(初語発現)である．これらの結果から

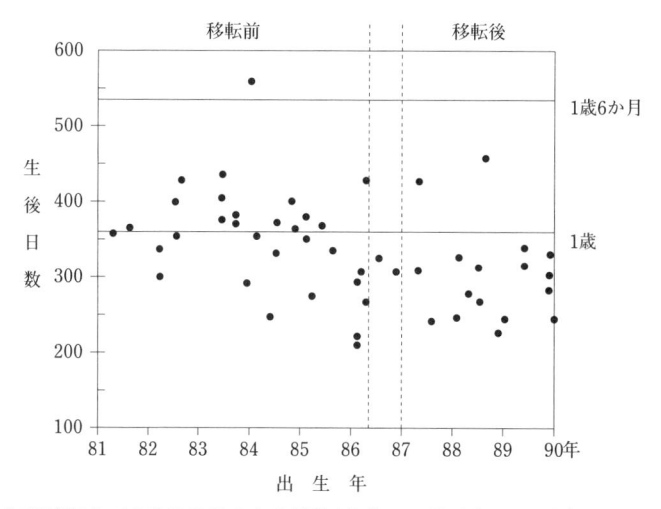

図1.3　初語発現までの生後日数の年次推移(生後3か月以内の入所児) (金子，1996, p.70)

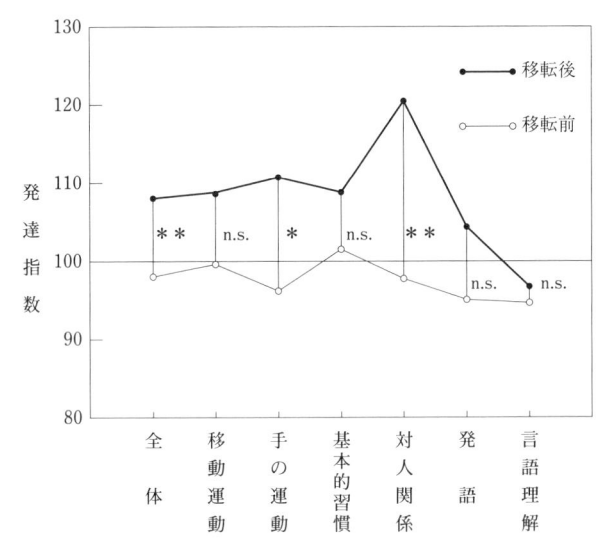

図1.4 発達指標の項目別指数：移転前入所児と移転後入所児の比較
(金子，1996, p. 76)　　＊＊p＜.01，＊＜.05, n.s.＝有意差なし

　見て取れることは，移転前と比較して移転後の諸発達は明らかに向上しており，人見知り，初語，二語文とも，その発現までの生後日数はいずれも早くなっている．同時に測定された遠城寺式乳幼児分析的発達検査における指数も，ほとんどの幼児で100を超えていた（図1.4参照）．
　この結果が示すように，生育環境（社会的・人的・物理的）が子どもに及ぼす影響はきわめて大きいものがあり，はじめに述べたように，その影響は子どもが小さければ小さいほど大きな意味をもち，人と環境の適合の重要性を訴えている（この施設は，移転前に時の法令の基準を満たさないような環境であったわけではなく，全国平均的な養育水準であり，標準的乳児院の様相を呈していた）．

5節　高層集合住宅と幼児の自立の遅れ

　高層集合住宅の高層階に住む幼児は，低層階の子どもや戸建て住宅に住む子どもと異なり，母親の手を煩わさなければ戸外に出ることができないので，母親が出渋ったり，赤ん坊でもいればなおのこと，幼児は絶えず部屋の中で遊ぶ

ことになる．こうして，母親の外出不足が幼児の外出不足に繋がり，それが母子がいつも一緒にいる機会を多くし，母子密着を進行させ，その結果，幼児の母親への依存傾向を増大させ，生活習慣の自立を遅らせることが推測される．

こうした，人と環境の不適合を実証する研究を紹介しよう．山本(1986)は，横浜市港南区の高層集合住宅の多い保健所の3歳児健康診断の場で，母と子の分離度に関する行動観察を行い，高層階の母子の分離度が悪いことを見出している．

3歳児健診は毎月実施されており，その月に3歳になる幼児とその母親だけが集まるという自然観察場面としては絶好の場面である．具体的には，歯科健診の場を利用し，診察室を入ってすぐの所に椅子を置き，母親にそこで座っていてもらい，子どもだけを歯科医師の所に健診に行かせるように指示した．椅子と歯科医師の距離は3.3mであり，観察者は歯科医師の背後にいて，母と子の行動を記録する．

観察記録は，子どもの行動については，①子どもが一人で診察に行けた，②不安気に母親の顔を見ながら結局一人で行けた，③途中まで行ってあとずさりしたりUターンしてしまい，そのまま母親のもとから離れなかった，④はじめから母親から離れようとしなかった，に分けて記録された．母親の行動については，①指示どおり椅子に座って子どもの行動を見守った，②子どもが一人で行けないのを見たうえで，指示に反して椅子から離れ，子どもを医師の所に連れて行った，③指示を無視してはじめから子どもを医師の所に連れて行ってしまった，に分けて記録された．この記録をもとに，母子の総合分離度を，子どもの行動①と母親の行動①の組み合せを「問題なし」とし，その他の組み合わせを「問題あり」と判定した．

精神発達度は3歳児健診用に保健所が用いているものを利用した．運動発達，描画操作，数概念，言語の発達，身のまわりのこと，困る性質・癖，についての内容が入っている．42点満点で20点以上を健常児とし，それ未満の子どもは対象外とした．

母親へのアンケートでは，居住形態，集合住宅の場合は居住階，住居の広さ，居住年数，家族構成，きょうだい数と順位を聞いている．

観察データ451組の中から，独立住宅または集合住宅に住み，居住年数6か

月以上，父母健在の核家族で，子どもが正常な精神発達内にある 222 ケース (男児 129 名，女児 93 名) を分析対象とした．

結果は，単純クロス集計では，男の子の場合，20 坪未満の住居や集合住宅 4 階以上の住居では，母子分離度に問題がある場合が多いという有意な傾向が見られている．女の子の場合も同様な傾向が見られるが，男の子ほど顕著ではなかった．

数量化 II 類による分析の結果は，相関比が十分大きくない欠点はあるが，興味深い傾向が認められた．男の子の場合，住居形態と居住階の影響が他の要因よりもより大きかった．特に，集合住宅 4 階以上に住む母子の場合問題が大きい．きょうだい順位や精神発達度よりも居住階が大きく影響している．一方，女の子の場合は，居住形態と居住階の要因よりもきょうだい順位による影響が大きく，一人っ子や二人きょうだいの長子に問題がある傾向を示している．

居住階が 4 階以上の場合，男の子が母子分離度が悪いのは，女の子に比して男の子が活発で動きが激しいことから，ベランダなどからの転落の危険を考えると，男の子は母親にとって目が離せない存在であることがその背景にある，と山本は推測している．

高層住宅が人々の生活に及ぼす影響については，白石 (2010) が「高層マンション症候群」と名付けて，最近のわが国の研究について，子どもの発達のみならず妊婦の流産率や健康への影響などを明らかにしている．子どもとの関連では，山本の研究と同様に，自立の遅れや「高所平気症」の子どもが増えるなど，高層階での子育ては，子どもにとってのみならず母親にも好ましくないことが示されるとともに，当の母親自身も子育てへの悪影響を意識していることを紹介している．

6 節　乳幼児期の育児環境としてのメディア接触

IT 技術は今後ますます進歩し，多様化することは自明のこととして認識されており，それに伴って子どもの電子メディアへの接触もいっそう頻繁になり，低年齢化し，長時間化することが予想される．これまで人類が経験したことのないメディア環境が，心身の発達過程にある子ども，とりわけ乳幼児に与える

影響が懸念されている(日本小児科医会「子どもとメディア」対策委員会, 2004).

1990年代以降のビデオ(VTR/DVD)機器の普及は乳幼児のメディア接触を早め,かつ長時間化をもたらしている.テレビやビデオの乳幼児期からの早期接触や長時間視聴が発達に及ぼす影響に関して,土谷(2001)は,1995年以降,神奈川県内の乳幼児の母親への質問紙調査や聞き取り調査・子どもへの行動観察,中学・高校生の親への質問紙調査を実施し,それらの結果を次のようにまとめている.

ビデオ視聴が,①単独視聴,②独力操作,③繰り返し視聴,を助長し,さらに,④養育者の「子守り機能」「教育機能」期待を高め,人間発達に重要な養育者との相互交渉や手足を使う遊びを乏しくさせ,テレビ視聴以上に子どもの成長への深刻な影響があることを指摘している.また,乳幼児初期から長時間テレビ・ビデオ接触した3歳児には,集団場面で心配な行動が観察され,それは,①情緒の表出,②対人関係・コミュニケーション,③視知覚,④象徴機能や遊び,⑤運動性,と多領域に及んだ.その視聴スタイルは,①1歳前からの視聴開始,②1回に長時間,③繰り返し(巻き戻し)視聴が多い,④一人で視聴(大人が声をかけない),⑤外遊びをほとんどしない,であった.こうした視聴スタイルが乳幼児の成長・発達に影響を及ぼすと思われる長期的な可能性として,①養育者との情緒交流・社会的相互作用の減少から,情緒の表出・コミュニケーション・対人スキルの低下を招く,②巻き戻し・繰り返し視聴の習慣化から注意のコントロールの低下を招き,自らの関心・好奇心の発動によって対象に視線を定位・注意を集中することが困難になる,③与えられる刺激を受信する生活スタイルが中心になると,乳幼児期初期の感覚-運動期の自発的探索活動が乏しくなり,身体による世界認識が萎えていく,ことをあげている.

また,近藤(2007)は幼児を対象とした研究において,電子メディアへの長時間接触群の特性として,社会性の発達や生活習慣の自立などが遅れる傾向があることを認め,これは,メディアへの接触によって親子の対話などのコミュニケーションの機会が少なくなることや,外遊びや身体を使った遊びなどの直接体験の減少に原因があるとしている.

このような現状を踏まえ,日本小児科医会「子どもとメディア」対策委員会(2004)は,「子どもとメディア」の問題に対する提言を発表し,①2歳までの

テレビ・ビデオ視聴は控える，②授乳中，食事中のテレビ・ビデオの視聴は止める，③すべてのメディアへ接触する総時間は1日2時間まで(テレビゲームは1日30分まで)と制限する，④子ども部屋にはテレビ，ビデオ，パソコンを置かない，⑤保護者と子どもでメディアを上手に利用するルールを作る，という五つの具体的提言とともに，小児科医にも，率先してこの問題を理解し，①日本小児科医会の活動，②外来・病棟での活動，③地域での活動，④広域社会活動，⑤その他，の具体的行動計画を提言している．

　メディアは子どもたちの発達促進のツールとも発達阻害要因ともなる，いわば両刃の剣である．メディア・リテラシーを育成・獲得するには幼すぎる乳幼児には，彼らを取り巻く人的環境要因としての保育者による，適正なメディア接触の調整が特に重要であろう．

　なお，テレビと子どもの発達に関する近年の外国の研究については，菅原(2009)の紹介が参考になる．

2 章

地域における子育て支援：ソーシャルサポート

　2011年現在，子ども(15歳未満)の数は30年連続で減少し続けており，総人口に占める割合は13.2%と過去最低を記録した(朝日新聞，2011.5.3)．この間，1990年の合計特殊出生率「1.57ショック」以来，1994年の「エンゼルプラン」を皮切りに政府は次々と少子化対策を打ち出し，2003年には議員立法による「少子化社会対策基本法」の制定や児童福祉法の改正，2005年には自民党内閣のもとで初めての少子化担当専任の大臣が置かれ，その後の民主党政権でも引き継がれてきた．さらに，2010年には，男性の育児参加を促すべく「改正育児・介護休業法」のもとで，「パパ・ママ育休プラス」や，短時間勤務制度と残業免除，看護休暇など，子育てを，個々の家族の専決課題から，国や地域が積極的に支援するべき社会問題であるとする認識の変化が，本格的な流れとして定着してきた(詳細は，奥山，2008参照)．
　少子化，親の育児不安・育児困難や虐待の増加など，今日の子育てを巡る社会問題の背景には多様な要因があるが，分けても1960年代に始まる高度経済成長を支えた地域開発や都市化は，団地に象徴される核家族化と地域社会の崩壊を生み，それまで子育てを支えてきた地縁や血縁に基づく援助システムを失わせた．そして，この時期に生まれた子どもたちこそが現在の子育て世代を構成しているのであり，いわば，親子二代にわたる子育て受難者ということになる．
　こうして，少子化を国家の将来に関わる問題として受け止める中から，子育てをする人への法律・経済面や心理・社会面でのサポートが，政府・政党・自治体・企業・NPO・ボランティア団体など，官民あげて展開されることになった．それにもかかわらず，世の小さな子どもをもつ母親や子どもを産もうと計画している女性たちは，子育ての不安やストレスを払拭しきれないでいる現

実がある．その理由は，サポートを必要としている背景にはさまざまなものがあり，それらは相互に関連しながら不安やストレスの全体を形成しているにもかかわらず，サポートの受け手のニーズに合致するサポート内容やサポート源が適切に用意されていないことによると考えられる．世の中には，家族や友人，地域や職場の仲間などの私的な単発のサポート源，ボランティアや民間団体などの私的な組織的サポート源，行政や企業などの公的なサポート源など多様なソーシャルサポート源や，それらが提供する多様なサポートの内容がありながら，活用されないままであったり，使い勝手が悪かったり，相互の連携がなく個別に当該個人と結びついているに過ぎず，有機的なネットワークが構築されていなかったり，といった不備があることが推測される．

　ここに，ソーシャルサポートをシステムもしくはネットワークとして把握することと，積極的に介入していくことの必要性と意義が浮かび上がってくる．序章で取り上げたように，「人々を支援すること(support)」や「介入すること(intervention)」は，いくつかあるコミュニティ心理学の理念のうちの一つであり，ソーシャルサポートをネットワーキングを通して活性化すること(ソーシャルサポート・ネットワーク)と，ソーシャルサポートに積極的に介入して活性化すること(ソーシャルサポート介入)ができれば，より望ましい成果が期待できるだろう．

　そこで，本章では，子育て問題を含む多様なストレスフルな場面の精神保健に影響力をもつソーシャルサポートの在り方について，社会資源の有効な活用のうえからも，ネットワーキングと介入に視点の中心を置いて考察することとする．ただ，その前に，これらの概念の前提をなしているソーシャルサポートの研究について，今日までに明らかにされている主要な点を簡潔に整理しておくことから入ることとしよう．

――――――【理 論 篇】――――――

1節　ソーシャルサポート研究の概観

(1) ソーシャルサポート研究の背景

　ソーシャルサポートという用語をはじめて用いたのは，疫学者のCassel(1974)と地域精神医学者のCaplan(1974)である．Casselは，物的・人的な都市環境の悪化が人の健康に悪影響を及ぼすことに注目し，不均衡な状態に置かれたときに重要な他者から適切なフィードバックが得られることで再適合が果たされるという機能が，都市生活における対人関係の希薄化や崩壊によって，それが困難や遅延をもたらすことで発病に繋がると考えた．一方Caplanは，地域精神保健の立場から，治療よりも予防を重視し，地域の人々の精神保健の維持・増進には，インフォーマルな対人関係の機能の重要性を指摘し，専門家だけによらない，非専門家も含めたサポート・システムの確立を提言した．

(2) ソーシャルサポートの定義

　CasselもCaplanも，人々の日常的な結びつきが心身の健康に影響を及ぼすことを主張し，**ソーシャルサポート**(social support)という概念を提唱したが，その明確な定義については言及していない．

　その具体的な定義をはじめて行ったのはCobb(1976)で，彼は，「自分は，気遣われ愛されている，尊重されている，お互いに義務を分かち合うネットワークの一員である，と個人に信じさせるような情報」(p.300)と定義した．すなわち，情緒的援助・尊重的援助・ネットワーク的援助をもたらす個人間のレベルで交換される情報，ということである．

　このほかにもいくつか定義が提唱されているが，ただ，ソーシャルサポートという概念が，対人関係に生じる社会的・認知的・情緒的・行動的な側面をもつ多次元のプロセスであり，その複雑さもあって今も決定的な定義をもっておらず，そのため，健康とウェルビーイングに望ましい影響を及ぼす，人間関係に関連する要因のすべてをソーシャルサポートとみなすような状況にある(丹

羽，2007a)．丹羽(2007b)はこの混乱を踏まえたうえで，ソーシャルサポートを，「狭義には，家族や友人などのインフォーマルな資源，広義には，専門家や専門機関といったフォーマルな資源も含んだ多様な資源とのつながりである，ソーシャルネットワークを基盤としたさまざまな援助のことである」(p.205)と定義している．

(3) ソーシャルサポートの内容

合意を得た一元的定義はないにせよ，それらの中に含まれている要素についてはおおよその共通性を見出すことができ，ソーシャルサポートをその機能のうえから，道具(手段)的サポートと情動(情緒)的サポートに分けることには大きな異論はない．

道具的サポート(instrumental support)は直接的サポートと間接的サポートがあり，前者には，問題を直接解決する助けとなる金銭や物品を提供する物質的援助と，家事や子どもの世話，修理や運搬仕事を行うなどの行動的援助が，後者には，問題解決に直接には関わらないが，情報や忠告およびガイダンスなどの情報的援助が含まれる．一方，**情動的サポート**(emotional support)は情緒的働きかけと認知的働きかけがあり，前者には，愛情や励まし，共感，信頼などが，後者には，言動についての適切な評価やフィードバックが含まれる．

機能によるこうした分類とは別に，誰からのサポートかというサポート源に注目する分類もあり，具体的には，家族，友人，先生，職場の同僚や上司，近隣の人など，個人がもつ人間関係の広がりや構造からネットワークを見ようとするものである．

ソーシャルサポートというときは，上述のインフォーマルな人間関係を想定することが多いのに対して，ソーシャルサポート・ネットワークというときには，これに加えて，公的な機関(例：子育て支援センター)や職員(例：保育士)，専門家(例：医師)をも含む場合が多い．

なお，子育て支援に関係するフォーマルなサポートを提供する機関としては，児童相談所，福祉事務所(家庭児童相談室)，児童家庭支援センター，児童福祉施設，保健所・保健センター，子育て支援センター，学校・教育相談機関・適応指導教室などがあり，また民間のサービス機関も増加しつつある．村本

(2004)は，コミュニティにおけるこうしたフォーマルな機関によってなされるソーシャルサポートの内容から，①保育などを通じて子育ての一部を担う保育型，②孤立しがちな母親に交流の場を提供する場の提供型，③子育ての知識や技術を教える講座型，④子育てに役立つ情報を与える情報提供型，⑤子育ての悩みに応じる相談型，⑥家庭訪問によって親子を支援する訪問型，に分類している．

(4) ソーシャルサポートの測定

実証研究では，ソーシャルサポートを測定するための尺度が数多く作成されているが，Barrera(1986)は，①社会的包絡(social embeddedness)：サポートの受け手がどのくらいの大きさ(数)のサポート・ネットワークをもっているか，②知覚されたサポート(perceived support)：サポートの受け手がサポートが得られる期待や可能性がどのくらいあると考えているか，③実行されたサポート(enacted support)：サポートの受け手が過去の一定期間に実際にどのくらいサポートを受け取ったか，の三つに分けている(稲葉ら，1987)．ただ，今日のソーシャルサポートの研究では，①や③のように「事実」を問う形式のものよりも，"あなたが動揺しているときに，慰めてくれる人はいますか"といったような，本人の「認知」に基づくサポートの期待あるいは利用可能性の程度を問う，「知覚された(期待される)サポート」を用いる研究が圧倒的に多い状況にある(Cohen et al., 2000)．

なお，上記3種類の尺度を含む多様な測定尺度の実例は，Cohen et al.(2000)の付録に日本の尺度も含めて紹介されている．

子育てサポート尺度で見ると，ソーシャルサポートの内容における機能とサポート源をミックスした形態のものが多く，一例を細野(2004)によって紹介すれば，母親(妻)に対しての質問で，夫，先輩(実母・義母)，同輩(友人)の3種類のサポート源ごとに，"あなたの愚痴や不安を聞いてくれる"，"本当の仲間だと思える"，"あなたとは違う視点を与えてくれ，視野を広げてくれる"など，「心の支えとなるかについての母親の評価」を6件法で問う16項目からなる「支え尺度」と，"家事や育児を，日常的に手伝った"，"急な用事や事態が起こったとき助けた"，"経済的に支えた"など，「調査時点までに，実際に受けた

道具的,情報的,娯楽・遊興サポート」9項目からなる「実行サポート尺度」を作成している.

(5) ソーシャルサポートの効果

ソーシャルサポートと健康との関連性は多くの研究が実証しているが,ストレス研究のうえからは,ストレッサー(ストレス源)とストレス反応(広義の健康)の間に介在するソーシャルサポートの影響が注目されてきた.いわゆるソーシャルサポートの直接効果と緩衝効果である.**直接効果**(direct effect)とは,ストレッサーの有無(強弱)に関係なく,豊富なソーシャルサポートがあるほど健康度が良好であるというものであり,一方,**緩衝効果**(buffering effect)とは,ストレッサーがさほど強くないときはソーシャルサポートの有無は健康度に影響を及ぼさないが,ストレッサーの強度が増すにつれてソーシャルサポートの存在が健康の悪化を緩和する作用を及ぼす,というものである.この一見対立する効果仮説は,現実の実証研究では両方の結果が現れており,現在では,対立というよりは相互補完的なものとして理解されている.つまり,ストレッサーの種類やストレッサーが心身の健康に及ぼす範囲,サポートの受け手の諸特性などによって,サポートのある側面は緩衝効果を,別の側面は直接効果を及ぼすと考えるのが一般的である(稲葉ら,1987).稲葉らは,この点に言及したCohen & Wills(1985)を要約して,社会的包絡のような構造的・包括的な尺度では直接効果が,知覚されたサポートのような機能的側面を扱っている尺度では緩衝効果が,見出されやすいとしていることを紹介している.

これに関連して,丹羽(2007a)は両効果を具体化しているモデルや仮説を紹介している.直接効果については,Barrera(1986)が,それをストレス予防モデルと呼んで,ストレッサー自体の発生抑制に社会的包絡と実行されたサポートが関与するとして取り上げた,近隣の結合力が犯罪の発生を防いだ研究と,刑務所の矯正官が仲間と上司から受ける援助行動が役割の曖昧さ(ストレッサー)の発生を防いだ研究がある.一方,緩衝効果については,Cohen & Wills(1985)が,先にも紹介したように,ソーシャルサポートの機能を測定する尺度が緩衝効果を示す傾向があるとして,ストレス状況から生じるコーピングの要請と提供されるソーシャルサポート機能との一致があるときに緩衝効果が生じ

る，というマッチング仮説を提出した．これはつまり，サポートの量の多さというよりは，需要と供給の質の一致が問われていることを表している．

　ところで，子育て支援におけるソーシャルサポートの重要性については以前から指摘されており(細野, 2004)，母親へのサポートはもちろんのこと，父親へのサポート研究もあり，サポート源の研究にとどまらず，サポート内容についての詳細な研究が数多く報告されている(福丸, 2008 参照)．

(6) ソーシャルサポートの否定的な影響

　好ましいものとしてのみ受け止められてきたソーシャルサポートも，研究が深められるとともに，その否定的な側面にも光が当てられるようになった．

　わが国でも，野口(1991)の「ネガティブサポート尺度」にある"あなたをイライラさせたり怒らせる人"とか"あなたに世話を焼きすぎたり余計なお世話をする人"の項目のように，効果的でないサポートや過度のサポート，望んでいないサポート，不愉快なサポートなど，援助を提供する側の意図と受け取る側の評価の間の矛盾から生じる，いわゆるお節介や迷惑のたぐいの**ネガティブサポート**(negative support)と呼ばれるものである．また，高齢者へのサポートによく見られる，サポートの送り手と受け手との間に互恵性のレベルを超えた一方的な関係がある場合，受け手が相手に対して負い目を抱き，それによって自尊心が傷つき，無力感が生じる可能性もある．自尊心の高い人ほど，サポートが自己概念の中核に関わるときに，サポートを自尊心の脅威として否定的に捉える傾向が強い(西川・高木, 1990)．

　このように，ソーシャルサポートは肯定的な側面ばかりでなく，否定的な側面も伴っていることが明らかにされるにつれ，両者の関連性に関心がもたれてきている(福岡, 2010)．

2節　ソーシャルサポート・ネットワーク

(1) ソーシャルサポート・ネットワークとは何か

　小松(1994)は，**ソーシャルサポート・ネットワーク**(social support network)を，「字義通りにいえば，ソーシャルサポートの機能を果たすソーシャルネットワ

ークということになり，広範囲にわたるネットワークを包含しているものとしてとらえてもいけるが，現実に社会福祉の領域においては，家族，友人，隣人，地区の世話人などのインフォーマルなネットワークを指すものとして用いられている」(p. 241)といい，専門職ではない，素人のインフォーマルな援助者によるネットワークと定義している．これに対して，同じ社会福祉の立場から，石田(2004)は，近年，社会福祉実践においては，家族，ボランティアなどのインフォーマルな支援と公的機関などのフォーマルな支援の統合化が課題としてあげられてきているといい，ソーシャルサポート・ネットワークを，「インフォーマルな支援とフォーマルな支援のネットワークを，ケアマネジメントなどの方法を用いて意図的に促進し，多面的に要援護者の援助を図っていこうとするもの」(p. 124)と定義している．コミュニティ心理学からは箕口・髙畠(2007)が，ソーシャルサポートを用いて人を援助する方法をソーシャルサポート・ネットワーキングと定義したうえで，このアプローチは身近な人たちのインフォーマルな資源だけでなく，専門家や専門機関のフォーマルな資源と協働して新たな連結を作ることや，連結を作り直す(連結の質を変える)ことを行う，と述べている．

　こうした定義にも窺われるように，最近では，ソーシャルサポート，特にソーシャルサポート・ネットワークをいうときには，かつてのインフォーマルなサポート資源に限定する狭義の定義から，フォーマルな資源をも含む広義なものへと変化してきている．

(2) 社会資源の活用とソーシャルサポート・ネットワークの視点

　フォーマルおよびインフォーマルな社会資源とは，具体的には，制度，機関，組織，施設，資金，物品，さらに個人や集団が有する技能，知識，情報などを指している．社会資源は人との繋がりにより何倍にも活用できるので，当事者も専門家も，さまざまな分野の人々といかにして知り合い，協力し合うかに活用の成否がかかっているといえよう．

　子育て支援のネットワークについていえば，坂(2001)は図2.1のような社会資源をあげている．これはフォーマルな機関を取り上げたものであるが，現場の専門家は，現状のネットワークの中でいかなるサポートが提供できるかを情

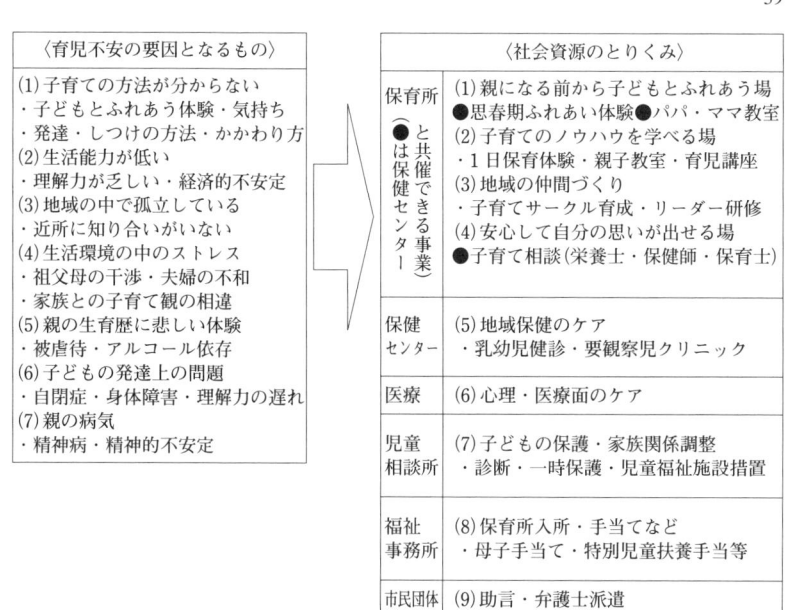

〈育児不安の要因となるもの〉
(1) 子育ての方法が分からない ・子どもとふれあう体験・気持ち ・発達・しつけの方法・かかわり方 (2) 生活能力が低い ・理解力が乏しい・経済的不安定 (3) 地域の中で孤立している ・近所に知り合いがいない (4) 生活環境の中のストレス ・祖父母の干渉・夫婦の不和 ・家族との子育て観の相違 (5) 親の生育歴に悲しい体験 ・被虐待・アルコール依存 (6) 子どもの発達上の問題 ・自閉症・身体障害・理解力の遅れ (7) 親の病気 ・精神病・精神的不安定

	〈社会資源のとりくみ〉
保育所 ●と共催できる事業● は保健センター	(1) 親になる前から子どもとふれあう場 ●思春期ふれあい体験 ●パパ・ママ教室 (2) 子育てのノウハウを学べる場 ・1日保育体験・親子教室・育児講座 (3) 地域の仲間づくり ・子育てサークル育成・リーダー研修 (4) 安心して自分の思いが出せる場 ●子育て相談(栄養士・保健師・保育士)
保健 センター	(5) 地域保健のケア ・乳幼児健診・要観察児クリニック
医療	(6) 心理・医療面のケア
児童 相談所	(7) 子どもの保護・家族関係調整 ・診断・一時保護・児童福祉施設措置
福祉 事務所	(8) 保育所入所・手当てなど ・母子手当て・特別児童扶養手当等
市民団体	(9) 助言・弁護士派遣

図 2.1 育児不安を生み出す要因とネットワークを組んだ社会資源
(坂, 2001, p.74 を一部改変)

報交換しながら，ケースに応じてこれらの社会資源に結びつけ，それぞれの役割分担によって援助を行っていくことになる．なお，【展開篇】の4節では，坂(2001)による子育て支援ネットワークの事例を紹介している．

ところで，ソーシャルサポート・ネットワークは，単に多様な社会資源を組み合わせたり，組織化することを目的にしているのではない．サポートを求めている人(最近では，「クライエント」より「ユーザー」という表現が多い)をネットワークの中心に位置づけることによって，個人の主体性を維持し，日常生活における諸問題にユーザー本人が主体的に対処していけるように援助することを目指している．ユーザーが自力でこの資源を入手することが困難な場合には，専門家が活用可能な資源をキャッチし，ユーザーのニーズにマッチする資源を提供することになるが，これにはユーザー自身に社会資源を活用する力がつくように支援することも含まれている．

一方，ユーザー自身も積極的に努力をすることで，自力で資源に繋がる力を

身に付けることが求められる．理想的には，ユーザー同士が結びつくことでユーザーのソーシャルサポート・ネットワークができ，それぞれのユーザーがもっている資源ネットワークが相互に有機的に結びついて，一つのシステムとして活用できるようになることが望まれる．

(3) ソーシャルサポート・ネットワーキングの方法

ネットワーキング(ネットワークづくり)の効果的な方法は，とにかくユーザーに実際に皆で関わることである．その際に考慮すべき点として，以下の事柄があげられる．

①ユーザーを中心に置くこと：当事者にとって一番よいこと，本当に必要なことを常に皆で考えながら，共通の認識を作ることである．ともに関わる中で互いの限界や役割の違いを認識し，効果的な協働の仕方を学び合う．

②社会資源を活用すること：これについては繰り返さない．

③ネットワークをシステムとして確立すること：メンバーが入れ替わってもサポートが継続できるよう，ネットワークを一つのシステムとして確立することが必要で，それぞれの所属する機関が，このサービスを制度として位置づけていることである．

④家族のパワーを利用すること：専門家によるサポートは即応性に欠け，頻度が限られ，ニーズの個別性に応じるのが難しいなど，さまざまな限界を抱えている．その間隙を埋めるためには，家族を中心としたインフォーマルなサポート・ネットワークづくりが大切になる．家族のパワーを生かせるように配慮しながら，家族を支え励ます方向で援助を行う．

⑤コミュニティ心理学者や実践家はオーガナイザーやコーディネーターとしての役割を果たすこと：現場ではソーシャルサポート・ネットワーキングの重要性は広く認識されてはいるものの，多職種の専門家やインフォーマルなメンバーの集まった中での意見や行動の調整や統合は想像以上に難しく，うまくいかない場合も多い．コミュニティ心理学者がシステムのオーガナイザーやコーディネーターとして，意識的に調整・統合の役割をとることが重要になる(山本，1986)．

3節　ソーシャルサポート介入

　ソーシャルサポート研究で得られた知見を実際の援助場面に応用したものを，**ソーシャルサポート介入**(social support intervention)と呼ぶ．海外では多くの介入研究があるが，日本ではほとんど研究されていない領域である(丹羽，2007b)といわれる．しかし，先にも述べたように，「介入すること」はコミュニティ心理学の理念の一つであり(植村，2008)，介入を通してコミュニティの変革を目指す志向性のうえからも，わが国のコミュニティ心理学においても，今後のソーシャルサポート研究の重要な側面をなすことは必然である．なお，海外の研究の紹介はCohen et al.(2000)に詳しい．

　ここでは，地域における子育て支援のような，コミュニティ内の自然発生的なネットワークでのサポート介入を想定して，Cutrona & Cole(2000)の考えを中心に紹介することとする．彼らは，サポートについて自然発生的ネットワークを活用する最大の利点は，他のサポート源と異なり，家族や友人との結びつきが長期間継続することであるという．自然発生的ネットワーク内のサポートを増やそうとする介入は，新たな資源やスキルを導入することよりも，現在ある人間関係とその機能とを効果的に働かせることを重視しており，ネットワークのメンバーは介入の結果によって自己効力感を自覚するようになり，また，彼らは専門的介入の力を借りずに自分自身で問題を解決することを好むようになるといわれる．このように，自然発生的ネットワークへの介入は，メンバー間の積極的な関係を増加させ，サポートの提供を妨げる有害な関係を予防し，うまく管理することに焦点を当てているといえよう．

(1)　介入の目標

　自然発生的ネットワーク内のサポートを増やすための介入に共通する目標は，Cutrona & Cole(2000)によれば次の3点に集約されるという．①慢性的ないし急性的ストレッサーに直面している人々の心理的・精神的健康を増進させたり，健康の悪化を予防すること，②禁煙や禁酒，減量など，肯定的な健康行動を促進・維持すること，③社会制度で保障されない重篤な障害者をケアするため，自然発生的ネットワーク機能を最大化させることである．

表2.1　介入対象者(Cutrona & Cole, 2000 訳書 p. 388)

ストレッサーに曝された個人	本人．効果的にサポートを受容し，それを利用するスキルを身につける．
重要なネットワークメンバー	配偶者や親しい友人など．サポートを提供したり，行動変容を促進したり，社会的ネットワークを動員するスキルを身につけたりする．
個人のネットワーク内の複数のメンバー	家族，友人，地域の人々など．サポートスキルやサポート努力の方法を学び，ネットワークメンバー間のコミュニケーションを促進するよう働きかける．
個人のネットワークを超えた組織や地域集団	地域の人々や同僚など．支援的な環境を整備するために，共通の目標を設定したり，重要なネットワークメンバーの教育を通して，互いに支援的な関係を築いたりする．

　いずれも，身近な問題や対象者への継続的で親身な対応が求められるものである．子育て支援を例にとれば，1対1の支援であれ，地域の子育てサークルへの支援であれ，介入を通して親たちが育児に伴う慢性的なストレッサーから一時的にせよ解放されることで，心身をリフレッシュさせることができるだろう．

(2) 介入の対象者

　介入の対象になる者は，ストレッサーに曝された個人またはネットワーク・メンバーで，Cutrona & Cole(2000)は表2.1のように分類している．

　ネットワーク・メンバーが介入対象者となる場合には，さらに，単一のネットワーク・メンバーに対するサポート，複数のネットワーク・メンバーに対するサポート，ネットワークを超えたグループに対するサポートに分類することができる．個人のネットワークは，日常的な関係をもちながら情緒的に結びついた家族や友人によって構成されている．個人のネットワークに含まれない人々とは，自分ときわめて近い場所で生活したり働いたりはしているが，情緒的な結びつきがない地域の人々や同僚を指す．

(3) 介入のメカニズムと技法

　介入にどのような技法を用いるかによって，介入に使用するサポートのプロセスは異なる特徴をもつことになる．そのため，介入に当たって，実践家など

サポート提供のワーカーは，介入の対象者やメンバーへの適切な指示が求められる．

　自然発生的ネットワーク内のサポートを増やすための介入のメカニズムと，それを実行するための技法として，Cutrona & Cole(2000)は次の九つをあげている．以下のいずれも，前半がメカニズム，後半が技法を表している．①理解の促進：ストレッサーに曝された個人が直面している問題に関する教育プログラムを，ワーカーはネットワーク・メンバーに提供する．②態度の変容：ソーシャルサポートの提供や受容を妨げる不適切な態度を変容させるため，ワーカーは提供者や受容者に認知療法の技法を適用する．③対人関係におけるスキルの改善：道具的・情緒的サポートの提供や受容に関わるソーシャルスキル・トレーニング(SST)を行う．④コミュニケーションの促進：ネットワーク・メンバーとグループを形成し，コミュニケーションを行ったり，問題解決を容易にしたりするための意見交換の機会を提供する．⑤責任の調整：サポート提供者の責任の拡散を避けるため，ワーカーはネットワーク・メンバーに特定のサポートに責任をもって取り組むよう促す．⑥よい影響を与えるネットワーク・メンバーとの結びつきの強化：メンバーとの交流を奨励・援助する．⑦悪い影響を与えるネットワーク・メンバーとの結びつきの弱化：彼らとの接触を回避し，害を最小限にする方法を教える．⑧サポートに関する組織内の障壁の除去：ネットワーク・メンバー間の話し合いやコミュニケーションを促進する．⑨ネットワーク・メンバーに対するサポートの提供：他のネットワーク・メンバーをサポートする努力を継続してもらうため，情緒的な支援となるカウンセリングを行う．

　このように，プロセスを考慮した介入の技法が用いられることで，適切なサポートを増やすことができるようになる．

(4) 介入プログラム

　ソーシャルサポートの増加をプログラムの種類から捉える見方もある．丹羽(2007a)は介入プログラムの面から分類を試み，次の四つに分けて説明している．

　①既存のサポート資源に働きかけるプログラム：困難を抱えた本人(ユーザ

ー)に援助を提供する役割にある人(家族,友人など)に知識・スキル・態度などの心理教育を行い,既存の資源からのサポートを高めるものと,禁煙や嗜癖の軽減を目指すユーザーのプログラムのセッションに家族や友人が付き添いや参加をすることで,日頃のそのままのサポートをセッションの効果の増進に利用するものとがある.

②新しい資源を繋ぐプログラム：既存の資源から必要なサポートが得られない場合,サポートを提供するための研修を受けた専門家および非専門家(ピア：同じ立場の仲間,の利用が多い)をユーザーに繋げる.【展開篇】5節の「こんにちは赤ちゃん事業」はこれに該当する.

③ユーザー自身へ働きかけるプログラム：本人の既得のサポートに改めて気づかせたり,それが役立っているという肯定的評価を与えたり,サポートが不足している場合にそれを増やす必要性の認識の教育や要請する方法の教育,対人関係を維持するのに必要なコミュニケーションや葛藤解決などのスキル訓練を行う.地域の子育て支援センターでの取り組みがこの例である.

④コミュニティを基盤としたプログラム：ソーシャルサポートの増加を目指して,学校や職場,地域などのコミュニティに教育やメディアを利用して介入し,メンバー同士のサポーティブな関係作りを創出するものである.子育ての先輩格の女性たちが,ボランティアやNPOとして開いている地域の子育てグループはこの例である.このタイプのプログラムは,コミュニティ全体を対象とした一次予防(5章参照)を目指す点で魅力的である.

(5) 介入の効果

Cutrona & Cole(2000)によれば,ソーシャルサポート介入は効果があったという報告は数多いが,その大部分は介入の効果を厳密に評価せずに,単に被介入者にプログラムに対する満足度を評価させる程度のものが多いという.丹羽(2007a)も,効果を評価する方法に多くの問題があることが指摘されているといい,厳密な方法を用いたソーシャルサポート介入に効果が見られなかったという報告もあるとしている.ただ,Cutrona & Coleは,厳密に条件統制された数少ない介入研究を紹介する中で,効果を否定する論述は見せてはいない.

このように,サポート介入の効果についてはいまだ一貫した評価が得られて

いないのが実情のようであるが，Cutrona & Cole は，「介入を立案する際には，"必要とされる人物からの必要とされるサポートが提供されたときに，受容者と提供者の結びつきが強められ，ひとたび強められれば，必要なときに互いに重要な心理的資源として機能する"という介入研究から得られた知見を念頭に置く」(訳書 p. 414) べきことを指摘している．

──────【展　開　篇】──────

　子育てに関わるソーシャルサポートについては，【理論篇】でも述べたように数多くの研究がある．詳細は発達心理学や保育(心理)学にゆずることとし，ここでは，コミュニティ心理学の視点を反映していると考えられる，子育て支援ネットワークの実際，わが国での子育て支援への介入事業，および，地域で子育てを支援する際に中心となる非専門家であるコミュニティ・ワーカーを養成するプログラム，について取り上げることとする．

4節　保健センター・保育所・療育施設の連携：ソーシャルサポート・ネットワーク

　坂(2001)は，保育所や子育て支援センター，児童センターで実践してきた，子育て支援ネットワークづくりを紹介している．以下はその一例である．

〈発見〉C子は夫とD子(1歳8か月)と3人暮らし．D子を連れて子育てサークルに参加するが，落ち着きがなく走り回ったり，他児とのかかわりがうまくとれない．母親はどうしていいか分からず，叱りつけるがD子には届かず，「どうしてうちの子だけ……」と悩んでいる．サークルのリーダーから子育て支援センターを紹介されて来園する．
〈アセスメント〉保育室のD子は，母親の制止も聞き入れず，物に対する強い興味を示し，めまぐるしく動き回り，母子の間に愛着関係が成立していないように見える．また，母親の表情は暗く，とても疲れた様子が見られる．

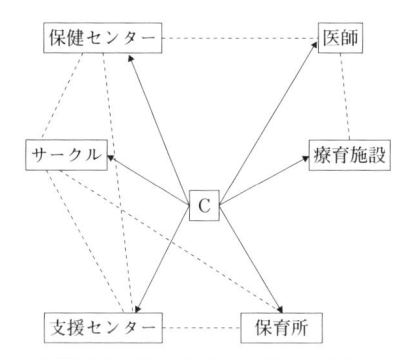

図 2.2　C 親子を支援するネットワーク(坂, 2001, p. 70)

〈援助目標とサービス計画〉
①保育所が実施している「1 日保育体験」の中で，子どもの発達状況の観察と同時に，母親の気持ちを受け止め，愛着関係を育むようなかかわり方を学ぶ．
②医学的な問題も心配されるため，保健センターで実施している「要観察児クリニック」につなぎ，医師より医学的な診断を受ける．
〈評価〉D 子は，かなり重度の難聴であると診断を受け，しばらく両親はその事実を受け入れきれず葛藤状態にあったが，保健師による「家庭訪問」や「1 日保育体験」などを継続し，母親の気持ちの受け入れを行ったため，時間の経過とともに，母親自身に子どもの障害を受け止める姿勢が見られるようになった．
　その後，母方の祖父母の協力も得ながら，難聴幼児通園施設への通所を続けている．母親は時折保育所を訪れて，当時の自分の葛藤を話せるような心の余裕をみせ，D 子自身は他者との人間関係を結ぶ手段の幅を広げ，安定した母子関係が築けるようになっている(図 2.2)．

　なお，子育て支援センターや子育て広場を中心とするサポート・ネットワークの実践については，東京都三鷹市(松田ら，2003)や武蔵野市の吉祥寺(柏木・森下編，1997)，さらには原田(2002)，垣内・櫻谷(2002)の報告などがある．原田や垣内・櫻谷の著書には，全国の多様な民間子育てサークルやネットワークの実践例が紹介されている．
　こうした現状のもとで，原田(2002)の主張は傾聴に値する．彼は，現在「子育て支援ネットワーク」と「子育てネットワーク」という二つの言葉が混同して使われているといい，前者は，行政レベルで組織された各関係機関の代表者

からなる会議というイメージのものであり，虐待予防を主目的に作られている．これに対して後者は，自然発生的な市民グループのサークルやネットワークであり，同一地域の中に複数存在し，その主体は子育て最中の親や子育て支援ボランティアやNPOである．両者はその性格を異にしており，虐待のような臨床ケースと，グループでの子育てで解決できる親の層とは区別して支援プログラムを作る必要がある．ところが，現実には両者が混同されていることにより，どちらにとっても「子育て支援」のありように過剰な期待や誤解がつきまとい，崩壊しかねないと警告している．これを踏まえて原田は，将来のあるべき姿として，「子育て支援ネットワーク」は，行政や各専門機関，NPOなどの市民団体による専門集団として組織され，その地域全体の子育て状況を把握したり，不足している支援を考えたり，また市民レベルのサークルやネットワークを支援したり，という役割が担えるものになることを願っている．

5節　こんにちは赤ちゃん事業：ソーシャルサポート介入

　児童福祉法などの一部改正により，2009年より「乳児家庭全戸訪問事業」，通称「こんにちは赤ちゃん事業」が同法に規定する事業として始められることになった．その目的と事業の内容は，生後4か月までの乳児のいるすべての家庭を原則1回訪問し，①育児に関する不安や悩みの傾聴・相談，②子育て支援に関する情報提供，③親子の心身状況や養育環境の把握や助言，④支援が必要な家庭に対する提供サービスの検討・関係機関との連絡調整，などである．実施主体は市町村で，訪問者には，保健師，助産師，看護師のほか，保育士，母子保健推進員，愛育班員，児童委員，母親クラブ，子育て経験者などから幅広く人材を発掘して登用してもよく（訪問者の資格要件は市町村に一任），訪問に先立って，訪問の目的や内容，留意事項などについて必要な研修を受ける．こうして，乳児のいる家庭と地域社会を繋ぐ最初の機会とすることにより，乳児家庭の孤立を防ぎ，健全な育成環境の確保を図るものである（来生，2009）．
　訪問の結果，ハイリスクの親子が発見されれば，適宜関係者によるケース会議を行い，保健師や助産師による「育児支援家庭訪問事業」に引き継いだり，児童相談所や病院でつくる「虐待防止ネットワーク」などの，第2期・第3期

の支援に繋げていくことになる．すべての家庭への戸別訪問というソーシャルサポート介入によって，虐待の予防効果が上がることが期待されている．

　この「こんにちは赤ちゃん事業」のモデルと考えられるのが，David Oldsとその共同研究者(Olds et al., 1986)によってニューヨーク州で行われた「胎児期・乳児期プロジェクト」と呼ばれる家庭訪問プログラムである．19歳未満で未婚の低階層の妊婦400名が対象とされ，ランダムに半数は統制群に，残りの半数は訪問看護師による家庭訪問プログラムを受ける介入群に，それぞれ振り分けられた．さらに，介入群の半数は妊娠期間のみ訪問を受ける群と，子どもが2歳の誕生日まで訪問を受ける群に二分された．看護師たちはその期間中60分から90分，1週間おきに対象の家庭を訪問し，三つの重要な活動を行った．すなわち，胎児や乳児の発達について母親を教育すること，母親のサポートや子どもの世話に家族メンバーや友人の参加を促すこと，コミュニティにある保健所やサービス機関と家族とのつながりを創り出すことである．出産前は，看護師たちは，母親に日常の食生活の改善，たばこ・薬物・アルコールの禁止，分娩，出産，そして新生児の世話に備えさせた．出産後は，母親が子どもの気質に対する理解や向上に努めることや，情緒的・認知的・身体的発達を促すことに専念した．

　その結果，虐待の三つのリスク要因(貧困・未婚・若年)のすべてを兼ね備えた女性に確認されている児童の身体的虐待やネグレクトなどの事例が，子どもが2歳になるまで家庭訪問を続けた群では，それ以外の群よりも75%も少ない顕著な効果が見られた．それ以外にも，妊娠期間中の喫煙の減少，母体保護目的からの再妊娠頻度の減少，次の妊娠までの期間の延長，母親の就業の増加などが見られた．

　Olds & Kitzman(1993)は，両親と幼児に焦点を当てた家庭訪問プログラムの31の実験的研究をレビューし，家庭訪問がさまざまな点で有効なプログラムであることを明らかにしているが，肯定的な介入効果に結びつくプログラムの特徴を4点に整理している．第1は，プログラムが非常に包括的に計画されていること．たとえば，親の育児教育だけに限定した介入よりも，健康，教育，雇用など他の諸要因を包括的に扱うプログラムの一部として育児教育を支援することが効果的である．第2に，プログラムの初期段階では，脆弱で危機に瀕

している両親や子どもほど、肯定的な介入結果が生じがちであること。このことは、これらの家族がより豊かなサポートを希求する証でもある。第3に、退職した看護師などの専門家によるプログラムは、非専門家によるプログラムよりも一般的に効果的であること。家庭訪問プログラムの焦点が健康の増進に関連する要求や問題に当てられているので、当然とも考えられる。第4に、多数の訪問サポートを受け入れる家庭は多くの恩恵が得られること。これは、多くの支援を必要としている家族には、より多くの援助提供者が訪問することを裏付けるものかもしれない。

なお、Journal of Community Psychology は、Olds と Korfmacher を編集者とする「家庭訪問」の特集を1997年と1998年の2度にわたって行い、その後の動向を紹介している。

6節 子育て支援ボランティア養成プログラム

ソーシャルサポート・ネットワーキングやソーシャルサポート介入では、すべて専門家に任せるのではなく、コミュニティに存在する社会資源としての準専門家・非専門家を協働者として活用することを重視している。特に、ネットワーク型の子育て支援では、ボランティアの要請が重要となる。

藤後・箕口(2005；2006)は、地域の子育て経験者を子育てアドバイザーとして養成するための、半年間全22回のプログラムを作成・実施している。プログラムの目的は、子育てでとまどっている親に対して実践的な援助を行うボランティアを養成することであった。主催する行政側および受講生のニーズ調査の結果を踏まえて、表2.2に示されるような、①子育て支援者として必要な親や子どもに関する知識、②受講後のネットワーク形成、③受講生本人の自己理解、の三つの側面からプログラムが構成された。

プログラム実施中には、受講生同士の関係作りを重視し、席替え、グループでの話し合い、ロールプレイなどコミュニケーション場面を多く設定した。また、子育て経験者としての受講生の問題意識を大切にし、それを客観的に捉え直す知識を提供し、さらに、その知識を実践に結びつけるため、「気づきを促す宿題」、「実践」、「グループワーク」の三つを組み合わせて毎回の講座を組み

表 2.2　子育て支援者養成プログラム作成の視点(藤後・箕口, 2005, p. 8)

①子育て支援者として必要な知識		②ネットワーク形成		③自己形成
母親への対応	子どもへの対応	グループワーク	コミュニティワーク	自己理解
・カウンセリングトーク ・子育て期のニーズ調査 ・ジェンダー（母性神話を含む）	・発達の知識（虐待も含む） ・子どもへの対応スキル	・事例を通してのグループワーク ・相互交流のためのグループワーク ・フィールドスタディー	・マップづくり ・地域情報の提供（専門機関等） ・他市の事例紹介 ・行政との関係づくり（助成金などの情報）	・エゴグラムを使った自己理解 ・自分の子育てとの関連

立てた．自分の子育てを思い出して「気づきを促す宿題」とし，身近な子育て中の人にそれについてインタビューすることで「実践」し，最後に「グループワーク」としてインタビュー結果を KJ 法で分類する．さらに，児童館へフィールドワークとして出向いて，現場にいる母親や子どもを対象に支援を実践し，持ち帰って話し合う，という流れを意図的に組み込んだプログラムとなっている．

　プログラムを終了した受講生は，自ら子育て支援サークルを立ち上げたり，地域にある既設のサークルに参加したりして活動を展開した．一方，このプログラムを実施した責任者としての藤後・箕口(2006)は，ボランティア養成講座に留まることなく，受講生のその後をフォローするべく，彼らの疑問点や質問に答え，相談にのる活動を時間の許す限りボランティアで行っている．こうすることで，ボランティアが質の高い実践を継続することが可能となるのである．

　研究者としての藤後・箕口(2005)は，プログラムを受講したボランティアの意識の変容を，個人的要因としての自己効力感と，社会的要因としてのネットワークに焦点を当てて，受講前と受講後に質問紙調査を行い，さらには，3 名の活動者にインタビューすることで検討している．その結果，プログラムの受講を通して，受講生はネットワークの側面である地域活動への「参加」や「行動」に関する態度の好意度が増加し，子育て支援への実践力が獲得されたが，自己効力感の変容は示されなかった．これには，プログラムの内容と受講生のニーズの適合がなされていないことが考えられた(受講生は，ボランティア養成よりも，個別のカウンセリング・スキルを身につけることを求めて参加していた)．ただ，

受講後に自主グループを形成し，実践活動を継続することで動機づけが強まり，ネットワークの拡大，および，子育て支援活動を通しての自己効力感の獲得が示された．

3 章

教師との心理学の共有化：コンサルテーション

　病気や経済的な理由によるものを除く年間30日以上の長期欠席者，と定義される不登校児童・生徒の数は，2010年度間の文部科学省の学校基本調査の確定数で，小学生は2万2463人で出現率0.33%，中学生は9万7255人で出現率2.72%となっている．いずれも学年が進むにつれて増加する傾向が見られ，特に中学生は37人に一人の割合となっており，クラスに一人以上の不登校生徒がいることを表している．

　このように，学校現場における子どもたちの問題行動が深刻化・複雑化するにつれ，教師だけでは対処しきれない問題が頻発するようになったのを受けて，文部省(現文部科学省)は，1995年度より調査研究委託事業としてスクールカウンセラーの活用をスタートさせ，5年間の調査結果を踏まえて，2001年度より正式にこの事業を制度化し，全国すべての中学校にスクールカウンセラーが配置されて今日に至っている．ただ，上記のデータを見る限り，この制度が機能を十分に発揮しているとはいい難いことも明らかで，発足10年を経て，検証が必要とされる時期に来ているようにも思われる．

　ところで，知覚心理学者George A. Millerは，今から半世紀近くも前の1969年，アメリカ心理学会の年次大会の会長講演で，「心理学を市民に引き渡す」ことを提案した．彼は，心理学者がそのサービスを，生きることに困難さを経験しているクライエントに直接提供するだけでなく，コミュニティの中の聖職者や教師，医師，警察官，法律家，その他の専門家にも提供するべきだと述べた．これらのコミュニティ・リーダーはそれぞれの分野で専門家であり，危機と対面しているコミュニティ・メンバーと直接接触している．心理学者はこれらの専門家と話し合いをもつことで，要求をもっている人々に対して，彼らが

もっと効果的に仕事ができるように援助することができるというのである(Scileppi *et al.*, 2000).

この「心理学を市民に引き渡す」こと，別言すれば，心理学者が市民と心理学を共有する方法の一つが，**コンサルテーション**(consultation)である．不登校生徒を例にとれば，当該生徒の担任教師が心理臨床の基礎知識や情報をもっていれば，彼らに生徒への直接の心理治療を期待することはできないまでも，適切な対処や介入を通して，サポートの提供や専門家と早期に連携することは可能であり，予防の見地からも好ましい．クライエント(不登校生徒やその親)を日常の近い位置で直接に知る担任を**コンサルティ**(consultee：相談者)とし，スクールカウンセラーは専門の**コンサルタント**(consultant：助言者)として，クライエントと対面しているコンサルティの助言・指導に当たるというコンサルテーション活動を展開することこそが，スクールカウンセラーに期待されている大きな役割の一つである(塩見, 2001).

コミュニティ心理学においてコンサルテーションが重要な概念である理由は，コミュニティ心理学が，悩める個人を支えているのはコミュニティであり，コミュニティ全体が精神保健の問題に対処する責任があるので，コミュニティのメンバー全員に協力を求めていく，という「コミュニティ中心主義」に基づいているところにある(平川, 1995)．コミュニティ全体が健康増進に取り組み，コミュニティのキーパーソンと連携し，専門家が黒子的に存在するとき，コミュニティのもつ問題対処能力が高まり，精神保健は増進するとの考えによる．少数の専門家だけでは手に負えない部分を，キーパーソンやボランティアといったコミュニティ内の社会資源を活用することで対処しようという考えが根底に流れている．なお，コミュニティ中心主義については，全章に通底する共通理念の一つとして，終章で改めて詳述する．

心理学の専門家ではないけれども，心理学の素養をもった担任が，専門家であるスクールカウンセラーの助言・指導を受けながら生徒本人や親への適切な対処やサポートを行うことで，問題が深刻化する前に手を打つことが期待できるだろう．心理学の実質的な実践者である担任教師に，心理学の専門家であるスクールカウンセラーは「心理学を引き渡す」ことが必要だというコミュニティ中心主義の一端が，コンサルテーションに現わされているということである．

――――――【理 論 篇】――――――

1節　コンサルテーションとは何か

(1) コンサルテーションの定義とその狙い

　山本(2000a)は，コンサルテーションの方法を創案したCaplan(1964 ; 1970)の定義の意を汲んで，「コンサルテーションは，2人の専門家(一方をコンサルタントと呼び，他方をコンサルティと呼ぶ)の間の相互作用の一つの過程である．そして，コンサルタントがコンサルティに対して，コンサルティの抱えているクライエントの精神衛生に関係した特定の問題をコンサルティの仕事の中でより効果的に解決できるよう援助する関係をいう」(p. 120)と再定義している．一方，黒沢(2004)は，コンサルテーションが経営や会計など精神保健以外の領域でも行われていることから，日本では通常「コンサルテーションは，コンサルティ(相談をする側)が受け持っているケースへの対応方策に関して，専門性の異なるコンサルタント(相談を受ける側)が，その専門性に沿った情報提供と示唆を与えること」(p. 190)と定義していることに言及している．黒沢は，両者の定義の相違点は，Caplanがコンサルテーションで扱うテーマを「クライエントの精神衛生に関係した特定の問題」と特定しているのに対して，後者はそれには直接言及しないで，代わりに，コンサルタントとコンサルティ双方の「専門性が異なる」ことを強調している点，および，具体的な援助の内容を「情報提供」と「示唆」と表現することで，コンサルティの側がケースへ対応する主体であり，提供された情報や示唆を選択するのはコンサルティの側であることを明確にしている点にある，と指摘する．

　コミュニティ心理学におけるコンサルテーションのより広範な普及と利用を考えるとき，コミュニティ心理学の研究対象が精神保健問題に限定される必然性はない点からも，黒沢の指摘は正鵠を得ているといえよう．ただ，山本によってわが国に紹介されたコンサルテーションの思想が，今日「学校コンサルテーション」の名称で導入されつつあることから，本章では学校コミュニティを想定した記述をすることとする．ともあれ，その狙いは，コンサルティを援助

して，彼らがそれぞれの持ち場で果たしている立場の中で問題に対処する力を向上させ，持てる力や知識を有効に役立たせようとするところにある．コンサルテーションの対象となるコンサルティは，当該コミュニティの中で何らかのかたちで問題に関わりをもつ人々，たとえば，精神保健の問題を例にとれば，学校の教員や町の開業医，民生委員，PTA役員，企業の人事担当，官庁の福祉や青少年担当など，いわゆるキーパーソンといわれる人々がこれに該当する．

　はじめにも述べた，学校場面に則して改めて具体的に当てはめてみよう．担任教師から，クラスの生徒の不登校のことで相談にのってほしい，とその学校に配属されているスクールカウンセラーに依頼があったとする．この場合，心理学の専門家であるスクールカウンセラー(コンサルタント)は，学校教育の専門家であるクラス担任(コンサルティ)と面談し，当該生徒(クライエント)の心理面に関係したある特定の問題(不登校)について話し合い，生徒がなぜそのような問題をもつようになったのかを聞き出す中で，その先生が問題の生徒のことをよりいっそう理解できるように援助し，そして，教師という仕事の範囲の中で具体的に取り組める対応方法を明確化する．たとえば，本人との関わり方や親との連絡方法，家庭訪問の仕方や話の内容，登校の促しや代替の解決方法などである．担任教師だけでは手に負えない場合には，校長や学年主任など他の教員とも連携しながら，学校コミュニティ全体の問題として問題解決に取り組めるように援助する．また，学校の中だけでは行えない対応方法については，地域コミュニティの中に存在する社会資源(たとえば，教育委員会や医療機関)に応援を求め，問題の解決をより促進するようなネットワークづくりをしていく．

　このように，コンサルテーションの狙いや目的は，第1には，コンサルティの職業上，あるいは役割上の課題遂行における援助であり，コンサルティには，コンサルテーションを活用して問題解決をする過程で自らの援助能力を向上させ，将来類似の問題が生起した場合に克服できる能力を増進することが期待される．第2に，こうして獲得した援助能力を自らのものとして保有するだけでなく，同様の問題を抱えている(学校)コミュニティのメンバー(たとえば，同僚教師)に開示・提供することで，協働の実践を展開することが期待される．そして第3には，心理学の専門家ではないこれらの人々の問題解決能力を連鎖的に高めることで，(学校)コミュニティの潜在的なコンピテンスを増強させ，予

防に役立たせようとすることにある．

(2) コンサルテーションの種類
　Caplan(1964 ; 1970)は，コンサルテーションを次の四つのタイプに分類している．山本(2000a)の説明を踏まえて紹介する．
　①**クライエント中心のケース・コンサルテーション**：コンサルティの抱えるクライエントの問題について，その問題を検討し，理解し，さらに，その問題解決の方法を考える．コンサルタントの仕事は，クライエントの状態の改善のためにクライエントに関して専門的評価を行うことであり，それによりコンサルティがうまくケースの処理や処遇が行えるように援助することである．コンサルタントとコンサルティが一緒になってクライエントに関わるイメージであり，従来のカウンセリングに近い形態といえる．ただ，コンサルティの抱えるクライエントの問題，という課題中心である点がこの関係の大切なところである．
　②**コンサルティ中心のケース・コンサルテーション**：コンサルティ自身が直面している問題を一緒に考える関係である．コンサルティの抱える問題を客観的に見つめ，分析し，理解し，問題の解決に臨む．ここでのコンサルタントの注意の焦点は，クライエントではなくコンサルティに向けられ，コンサルタントは，コンサルティが自分の仕事の中でうまくクライエントを扱えるように援助するのである．あくまでもコンサルティを専門家として尊重し，専門性をより強めるかたちで援助することが大切である．
　③**プログラム中心の管理的コンサルテーション**：プログラムそれ自体に関するコンサルテーションで，コンサルタントは，たとえば，学校や職場の精神保健プログラムに意見を具申したり，プログラムに対して具体的な技術提供をしたりする．学校や地域におけるいじめや不登校の発生予防へのプログラムを考えたり，施設の設計立案，研究計画，専門家スタッフを組織すること，地域社会の他の資源に関する情報提供をする，などといった場合がこれに当たる．
　④**コンサルティ中心の管理的コンサルテーション**：注意の焦点は種々の計画や立案を遂行中の管理的コンサルティに向けられる．たとえば，学校全体の非行の防止や対策のための活動計画の策定で，コンサルティとしての校長や生徒

指導主任が困ったり壁に突き当たったりしたとき，コンサルタントが一緒に考えながら，コンサルティが効果的に動けるよう援助するコンサルテーションを実施するような場合である．

以上の分類のほかに，山本(2000a)は，コンサルティとの関係のもち方で，危機コンサルテーションと定期的コンサルテーションに分けている．

①**危機コンサルテーション**：何か問題が発生した場合，問題を抱えている当事者からコンサルテーションの依頼があった時に，コンサルテーション関係をもつやり方である．

②**定期的コンサルテーション**：発達障害児のように問題を絶えず抱えていたりする場合に，問題の発生のあるなしにかかわらず，障害児保育を行っている保育士などコンサルティの現場に定期的に出向いて，コンサルテーション関係をもつやり方である．

2節　コンサルテーションの特徴

(1) 基本的特性

コンサルテーション関係がもつ基本的特性を，山本(2000a)は4点に集約している．

①コンサルテーション関係はお互いの自由意志に基づいている．コンサルタントはコンサルティに招かれた関係でなくてはならない．つまり，両者はそれぞれが専門家であって上下の関係はなく，コンサルティはコンサルタントの力量を認めて，自分の抱えている問題に役立つとの判断のうえに招請をするのである．必要がなくなったり役立たないと判断すれば，契約を解除する関係にある．したがって，専門性とは別に，主導権を握っているという点ではコンサルティの方が上位にある．

②コンサルタントは局外者であること．コンサルタントとコンサルティは利害関係がないこと．つまり，両者が同一組織内の関係にあると，利害が生じたり，断ることができなかったり，事態を客観的に把握できなかったりなど，支障を来す場面が生起する可能性があるためである．

③コンサルテーション関係は時間制限があること．問題の責任の主体はコンサ

ルティにあるがゆえに，コンサルタントはコンサルティが依存的になるのを防ぎ，一定の距離をもって援助する．解決すべき課題は当初からハッキリしており，それが達成された時点で両者の契約関係は終結することになる．

④コンサルテーション関係は(特にケース・コンサルテーション関係は)課題中心で成り立つ．ケースを客観的に理解することを主眼とし，コンサルティの情緒的問題には触れない．コンサルティの専門性を尊重する．すなわち，コンサルテーションはカウンセリングとは異なり，コンサルティの個人的問題に関わることはせず，コンサルティがその専門性の中で身につけている知識や情報を，ケースの理解や当面する課題解決にいかに有効に活用できるかを援助することにある．

(2) コンサルテーションの構造的特徴

黒沢(2004)はコンサルテーションの構造的特徴として，先に山本(2000a)があげた四つのコンサルテーションの基本的特性をもとに，類似する概念であるカウンセリングやスーパーヴィジョンとの差異を，図表化することで明確にしている(表3.1, 図3.1)．

コンサルテーションの構造的特徴はこれまで述べてきたことから明らかであると思われるが，カウンセリングおよびスーパーヴィジョンとの関わりで簡潔にまとめれば次のようになろう．カウンセリングとは二者関係構造である点，および，カウンセリングの対象がクライエント自身の心理的次元の問題を扱い，その援助の目的がパーソナリティの変容にある点で異なる．一方，スーパーヴ

表3.1 コンサルテーションの構造的特徴と，他の援助法との比較(黒沢, 2004, p.194)

相談者と被相談者の関係	コンサルテーション	カウンセリング	スーパーヴィジョン
専門性の相違	異業種	(異業種) (クライエントは，専門家ではない)	同業種
関係性の構造	三者関係	二者関係	三者関係
上下関係	コンサルティが上 (主導権を持つ)	カウンセラーが上 (心の問題の専門家)	スーパーヴァイザーが上 (権威ある指導者)
時間感覚	短期的，即応的	長期的	長期的

i. カウンセリング=「二者関係構造」

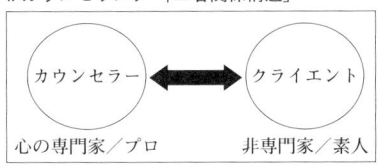

カウンセラー ⇔ クライエント
心の専門家／プロ　　非専門家／素人

ii. コンサルテーション=「三者関係構造」

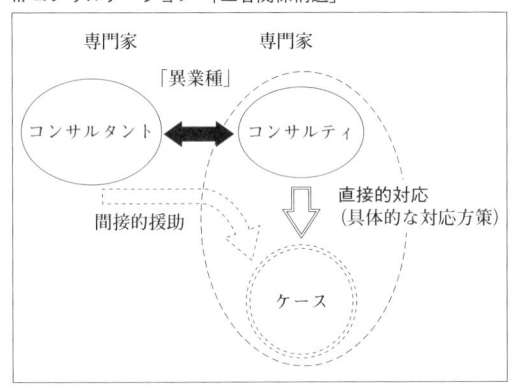

専門家　　　専門家
「異業種」
コンサルタント ⇔ コンサルティ
　　　　　　　　　直接的対応
　　　　　　　　　（具体的な対応方策）
間接的援助
ケース

図 3.1　コンサルテーションとカウンセリングの構造的特質の相違(黒沢, 2004, p.195)

ィジョンとは三者関係構造である点では共通し，また，スーパーヴィジョンの対象も，スーパーヴァイジーが受け持つケースへの具体的な対応策への援助である点で共通するが，スーパーヴァイザーは指導者の立場で権威を有し，スーパーヴァイジーとの間には上下関係がある点で異なっている．

(3) コンサルテーションのプロセス

コンサルティが自らの仕事をより効果的に遂行することを目的として，コンサルタントを雇うことによって開始されるコンサルテーション関係であるが，その開始から終結までにはいくつかの段階がある．Lachenmeyer(1992)はそのステップを次の7段階に同定している．①参加を獲得すること，②契約を取り交わすこと，③関係を築くこと，④問題を定義すること，⑤代替の解決法を呈示し選択すること，⑥介入を実行すること，および，⑦コンサルテーションを評価し終結すること(Scileppi *et al.*, 2000)．また，Brown *et al.*(2001)は，①出会い，②契約，③アセスメント，④問題の定義づけと目標設定，⑤関わり方の選

定，⑥介入，⑦評価，および，⑧終結，の8段階に分類している．わが国では，石隈(1999)が，学校における問題解決型コンサルテーションのプロセスとして，①パートナーとしての協力関係作り，②問題状況の具体的な定義と仮の目標の設定，③問題状況の生態学的アセスメント，④目標の決定，問題解決の方針と方略の選択，⑤問題解決方略の実践・実践の評価・フォローアップ，の五つのステップを提案している．また，箕口・上手(2007)は，上記 Brown *et al.* (2001) のモデルを養護施設で展開している．

　これらの詳細についての紹介は原典に委ねざるを得ないが，いずれのモデルも要点は類似しており，登録，診断，実行，終結(Doughterty, 2000)のプロセスに沿ってなされる．簡潔に述べれば次のようである．

　①登録：契約を根回しすることと，作業協力を形成することである．この段階を通して，コンサルタントはコンサルティと作業協力を作り上げるための信頼の基礎を築く．

　②診断：コンサルテーションに提出される問題を定義することを含んでおり，コンサルタントは，問題は何か，なぜそれが存在しているのか，それをどのように呈示するのがベストか，についての同意を得る必要がある．

　③実行：コンサルテーションが焦点を置く問題が同定されると，コンサルタントは可能な解決法を工夫し，実行に移し，コンサルティを援助する．

　④終結：最後に，コンサルタントは履行された変化の効果を評価する作業を行い，結果に基づく適合を確かなものとして維持するための方略を報告書にとりまとめて，契約を完了する．

　ところで，終結する前に行うべき最も重要な活動が，コンサルテーションに基づく介入の評価である．Scileppi *et al.* (2000)は，コミュニティ心理学におけるコンサルテーションは，社会科学的研究と精神保健モデルとの合併であるがゆえに，介入の効果を評価することは特に重要であるとしている．プログラムの評価は，実践の場では往々にして軽視されがちであるが，効果の程度が公正で客観的な測度によって評価されることで，コンサルティもコンサルタントも，次のステップに進むことができる．そしてまた，この研究の結果を他へ伝播する機会にもなり，類似の問題を経験しているコンサルティが援助される可能性があるのである．

3節　コンサルテーションの最近の展開

　Caplan(1964 ; 1970)が創案した四つのタイプのコンサルテーションは，その後，方法の修正や特定の目的(たとえば，アルコール問題をもつクライエントに関わっているコンサルティのためのコンサルテーション・アプローチ)に合うように応用されたり(Orford, 1992)，コンサルタントの役割がもっと活動的・予防的・体系的な考え方へと変わってきているが(Lewis *et al.*, 2003)，それとともに，コミュニティ心理学の立場からは，**コミュニティ・コンサルテーション**(community consultation)の名のもとに，「プログラム中心の管理的コンサルテーション」と「コンサルティ中心の管理的コンサルテーション」が，欧米における研究動向では中心的関心事になってきている(Rudkin, 2003)．それは，クライエント中心のケース・コンサルテーションやコンサルティ中心のケース・コンサルテーションが，臨床心理学の個人援助志向を引きずっており，コミュニティ心理学本来の，より上位のグループやシステムへの介入を目指す志向性から外れている，と認識されていることによる．

　これに対して，わが国では，日本におけるコンサルテーション研究を概観した箕口・上手(2007)が総括するように，その内容は，①コンサルテーションを行う対象と場の理解に関する研究，②コンサルテーション介入の技術に関する研究，③コンサルテーションの受容・進行プロセスの研究，にまとまり，しかも，その多くはいまだ事例研究に留まっている，と彼らが指摘することからも窺われるように，この個人志向性が非常に強いといえるだろう．

　Caplanのコンサルテーションの四つのタイプのうち，コミュニティ・コンサルテーションに属する③と④の二つのタイプにおいては，「クライエント」は個人ではなくて，一つのプログラムやグループ，スタッフ，あるいは機関である．そして，先にそこで示された具体例からも明らかなように，コミュニティ・コンサルタントは，場面が目的を達成するために必要としている何らかの専門技術をもっているがゆえに雇われるのであり，組織の機能を診断したり，増進させたりする多様なコンピテンスやスキルをもっていなければならない．彼らの役割は，これによって組織やコミュニティの変革を創出する努力をすることにあり，クライエントに対して直接的なサービスというよりは，むしろ間

接的なサービスを提供する(Trickett *et al.*, 2000). このように, コミュニティ・コンサルテーションの最も重要な側面は, 個人志向性ではなく, そのシステム志向性にある.

　コンサルテーションをコミュニティ心理学の一領域として確固とした位置づけをするためには, わが国においても, 今後このタイプの研究や実践がより求められることになるだろう. そしてそのことが, 先に述べたコミュニティ中心主義の具現化に繋がり, ひいてはよりいっそう心理学を市民と共有することに繋がることになるであろう. なお, わが国におけるコンサルテーション研究のレビューについては箕口・上手(2007)が, 豊富な実践例は山本(2000a)が紹介しているので, そちらを参照されたい.

──────【展　開　篇】──────

　教師との心理学の共有化という本章のテーマに基づいて, まずはオーソドックスな, 不登校生徒に対する「コンサルティ中心のケース・コンサルテーション」の成功例を, ついで, 同じく失敗例とその留意点を, 最後に, コミュニティ・コンサルテーションの例として, クラス全体の雰囲気を変えようと意図した「コンサルティ中心の管理的コンサルテーション」の研究例を紹介する. 紙幅の関係もあり, いずれもきわめて簡潔にまとめたことで具体性や臨場感に欠けるが, 特に事例の成功例・失敗例の紹介については, コンサルテーションのイメージを形にしたものと理解されたい.

4節　不登校の男子中学生へのコンサルテーション[注1]

(1)クライエント：中2・男子
(2)コンサルティ：学級担任
(3)コンサルタント：教育センター指導主事
(4)コンサルテーションの契約に至る経過：学校からの申し込み

(5) コンサルテーションの実際：

◎第1回コンサルテーション(平成X年9月21日)

A. コンサルティ(学級担任)の報告

　父，母，本人の3人家族．小学校時代から登校拒否傾向があった．中学1年時には59日欠席．理由は頭痛・腹痛・風邪・喘息である．親は「登校拒否ではなく病欠だ」と主張．背景には「小学校のある担任を母親が嫌って，登校させなかった」「中1の担任が不用意に登校拒否という言葉を使ったため，親が教師不信の念をもった」「親が相談所を訪ね歩いて登校拒否に関する知識をもち，登校刺激を強く警戒している」などの問題が横たわっている．

　中学2年．4～5月は22日出席し，6月は1日出席しただけでまったく登校しなくなってしまった．1年次と同様，欠席当日は必ず母親が電話をしてきたが，「毎日の連絡は負担でしょう．特別のことがない限り電話しなくてもいいですよ」と伝えた．過去3回家庭訪問をした．母親が「自分で学校へ行くようになるまで待ちたい．すべて自分で判断させたい．世話を焼かずに見守りたい」と言ったのでその姿勢を尊重し，登校刺激を手控えることにした．また，子どもの気持ちを汲んで家庭訪問をしない約束をした．そして4か月が経過した．

B. コンサルタントの助言

　①親の教師不信を気にしすぎ．現担任に対する親の不信感はなさそう．今後は親と定期的に連絡を取り合い，学校の動きや状況を伝えた方がよい．

　②親の了解を得て登校を働きかけるとよい．時期尚早だと感じたらすぐに手を引けばよい．

　③父親の姿が見えてこない．父親を知る必要がある．

◎第2回コンサルテーション(平成X年11月5日)

A. コンサルティの報告

　母親と連絡を取り近況を聞くとともに，「今後は定期的に連絡し合いながら，学校の状況を伝えていきたい」と申し出た．親子で相談してからということだったが，後日，子どもも了承したという返事があった．以後，学年通信やPTA新聞などの配布物を届けがてら，隔週ぐらいのペースで家庭訪問を行う．本人とは会えない．父親が登校刺激による家庭内暴力を心配している．

B. コンサルタントの助言

　①担任が母親と連絡する機会を増やして，信頼感を強める．

　②家庭における望ましい父母の役割について示唆する．

③再登校へ向けて，2年生終了までの長期的なプログラムを親と話し合って作成する．
④父母や本人に高校進学に関する展望を与える．

◎第3回コンサルテーション(平成X+1年1月11日)

A．コンサルティの報告

　12月中旬，母親来校．本人も精神的に安定しているようなので，「自ら登校できるまで待つというのではなく，登校を促すような働きかけをしたい」と伝え，理解と協力を依頼した．帰宅後，父母が相談のうえ了承の返事を得た．家庭訪問は続けているが，本人とは話ができない．冬休みに電話をかけたら，偶然本人がでて近況を話し合えた．拒否感はなかった．登校を促したが返事はなかった．3学期の初め母親と電話連絡．親も時々登校を促すが，本人は答えないとのこと．配布物は必ず見ている様子．3月に母親は出産予定であり，本人も楽しみにしている．

B．コンサルタントの助言

　①母親を通じ，担任が気にかけていることを常に本人に知らせてもらう．
　②家庭訪問の際，親の方から必ず本人に先生と会うかどうか一声かけてもらう．
　③赤ちゃん誕生を，母子分離のきっかけに利用することを考える．

◎第4回・第5回コンサルテーションについては省略

◎その後の経過

　2月中旬，父親来校．学年主任と担任とで懇談．「出産を契機に状況の変化を願っている．日常の家事を分担し，親離れを図りたい．3年生進級を最大のチャンスと考え，登校を促したい」と父親は語った．2月末，男児出産．担任は本人とともに病院へ見舞いに行き，帰りに喫茶店で雑談．3月上旬，担任が家まで迎えに行き，「卒業生を送る会」を見学する．3年生に進級．担任は持ち上がりにした．登校を促すことについて父親は依然としてためらいがちであり，2学期の前半まで子どもに再登校の気配は見えなかったが，担任は辛抱強く家庭訪問や電話連絡を継続した．そして，10月末の夕方，父親と本人が来校．11月には再登校したいと語った．11月は1日，12月は6日，1月は4日別室登校をした．2月になってもポツポツと登校し，単位制高校へ進学する気持ちを固めて，進学説明会へ親と共に出かけて行った．

A．コンサルティの感想

　適切に状況を把握してもらえた．回数を重ねながら，段階を踏んだ具体的な手だてを示唆してもらうことができた．また，他の事例の紹介などもあり，自分の事例を理解するうえで大いに役立った．それまでは手探りの状態で生徒に対応しようとしていたが，

生徒との対応の指針を示してもらってからは，自信をもって対処することができた．まったく生徒とコンタクトがとれなかった関係から，一緒に外出できるまでに関係を改善することができた．生徒理解の深まりについては，深層心理まではつかみきれないが，個々の表面的な事柄に関しては，以前より理解ができるようになった．コンサルテーションに備えることもあって，細かくデータを残すように心がけた．そのことも生徒や保護者をより深く理解するうえで役立った．コンサルテーションを通して，次のような成果があったと思う．

① 父母は教師不信の状態であったが，それが無くなり，学校の考えも受け入れながら，教師と協力し合って子どもの問題に前向きに取り組むことができるように変化した．
② 担任していない生徒については，ともすると関心が薄いものであるが，コンサルテーションの経験を通し，教師間で話題にしたり学年主任と相談したりするようになって，教師間の連携という点で意味があった．
③ 短期間に問題を解決しようと焦らず，事例に継続的に関わり続けていけるようになった．
④ 生徒理解の幅を広げるうえでは，コンサルテーションは大いに役立った．

(注1) 本事例は，コンサルタントを務めた著者の知人(故人)から資料の提供を受けたものである．

5節　コンサルテーションの失敗事例：留意点と進め方[注2]

黒沢(2004)は，コンサルテーションの失敗事例を通して，どのように行えば適切なコンサルテーションになったのかを，自らの実践モデルを呈示しながら解説している．4節と同様，コンサルティ中心のケース・コンサルテーションの例を紹介する．

(1) 失敗事例：担任教員からスクールカウンセラーへのキレやすい生徒の相談

教員Aが，スクールカウンセラーBに，自分の学級に在籍する生徒Cの問題(イライラした反抗的な態度，容易にキレやすい)を相談しました．教員Aにしてみれば，その生徒が突然キレて，周囲に暴力を振るう危険性が危惧され，近々に保護者会があるので，内心，その折に生徒Cの保護者と個別に話したほうがよいかどうか迷っていました．

ところが，教員Aが「生徒Cのイライラした様子が非常に気になる」と話したところ，相談を受けたスクールカウンセラーBからは，教員Aの日常の対人関係や幼児期のことを質問され，そのうえ，当該生徒よりも，教員Aの対人関係に課題があり，それが学級

経営にも影響しているのではないかと指摘されました.
　その回の相談では,教員Ａは保護者会のことも切り出せず,当該生徒のことよりも,自分がいろいろ苦手な対人関係をもっていることが指摘されて,意気消沈した気持ちを味わいました.スクールカウンセラーＢからは,「また来週その問題について,コンサルテーションの時間をもちましょう」と言われましたが,保護者会は終ってしまいます.しかし,教員は,スクールカウンセラーＢは心の専門家であるから,こうやって考えていかなくてはいけないのだな,と感じ,漠たる不安と頼る気持ちが混ざった複雑な心境を味わいました.
　教員ＡがスクールカウンセラーＢに相談した数日後,その生徒Ｃは,些細なきっかけで級友に暴力を振るってしまいました.教員Ａが保護者と面接したところ,家庭に大きな危機が訪れており,生徒Ｃは不眠が続き,ときどき非常に被害的なことを口走るようになっているとのことでした.

(2) コンサルテーションの留意点：陥りがちな誤り

　この事例は,コンサルテーション面接ではなく,カウンセリング(臨床心理個人面接)を行ってしまっている.その結果,担任Ａの心理面に焦点が当てられ,生徒Ｃへの査定・対応はなされず,「短期的／即応的」に適切な対応が取られなかった.担任Ａの「仕事上」の具体的な援助になっていない.

(3) コンサルテーションの手順：実践モデル

表 3.2　コンサルテーションの実践モデル(黒沢,2004, p. 201)

①イメージ合せ：ケースの具体的なイメージを確認
　　「コンサルティとケースとの関係,関係者の立場は？」「ケースや関係者の見た感じや様子は？」
②情報収集の作業：話は,具体的に聞く
　　「問題を一言で語ると？」「問題の概要と現在までの具体的経過は？」
③ニーズ・アセスメント：コンサルティにとって,「ここで何が話し合われたらよいか？」
④ゴール・ネゴシエーション：「その問題やケースが,どうなっていればよいか？」
⑤コンサルティの持つリソース(資源)や成功体験の発掘,検討：
　　「ケースへの関わりで,今までにうまくいったこと,既にやれていることは？」「それはどうやってやれたのか？」
　　「コンサルティが,もっている内外の資源,使える資源は？」
⑥専門的情報や,介入方略メニューの提示：
　　「コンサルタントに,提供できることは何か？」「役割分担することはあるか？」
⑦ゴールに向けての具体的な手順を話し合う：4W1Hを明確にする
　　「これからどうしていけばよいか？」「何から始めてどこまで達成できればよいか？」
⑧具体的な行動指針(お土産)を渡す：コンサルティをエンパワーする
　　「コンサルティの良い面を評価し,行動指針を得て元気になって帰ってもらう」

(4) コンサルテーションの進め方

　実践モデル（表3.2）を使って，この〈事例〉のキレやすい生徒についての，スクールカウンセラーの担任へのコンサルテーションをやり直してみよう．
①カウンセラーBは，教員Aに，生徒Cの「見た感じ」を聞き，具体的なイメージを確認します．生徒Cは中学2年生で，身長は約160cm，痩せ型で，表情は豊かではありません．教員Aからの印象は，内向的で無口，やや神経質．
②教員Aが「生徒Cのイライラした様子が非常に気になる」ということについて，「それをもっと具体的に教えてください」と問題の概要を具体的に尋ね，情報収集します．彼は知的にはむしろ高いが，ここ1～2か月集中力がなく，成績は急に低下．目つきがうつろで，友人らからも，最近様子が変だとささやかれている．部活は音楽部だが，過剰に音に反応する．反抗的といっても，挑発しているのではなく，猜疑心が強く，キレて「俺を何だと思ってる！」とわめく．
③教員Aに「ここで何が話し合われたらよいか」を確認します．教員Aは，生徒Cの様子をどう理解し，対応したらよいのか，そのために母親に保護者会の機会に面接したほうがよいか，周囲に暴力を振るう危険性はどれくらいあるのか，暴力を避けるためにどうすればよいのかなどを，あげました．
④教員Aに「その問題がどうなっていればよいですか」と尋ねます．生徒Cが，目つきが穏やかになり，もとの音楽好きな優しい少年になるとよいとのこと．
⑤教員Aに「先生の対応で，最近少しでも彼が穏やかになったときはありましたか」「彼がよい状態になれる友人，先生等はいますか」などを質問します．教員Aが，彼の目を見て好きな音楽に興味を示し，認めてやるときは穏やか．幼馴染みで，裏表のない兄貴肌の友人には心を開く．ある音楽家に一目置いている．
⑥カウンセラーBは，ここまでのやりとりから判断して，専門的情報・見解や対応方略のメニューを提示します（ここで，カウンセラーBは，生徒Cを反抗期や心因反応と見るよりも，統合失調症の前駆症状の可能性もあるとして視野に入れます）．生徒Cの状態を理解するためにも，早急に家庭での様子をきちんと聞く必要があること．猜疑心，被害意識があるようなので，周囲の対応によっては，暴力などに発展することもありうること．万一被害意識が急激に亢進した場合，自傷他害の恐れもないとはいえないこと．まず，（少なくとも彼の状態が査定できるまでは）学年を中心として，彼が落ち着けるような対応を皆でできるように，今までうまくいった対応を参考にして，早急に動いたほうがよいこと．また，必要ならカウンセラーBが本人や保護者と会ってもよいし，管理職の理解を得られるよう話し合ってもよいと，可能な役割分担も提案します．

⑦具体的に，今後の手順を話し合います．この話し合いの後，教員Aが保護者に電話をする．カウンセラーBは，生徒Cの部活の様子を観察／話をしに行き，顧問にも話を聞く．これらの情報を，放課後最後にもう一度教員Aとカウンセラーですり合わせ，今後どれくらい早急に動いたほうがよいのか検討する．

⑧カウンセラーBは，教員Aが非常に適切なタイミングで相談に来てくれたこと，生徒への理解や観察力に優れ，今までとてもよい関わりをしてこられたことを評価し，⑦の行動指針を確認し，生徒Cと学級を支えていけるよう教員Aをサポートする旨を話し，教員Aを元気づけられるように配慮します．

このようなコンサルテーションが行われれば，生徒Cの友人への暴力を未然に防げた可能性は高かったと考えられる．加害者・被害者を作らないだけでなく，関係教職員が感じる無力感や，周辺生徒や保護者への悪影響も与えずに済むだろう．教職員・管理職は暴力の事後対応に追われるのではなく，日常の教育的活動にエネルギーを使うことができるわけである．また，教職員らと保護者が協力することで未然に防げた事実は今後の教育的対応への自信と財産になる．つまり，学校コミュニティ全体を援助したことになるわけである．

(注2) 本節は，黒沢(2004)より，事例を含め関係する部分の全文を直接引用したものである．引用を許してくださった黒沢幸子氏に感謝申し上げる．

6節　学級のアセスメントを用いたコンサルテーション

学級をアセスメントし，その結果を媒体として，担任とコンサルタント間で学級の実情を見つめることができれば，子どもたちが潜在的に抱える支援ニーズを知り，教師の実践知を生かす介入の方針を見出すことができるとの考えのもとに，伊藤(2003 ; 2009)は学級風土質問紙を用いた「コンサルティ中心の管理的コンサルテーション」を展開している．

1章で紹介したMoos(1976)の社会的風土尺度は，コンサルテーションやプログラム開発に有効であることをDalton *et al.*(2001)は認めており，「コンサルタントは社会的風土尺度をまず環境の特徴(実際の環境)を掴むために，次に，どんな環境を人々が望んでいるか(理想の環境)を捉えるために調査に用いる．そしてグループ全体のスコアをもとに環境に対する現状認識と願望を推測する．

その推測を受けて対象となった人々は，理想の環境により近づけるためには，今ある環境をどのように変えていくかを議論することができるだろう」(訳書p. 165)と評価している．

　伊藤(2003)は，Moos(1976)が開発した学級環境尺度(CES)の概念枠組みを採用しながら，わが国の教育事情に則した，自らが尺度構成した学級風土質問紙(CCI)を中学3年生のあるクラスに実施し，その結果をもとに担任をコンサルティとするコンサルテーションを行っている(図3.2参照)．この質問紙は，図3.2のように，左から順にMoosの「関係性の領域」を測定する5尺度(学級活動への関与，生徒間の親しさ，学級内の不和，学級への満足感，自然な自己開示)，「個人発達と目標試行の領域」を測定する1尺度(学習への志向性)，「組織の維持と変化の領域」を測定する2尺度(規律正しさ，学級内の公平さ)の，合計3領域8尺度57項目からなるもので，学級の特徴を標準化した各尺度得点によって図示でき，それをもとに担任とコンサルタントが学級について検討することが可能なものとなっている．

　C学級では，行事への取り組みなど学級活動がうまくいかず，生徒たちのやる気が失われつつあり，指導が立ちいかないことに担任教師が悩んでいた．1学期のアセスメントの結果は全体に得点が低いが，まず第1に〈学級活動への関与〉が特に低く，行事など学級での活動に極端に無気力・無関心の風土がある．第2に〈学級内の不和〉が高く，特にもめ事の多さと雰囲気の悪さが目立つ．第3に〈自然な自己開示〉が低い．第4に，こうした否定的な結果の一方

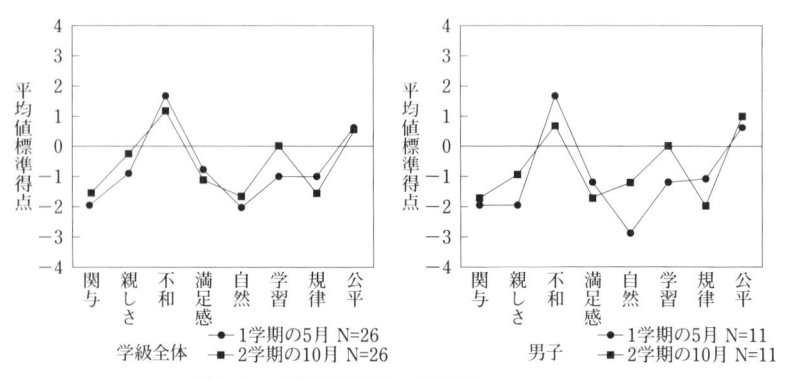

図 3.2　C 学級の変化(伊藤編著，2009, p. 124)

で，学級全体の〈学級への満足感〉〈生徒間の親しさ〉の低下は比較的小さいことが読み取れる．

　コンサルタントは，これらの尺度得点や項目に戻っての結果を総合して，以下のことを「見立て」として担任に伝えた．すなわち，もめ事に疲弊して無気力になってはいるが，ぶつかりながら生徒同士が関わり合い，個人的なつながりも潜在的にできつつあること．しかし，ぶつかり合いが成功をもたらし，学級への関与を高めればよいのだが，そこには至っていないこと．男子の人間関係の問題や女子の教師への反発もあって，学級がまとまらずいっそう無気力な風土となっていると予想されること．親切心はあるのに協力できないのは，スキル不足も考えられること．生徒がぶつかり合う問題解決過程に，丁寧な解決法やスキルの指導が必要であること．

　コンサルタントとともにアセスメントの結果を見直すことで，担任は自然と指導を振り返り，「生徒が無気力」と生徒だけを見つめていた視点が開かれ，新たな客観的な視点で自身の指導を振り返ることができた．その後，担任はこれまでに気づかなかった自らの指導について，他の教師やコンサルタントとの交流の中で洞察を得，叱り方やルールの明確化などさまざまな工夫を見出し，実践した．その結果が図3.2である．夏休み明けの短い期間でありながら，休み前のコンサルテーションの結果に基づいた指導の変化が，学級風土を変化させたことがグラフにも現れている．特に，男子生徒では，問題解決のための個別の関わりなども功を奏して，〈学習への志向性〉や〈自然な自己開示〉が増し，学級全体でも僅かながら〈学級活動への関与〉などが高まっている．

　担任は，心血注いで指導すればするほど，生徒たちが教師の叱責に無力になってクラスから離れていく"悪循環"に気づかずにいたのだが，アセスメントの結果を通して生徒たちの"声"を聞くことで，改めて学級像の全体を見直すことができた．このように，学級風土アセスメントの効用は，実践の渦から離れて客観的に生徒の意見をもとに学級を見直せることである．担任も周囲の教師も，アセスメントの結果を媒体に，同じ土俵に上がって話し合える効果もある．

【クロージング・エクササイズ】

不登校生徒と適応指導教室

　私が家庭教師をしているＫは，中学２年生の不登校生徒である．在籍の中学校からの紹介（指導）で，この市の教育委員会が設置している「適応指導教室」に通っている．ここに通えば出席日数に算入され，在籍の中学に通っていると見なされ，卒業ができる制度である．

　ただ，お母さんやＫの話からすると，この教室は，一応の時間割はあるようだが，いわゆる勉強をする場ではなく，好きなことをやって時間をつぶしていればよいところのようである．専従の先生が３人派遣されて子どもたちの面倒を見ており，あとボランティアの大学生が一人いて，遊びや相談相手になっているということである．小学生も中学生もおり，毎日通ってくる子がいる一方で，来たり来なかったり，途中でいなくなったりと，さまざまな通学スタイルのようである．トランプなどの室内ゲームをしたり，ドッジボールをする子がいるかと思えば，一人だけで好きなことをしている子，勉強をしている子など，子どもの様子もさまざまで，先生も強制的に何かをさせることもせず，自由にやらせているようだ．

　Ｋは，週２回の家庭教師に私が行く日は，この教室には通学していないようで，週３日程通っているとのことである．家族は，サラリーマンの父，パートをしている母，高校２年の姉の４人構成で，姉はＫのことには理解を示している様子だが，父母には強い焦りがあり，高校には是非とも進学させたいので，勉強が遅れないようにということで，大学生の私が雇われたわけである．

　お母さんによれば，Ｋが不登校になったのは小学校５年のことで，２学期に，クラスのグループ学習の作業で，些細なことから仲間につまはじきされたことがもとでいじめられるようになり，冬休みを境に登校しなくなったという．小学校はそのまま通学せずに卒業し，同じ学区内の中学に入学した．小学校の時にＫをいじめた生徒たちも同じ中学に進学しており，入学した４月は何とか通ったものの，次第に足が遠のき，家に引きこもるようになった．そしてしばらく経った１年生の３学期初めに，学校からこの適応指導教室を紹介され，見学した後で，本人も納得して通うようになったということである．

　私がＫと接していて感じたことを言うと，これまでも家庭教師をつけたりして，それなりの努力の結果の現れだと思われるが，学力的には，回復不能なほど劣っているとは思えない．ただ，教えていてもあまり反応が無く，質問してもほとんど答えないので，じれったくなることがたびたびある．とはいえ，私の言うことは素直に聞いてくれる．家族以外と話をすることはほとんど無いようだし，適応指導教室

でも友達というほどの子はいないようだ．機嫌がよいと好きなタレントや趣味の話もしてくれるが，総じて寡黙で覇気が無く，何事にも自信がなさそうなことがよくわかる．

　思うに，いじめがもとで人間関係に怖れや苦手意識が芽生え，要するに，対人的スキルが未熟のまま今日に至ったのではないだろうか．そして，そのことで自信喪失しているのではないだろうか．私は家庭教師なのだから，勉強のお手伝いをすれば役割は果たしていることになるのだが，大学の心理学科で学んでいる者として，私に何かできることがあれば，進んでお役に立てれば，と思うのだ．

　ここに登場する「私」は，あなた自身である．また，「K」は男子でも女子でも，また，姉は兄でもよいとする．コミュニティ心理学を学び始めたあなたなら，KまたはKの家族，あるいは適応指導教室や学校など，Kを取り巻く環境に対して何をしようとしますか．それはどうすれば可能になると考えますか．場面を想定しながら，それを実際に可能にする手立てについて，コミュニティ心理学の視点で，大学生のあなたの「身の丈にあった」，改善可能な具体策を考え，提案しなさい．

第 II 部

高齢者とコミュニティ心理学

──【オープニング・クイズ】──

高齢者クイズ

◎「高齢者」とは，65歳以上の人を指します．

①現在日本人の平均寿命は，<u>男女とも世界一である</u>．
　　1．そのとおりである　　2．女はそうだが男は違う　　3．男女とも違う

②高齢者のいる世帯のうち，「単独」と「夫婦のみ」世帯の合計で<u>5割</u>を超えている．
　　1．そのとおりである　　2．4割　　　　　　　　3．6割

③労働力総人口が減少していることに伴って，高齢者の雇用数も<u>減少</u>している．
　　1．そのとおりである　　2．横ばい状態　　　　　3．増加

④高齢者の近所の人たちとの交流は，昔も今もあまり<u>変わらない</u>．
　　1．そのとおりである　　2．浅くなっている　　　3．深まってきている

⑤高齢者の孤独死は，この10年間で<u>3倍</u>に増加した．
　　1．そのとおりである　　2．2倍　　　　　　　　3．4倍

⑥高齢者虐待の原因で最も多い「虐待者の介護疲れ・ストレス」は，全体の<u>70％</u>を占める．
　　1．そのとおりである　　2．50％　　　　　　　　3．90％

⑦現在，老老介護率(高齢者が同居の高齢者を介護している割合)は<u>5割程度</u>である．
　　1．そのとおりである　　2．3割　　　　　　　　3．6割

⑧高齢社会の中，老人クラブの数や会員数も<u>増加</u>している．
　　1．そのとおりである　　2．横ばい状態　　　　　3．減少

⑨交通事故死亡者のうち，高齢者の占める割合は<u>5割</u>である．
　　1．そのとおりである　　2．4割　　　　　　　　3．6割

⑩入所受刑者全体に占める高齢者の割合は，年々<u>減少</u>している
　　1．そのとおりである　　2．横ばい状態　　　　　3．増加

（正解はp.347）

4 章

幸福な老い：ウェルビーイング

　「幸福な老い」とか，「上手に年を取ること」，と訳されているサクセスフル・エイジングという用語は，1961年のアメリカ老年学会発行の *The Gerontologist* 創刊号に "Successful Aging" (Havighurst, R. J.) が掲載されたことを最初として，その後1987年の *Science* 誌上に "Human Aging: Usual and Successful" (Rowe, J. W. & Kahan, R. L.) が掲載されて世界の注目を集めるに至ったといわれる（小田，2003）．

　サクセスフル・エイジングとは，小田(2003)によれば，包括的には，長命(longevity)，健康(lack of disability)，生活満足・幸福(life satisfaction/happiness)の三つの要素がすべて統合された概念とみなされてきており，「要するに，サクセスフル・エイジングとは，健康で長生きしていて満足と幸福を感じられるような老いの過程」(p. 20)をいうが，さらにButler & Gleason(1985)は，**プロダクティブ・エイジング**(productive aging)という概念を提唱している．65歳以上の人口が総人口に占める割合を高齢化率といい，この値が7%を超えた社会を高齢化社会，14%を超えた社会を高齢社会，さらに21%を超えた社会を**超高齢社会**というが，わが国は2007年に超高齢社会に突入して今日に至っている．高齢者はもはや特別な存在でも無条件に保護されるべき立場でもなく，年齢を超えて他世代と対等な存在として共生し，社会の中へ積極的に取り込むべき存在と捉えられてきている．つまり，高齢者は，健康でサクセスフルに生きることだけに留まらず，労働活動はもちろんのこと，ボランティア活動，地域活動，学習活動などをも含む社会的関係性をもつ活動にプロダクティブに参加し，自ら未来を切り開いていける存在と見られるようになっている．

　ところで，サクセスフル・エイジングといい，プロダクティブ・エイジング

というその考え方の根底には，生活や人生の豊かさを質的に位置づけようとする視点がある．加齢に伴う生活の質(quality of life: QOL)をどう評価し，また向上させるかは，後に改めて述べるように，心理学のみならず老年学やリハビリテーション医学などでは中心的な関心事であり続けている．心理学では，QOL概念の中心にウェルビーイング(well-being)を置き，個人の主観的判断・心理的側面を重視すべきだとして，QOLの主観的側面として主観的ウェルビーイングという概念が生み出された．このQOLやウェルビーイングへのまなざしはコミュニティ心理学の定義そのものの中にあり，序章で紹介したように，Dalton et al.(2007)は，コミュニティ心理学は，「研究と実践を統合することによって，個人やコミュニティ，および，社会にとっての生活の質(QOL)を理解し，これを高めようと努める」といい，また，Duffy & Wong(1996)やMoritsugu et al.(2010)は，「(前略)(コミュニティ心理学の)目標は，影響を受けたコミュニティ・メンバーや心理学の内外の関連する学問とのコラボレーション(協働)の中で作り出された，革新的で交互的な介入を用いて，コミュニティや個人のウェルビーイングをできるだけ完全にすることである」と述べている．さらには，著者の定義においても同様の内容を含ませており，コミュニティ心理学にとって重要な構成概念をなしている．

　そこで，本章ではまずこの二つの概念とその関係や測定について述べ，さらに，これらを用いたこれまでの研究が個人のレベルに関心を集中させてきたのに対して，コミュニティ心理学は個人を超えたレベルにも関心をもたねばならない点を踏まえて，ウェルビーイングの姿を考えることとする．

―――――――――【理　論　篇】―――――――――

1節　クオリティ・オブ・ライフ(QOL)とウェルビーイング

(1) QOL研究の系譜

　"life"をどう捉えるかによって，QOLという用語は「生(命)の質」「生活の

質」「人生の質」などと訳され，研究分野によって異なった扱われ方をしている(Phillips, 2006).

　第1の系譜は社会政策的流れで，社会経済の成熟化に伴い物量的追求から質的追求への関心が高まる中で，GNPや国民所得といった経済指標が必ずしも人々の生活の豊かさを表さないことへの批判として，生活の質向上の考え方が社会政策場面における基本的な目標にされた．1970年代に入ると，生活指標とか社会指標などの名称で，非経済的な豊かさを客観的に測定・評価する研究が着手されるようになり，*Social Indicators Research* といった雑誌の発刊(1974)や，Andrews & Withey(1976)など社会学を中心とする分野からの研究が注目を集めるようになる．わが国でも，国民生活審議会調査部会(1974)による『社会指標——よりよい暮らしへの物さし』のような国レベルのものから，『兵庫県生活指標調査報告書』(兵庫県，1969)や『総合地域指標(TLP)』(宮崎県，1974)など各県による自県の市町村を単位とするものまで，多様な発想や手法のもとに「生活」を数値指標化する試みが活発にみられるようになった．たとえば，兵庫県のものは，交通事故率や高校進学率，一人あたりの緑地面積，犯罪発生率，医師一人あたりの住民数など，生活の利便・安全・健康・快適などの全般に関わる多様な指標を多数選定し，その市町村ごとの数値を変数として因子分析によっていくつかの因子にまとめ，因子得点を算出することで県平均と比べた自市町村の良し悪しや他市町村との比較を可能にするもので，これは個人を取り巻くコミュニティ(市町村)環境を指数化するものである．

　第2の系譜は医学的流れで，一つが生命倫理的な問題であり，生命の選択や尊厳死，ターミナルケアとの関連でQOLが注目され，もう一つは特定の疾患の治療と評価に関するもので，たとえば，がん患者について，専門家(医師・看護師)や患者本人に，身体機能，精神保健，日常役割機能，体の痛み，健康感，活力，社会生活機能などがいかなる状態にあるかを評価尺度に回答してもらうものである．健康(病気)との関連を強く意識し，治療の効果を測定することを目的にQOLを捉えようとしている．これには，疾患の種類を問わない包括的測定尺度(たとえば，WHOが開発した「WHO QOL26」(田崎・中根，2007)では，身体的領域，心理的領域，社会的関係，環境領域の24項目と全体を問う2項目の，4領域26項からなる)と，疾患ごとの疾患特異的測定尺度(たとえば，Padillaらが人工肛

門造設患者用に開発した尺度(黒田，1992)は，達成，個人の態度や情緒状態，安寧，支援の各次元の合計23項目からなる)があるが，保健医療領域で開発された数多くのQOL評価尺度は，「健康関連QOL」として独自に扱われている(尺度例は，青木，1998参照).

　第3の系譜は社会心理学的流れで，上に紹介した社会指標などの客観的QOL評価に対して，個人の認知や判断などの心理的な側面，つまり，主観的なQOL評価の重要性を主張するものである.松本(1986)は，QOLに対するアプローチとして生活者の意識面と生活者のおかれた環境の両面からのものがあり，この両面は無関係なものではなく，生活者の評価意識によって繋がっていると述べる.つまり，個人的あるいは社会的なニーズ，満足感，幸福感といった生活者の意識面を中心課題とする場合には，QOLの主観的評価として生活評価そのものを直接的に扱おうとしているのに対して，物理的環境や居住環境，社会・文化環境など，社会指標で取り上げられるような生活者のおかれた環境を扱おうとする場合には，生活評価をもたらす生活の場に注目し，QOLの客観的評価として間接的に扱おうとしているのだと述べている.環境面へのアプローチは主として社会学の役割であり，先に紹介したように，生活指標や社会指標などと呼ばれるものはこちらに属するのに対して，生活者の意識の面はQOLの心理的側面として，生活満足感や幸福感，QOLの主観的側面へのアプローチは心理学の重要な役割であり，主観的QOL(subjective QOL)とか，知覚されたQOL(perceived QOL)と呼ばれてきている(中里，1992).

　第4の系譜は老年学の流れで，そこでは，上記の系譜や流れが高齢者という側面で集約されることになる.章頭で述べたサクセスフル・エイジングの追求においてQOLの議論は深められ，加齢に対して高齢者がどのように適合していくのが望ましいかについて，活動理論，離脱理論，連続性理論など理想の老い方を巡っての理論が展開される中で，QOLを測定する尺度の開発も盛んに行われた(佐藤，2007).1970年代後半になって，高齢者自身の回答に依拠する尺度によって測定されたサクセスフル・エイジングの総称として，"subjective well-being"という用語が提案され広く用いられるようになったが，わが国では「主観的幸福感」と訳されて定着をみている.**主観的幸福感**はQOLの意識的側面，あるいは心理的側面を示すものとされ，老年学の立場からは，高齢者

のQOLはサクセスフル・エイジングと同義とされ，したがって，主観的幸福感を指標としてQOLを捉えることができるという考えのもとに，それを測定する尺度として，Neugarten et al.(1961)の「生活満足度尺度(Life Satisfaction Index A: LSI-A)」や，Lawton(1975)の「PGCモラールスケール改訂版(Philadelphia Geriatric Center Morale Scale)」が用いられてきた．LSI-Aは和田(1982)，PGCモラールスケール改訂版は前田ら(1979)によって邦訳版が作成され，広く利用されてきている．

このように，多様な研究の系譜をもつQOLは，それゆえに今日に至っても概念の定義について統一された見解は得られておらず，研究領域や目的に応じて操作的な抽象概念として取り扱われているのが実態である．

(2) QOLとウェルビーイングの関係

ウェルビーイングという用語は，WHO(世界保健機構)が1946年に憲章を制定する際に，その前文で「健康(health)」を定義する中で用いられ，「健康とは，身体的・精神的および社会的に良好な状態であって，単に病気でないとか，虚弱でないということではない」の部分の，「良好な状態」が'well-being'に対応する(高橋，1999)．これの訳語については，安寧，幸福，福祉，健康，など多様で，今日に至るも定訳は得られておらず，最近の専門の辞典や書籍では原語のまま用いることが主流となってきている(秋元ら編，2003)．

WHOの定義に見られるように，健康という概念は，病気や虚弱といった消極的(否定的)な状態の対立概念ではなく，もっと積極的な，生きることや人生といった日々の生活と一体のものとして捉えられている．木村(2005a)によれば，WHOはウェルビーイングをQOLの目的概念であると位置づけており，QOLの好ましい状態がウェルビーイングであり，健康ということになる．

心理学においては，すでに述べたように，QOLの客観指標に対する批判として主観的QOLを主張し，石井(1997)によれば，Dalkey & Rourke(1973)は「個人のウェルビーイング感覚，生活満足，不満足感，幸福，不幸感がQOLである」と定義し，QOL概念の中心にウェルビーイング感覚を置き，個人の主観的判断・心理的側面を重視した．このように，ウェルビーイング感覚，すなわち，**主観的ウェルビーイング**(subjective well-being : SWB)は個人の認知構造

や心理状態を反映する QOL のより主観的側面であり，「知覚された QOL」あるいは「主観的 QOL」と同義であると考えられる．石井(1997)が，SWB 研究は QOL 研究の発展の中で生まれた分野であると述べているように，また，健康に力点を置いてはいるが，先述の WHO の考え方にも見られるように，QOL とウェルビーイングは表裏一体の関係にあるといってよいだろう．

ただ，老年学では定訳をみているものの，"SWB" を「主観的幸福感」と訳すことには異論もあり(たとえば，西田，2000；稲谷，2008)，「主観的ウェルビーイング」，「心理的ウェルビーイング」，「主観的健康感」など，訳語に統一のないのが現状である．そのような中，吉森(1995)はこれを「主観的よい状態」と訳したうえで，「その意味は多義的であり，研究者によって異なるが，一般的には，自己の精神的健康状態を含む個人の集団・社会における日常生活の全体あるいはその特定分野(家族，仕事，収入，住居など)の質を総合的に評価した結果を表すことばとして用いられている」(p. 161)といい，その研究領域は大別すると①精神保健，②生活の質(QOL)，③社会老年学，の三つに分けられるとまとめている．本書では，著者の用語としては「主観的ウェルビーイング」を用いることとする．

2節　主観的ウェルビーイングの測定

主観的ウェルビーイングには単一の尺度があるわけではなく，研究者・研究領域によってさまざまである．ただ，その構造に関しては Andrews & Withey (1976) や Diener(2000)が指摘するように，認知的側面と感情的側面から構成されていることは広く認められている．認知的側面とは満足度を意味し，個人が自己の生活についてどう評価しているかを表すのに対して，感情的側面とは喜びや興味などポジティブなものと，悲しみや倦怠などネガティブなもので構成される．ただ，石井(1997)によれば，SWB が認知と感情の両側面から構成されることは広く認められているものの，検証の難しさからか理論的見解が多く，データに基づく研究は多くなく，また，これらの両者を明確に区別した尺度は少ないという．

以下に，主観的ウェルビーイングの測定研究を紹介するが，その分類に当た

っては，先に吉森(1995)が大別した三つの領域によることとする．

(1) 老年学領域

SWB を主観的幸福感として用いている老年学の分野では，その測定には Neugarten et al. (1961) の LSI-A や，Lawton (1975) の PGC モラールスケール改訂版が用いられていることはすでに紹介した．LSI-A は 20 項目からなるが，18 項目版，13 項目版など短縮版も開発され，尺度の構造は，気分状態，生活への興味・関心，望む目標と現実の達成の一致の 3 因子を含んでいる．一方，PGC モラールスケール改訂版は 17 項目からなり，心理的安定性，老いに対する態度，孤独・不満感の 3 下位尺度で構成されている．ただ，後者の尺度の方がいくつもの研究による反復検証によって因子構造が確認されており，明瞭である(中里，1992)．なお，最近では，これら既存の尺度を参照しながら，独自の高齢者用の生活満足度尺度(南ら，2000)や，心理的ウェルビーイング尺度(稲谷，2008)を開発する動きも見られる．

ところで，こうした尺度で測定される高齢者の SWB は，どのような要因と関連しているのであろうか．渡邉・山崎(2004)は，Larson(1978)が 1940 年代以降の文献から整理し，また，McNeil et al. (1986)はおもに 1970 年代以降の論文をレビューしているのを受けて，1980 年代後半からの論文を分析したうえで，Larson や McNeil らの結果も含めてそれを総括して図示している(図 4.1)．彼らによれば，高齢者の SWB の関連要因は，属性(年齢・性)や，社会経済的地

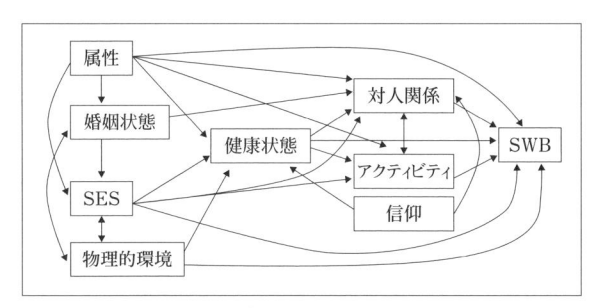

図 4.1 高齢者の主観的ウェルビーイングの関連要因(渡邉・山崎，2004, p. 80)
高齢者の主観的ウェルビーイングに関連する要因を図示した．矢印は影響する方向を示す．SES：社会経済的地位，SWB：主観的ウェルビーイング．

位(SES：収入・就業状態・学歴)などの基本的な要因と，疾患の有無に限られない健康感(主観的健康感)，ポジティブなサポートが得られる対人関係，および，社会的・生産的なアクティビティ(余暇活動)への参加が関係しているとしている．ただし，この分析には日本の高齢者の研究は含まれていない．これについて彼らは，先進国であり生活も欧米化した日本では，高齢者のSWBの関連要因は欧米のものと大きく異ならないと予想される，としている．

(2) QOL領域

QOLをウェルビーイングと表裏一体のものとみなし，「主観的QOL」とか「知覚されたQOL」の名称のもとにSWBを捉える発想は，これも老年学から派生しており，測定指標も高齢者を対象としている．古谷野(2004)が指摘するように，モラール・スケールはモラール(志気)，生活満足度尺度は生活満足度という構成概念を測定するために開発された尺度であって，QOLを測定する尺度ではないにもかかわらず，これまで老年学においては，それらの尺度によって測定された主観的幸福感がQOLの指標であるとして，理論的な説明が与えられないまま扱われてきた．これに対して，このQOL領域の主張は，「主観的QOL評価尺度」を構成することでこれを主観的幸福感に替えることを意味する．

石原ら(1992)は，高齢者一般に共通して用いることのできるQOL評価表を作成することを目的に，主観的尺度を重視して，現在の満足感，心理的安定感，期待感，生活のハリ・活力，自制心・依存心，余暇，他者との関係，社会的地位の満足感，の31項目を用意した．因子分析の結果，健康群・疾患群とも4因子が得られたが，両群間による因子および項目の共通性を勘案して，現在の満足感，心理的安定感，生活のハリ，の3因子各4項目からなる「QOL評価表」を作成している．

星野ら(1996)は，高齢者のQOLを，身体的，社会的，心理的側面から総合的に評価する尺度の作成を目的とし，特に心理的側面は，現状の情緒状態に加えて長期的な人生に対する満足感を含む「心理的満足度」を評価する尺度の作成を行っている．病院および施設入所者を対象に因子分析によって尺度構成した結果，身体的な評価は，コミュニケーション能力，心身の老化，身体の健康の

3因子(尺度), 社会的満足感は, 社会との関わり満足度, 家族関係満足度の2因子(尺度), 心理的満足度は, 人生の受容, 精神的安定, Copingと死生観の3因子(尺度)からなる「Quality of Life 評価尺度」と命名された総合尺度が構成された.

そのほかにも, 松岡ら(1995)による「Quality of Life Index：QLI 日本語版」の構成がある.

(3) 精神保健領域

近年, ポジティブ心理学の影響を受け, 健康な心的機能の維持と予防, さらには増進という観点から精神保健の必要性が説かれ, その指標の一つとしてSWBが注目を集めている(島井編, 2006). これらの研究はいずれも高齢者に特化されたものではなく, 小学生から青年や成人に至る幅広い年齢層にわたっている.

Dienerら(Diener, 2000；Pavot & Diener, 1993)は, 精神保健の指標として, 個人生活についての自分自身の評価, と定義するウェルビーイングを取り上げる. これは, 認知的側面としての「全体的な生活満足感」と「特定の重要な領域における満足感」, 情緒的側面としての「快感情(肯定的感情経験が多いこと)」と「不快感情(否定的感情経験が多いこと)」, の四つの基本的要素からなるとしている. 鈴木(2002)はDienerらの考えや尺度を参考に, 大学生の精神保健を捉える目的で,「主観的ウェルビーイング-生活満足感尺度」と「主観的ウェルビーイング-感情経験尺度」を構成している. 前者については, 因子分析の結果, 学校生活満足感(5項目), 家族生活満足感(5項目), 友人関係満足感(6項目), 全般的生活満足感(6項目)の4下位尺度が採択され, 後者については, 快感情(うれしい気持ち, など5項目)と不快感情(腹立たしい気持ち, など5項目)で構成され, 過去3か月間における感情経験を評定させるものである. 鈴木(2002)はこの尺度を用いて, 青年の共感性や怒り, ストレス対処, 接近・回避目標, レジリエンスなどとの関連性を追究している.

一方, 成人の人格発達や自己成長など, 生涯発達の立場から心理的ウェルビーイングの統合モデルを組織化しようとしたのがRyff(1989)である. 彼女は人生全般にわたるポジティブな心理的機能として, 人格的成長, 人生における目

的，自律性，環境制御力，自己受容，積極的な他者関係，と命名した6次元からなる心理的ウェルビーイングの概念を理論的に同定し，この概念に基づく心理尺度を構成している(Ryff & Keyes, 1995)．西田(2000)は，Ryffの概念および尺度に基づいて同じ6次元(因子)からなる「心理的ウェルビーイング尺度」を作成し，幅広い年代の成人女性のライフスタイル関連要因との関係を検討している．この尺度は，人格的成長(これからも私はいろいろな面で成長し続けたいと思う，など8項目)，人生における目的(自分がどんな人生を送りたいのかはっきりしている，など8項目)，自律性(何かを判断するとき社会的な評価よりも自分の価値観を優先する，など8項目)，自己受容(私は自分の生き方や性格をそのまま受け入れることができる，など7項目)，環境制御力(私はうまく周囲に適応して自分を生かすことができる，など6項目)，積極的な他者関係(私はあたたかく信頼できる友人関係を築いている，など6項目)の下位尺度で構成されている．これらの下位尺度のうち，25～34歳では人格的成長の感覚が強いのに対して，55～65歳ではその感覚は弱くなる．一方，自律性の感覚や積極的な他者関係はその反対の傾向を示した．また，自己受容には年齢による大きな変動が見られず，このように年代によって心理的ウェルビーイングの様相が異なり，次元によっては発達的に変化することが示唆された．西田によれば，これらの結果はRyff & Keyes(1995)ともほぼ一致しているという．

　WHOが開発した「Subjective Well-being Inventory(SUBI)」というものもある．これは，先に紹介したWHOの健康の視点に戻って，個人がそれぞれの経験の中で，身体的・精神的・社会的にどの程度ウェルビーイングであるかを，認知的側面と感情的側面の両面から総合的に測定しようとしたものである．日本では「主観的健康感尺度」と訳されており(藤南ら，1995)，11の下位尺度からなり，心の健康度(ポジティブ感情19項目)と心の疲労度(ネガティブ感情21項目)を測定する合計40項目で構成されている．ただ，伊藤ら(2003)が指摘するように，この尺度は精神医療の分野において作成され，臨床診断を目的とした個人の健康度(疲労度)を測るスクリーニング目的で開発されたものであることへの不満から，伊藤らはこの尺度をもとに項目内容を整理し，青年期から成人期までに適用できるほか「主観的幸福感尺度(Subjective Well-being Scale: SWBS)」を作成することを試みている．その結果，4領域(満足感・自信・達成感・人生に

対する失望感)12項目(4件法)からなる1次元尺度が構成された.

WHOの健康の定義を踏まえながら,子どものウェルビーイングに限定した尺度を構成する試みも現れている.木村(2005b)は,子どものウェルビーイングを「子どもが健康で安定した生活を実現できている状態」(p.44)と定義し,身体面のウェルビーイング(夜よく眠ることができる,など7項目),心理面のウェルビーイング(毎日楽しく過ごしている,など6項目),社会的場面でのウェルビーイング(本音で話しあえる先生がいる,など14項目),自分の未来を創造する力(おとなになったときどんな生活をしたいか決めている,など8項目),の4領域35項目(4件法)からなる単一の「子どものウェルビーイング尺度」を構成している.

以上,主観的ウェルビーイングの測定に関して,個人レベルの多様な尺度を紹介してきた.章頭に述べたように,主観的ウェルビーイングの達成はコミュニティ心理学の目標の一つであり,研究の従属(目的)変数である.したがって,それを測定する尺度の開発は重要であることに鑑みて多領域の尺度を取り上げたものであるが,目下のところは開発途上の百花繚乱の感があり,統合的に集約されることが望まれる.

3節 個人のウェルビーイングを超えて

これまでウェルビーイングの構成要素としてあげられた,生活満足感,幸福感,健康感,心理的安定感,自己受容,自律性,生きがい,などからも明らかなように,老年学,QOL,精神保健のいずれの領域においても,個人のレベルでのウェルビーイングを扱っている.

これに対して,Nelson & Prilleltensky(2005a)は,「ウェルビーイングは,個人的,関係的,および集合的ニーズの満足によってもたらされるポジティブな事態である.一つの見方として,ウェルビーイングは個人やコミュニティにとっての理想的な事態である.それを達成するためには,われわれは文脈や人やグループのニーズ,および,最良の有益な方略を知らなければならない.ウェルビーイングは個々の成分(個人的ニーズ,関係的ニーズ,および集合的ニーズ)と,これらのすべてを合一することによって創出されるシナジー(相乗作用)からな

表 4.1 個人的・関係的・集合的ウェルビーイングにとっての選択された価値
(Nelson & Prilleltensky, 2005a, p. 57)

	ウェルビーイングは以下の領域に注意を傾ける全体的実践によって達成される		
領　域	個人的ウェルビーイング		
価　値	自己決定	思いやりと同情	健　　康
目　的	過度のフラストレーションのない生活において，自己および他者が選ばれた目標を遂行するための機会の創出	自己および他者の身体的・情緒的ウェルビーイングに対する心くばりと関心の表出	自己および他者の身体的・情緒的健康の保護
ニーズ	支配，コントロール，自己効力感，発言，選択，スキル，成長と自律	愛情，注意，共感，愛着，受容，肯定的な関心	情緒的・身体的ウェルビーイング

領　域	関係的ウェルビーイング	
価　値	多様性の尊重	参加とコラボレーション
目　的	多様な社会的アイデンティティや自分自身を定義する人の能力への，尊敬と理解の増進	子どもや大人が自らの生活に影響を及ぼす決定に有意味な投入ができるフェアな過程の増進
ニーズ	アイデンティティ，尊厳，自己尊重，自尊感情，受容	参加，関与と相互責任

領　域	集合的ウェルビーイング	
価　値	コミュニティ構造へのサポート	社会正義と説明責任
目　的	個人的・共同的目標の遂行を促進する活力あるコミュニティ構造の増進	抑圧された人々のパワー・義務・資源を交渉する際のフェアで公平な分配の増進
ニーズ	コミュニティ感覚，凝集性，公的サポート	経済的安心，シェルター，衣服，栄養，健康と社会サービスへのアクセス

っている．どれか一つの成分が欠落しても，ウェルビーイングは現実には達成できない」(p.56)といい，表4.1に示されるようにウェルビーイングを3領域に分け，そのそれぞれの領域にとっての多様な価値と目的，および，その目的を達成するために必要なものとしてのニーズを示している．

個人的ウェルビーイング (personal well-being) にとっての価値として，自己決定，思いやりと同情，健康があげられているが，これらは個々のコミュニティ

のメンバーのウェルビーイングを増進させる．自己決定ないし自律は，生活における目標を追求するためのその人の能力に関係しており，個人のエンパワメントに繋がるものである．思いやりと同情の価値は，共感や理解，および連帯にとって必要なものであり，人々がこれらの価値の受益者であるとき，彼らの個人的ウェルビーイングは高められる．健康は，自己決定を追求するに当たっての基盤をなす条件でもある．本章でこれまであげられた個人レベルのウェルビーイングの構成要素は，広くはこれらの価値の中に含まれると考えられる．

ところで，コミュニティ心理学は従来の個人心理学の枠を超えるものとして位置づけられている．Nelson & Prilleltensky(2005a)は，心理学にとっての伝統的なアプローチは個人的領域と関係的領域に集中しており，集合的領域を排除してきた結果，心理学者は心理社会的環境の強力なインパクトを考慮することを無視してきた，と批判しているが，人と環境の適合を目指すコミュニティ心理学にとって，個人のウェルビーイングのみならず，他者との関係的ウェルビーイングや，集団やコミュニティ環境などの集合的ウェルビーイングは重要な関心事である．

他者との**関係的ウェルビーイング**(relational well-being)にとっての価値として，彼らは多様性の尊重と，参加とコラボレーション(協働)をあげている．人々は自らの生活に影響を及ぼす決定に参加しなければウェルビーイングは得られず，個人やグループとの間に葛藤が生じたときには，それを解決するための協働的なプロセスをもつことはきわめて重要である．そのためには，他者のアイデンティティを尊重し，受容し，また，自尊感情を低めることなく，協働を通して参加と相互責任をもつことが必要となる．われわれは多様性を理解し，尊重することができなければならない．

集合的ウェルビーイング(collective well-being)にとっての価値としては，コミュニティ構造へのサポートと，社会正義と説明責任があげられているが，これらは個人的目的のために必要な社会資源の存在を意味している．その目的やニーズに見られるように，前者は社会資源としての人々の集合的な意識の側面であり，後者は社会環境の客観的なQOLの側面を表す．集合的意識の側面とは，ニーズにあげられているように，コミュニティのメンバーがコミュニティ感覚や集団凝集性・連帯感情をもっていることであり，これに関しては8章で詳し

く取り上げることにする.一方,社会環境の客観的な側面とは,この章の前半で紹介したQOLの客観指標のようなものを指し,コミュニティの生活環境が客観的に十全に整えられているかによって捉えることができるだろう.よりきめ細やかな社会指標や福祉指標が作成できるような統計の開発と整備が求められる.

　結論としていえば,先の個人レベルのウェルビーイングの測定尺度とともに,関係的・集合的ウェルビーイングについても,コミュニティ心理学の諸種の定義において見られるように,これらの達成がコミュニティ心理学の目標の一つであるがゆえに,尺度や指標の作成と同定が重要な意味をもっているということである.

―――――――――【展　開　篇】―――――――――

　ウェルビーイングは,序章のコミュニティ心理学についての諸定義に示されているように,コミュニティ心理学自体の目標の一つであり,高齢者に限ってのものではないことは言をまつまでもない.ただ,【理論篇】で見たように,これまで老年学を中心にこのテーマが取り上げられてきたこともあって,本章として位置づけたものである.これまで見てきたように,ウェルビーイング研究の中心がその測定にあったことを受けて,【展開篇】としての高齢者のウェルビーイング研究の実際についても,測定尺度の開発の面から,QOLと精神保健の両領域の考え方を取り込んだ高齢者用の新尺度と,ウェルビーイングやQOLの概念と関連しながらも日本特有の概念である高齢者の「生きがい感」尺度を紹介する.いま一つは,少し視点を変え,高齢者夫婦のウェルビーイングの様態を,投影法的手法を用いた分析によって描き出した研究を取り上げる.

4節　高齢者の心理的ウェルビーイング測定尺度の開発

　2節の,精神保健領域でのウェルビーイングの測定のところで言及したよう

に，近年のポジティブ心理学運動(島井編，2006)の流れを受けて，高齢者の心理的ウェルビーイングの研究も，高齢期をより積極的に生きるためには何が必要か，という健康支援・予防の視点が重視されている．人間のもつ強さ(strength)や知恵(wisdom)に注目するポジティブ心理学のアプローチはコミュニティ心理学の理念とも合致しており，有益な示唆を与えるものと期待される．

　稲谷(2008)は，ポジティブ心理学の視点から，老年期の自我の発達とポジティブな精神機能の側面を重視した，包括的な心理的ウェルビーイング尺度の開発を試みている．2節で紹介した，生涯発達の視点を取り入れている Ryff ら(Ryff, 1989；Ryff & Keyes, 1995)の「心理的ウェルビーイング尺度」と，星野ら(1996)の「Quality of Life 評価尺度」の構成概念を参考にし，星野らの心理的満足度尺度の3因子12項目と，Ryff らの6次元のうちの2次元(環境制御力と積極的な他者関係)を取り入れて自作した8項目，合計20項目について，「全くそうでない」から「非常にあてはまる」の5段階評定で行った．調査対象者は宮崎県と沖縄県の地区老人会や老人クラブ，デイサービスなど8か所の261名の60歳以上の在宅高齢者である．

　因子分析の結果3因子が抽出され，第1因子はポジティブな他者との関係や自己・人生受容という内容の「自他受容」(例：自分の死後も子どもや孫がいると思うと安心できますか，自分と家族の間にあたたかい絆があると思いますか，自分の好きなことを生かして毎日を過ごそうと思っていますか，など9項目)，第2因子は不安やいらいらなど精神的安定に関わる「精神的安定」(例：不安やゆううつを感じることがありますか，これからのことを考えると心配になることがありますか，など5項目)，第3因子は死生観や人生の受容・展望に関わる「人生展望」(例：年をとることはよいことだと思いますか，あなたにはだいたいの将来計画がありますか，など5項目)と命名された．星野らとほぼ同様の3次元構造となり，Ryff らの2次元は第1因子の「自他受容」として一つにまとまる結果となったこの尺度は，「心理的ウェルビーイング評価尺度(PWB尺度)」と命名された．

　α係数による内的整合性に基づく信頼性，内容的妥当性，因子的妥当性，および，PGCモラールスケールとの基準関連妥当性の検討においてもほぼ満足な結果が得られており，健常な高齢者や在宅高齢者にも適用可能な，包括的な尺度の開発が達成されたとしている．

この尺度を用いた調査対象者の属性との関連については，性別では自他受容，精神的安定，人生展望の3下位尺度ともに有意な差はなく，年齢は自他受容尺度において80歳代が60歳代・70歳代に比してよく，健康状態は精神的安定尺度にのみ良群と不良群で差が見られ，経済状態は自他受容尺度において安定群と不安定群の間に有意な差が見られた．また，孫との交流頻度および居住形態による3下位尺度間の差は見られなかった．

稲谷(2008)は，この研究で得られた高齢者のウェルビーイングの構造について，各因子を構成する項目からも推測されるように，「たんに肯定的な感情や認知を示すものではなく，ネガティブ・ポジティブという人間が元来有する強さと徳に関連づけられるような両方の感情や認知の側面を抱合するものであったと考えられる」(p. 207)とまとめている．

5節　高齢者の生きがい感：尺度の作成とその背景要因

QOLやウェルビーイングとも重なり合いながらも，微妙なニュアンスをもつ日本特有の概念である「生きがい」についても，研究がなされてきている．長谷川ら(2001)は，本章で取り上げたLSI-AやPGCモラールスケールなどを含む，生きがいの周辺の概念についての研究文献について詳細な考察を行い，結論として，日本で「生きがい」そのものを測定することを目的とした研究がないことを指摘している．

そのような状況下で，長谷川ら(2001)が唯一ともいえる「生きがい感」測定尺度としてあげるのが，近藤・鎌田(2003)の研究である．彼らはまず，162名の高齢者に生きがい感の範囲を定める概念調査を行い(概念項目の例：なにか目的をもってやりたいと思う気持ち〈意欲と目的感〉，家族や世間の役に立っていると感じる気持ち〈役割感，貢献感，有用感〉，なにか成し遂げたという気持ち〈達成感〉，など15項目)，生きがい感と思う項目を選ばせて得点化し，上位10位までの項目を採用した．そして，これに基づいて仮の定義を作成するとともに，定義に含まれる構成概念をもとに43の質問項目を作成し，5名の心理学研究者によって最終的に18項目を選定した．これを大阪府下の老人福祉センター3か所，計391名の高齢者を対象に本調査を行い，「はい」「どちらともいえない」「い

いえ」の3件法によって回答を求め，得点通過率，因子分析，項目得点と項目合計得点の相関(I-T相関)などの項目分析を行い，16項目構成の単一の「生きがい感スケール」を作成している．また，この尺度の信頼性($\alpha=0.82$，再検査法 $r=0.83$)，および，基準関連妥当性，概念的妥当性においても満足すべき結果を得たとしている．

　この尺度の因子構成は，第1因子：自己実現と意欲(自分が向上したと思えることがある，私には心のよりどころや励みとするものがある，など6項目)，第2因子：生活充実感(なにもかもむなしいと思うことがある，何のために生きているのかわからないと思うことがある，など5項目)，第3因子：生きる意欲(まだ死ぬわけにはいかないと思っている，など2項目)，第4因子：存在感(私は家族や他人から期待され頼りにされている，など3項目)である．彼らは，この尺度の構造から，高齢者の生きがい感を，操作的に「毎日の生活のなかで何事にも目的をもって意欲的であり，自分は家族や人の役に立つ存在であり，自分がいなければとの自覚をもって生きていく張り合い意識である．さらに，なにかを達成した，少しでも向上した，人に認めてもらっていると思えるときにも，もてる意識である」(p.99)と定義している．

　この尺度を用いて，近藤・鎌田(2004)は生きがい感の背景要因の解明を，男女別，年代別に重回帰分析によって行っている．その結果，男性では，60歳代で健康感や友人のいることが生きがい感に大きく影響していたが，70歳代・80歳代と加齢に伴って，日常の活動量の多さから活動熱意の強さへと生きがい感の影響要因が移行すること，女性においては，60歳代では配偶者のいることや信心の深さが生きがい感に影響していたが，加齢に伴って友人のいることが影響を及ぼし，生きがい対象を多くもち，日々の活動量の多い者の方が生きがい感が大きいことがわかった．さらに，80歳以上で重要なものは，男女ともに社会的外向性であったとしている．

　なお，この尺度を実際の質問紙の形式にしたものが谷口(2010)によって紹介されている．

6節　パートナーシップから見た高齢者のウェルビーイング

　高齢期夫婦のウェルビーイングの様態を，日常生活における情緒の次元(パートナーシップ：伴侶性)と行動の次元(コンパニオンシップ：親交性)から，「写真投影法」によって分析する試みを植村(1996)が行っている．ここではパートナーシップの結果を紹介する．

　写真投影法とは精神医学者の野田(1988)によって開発されたもので，正確には「写真による環境世界の投影的分析方法」といい，写真に写されたものを自己と外界との関わりが反映されたものと見ることによって，個人の心的世界を把握・理解しようとする方法である．植村は，60歳代から80歳代の43組の夫婦に，24枚撮りの使い捨てカメラを一人1本渡し，「あなたにとって大切なもの5枚と，残りは普段の生活の様子を，1週間で撮ってください．何を撮ってもかまいませんが，撮影するものについては配偶者に相談しないでください」という指示のもと，日常生活を撮影してもらった．

◎**パートナーシップ(伴侶性)の測定**

　「あなたにとって大切なもの5枚」の中に「配偶者」が写されているか否かによって，(1)相互に写し合っている，(2)夫または妻のいずれかが相手を写している，(3)夫・妻とも相手を写していない，の3パターンができるが，このうち(1)と(3)のパターンを分析に用い，夫・妻とも相互に相手を「大切なもの」として位置づけている対象者を「パートナーシップ有り群」とし，一方，夫・妻のどちらからも相手を「大切なもの」として位置づけていない対象者を「パートナーシップ無し群」とした．この結果，有り群24組，無し群11組となったが(残る8組は(2)のパターン)，子どもとの同居の別，夫の年齢に基づく年齢との関連においては，両群の間に差異は認められなかった．

◎**日常の生活に及ぼすパートナーシップの効果**

　日常生活を写した写真を，(1)人間との親和度，(2)生きがい感，(3)日常の行動範囲，(4)行為の対象，の視点から分類しカウントした．

(1)人間との親和度：有り群は配偶者以外の家族を「大切なもの5枚」の中に写す割合が無し群よりも有意に多く，また，5枚中の人物写真(例：友人など)の枚数や，日常生活における人物写真(例：行きつけの喫茶店の客)の枚数にも同

様の傾向が現れている．これらより，有り群は配偶者への愛情に留まらず，家族，さらには人間そのものへの親和的情動が濃厚な人々であることが窺われる．高齢者にとっては，家族とともに近隣との関係が重視される点で，パートナーシップの存在が人間自体への親和度の高さの指標ともなっているとみなすことができよう(検定は，以下を含めすべて直接確率による)．

(2) 生きがい感：「大切なもの5枚」に写されたものを「生きがい」とみなして，パートナーシップの有無との関連で捉えた．生きがいとして用意したカテゴリーは，仕事・日課，趣味・娯楽，神仏・先祖，名誉・自己の記録，健康，家の6項目である．それぞれのカテゴリーが5枚中にあるか否かとの関連で比較した結果，有意な関連がみられたのは趣味・娯楽と家の2項目で，前者は有り群に有意に少なく，後者は反対に有り群に有意に多かった．ただし，この現象は夫のデータに関してのみであった．夫においては，有り群は建物としての「家屋」，およびそれが象徴する「イエ＝家族」に生きがいがあるのに対して，無し群では生きがいが自分の「趣味・娯楽」にあるということであろう．

(3) 日常の行動範囲：日常生活の写った被写体を，自宅からの距離との関連で見ると，夫のデータでは，近いもの(徒歩5分以内)が有り群に有意に多く，妻のデータでは，遠いもの(徒歩30分以上)が有り群に多かった．つまり，夫においては近隣社会とのつながりが，妻では行動範囲の広がりが，パートナーシップの有無と関連するという姿である．

(4) 行為の対象：写された日常生活の行為の対象を，人間，機械・道具，生き物(動物・植物)，対象なし(風景など)の4項目に分け，それぞれの枚数をカウントした．有意な差のみられた項目はいずれも妻のデータで，人間を相手とする行為(例：孫とトランプ遊び)に有り群が多く，生き物を相手とする行為(例：犬の散歩)に無し群が多い．この結果から推測されることは，妻においては，パートナーシップの有無は行為の対象物と関連しており，それが人間か人間以外の生き物かということになる．つまり，愛情を中核とする情緒的共同性としてのパートナーシップをもち合わせていない高齢期の妻は，それを人間以外の生き物(例：猫・犬)に求めることで補償的適応行動としているものと思われる．これに対して，パートナーシップをもち合わせていない高齢期の夫は，すでに見たように，趣味・娯楽(例：盆栽・ゴルフ用具)にその補償的適応を求めている

ものと推測される．

　人生が80年の現代の家族の周期では，高齢者が夫婦のみで暮らす期間は20年近くにまで達するなか，夫婦のパートナーシップのありようがウェルビーイングに重要な意味をもつことを，この研究から読み取ることができる．

5 章

高齢者のヘルスケア：予防

　ヘルスケアは，WHO では健康の維持・増進から診断，予防，治療，療法，リハビリテーション，精神保健までをも含めた広義的な意味として用いており，わが国の「保健」と「医療」を包括した用語である(天田，1999)．ヘルスケアの一つとして「予防」を考える場合，1990 年から今も続くアメリカの「ヘルシーピープル計画」(Healthy People 2000；2010；2020)はよい手本を示している．この計画は国民健康予防戦略として位置づけられ，科学的に吟味された目標を人生の年代別で設定し，国民運動としてその目標を達成する方法を採っており，予防は有効な投資であるとして，財政的視点による費用便益分析の結果からもこれを明らかにしている(Scileppi *et al.*, 2000)．

　高齢者の予防の例として，寝たきりになる大きなきっかけ要因としてあげられる転倒骨折を考えてみよう．骨折手術後，歩行のためのリハビリを怠って寝たきりになった場合，その人の生涯にわたる医療費・介護費などの日常の費用は莫大なものとなろう．一方，エクササイズやトレーニングの機会をコミュニティ内の公共施設などを利用して定期的に高齢市民に提供し，転倒しない体づくりをする場合，費用はインストラクターの講師代や施設の時間借り上げ費程度で済むだろう．仮に骨折しても，手術直後から歩行リハビリを積極的に行い，再度歩けるようにするトレーニングを行えば当座の医療費用で済むだろう．あるいは，コミュニティ心理学の人 - 環境適合の理念に照らせば，環境に目を向けて，家屋内の転倒しやすい場所や家具などを点検・補修することで，転倒を予防することもできるだろう(Hornbrook *et al.*, 1994)．

　このように，寝たきり予防や認知症予防，自殺予防，あるいは，高齢者を抱える家族介護者やヒューマンサービス従事者のバーンアウト予防など，高齢者

に関わる予防にも多様なものがあるが,アメリカでは,予防は市民が健康で幸福であり続けることを支援する,おそらく最も効果的な方法と考えられている(Scileppi et al., 2000).

こうしたこととも相まって,**予防**(prevention)はコミュニティ心理学がその旗揚げをしたとき以来の中心理念であり続けており,おそらく今後もこの志向性は変わらないであろう.その背景には,治療は介入プロセスには遅すぎ,問題が起きた後しばらくして治療が提供されるので,しばしば効果がないことがあげられる(Moritsugu et al., 2010 ; Duffy & Wong, 1996).それとともに,Albee (1959)が指摘したように,精神保健の領域において,訓練を受けた臨床家の数は不十分で必要に見合うだけの数を確保することは不可能である,とする利用可能な治療的資源の欠乏分析の結果が今日にも当てはまり,必然的に予防の重視へと人々の関心を向けさせることになる.もちろん,Dalton et al. (2001 ; 2007)がいうように,予防の視点と治療の視点は相補的なものであり,互いに尊重する価値のあるものであることは強調されなければならない.

ところで,コミュニティ心理学が扱う予防の対象は,上述したようなヘルスケアに関わるものばかりでなく,児童虐待やDVのような犯罪がらみのものから,いじめや不登校,ひきこもり,あるいは非行やデート・レイプなど青少年に関わるもの,さらには,飲酒運転や職場ストレス,ホームレス問題など,一般に社会問題と呼ばれる広範な課題にまでわたっている.それゆえに,問題発生後に対処することは,治療の専門家の種類にも数にも限りがあることを考えれば,Albee(1959)の精神保健領域の分析以上に難しいことは明らかであり,それがどのような問題であれ,問題が発生する前に未然に防ぐことを第一義とすることになるだろう.

―――――――――――【理　論　篇】―――――――――――

1節　予防の簡単な歴史

　コミュニティ心理学における予防への関心は19世紀の公衆衛生運動にそのルーツをもっている．赤痢や天然痘などの伝染病の拡散が，人の側への処置（ワクチン注射や教育活動）や，環境の側への処置（病原菌の繁殖源の根絶や衛生設備の改良）によって予防できることが発見されたことを受け，20世紀の中盤，精神保健の研究者や実践家は，身体的健康と同様，精神保健問題への予防パラダイムの可能性を探索し始めた．

　1960年代の時代精神は予防への関心を引き起こし，1963年にケネディ大統領は「精神障害者と精神遅滞者に関する教書」の中で，「1オンスの予防は1ポンドの治療にまさる」と予防への称賛を謳いあげた（久田，2007）．そして，序章で述べたように，これと時を同じくし，1965年，臨床心理学者たちが集まってコミュニティ心理学を新しい学問として確立することを目指す旗揚げをしたボストン会議では，予防は精神保健における一つの重要な概念として位置づけられた．

　1970年代以降，予防は多様な場面で取り上げられ，1990年代には予防は一つの研究領域として確立したように見える．いくつもの包括的な文献レビューが予防の有効性を明らかにした．特に，Durlak & Wells(1997 ; 1998)は，**予防的介入**(preventive intervention)に関する300以上の青少年への精神保健プログラムの研究にメタ分析を行った．プログラム参加者群の成績は，まだどのような兆候も示していない人々に対して行われた一次予防プログラムでは，59%から82%が統制群の成績の平均値を超えていた．結果に関していえば，多くのプログラムは問題行動を減らしていると同時に，コンピテンスを高めている．一方，不適合の初期の兆候を示してはいるがまだ全面的な問題には至っていない子どもへの二次予防プログラムでは，70%が統制群の成績を凌いでいることを明らかにしている．ここでの子どもの問題の兆候とは，異常なまでの羞恥，ひきこもり，初期の学業面での問題（特に読解力），反社会的行動などを指して

いる．このように，ほとんどの予防的介入は有意に問題を低減しており，そして，少なくとも，うまく作られた治療志向の介入と同じくらいに効果的であることを見出した．

ところで，ある母集団における疾病の広がりの割合やその強さ，および，原因の推定などの研究を行う分野は疫学(epidemiology)と呼ばれる．疫学には発症数と有症数という重要な概念があり，**発症数**(incidence)は特定の期間中に母集団において生起するある疾病の新たな事例数をいい，一方，**有症数**(prevalence)は特定の時点での母集団におけるある疾病の事例の総数を指す．発症数は有症数よりも予防的介入の効果のより敏感な数値であり，それが増大していれば疾病はより大きく広がっていることになり，また，発症数が減少していれば収束に向かっており，その疾病の広がりを減らすための介入がうまくいっていることを表している．疾病の発症数を減らす重要な要素の一つは，個人が疾病に罹る可能性に影響を及ぼす要因を同定することである．疾病の増加する広がりと関連する特質は**リスク要因**(risk factor)と呼ばれ，一方，疾病の可能性を減じる傾向のある特質を**保護要因**(protect factor)と呼ぶ．

疫学や公衆衛生の専門家は，生物学に基づいた伝染病だけでなく，疾病や障害の概念を広げてきており，今日では精神保健領域にとどまらず，青少年のアルコールや薬物問題などについても発症率や有症率を定期的に監視している．コミュニティ心理学研究者や実践家も，予防を有用な概念として取り込んでいる．なぜなら，予防は母集団の全体的な苦しみを減らす前向きの努力であり，先に高齢者の転倒予防の例で見たように，予防は潜在的に費用効果的なものであるからである．

2節　予防の類型

予防という概念が多様な対象や分野で適用可能であるということは，裏を返せば，それだけこの概念が包括的で，それゆえに曖昧であり，混乱を招きやすいものということでもある．したがって，この研究分野にある種の秩序を導入するためには枠組みが必要となろう．

(1) 一次予防・二次予防・三次予防

　予防はそのルーツを公衆衛生にもっていることもあって，その用語が精神保健の研究者の初期の思考にも影響を与えた．一次予防・二次予防・三次予防，という公衆衛生の概念を精神保健の分野に最初に取り入れたのがCaplan(1964)である．この三つの予防の類型は，発症数と有症数について異なる効果をもつ．

　◎**一次予防**(primary prevention)：いかなる疾病の兆候も示していない人々を健康な状態のままに保つことに狙いを定める介入であり，ある母集団の疾病や障害の発症数を低下させることである．この母集団は，地域社会全体のこともあるし，年齢や職業などある特定の属性をもつ集団全体を想定することもある．ともあれ，それらの人々に対して問題が発生する以前に何らかの働きかけを行うことで，未然に防ぐことが一次予防の目的である．

　Cowen(1996)はこの一次予防の形態を二つに分けている．一つは健康な個人が心理的機能不全を経験する可能性を減らすように企てるもので，先の高齢者の転倒骨折予防に例をとれば，あまり出歩かないようにするとか，屋内の転倒しやすい環境を修理するなど，リスク要因に標的を定めて，それを改善することで発症数を減少させることに焦点を合わせるリスク主導のタイプ(risk-driven approach)のもの，もう一つは，エクササイズや健康管理の講習会への出席のような保護要因を標的にして，それを増やすことでよりいっそうの精神的健康を増進させることに焦点を合わせるタイプ(wellness enhancement approach)のものである．彼は，健康の増進に焦点を合わせる後者の方が，人々への動機づけの点からも付加価値をもつとして好んでいる．つまり，病気を予防するプログラムよりも健康を高めるプログラムの方が，人々に好まれるだろうと考えている．Cowen(1980)はまた，一次予防プログラムであるためには，プログラムは，(1)個人ではなくグループに提供され，(2)いかなる不適合の兆候もその集団に現れる前に適用され，(3)心理的適合を強化するよう意図され，(4)経験的に効果的であると実証的に示されなければならない，と戒めている．

　◎**二次予防**(secondary prevention)：疾病や障害を初期段階のうちに見付け，効果的な治療を施すことを目的としている．早期発見と迅速な介入を通して罹病期間を短縮させることによって，コミュニティにおける全体的な有症数を減少させることができる．しかし，それは発症数を減らすものではない．問題は

依然として同じ率で生起しており，二次予防は問題をつぼみのうちに摘み取ることにある．

二次予防プログラムの実施に関して重要な点は，明確な症状をまだ呈していない人々や，症状を抱えながらも援助を求めようとしない人々をいかに早く発見するかにある．効果的なスクリーニング対策がとられなければならないし，また，サービスや情報の提供が適切に，かつ，アクセスしやすいかたちでなされる必要がある．

◎**三次予防**(tertiary prevention)：すでに問題をもち機能障害を負っている人が，それ以上の生活上の障害や社会的不利益を被るのをくい止め，できる限り早くコミュニティでの正常な生活に戻る，いわゆる社会復帰のためのリハビリテーション活動と，さらに，その社会復帰を容易にするためのコミュニティ側の理解と受け入れ態勢の準備活動が含まれる．したがって，三次予防は問題の発症数も有症数も減少させるものではない．

具体的には，社会的スキルや職業的スキルの回復・強化のために，コミュニティの中にデイケア施設や生活の自立を援助するためのグループホーム，職業支援のための共同作業所や授産施設などが用意される必要がある．それとともに，偏見や差別をなくすための住民への啓発活動やボランティアの育成，行政への働きかけ，さらには，当事者自身によるセルフヘルプ活動も社会的不利益を解消していくうえで重要である．

Caplan の予防の枠組みは，一般に「予防」と呼ばれているものと，通常「治療」と呼ばれるものとの間に連続性があることを認識させる役割を果たした点で大きな進歩をもたらした．ただ，三つの類型の境界が必ずしも明確ではない点が指摘されるなど，この分類がもつ問題点も浮かび上がり，公衆衛生から採択されたカテゴリーを乗り越えようとする新しい動きが現れてきた．

(2) 普遍的予防・選択的予防・指示的予防

アメリカ科学アカデミーの医学研究機構(Institute of Medicine: IOM)は報告書を著し(IOM レポート，1994)，精神保健に対する予防活動の新しい分類を作り出した．それは，介入の連続体に沿って予防，治療，および維持に分かれており，そして，予防プログラムは標的とされる母集団に焦点を合わせて，さらに

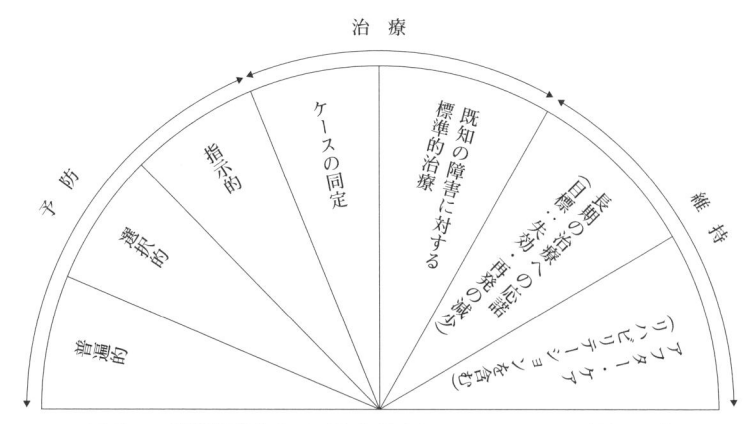

図5.1 精神保健介入スペクトラム（Scileppi *et al.*, 2000 訳書 p. 92）

普遍的，選択的，指示的の三つに分けられている（図5.1参照）．

　予防プログラムは母集団の障害の発症率を減らすことを狙っている．一方，治療プログラムは診断可能な兆候や基準をすでに示している個人に適用される．また，維持プログラムは急性期の症状が沈静化した後に行われ，退行や再発を防ぎ，リハビリテーション・サービスを提供することを狙っている．IOMの分類ではCaplanの三次予防はもはや予防としての資格を与えられておらず，治療や維持介入として扱われる．アメリカでは，予防の考え方における今日の主流は，Caplanの分類からIOMの分類にシフトしてきている．

　予防プログラムについて詳しく紹介しよう．

◎**普遍的予防**（universal prevention）：まだリスク状態にあるとは同定されていない，一般的な母集団のすべての人に狙いを定めている．よい普遍的予防プログラムは個人当たりのコストは低く，一般的な母集団にとって受容されやすく，マイナスの効果のあるリスクをほとんど伴わない．職場の全従業員を対象に行われるストレス・マネージメント訓練はその例である．

◎**選択的予防**（selective prevention）：何らかの生物的，心理的，ないし社会的リスク要因のために発達的に高いリスク状態にあるが，しかし，まだいかなる障害の兆候も示していない人々に狙いを定めている．放置するといずれ障害や問題行動が顕在化する可能性が高い．たとえば，両親が離婚した生徒への，教師や生徒同士のソーシャルサポートがこれに該当するだろう．

◎**指示的予防**(indicated prevention)：より重大な精神障害の前兆となる，検出可能な不適合の徴候をもっている人々に狙いを定めている．こうした予防は結果的に障害を防ぐことができず，その開始を遅らす効果しかもたないこともあるが，有意義なことである．すでに何らかの行為障害行動を示している児童へ葛藤解決訓練を行うことはこの例である．

普遍的予防と選択的予防はCaplanの一次予防に，指示的予防は二次予防に該当することになろう．IOMレポートの分類はCaplanのそれに比べて曖昧さが少ないことは確かであるが，実際の予防プログラムはこの中のどれか一つで済むことは少ないであろう．両親が離婚した生徒への選択的予防プログラムは，結果的に徴候的行動を示したことで，指示的予防プログラムを必要とする子どもも現れてこよう．

(3) 全コミュニティ型予防・マイルストーン型予防・ハイリスク型予防

Bloom(1968)やHellerら(1984)が提唱した類型をOrford(1992)が紹介している．

◎**全コミュニティ型予防**(community-wide type prevention)：あるコミュニティのすべての住民が予防的介入を受けるもので，国単位のものから近隣のような小さなものまでコミュニティの大きさはさまざまであるが，対象となる個人は，現在の状況のいかんにかかわらず，あるいは，ある特定の疾病が発生する個人的なリスクにかかわらず，介入を受けなければならない．たとえば，1987年のイギリス政府によるエイズ・キャンペーンでは，すべての家庭にちらし広告を配った．

◎**マイルストーン型予防**(milestone type pervention)：現在，人生の重要な段階にいる人々に対して行われるもので，初めての入学・就職・結婚・初めての出産・定年・配偶者の死など，人生の発達段階におけるある時期は特別なリスクを抱えており，将来の発達のために非常に重大だとの認識に基づくものである．したがって，特定の個人に関わるリスクではなく，ライフ・ステージこそがリスクをもたらす明確な要因であると考える．

◎**ハイリスク型予防**(high-risk type prevention)：何らかの疾病を起こしやすいハイリスクの状態にあると思われる人々の母集団に焦点を当てるもので，たと

えば，アルコール依存や薬物依存の親をもつ子ども，幼いときに家族と死別を経験した子ども，大きな手術を控えた本人や家族，あるいは，地震や洪水・飛行機事故・戦争など，天災や人災の生存者である．

これらの予防は，いずれもCaplanの一次予防のカテゴリーに入るものである．

3節　予防の方程式

Albee(1982)は，一次予防が母集団における発症数を減らすことにあるならば，個人レベルでの障害の発症率を減少させることを考えるべきだとして，次の方程式を提案した．

$$\frac{個人の心理的障害の発症率}{} = \frac{(1)ストレス + (2)身体的脆弱性}{(3)コーピングスキル + (4)ソーシャルサポート + (5)自尊感情}$$

この公式は個人中心のレベルで枠づけられており，ある人の障害の可能性を減じることに焦点がある．個々人のリスクは，その人が，(1)ストレスや，(2)身体的脆弱性を経験する程度によって高められ，また，その人が，(3)コーピングスキルをもっており，(4)他者からサポートを受けていると自身で知覚しており，(5)肯定的な自尊感情をもっている程度によって低められる．

したがって，この分子のリスク要因の和と分母の保護要因の和の比によって表される方程式において，ここから導き出される介入方略は，Dalton *et al.* (2001)が指摘するように，(1)認知されたストレスを減らしたりうまくコントロールする，(2)身体的・生物学的弱さによるマイナスの影響を抑える，(3)コーピングスキル・問題解決能力・社会的スキルを磨く，(4)期待されるソーシャルサポートを増大する，(5)自己評価や自己効力感の改善，が考えられよう．

一方，Elias(1987)は，Albee論文の5年後にこのアイディアを拡張し，個人レベルの強調を押さえ，障害への環境の影響に重きを置く方程式を再公式化した．

$$\frac{母集団における障害の可能性} = \frac{(1)ストレッサー+(2)環境中のリスク要因}{(3)社会化の実践+(4)ソーシャルサポート資源+(5)結合の機会}$$

　この公式は，個人ではなく，ある母集団全体を想定するもので，リスクは，(1)環境の中のストレッサーの強さや多さと，(2)身体的脆弱性をもたらす環境中の物理的リスク要因，の和として増大し，一方，(3)鍵となる社会化実践の場が十分に機能しており，(4)アクセス可能な有効なサポート資源があり，(5)他者とのプラスの関係性や結合の機会が得られる環境であるほど，つまり，保護的なプロセスが高められるその程度によって減少する．

　したがって，ここから導き出される介入方略には，同じく Dalton *et al.* (2001) の指摘を取り入れるならば，(1)社会環境におけるストレッサーを減少させる，(2)身体的脆弱性に繋がる環境的リスク要因を削減する，(3)社会化の実践の場が十分に機能するように，それを取り巻く人・物・制度など環境の準備を整える，(4)利用しやすいソーシャルサポートの増大，(5)他者・社会機関・グループ・行政などとの間に公式・非公式を問わず肯定的なつながりをもつ機会を増やすこと，が考えられよう．

　コミュニティ心理学は，個人に対する以上に母集団やコミュニティに対するリスク要因や保護要因に目を向けている点で，Elias の**予防方程式**(prevention equation)はより大きな意義をもっているといえる．

4節　予防の倫理的問題

　予防は明らかに多くの利点をもっているが，プログラムの中には非計画的で，非健康的なものがないとはいえない．そうした問題を未然に防ぐうえで，Pope (1990) が一次予防プログラムに関する八つの倫理関連の領域を提示していることは重要な意味をもっている．彼のあげる**予防の倫理**とは次のものである．

　①介入者はそのプログラムが確実に誰にも損傷を与えないようにするべきである．
　②大きな規模で実行する前に小さなサンプルでテストするべきであるし，結果を調査するべきである．

③プログラムは参加者の利益となるよう設計するべきであって，心理学者のためのものであってはならない．

④プログラム参加者に対して敬意と尊厳をもち，彼らの自由や権利を不必要に制限してはならない．

⑤プログラムの実行およびその評価に当たって，参加者の匿名性が守られるべきである．

⑥インフォームド・コンセントのもとでのみ活動すること．情報を進んで提供し，自発的な関与を求めるようにすること．

⑦プログラムは公平と公正を促進させるよう設計するべきである．また，介入者は文化的差異に敏感で，標的とされる母集団の価値や伝統に敬意を払うべきである．

⑧介入者はそのプログラムのすべての効果について倫理的に説明責任をもっている．また，生起したいかなる望ましくない結果についても，救済手段を見出さなければならない．

なお，本章では，国内外の多様な**予防プログラム**(prevention program)の具体的な研究例については言及しなかった．乳幼児期・学齢期・成人期・老年期といった発達課題に基づく予防プログラムや，薬物乱用・犯罪・非行・特定の疾患(例：心臓病)の予防プログラムなど，実に多彩なものが用意されている．これらについてはコミュニティ心理学の類書(例：Orford, 1992；Duffy & Wong, 1996；Scileppi *et al.*, 2000；Dalton *et al.*, 2001；2007；Moritsugu *et al.*, 2010；植村, 2007；高畠, 2011)や，Dulmus & Rapp-Paglicci Eds.(2005)によって確認されたい．

──────────【展　開　篇】──────────

Dalton *et al.*(2001)は，コミュニティ心理学者はこれまで高齢者の予防に関して相対的にあまり注意を払ってこなかったが，彼らへの予防的介入はエンパワメントのための資源であること，高齢者の積極的な参与を促進するものであ

ること，生活空間とコミュニティに対する取り組みであること，などの共通認識があり，今後，コミュニティ心理学における予防実践研究として注目されるだろうと指摘している．

章頭で紹介した転倒骨折・寝たきり予防のような身体的健康予防とともに，最近わが国で注目されている高齢者の予防問題に，農山村地域におけるうつ病・自殺予防と，都市近郊大規模団地における孤独死予防，さらには，認知症予防の問題がある．ここではこれらについて取り上げることとする．

5節　農山村地域における高齢者の自殺予防

自殺者は1998年に全国で年間3万人を超えて以来，2011年時点で14年間その数値を維持し続けており，年齢別では中高年が最も多く，その多くがうつ病を患っていたという傾向は現在も変わらない．この深刻な事態を受けて，2006年に自殺対策基本法が超党派の議員立法として制定されたが，アメリカのヘルシーピープル計画を模して2001年よりわが国で進められている「健康日本21」にも自殺者数の減少が取り入れられ，年間の目標値として2万2000人以下を設定している（多田羅編，2001）．

高齢者の自殺予防については，青森県，秋田県，新潟県など相対的に自殺率の高い県の市町村単位の取り組みが数多くみられる．これらの地域の高齢自殺者の特徴は，①居住地が町の中心から外れた所，②家族との同居者の方が，一人暮らしよりも多いことである．物理的孤独（独居）は，周囲が気遣うので比較的孤独は感じないが，心理的孤独（家族同居）は，農作業や家事など家族内での役割がなくなって自分は不要な人間と感じたり，異世代との同居で価値観の違いからギャップを感じ，迷惑をかけていると自分を追いつめやすい，と解釈されている．高齢者の自殺の背景にはうつ病の存在が多いことが指摘されており，そのきっかけとして，社会での役割の縮小，経済的問題，身体的機能の低下，配偶者や知人の死，の四つの要因が大きいといわれている．こうした自殺を予防するためには，医療場面におけるうつ病への早期介入と，ストレスを軽減するような地域全体での取り組みが重要である．

大野らのグループ（大野，2003；田中・坂本，2003）が青森県名川町（現南部町）で

表5.1 スクリーニング質問紙(大野, 2003, p.5)

最近のあなたのご様子についてお伺いします。次の質問を読んで、「はい」「いいえ」のうち、あてはまるほうに○印をつけてください。

年　　月　　日

1. 毎日の生活が充実していますか　　　　　　　1.はい　　2.いいえ

2. これまで楽しんでやれていたことが、
　いまも楽しんでできていますか　　　　　　　1.はい　　2.いいえ

3. 以前は楽にできていたことが、
　今ではおっくうに感じられますか　　　　　　1.はい　　2.いいえ

4. 自分は役に立つ人間だと
　考えることができますか　　　　　　　　　　1.はい　　2.いいえ

5. わけもなく疲れたような感じがしますか　　　1.はい　　2.いいえ

6. 死について何度も考えることがありますか　　1.はい　　2.いいえ

7. 気分がひどく落ち込んで、
　自殺について考えることがありますか　　　　1.はい　　2.いいえ

8. 最近ひどく困ったことや
　つらいと思ったことがありますか　　　　　　1.はい　　2.いいえ

「はい」と答えた方は、さしつかえなければ、どういうことがあったのか、ご記入ください。

以上で質問は終わりです。ご協力ありがとうございました。

行っている研究を紹介しよう。彼らは、表5.1のような8問からなるスクリーニング質問紙(A項目としてうつ病用の問1から問5、B項目として自殺念慮用の問6・問7、自殺の危険性が高くなるライフイベンツを聞くC項目としての問8)を開発し、町民への定期健診などを利用してチェックする態勢を取っている。そして、この結果に基づいて、スクリーニングテストおよびライフイベンツ得点に該当する対象者を介入対象者として抽出し、医師や看護師による訪問面接を通してうつ症状のアセスメントを行い、医療機関への受診を勧告する介入プログラムが実施されることになる(表5.2)。

　ただ、うつ状態と診断されても、精神疾患に対する偏見もあって他者への相談や医療機関への受診に至らないことも多く、こうしたことから、自殺予防活動では、うつ病のスクリーニングによる早期発見(メディカルモデル)に加え、一般住民に対するうつ病に関する普及・啓発活動と、高齢者を支える社会的ネッ

表5.2　介入プログラム(大野, 2003, p. 7)

スクリーニングテスト	ライフイベンツ
下記のうちいずれか ・A項目群　2点以上 ・B項目群　1点以上	C項目または普段の観察から1つ以上 1) 死にたいと言っている 2) 配偶者や家族が死亡した 3) 親族や近隣の人が自殺した 4) 医療機関から退院した

↓ 介入対象者の抽出

介入（訪問面接）
うつ症状のアセスメント

1. **抑うつ気分**（ほとんど毎日，ほとんど1日中の持続）が2週間以上持続
2. **興味や喜びの喪失**（ほとんど毎日，ほとんど1日中の持続）が2週間以上持続
3. **食欲の減退または増加**：下記のうちいずれか
   - ［食欲低下］が2週間以上持続
   - ［体重減少］が1か月に3kg以上
   - ［食欲増加］が2週間以上持続
   - ［体重増加］が1か月に3kg以上
4. **睡眠障害**（不眠または睡眠過多）：下記のうちいずれか
   - ［不眠］が2週間以上持続
   - ［過眠］が2週間以上持続
5. **精神運動の障害**（強い焦燥感・運動の制止）：下記のうちいずれか
   - ［動きが遅くなった］が2週間以上持続し，そのことを誰かに指摘された
   - ［じっとしていられない］が2週間以上持続し，そのことを誰かに指摘された
6. **疲れやすさ・気力の減退**が2週間以上持続
7. **強い罪責感**（自分に価値がない，罪悪感）が2週間以上持続
8. **思考力や集中力の低下**（決断困難／思考力減退／集中力減退のいずれか）が2週間以上持続

9. **自殺への思い**：下記のうちいずれか
   - ［死についての反復思考］が2週間以上持続
   - ［自殺念慮］が2週間以上持続
   - ［自殺念慮］に具体的な計画が伴っている
   - ［自殺念慮］を実際に行動に移した（自殺企図）

→ 医療機関への受診を勧める

10. **不安症状**：下記のうちいずれか
    - ［不安感］
    - ［パニック発作］
11. **アルコール依存症状**：下記のうち2つ以上
    - ［節酒の必要性］
    - ［飲酒への避難］
    - ［飲酒への罪悪感］
    - ［迎え酒］
12. **相談**：医師への受診行動がない
    （受診している場合，科名と薬：　　　　）
    （相談の相手を特定する：医師・配偶者・　）
13. **生活への支障（機能障害）**：生活に重大な支障がある

→ 1〜8.抑うつ症状のうち2項目以上
かつ
10.不安，11.飲酒，13.生活への支障のいずれか
かつ
12.受診していない場合

1〜8.抑うつ症状のうち1項目以上
かつ
10.不安，11.飲酒のいずれか
かつ
12.受診していない，13.生活への支障がある場合

↓ 以上の基準を満たさない場合には，経過観察を行う

医療機関への受診を勧める

トワーク（コミュニティモデル）が重要であることも明らかとなっている．名川町では，地域の健康づくり態勢として，健康教室や講演会を開催したり，各家庭に配布するリーフレットや町の広報でうつ病や自殺についての知識提供を図ったり，高齢者の社会参加と生きがいづくりのために地域拠点型生きがいサロン「よりあいっこ」を開催したり，ボランティアや老人クラブとの連携強化などを図っている．その結果，1999年の事業スタート時と比べ住民の「うつ病」「自殺予防」に関する意識が高まり，自殺率への効果が出てきていることを根市（2006）が報告している．

　心の健康づくりは地域づくりでもあり，医師・保健師・看護師・ボランティアが住民と連携し，ネットワークを作ることで見守りの目ができ，取りこぼしがあってもどこかで拾える態勢が整うことが望まれる．

　なお，わが国では，地域介入による高齢者自殺対策プログラムに関する知見が集積されつつある．2006年時点で，1985年以降に5年間以上施行された介入研究は6件にのぼり，いずれも自殺率の有意な減少が見られているが，これらのプログラムを分析したものが大山ら（2006）によって報告されている．

6節　大都市近郊の大規模団地に住む高齢者のうつ・孤独死予防

　高齢者のうつや自殺問題は農山村地域に限った問題ではない．1960年代後半の高度経済成長時代を背景に大都市近郊に造られた巨大ニュータウンは，今大きな曲がり角に来ている．居住者の高齢化が進み，うつ病患者が増え，自殺傾向が増しているからである．

　ニュータウンが造られた当時，団地への入居者は30歳代半ばのサラリーマンが主体であった．今では当たり前の，システムキッチン・水洗トイレ・アルミサッシの窓などあこがれの住宅であり，夢の住まいであった．30倍を超える倍率を勝ち取った入居者は皆同じ世代であり，同じ年頃の子どもが多く，交通の便もよく，活気に満ちあふれており，ニュータウンに暮らす意味は十分にあった．

　しかし40年後の今，子どもは独立して家を去り，老夫婦だけが残った．親しかった友人は亡くなったり病気を抱えて近所づきあいはなくなり，山を切

開いて造成した土地は坂が多くて，若い頃には気にならなかった団地内のショッピングセンターへの買い物にも苦痛が伴うようになり，足の弱った身にははなはだ住みにくい住まいとなった．こうした変化や現状が住民の不安や希望のなさを誘い，うつを発症させる原因となったと推測される．

　仙台市郊外の鶴ヶ谷団地の調査では，70歳以上の全高齢者に対しての健康調査で，回答のあったうちの2割がうつ傾向にあり，この数値は，アメリカ・イギリスの高齢者では10人に一人であり，日本でも同じ東北地方の農村部ではやはり10人に一人であることと比較すると，非常に高率の有症率である．配偶者が病気や介護を必要としている人では，うつ傾向の割合はそうでない人の2.5倍，配偶者と死別・離別を経験している場合では2倍，運動機能の低下や体の具合が悪いという自覚のある人では，そうでない人の3倍，それぞれうつ傾向が高いという結果も得られている．また，前節の青森県の例と同様，うつ病と診断された人のうち1割しか病院に診察を受けに行かないといい，団地内の生活支援センターに医師をカウンセラーとして配置し，予約制にして近所の人と顔を合わせないよう待機する態勢をとったが，それでも人の目を気にしてなかなか相談や診察に来ないということである(http://www.nhk.or.jp/fukushi/utsu/file/04.html；朝日新聞，2006.7.18～22)．コミュニティ心理学が提唱する，サービス供給の待機的様式からサービス供給の探索的様式への転換が必要とされる例といえよう．

　ところで，大都市の団地では，うつの問題ばかりでなく，孤独(独居)死予防の問題も深刻である．この問題が注目を集めた最初は阪神・淡路大震災で仮設住宅に入居した高齢者の孤独死であったが，2005年9月にNHKが放映した「ひとり団地の一室で」は，高齢者の枠には入らない働き盛りの年代までが孤独死している現実を取り上げ，大きな反響を呼んだ．番組は千葉県松戸市の常盤平団地での孤独死の現実と，それの防止に立ち向かう住民たちの姿を描いたものであるが，これをきっかけに全国の多様な団地の取材に基づくいくつもの出版や新聞報道が相ついでいる(NHKスペシャル取材班&佐々木，2007；中沢，2008；元木，2008；大山，2008；朝日新聞，2008.7.27, 8.16)．

　孤独死の問題は，確かに必ずしも高齢者に限定されたものではないが，先に述べたように団地の高齢化率は高く，さらに，鶴ヶ谷団地の例では高齢者の5

人に一人が独り暮らしであることを考えれば，高齢者の孤独死の予防は放置できない問題である．ニュータウンなどを対象にした都市再生機構の調査で，2006年に589名の孤独死があり，5年前の2倍であることとともに，その7割近くが高齢者であることを新聞は報じている（朝日新聞，2008.8.16）．ただ，現在のところジャーナリズムの視点が先行しており，研究データの蓄積が待たれる状況にある．ノンフィクション作家の大山(2008)は，多様な団地の実践の取材を踏まえて，私的孤独死予防策を，網羅的で「いいとこ取り」と断りながら，①「結（ゆい）」の創造，②団地内「見守り隊」の組織，③セーフティネットの確立，④拠点からさまざまな情報を提供，⑤新聞の発行，⑥「生活サポート隊」の創設，⑦「子どもヘルパー隊」の創設，⑧サロン「幸福亭」の開設，⑨趣味の会「笑顔の会」の充実，⑩傾聴ボランティア，⑪講習会・情報交換会の開催，⑫緊急警報装置の設置，⑬インターネットにホームページを設ける，として提案している．

こうした状況の中，東京都港区と横浜市鶴見区という大都市における一人暮らしの高齢者の社会的孤立の問題に，社会福祉学の立場から大規模で精緻な調査研究が河合(2009)によってなされた．簡潔に要約するにはあまりに濃密な内容をもっており，著者の力量を超える．ただ一つのみ記すならば，親しい友人・知人がいない，子ども・親戚等誰ともほとんど行き来がない，社会参加活動をしていない，正月三が日を一人で過ごした，近所付き合いがまったくない，相談相手がいない，の各ネットワークが三重(3項目)に欠如している一人暮らしの高齢者を「緊急時に支援者がいない者」という指標として分析した結果，対象地域の一人暮らし高齢者全体のうち，控えめに見積もっても港区で1割半，鶴見区で3割いるという衝撃的な数値を得ている．そして，これらの人々の日記を通した日常生活の実態は，あまりにも生活が単調であるということである．社会的に放置できない孤立状態にあるこれらの人々は，何らかの社会的援助を喫緊に必要としている現実にある．

7節　地域在住高齢者への介護予防：回想法の活用

介護予防とは，高齢者が介護を必要としない状態を保つこと，すなわち，要

介護状態にならないようにすることであり，また，いったん要介護状態になっても，そこからさらに悪化させないことをいう(梅本・遠藤，2007)．Caplanの類型でいえば一次予防と二次予防，IOMでは選択的予防，Orfordの分類ではマイルストーン型予防ないしはハイリスク型予防，がこれに該当することになろう．

　2006年に改正された介護保険制度では，従前の，軽度要介護者の増加やサービスの改善につながらない問題点を踏まえ，介護予防としてのサービスの推進が重視され，地域密着型の在宅福祉サービス，つまり，高齢者が住み慣れた地域において心身ともに健康な生活を実現するために，多様なニーズに対して小回りのきく対応が目指されている．現在，介護予防プログラムとして新予防給付として認められているメニューは，運動器の機能向上，口腔機能向上，低栄養改善であり，身体的なものが中心になっており，認知症介護予防については有効な手だてが示されていないのが現状である(梅本・遠藤，2007)．

　こうした中で，梅本ら(梅本・遠藤，2007；梅本ら，2007；中島・梅本，2007)は，地域在住高齢者への閉じこもりや認知症の介護予防に資する目的で，「地域回想法」と名付けたプログラムの実践に取り組んでいる(遠藤監修，2007)．回想法は，大きく一般回想法(レミニッセンス)と人生回顧(ライフレビュー)に分けられ，日本ではこれまでおもに認知症高齢者への心理治療法の一つとして行われてきており(治療的回想法)，野村(1998)や黒川(2005)によって成果をあげてきている．これに対して，地域回想法とは，「回想法を通じて誰もが気軽に身近な地域で，その社会資源を大いに活用し，人の絆を育み地域のネットワークを広げ，いきいきとした"町づくり"に貢献する社会参加を目指すものである．特に地域で暮らす高齢者にとっては介護予防を目的として，自分の人生を振り返り肯定的に捉えることによって，健やかで豊かな人生を歩みつづけていただくことを支援する手段の一つである．また同時に地域のもつ潜在している主体的な力(エンパワメント)を引き出し高めていくことを支援するものである」(来島，2007, p. 51)．この定義は，まさにコミュニティ心理学の理念を体現したものであるといえよう．

　この地域回想法は，一次予防に該当するポピュレーション・アプローチと二次予防に該当するハイリスク・アプローチに分けて考えられており，その導入

表5.3　地域回想法の導入計画のチェック（遠藤監修，2007，p. 54）

誰々に対して？　【対象者】
どのようなニーズを満たすために？　【目的】
いつまでにどのようになってほしい？　【目標】
どのようなプログラムを？　【手段】
誰が？　【担当者と役割分担】
どのようなリーダーぶりを発揮して？　【技法】
いつ？　何回？　どれくらいの時間？　【期間・回数・時間】
どこで？　何を利用して？　【開催場所・社会資源】
効果判定はどうやって？　【評価方法：モニタリング手段】
どのように展開・継続をはかる？　【展開・継続の方針】

表5.4　プログラムの検討のチェック（遠藤監修，2007，p. 55）

時期，期間，回数，頻度，1回の時間，時間帯
回想テーマの選定
テーマごとの利用する物品の選定と提示の仕方
座席，BGM，どのような雰囲気づくりを行うのか？
リーダー，コ・リーダーの人数と人選，役割分担
湯茶の準備，記録者，事前事後の評価担当者の人数と人選，役割分担
最終回をどのように行うのか？

や運営が表5.3および表5.4のようなチェック項目に基づいて設定されている．市の広報などで集まった10人ほどを1グループとし，週1回，1時間程度のセッションを平均8セッション行う．グループ構成は，軽度認知症グループ・虚弱者グループ・健常者グループなどに分けて行われる．実施法は通常の回想法と変わらない．愛知県北名古屋市回想法センターと，岐阜県恵那市明智町回想法センターでのこれまでの報告によれば，対照群との比較や回想法前後の比較からは，いずれもQOLの向上や認知機能・抑うつの改善が認められている（梅本，2007）．

　回想法スクールを卒業したメンバーはグループごとに会の名前を付けてその後も活動しており，「いきいき隊」という自主活動組織を作り，隊員自らの介護予防に努めるだけでなく，地域の人々とともにさまざまな働きかけを行って町づくりに貢献している（小島，2007）．

　実践・介入研究では準実験計画法にならざるを得ず，とりわけ高齢者を対象とする研究では実施上の困難を伴ううえに，個人ではなくグループでの回想法の効果評価は容易ではない．ただ，こうした限界や課題を認めたうえで評価す

るとき，コミュニティ心理学の視点からの「地域回想法」の効果は認められてよいと考える．それは，Rappaport(1995)が，ナラティブ(narrative：語り)をエンパワメントの概念と結合させていることに繋がるからである(三島，2007a)．エンパワメントについては7章で詳述するが，エンパワメント(力の獲得)の一つの目標は主体としての自己を確立することであり，人生を物語る主人公となることが回想法グループというコミュニティの文脈の中で生起するとき，その結果は奥深いものになる．Rappaport(1995)が述べるには，人々がその経験について一緒に語り，物語を共有するとき，彼らは自分が何者であるかについての洞察を獲得する．このことは個人のレベルで起きるだけでなく，グループのレベルでも起きる．個人は自身の物語をもつのと同様，グループはコミュニティの語り(community narratives)を発達させる．コミュニティは共有された物語なしにはコミュニティであることはできない(Rappaport, 2000)．コミュニティで生起した，うれしい・誇らしい出来事，時には災害や事故などの悲しい出来事でさえ，その時その場所で同時に生きた人々に共有され，物語られるとき，コミュニティは力をもつ．こうして，グループ回想法は個人やコミュニティをエンパワーする有力な道具となりうる．

　なお，地域回想法という梅本らの意図とは無関連ではあるが，グループ回想法を用いたより組織的で精度の高い研究が野村・橋本(2006)によって行われている．また，グループ回想法の実践方法については，梅本(2011)のマニュアルがある．

6 章

高齢者神話とエイジズム：ラベリング

"高齢者神話"と呼ばれるものがある．たとえば，Osgood(1992)は，
神話 1. 65歳を過ぎるとだれもが確実に衰える
神話 2. 老人は体力が弱い，あるいは耄碌している
神話 3. 老人は第2の幼児期に入る
神話 4. 老人は性的関心をもたず，魅力もない
神話 5. 老人は気むずかしく，不機嫌である
神話 6. 老人は古風で，保守的で，自分の型にはまっている
神話 7. 老人は物覚えが悪い
神話 8. 老人は非生産的である
神話 9. 老人はみな似たりよったりである
神話 10. 老人は穏やかなので，のどかな世界に住んでいる
神話 11. 老人はいつの世も変わらない

をあげ，また，**エイジズム**(ageism：高齢者差別)という言葉を造語したアメリカ国立加齢研究所(NIA)の初代所長 Robert Butler は，「老年は暦年齢で決まる」，「高齢者はぼける，病気になる」，「高齢者は穏やかな生活を送る」，「生産的仕事に関わらない」，「変化に抵抗する」ことをあげている(船津，2003)．そのほかにも，安川・竹島編(2002)や Palmore(1999)などがいくつもの"神話(myth)"を紹介している．

われわれの多くがこうした思い込みを抱いていたり，あるいは他者が口にするのを聞いたりしているが，それらは実際には誤った知識であり，真実ではなく，神話にすぎない．**高齢者神話**はステレオタイプの一種であり，必ずしも否定的なものばかりではないが，ステレオタイプの多くがそうであるように，高

齢者神話にも差別・偏見的要素の含まれるものが多いことは上例でも明らかである。

こうした背景を踏まえて，先のButlerは「エイジズムとは，人種差別や性差別が肌の色やジェンダーに対してされるように，彼らが老人であるがゆえに向けられる組織だったステレオタイプや差別の過程として規定される」(辻，2000, p. 15)と定義した。つまり，エイジズムとは，老人に対する若者や中年層の差別・偏見といった世代間のギャップとしての主観的な経験であり，それは彼らの無意識の世界に重く横たわっている不安(例：歳をとること，病気になること，無能力になること，などへの不安)を反映したものである。エイジズムは，時代に適合できないでいる人に対する嘲笑的な見解や，世代間の価値観の違いを一方的に否定することで偏見を増幅させ，また，雇用における個人の能力を度外視する労働の場からの強制的な退職や生活の主流からの切り離しなど，われわれの社会の文化的態度がそれを補強している。

アメリカ社会で，19世紀の人種差別(racism)，20世紀の性差別(sexism)の次に来る，「究極的な偏見，最後に残された差別，最も残酷な拒絶」とも，「第3のイズム」(奥山，1999)ともいわれている年齢差別(ageism)は，わが国ではこれまであまり研究されてこなかった経緯がある(辻，2000)。しかしながら，今やアメリカ以上の平均寿命の高速高齢化を見ているわが国においては，今後放置できない問題となってこよう。

ところで，多種多様な対象に対する差別や偏見・不公正に関わる問題として，ラベリング(レッテル貼り)がある。**ラベリング**(labeling)とは，単純には，事物を同定・記述するためにラベル(名称)を付ける行為(楠見，1999)であり，最も典型的な事例は商品名であろう。商品のラベリングは当然好印象を与えることを狙ってなされるが，これが人に適用されると，必ずしも好ましいものばかりではなくなる。もちろん，たとえば「彼は秀才だ」といったようにプラスの価値をもつラベルが貼られることもあるが，人に適用される場合に問題となるのは，「あいつは不良だ」というように，通常マイナスの価値をもったラベルが貼られることである。つまり，ある人の行動やその人に対して，規則に違反していたり，あるいは，標準とされるものから非常にマイナスの方向にかけ離れているという属性が，他者(近隣住民や友人など)や専門家(医師や教師など)，社会統

制機関(警察や司法機関など),マスメディアやインターネット上の匿名の他者,あるいは,時には自らによってなされることをいう.そして,それは多くの場合,同時的にであれ結果的にであれ,事物を同定・記述するという「区別」以上に,「差別」を伴っているところに本質的問題が潜んでいる(辻,2000).

ラベリングはスティグマ(stigma:社会的烙印.例／身体:奇形,性向:同性愛,社会集団:人種)に対してもなされるが,誰もがなる高齢(者)さえもが今や一つのスティグマとなり,ラベリングの対象となっていることをエイジズムは示していることになる.本章では,差別や偏見からの解放(liberation)をその理念の一つとして掲げるコミュニティ心理学(植村,2008)にとって,高齢者神話やエイジズムを例に,ラベリングのもつ意味や役割を考えることとする.

【理　論　篇】

1節　ラベリングとは何か

(1) ラベリング理論

ラベリング現象を逸脱行動理論の一つとして展開したのが,1960年代にアメリカ社会学で台頭した「ラベリング理論(labeling theory)」である.**逸脱行動**(deviant behavior)とは,「社会や集団の規範に反する行動.どのような行動を逸脱行動と見るかは社会・時代によって異なるが,従来は犯罪,非行,自殺,売春,薬物中毒などが逸脱行動として研究されてきた」(濱嶋ら,2005, pp. 19-20)が,ラベリング理論以前の研究は,なぜ人は逸脱者になるのかや,どういう人が逸脱を起こしやすいのか,などの分析に主眼が置かれてきた.

これに対して,ラベリング理論を主導したBecker(1973)は,「逸脱とは人間の行為の性質ではなくして,むしろ,他者によってこの規則と制裁とが"違反者"に適用された結果なのである.逸脱者とは首尾よくこのレッテルを貼られた人間のことであり,また,逸脱行動とは人びとによってこのレッテルを貼られた行動のことである」(訳書 p. 8)と述べ,逸脱現象の主役を「逸脱者本人」

から，ラベルを貼る「他者」に移行させた．ラベリング理論の特徴は，このように，逸脱行動を逸脱者の内的な特性によるものとして捉えるのではなく，ある行動に対して他者がそれを逸脱とラベルを貼ることによって逸脱行動になるとする点にある．

ところで，われわれの誰もが，日常生活の中で社会規範を破ったり，ちょっとした違法な行為やクレイジーな行動を行っているのに，ほとんどは「非行少年」や「犯罪者」や「精神障害者」とはされない．社会規範を破る大勢の人のうち，なぜ僅かな人々だけが逸脱だとしてラベルを貼られるのだろうか．ラベリング理論では，Edwin Lemert が逸脱化の過程を分析するために逸脱を二つに分け，ある社会規範を破る行為そのものを第一次逸脱，この逸脱に対して他者から否定的な社会的反作用(スティグマ付与・処罰・隔離)が加えられ，逸脱が単なる行為にとどまらずにその人の生活全体やアイデンティティの再編成までももたらすときに，それを第二次逸脱と呼んで区別している(宝月，1993)．

この第二次逸脱に関わる「他者」は，多くはシステム・レベルのものであり，特に刑事裁判システムと精神保健システムが逸脱を定義するための大きなパワーをもっている(Rudkin, 2003)．Becker をはじめとするラベリング論者の多くは，他者の中でもとりわけ警察や裁判所などの公式の社会統制機関や，精神科医，心理学者，教師，ソーシャルワーカーといった専門家が逸脱のラベリングに当たって大きな権力をもち，重要な役割を果たすと考えた．他者のラベリング次第で，その行為が逸脱と見なされたり見なされなかったりするだけでなく，それが恣意的に行われ，とりわけ弱者に対してはその度合いが高いとする．

ラベリングがどのように働くかを理解するために，この第二次逸脱の可能性を増大させる条件を見ることは洞察的である．『狂気の烙印』の著書で知られる Scheff(1966；1975)は五つの要因をあげている．①規範破りの行動の重篤性や頻度，および可視性：プライベートな空間でクレイジー行為を時たま演じる人は，ラベリングを回避されるだろう，②行為者の社会的地位やパワー：むさ苦しい格好で駅の周りをぶらついている人は，ビジネス・スーツの人よりも職務尋問される可能性が高い，③規範破り者と社会統制エイジェントとの間の社会的距離：生活指導の教師は，同じ校則違反でも，成績のよい生徒よりも悪い生徒の違反者に厳しく対処するだろう，④逸脱に対するコミュニティの許容度

のレベル：都会の若者の生活態度は，里帰りした田舎では好奇の目を向けられるかもしれない，⑤他では逸脱として見られるものを，受け入れることができる代替的な非逸脱的役割の有用性：性的指向性のゆえに孤立していた青年が，同性愛者のコミュニティの中に居場所を発見することによって小康を得る，というものである（例は著者による）．

ラベリング理論では，ある社会的条件の下で逸脱者のラベルを貼られ，地位や役割を与えられると，その人はステレオタイプに基づいた他者からの反応に曝されることになり，普通の（正常な）人々との接触が少なくなり，いっそう逸脱者のグループに近づくことになるとする．その結果，自分が逸脱者であることを期待されているとの自己認識を強め，その期待に添って行動した結果，当初の期待が現実のものとなり，ついには逸脱者にふさわしい行動を身につけるようになる「自己成就的予言（self-fulfilling prophecy：予言の自己成就ともいう）」が生じると考えられている．

(2) ラベリング差別論

このように，ラベリング理論が，逸脱者にラベルを付与することによって真の逸脱者を生成する視座を強調している点を重くみて，辻（2000）は，今日では逸脱行動論としてのラベリング論の視角よりも，社会的差別論としてのラベリング論の展開こそが有効で不可避となってきていると主張し，「社会的差別論としてのラベリング論の展開，つまり，逸脱の原因をラベリングに求めることをいっそう進めて，差別が逸脱の原因だという視角の展開は，おそらく混迷の克服の道を約束するに違いない．残念ながら，ラベリング論者たちは逸脱行動の原因論としてのラベル効果を強調したが，ラベリングそのものが社会的差別であるという視点をもっていなかったように思われる」(p. 38)と述べる．

そのうえで，辻は，**ラベリング差別論**を構成するための「暫定的な公準」を呈示するとして12のものをあげているが，ここにいくつかを取り出してみる．
公準2：ラベリングとは，社会的相互作用場面における意味付与行為である
公準3：ラベリングは，相互作用している人びとの不平等の関係のうえで生じ，烙印者（ラベルを貼る人）は被烙印者（ラベルを貼られる人）の物質的ないし精神的な代償を獲得することができる

公準4：ラベリングの構成要素には，烙印者，被烙印者，言動や一連のシンボリックな行為，ラベリングを促進する状況，がある

公準6：烙印者による被烙印者へのラベリングの回数が問題ではなく，被烙印者自身の意味解釈にあり，重要な他者によるラベリングは被烙印者に決定的な影響を与える

公準9：ラベリングは，人びとを排斥・分離・隔離することによって，つまり，選別化と距離化とスティグマ化によって社会的差別を生む

公準10：差別された人とは，差別キャリアーを取得した人であり，取得そのものが人間の基本権の侵害を意味する

などであるが，辻は公準の最後に，

公準12：ラベリング差別論の課題は，差別事象の分析であるが，それは，被烙印者あるいは被差別者を生み出さない条件を分析すること，さらに，彼らがその烙印(ラベリング)状況の重圧を脱却する方途を探ることにある

を置いて締めくくっている．予防や介入，対処，エンパワメントといったコミュニティ心理学の理念にも通底する姿勢である．

2節　コミュニティ心理学とラベリング理論

　ラベリングないしラベリング理論がコミュニティ心理学においてもつ意義は，ラベリングのメカニズムの解明を通して差別を撤廃することにある．増田(2006)もいうように，コミュニティ心理学は誰もが「共に生きる」社会の実現を目指しており，ラベリングがもたらす逸脱者の排除の仕組みを十分に理解して，彼らがコミュニティで共に暮らしていけるよう，本人にも周囲にも働きかけていくことにある．

　とりわけ，精神保健の領域において，クライエント(ユーザー)に診断的ラベルを適用することの利益と不利益に対して，専門家や援助者のもつ役割の意味は大きいといえよう．Rappaport & Cleary(1980)は皮肉を込めて次のようにいう．「われわれの社会がラベルを永続させる方法の一つは，現代の聖職者やシャーマンや預言者の役割に奉仕するある種の"専門家"に，"ラベリングの権威"を与えることである．これらの人々は，多くは社会科学者であったり，医

2節 コミュニティ心理学とラベリング理論

者，教育者，法律家，および裁判官や"援助職"のメンバー，つまり，精神科医，心理学者，ソーシャルワーカーといった人々である」(p. 72). クライエントを診断することと，精神医学的・心理学的ラベルを貼り付けることによって，治療者は適切な処方を選択し，治療的進歩をアセスメントすることが容易になる．しかしながら，それによってクライエントの個別性は失われ，治療者はその人の行動のすべてを精神障害や発達障害の症候として見るようになる． Scileppi *et al.*(2000)は，精神医学的ラベルのほとんどは場面から独立して適用することができないものであるといい，Szasz(1970)は，精神障害を示すものとしてのラベリングは，科学的決定というよりはむしろ政治的決定であると述べるように，同じ行動が，ある場面や時代や文化では望ましいものと見られ，他では不適切なものと見られる．Scileppi らは，崩壊以前のソビエト連邦で精神障害の名のもとになされた反体制政治家の監禁や，1950年代のアメリカにおける当時の時代風潮に適合しない人(ほとんどの男性がショートカット・ヘアをしている時代に，乱れた，髪を長く伸ばしていることを除けば何の兆候ももたない人)が，精神障害とラベルを貼られて20年以上も施設入所させられた例を紹介している．

　先の Scheff(1966)は，診断のプロセス自体が，その結果に対して言外の意味をもつ社会的文脈の中で生起することに注目している．これは，裁判官の判断と医師の判断の根本的な違いを表し，「疑わしきは罰せず」とする裁判官と，「疑わしきは治療する」とする医師の論理である．犯罪者という判断(ラベリング)を下すことは，がん患者という診断(ラベリング)を下すことと社会的に等価ではない．犯罪者は忌避・排除されるものとしての言外の意味をもっているからである．これを別の例でいえば，統計的仮説検定における第1種の過誤と第2種の過誤のどちらに重きを置くかの問題でもある．裁判官は，第2種の過誤：β(本当は犯人ではないのに犯人であると誤審する：誤った仮説を採択する可能性)に対してきわめて慎重である．一方，医師は，第1種の過誤：α(本当は病気であるのに病気ではないと誤診する：正しい仮説を棄却する可能性)に対して慎重である．

　しかし，これとともに，この2種類の過誤を医学的問題に限定して考えるとき，第1種の過誤はともかく，第2種の過誤，すなわち，本当は病気ではない

のに病気だと診断を下す誤りは，身体医学と精神医学ではその意味する重みがまったく異なる．医師の側からはどちらも第2種の過誤という誤診の点で等価であるかもしれないが，クライエントの側からは決して等価ではない．なぜなら，がんではないのにがんだと誤診される身体医学的病気である前者の誤診に対して，統合失調症ではないのに統合失調症だと誤診される精神医学的病気である後者における第2種の過誤は，今日の日本にあっても依然として社会的文脈の中で差別や偏見を伴うラベリングにつながりかねず，本人の社会的アイデンティティの問題を含む社会的コストははるかに大きい．

3節　ラベリングの適用

(1) 教育の場におけるラベリング

「ピグマリオン効果(Pygmarion effect)」とも，教師期待効果とも呼ばれる実験で，Rosenthal & Jacobson(1968 ; 1972)は，サンフランシスコのある小学校の全生徒に，年度の初めに「ハーバード式学習能力開花期テスト」と名付けたテストを実施した．このテストは，実際は普通の知能テストであったが，その名のとおり，近い将来急速に知的能力が開花する(blooming)子どもの予測が可能なテストであると説明された．テストの採点後，各クラスの20％に当たる生徒をテスト得点とは無関係にランダムに選んで実験群とし，担任に対して実験群の生徒の名簿を示し，「この子たちは，先のテストの結果，知的能力が急速に伸びると予測される子どもたちである」と告げた．その名簿は担任教師にだけ示され，子どもや親には口外しないように指示された．新学期が始まって8か月後に，再び同じ知能検査が実施された．

分析は，再検査時のIQ得点から1回目の得点を引いた値を，実験群と統制群で比較するかたちで行われた．"bloomer"とラベルを貼られた生徒たち，特に1年生・2年生の子どもたちは，統制群と比べて47％がIQで20点ほども増加していた．ただ，3年生以上ではこの差はほとんど見られなかった．

成績が向上した原因としては，学級担任がbloomerとラベルを貼った生徒たちに対して，期待のこもった眼差しを向けたことではないかと考えられた．また，低学年に効果が顕著である理由は，低年齢の子どもの方が影響を受けや

すい，学校での評価が定まっていない，教師の働きかけに敏感である，などが考えられるとしている．これらの子どもたちがランダムに選ばれたことを考えると，先生という，生徒にとって権威をもつ専門家による，bloomer というラベリングのインパクトについてのこの証拠は，逆に，期待されない子どもや，あるマイナスのラベリングが，この反対の効果をもつことができるという重大な可能性を呼び起こす．教育の場において改めて再考を促す機会を提供するものである．

　Rosenthal & Jacobson を支持する類似の結果は，幼稚園児の観察や従業員の仕事成績に対しても見出されており (Rappaport & Cleary, 1980)，わが国でも教師期待効果が報告されている (淵上，2000)．

　一方，差別や偏見の撤廃を強く意識した教育場面での実践に，「青い目・茶色い目」と呼ばれる，小学教師ジェーン・エリオット(Elliot, J.)による有名な実験授業がある(Peters, 1987)．人種差別撤廃を目標とするこの授業では，全員が白人の3年生のクラスの生徒たちに，先生はあえて肌の色ではなく，瞳の色（青い目・茶色い目）でラベリング(その象徴として襟(スカーフ)を首に巻かせる)したうえで，クラスの青い目の子どもたちに，「あなたたちはよい子だから5分間余計に遊んでもよろしい」，「彼ら(茶色い目の子ども)はあなたたちより劣っているから，一緒に遊んではいけません」，また，茶色い目の子どもたちには「あなたたちは水飲み場やぶらんこを使ってはいけません」，「給食のおかわりもできません．なぜなら，あなたたちは馬鹿だから」などと全員の前で告げるのである．15分もしないうちに青い目の子どもたちは茶色い目の子どもを差別するようになり，いじめたり無視するようになった．こうして1日の学校生活を終えると，次の日には役割を入れ替え，今度は青い目の子どもの方が劣っているとして前日と同じ状況をつくり，相互に差別を体験させる．その後の授業でデブリーフィングを行い，いわれなくラベリングされることによる差別や偏見の不快感を互いに語らせる．こうして，瞳の色の違いという白人も持っている身体の属性を巧妙に利用した実験授業を通して，同じく肌の色という身体的属性に基づく黒人差別がもつ本質を子どもたちに理解させるものである．授業の後，襟の返却を求められた男の子が，怒りを込めてそれを執拗に破ろうとし，かなわぬと知って歯で食いちぎろうとする姿に深い理解度を読み取ること

ができる.その後も彼女は,この授業と同じことを服役囚や刑務所の職員にも行っている.1988年にNHK総合テレビで放映されたこの番組は,今もインターネットの動画サイトでその一部を見ることができるが,これを活字化したものがPeters(1987)で,翻訳によっても読むことができる.

この番組を受け継いで,さらに2001年には,NHK教育テレビで,「エリオット先生の差別体験授業――青い目茶色い目」と題して,大学の授業としても行われたことが放映された.授業中に,青い目であることを理由に先生から理不尽な差別を受けた白人の女子学生が,いたたまれず涙ながらに憤然と席を蹴り教室から出て行く場面で,エリオット先生は,「あなたは,この授業のわずか2時間半の間だけ差別を体験すれば,単位をもらえるうえに解放されるのです.でも,黒人は,あなたが今感じている差別を,一生受け続けていかなければならないのです」と,追い打ちをかけるように語る姿にすべてが凝縮されている(著者注:当時の発言のまま「黒人(ニグロ)」を用いた).

いじめによる不登校や自殺も,マイナスのピグマリオン効果(これを「ガラティア効果」ともいう:廣兼,1995)や肌の色ほどではないにせよ,「きもい」だの「くさい」といった,ある日を境とする児童・生徒へのラベリングが発端となって,次第に差別が進行することから生じると考えられる.学校の場におけるラベリングを扱った研究として,わが国では,専門家によって不登校とラベリングされる生徒の問題を考察した秋山(2005;2002)がある.

(2) 精神保健の場におけるラベリング

朝日新聞記者の大熊(1973)が,自らアルコール中毒を装って精神病院に入院し,日本の精神病棟の非人間性を告発するルポルタージュを著したと奇しくも同じ年に,Rosenhan(1973)は自らも偽患者となって,アメリカにおいて精神障害と診断される(ラベルを貼られる)プロセスとその処遇を,「狂気の場で正気であることについて」と題する論文にまとめてScience誌上に発表した.

このフィールド研究は,Rosenhan自身を含む3名の心理学者のほか,大学院生,小児科医,精神科医,画家,主婦それぞれ1名の,合計8名の正気の人びとが,アメリカ各地の12の精神科の病院や施設に予約の電話をかけて受診し,「"ドサッ(thud)"という音が聞こえる」と説明することになっていた.Rosenhan がこの訴えを選んだのは，精神医学文献のどこを見ても，このように明らかにマンガ的に不安を表現する声を聞いた患者の報告が存在しないからであった (Slater, 2004)．

それ以外の問診に対しては，8名の偽患者は，氏名と職業以外はまったく彼ら自身の個人史を語った．驚くべきことに全員が入院を認められ，一人 (躁うつ病) を除いて全員が統合失調症と診断 (ラベリング) され，誰一人として「正常」と見破られなかった．彼らは，事前の打ち合わせで，入院後直ちに，音は聞こえなくなり，すっかりよいようだと訴えることになっており，「正常」に振る舞い始めた．本物の患者たちの多くは，偽患者たちが「正常」であると見破ったが，奇妙なことに，スタッフはその行動を見ても「正常」な行動とは認識しなかった．

偽患者は退院することを要求し始めたが，スタッフは，退院するほど良くなっていないというばかりで，結果的に偽患者たちは7日から52日間入院させられ，平均在院日数は19日間であった．退院したとき多くが統合失調症の「寛解」とラベリングされた．すなわち，いったん付けられたラベルはそのままで，病気そのものは完全に治癒していないが，症状が一時的に軽快または消失している状態と見られたわけである．Rosenhan は，これは，精神保健におけるバイアスが病気を見ることに向けられており，いったんラベルを貼られるとそのラベルを剥がすことがむずかしいからだと述べている．このラベルは強力なものであり，患者の正常な行動の多くが監視の対象とされたり解釈し間違われたりする．Scileppi et al. (2000) は，表6.1に示されるような Mayer Shevin のあげる例を紹介している．

このようなスタッフの見方のもとに長期間置かれると，患者はこの現実の社会的構成を通して期待に合わせることを学ばざるを得なくなり，いわゆる**ラベリング効果** (labeling effect) が働いて自己成就的予言が生起し，その結果，不幸にもそれがアイデンティティの一部となり，彼らの行動を悪化させることにもなりかねない．Rosenhan は，「病気」と見てラベルを貼るこの傾向は，雇用に対する障害をも含んだ，生活適合を妨げる，さらなる有害な社会的結果を生み出す可能性があることを示唆している．

Rosenhan のこの実験を30年後に忠実に試みた人物がいる．心理学者であり

表 6.1　ラベルとパラダイム：それらは時にはケアの障害物か？
(Scileppi *et al.*, 2000 訳書, p. 19)

障害的行動だと訓練されたスタッフにとって，Rosenhan(1973)の研究で記述されたのと同じ問題的パターンに陥ることが，どんなにたやすいことかを観察しなさい．Dr. Mayer Shevin はこれを次のように記述している．

われわれと彼らの言葉

われわれには好きなものがある．
　　　彼らは対象に固着している．
われわれは友達を作ろうとする．
　　　彼らは注意探索行動をしている．
われわれは休息を取る．
　　　彼らは作業放棄行動をしている．
われわれは自身を擁護する．
　　　彼らは従順ではない．
われわれは趣味をもっている．
　　　彼らは自己刺激的である．
われわれは友達を賢く選ぶ．
　　　彼らは貧弱な仲間による社会化をしている．
われわれは事を途中であきらめない．
　　　彼らは反復行動をする．
われわれは人を愛する．
　　　彼らは人に依存心をもっている．
われわれは散歩に出かける．
　　　彼らは逃げる．
われわれは主張する．
　　　彼らはかんしゃくを起こす．
われわれは気が変わる．
　　　彼らはぼーっとしており，短い注意の集中しかもてない．
われわれには才能がある．
　　　彼らはバラバラのスキルをもっている．
われわれは人間である．
　　　彼らは……？

ノンフィクションライターである Slater(2004) は，自らを偽患者として八つの病院を受診した．その結果，さすがに入院はさせられなかったが，本人が，医師のいうあらゆる症状を否定したにもかかわらず，大半の病院で精神病的な特徴を伴ううつと診断され，全部で25種類の抗精神病薬と6種類の抗うつ薬を処方された．診察時間は最長で12分半，通りいっぺんの宗教傾向の質問以外には文化的背景について尋ねた病院は一つもなく，聞こえる声の性別を尋ねた医師もいなかったし，精神状態の完全な検査を行った病院もなかったという．

なお，このような精神障害の問題とは別の精神保健の場におけるラベリングとして，「ひきこもり」現象に対してラベリング理論の立場からアプローチしようとする研究が，わが国では檜垣(2006；2005a；2005b)によって試みられている．

(3) 高齢者福祉の場における公的ラベリング

2007年，65歳以上人口が全人口の21％を超え，わが国は「超高齢社会」へと突入した．これまで，"younger old"（前期高齢者：65歳以上）と "older old"（後期高齢者：75歳以上）の分類名称しかなかったところに，新たに "the oldest old"（超高齢者：85歳以上）が加わることになった．高齢社会というと暗いイメージがつきまとい，決して明るい展望で語られることはない．藤田(2007)は，このような暗い見通しの原因は，高齢者を十把ひとからげに "高齢者＝弱者＝依存者" として差別的に考える社会の仕組みが作られているからであるとする市瀬(1994)の説を紹介し，二つの社会の仕組みを指摘している．

第一の仕組みは暦年齢の呼称である．「高齢者」を65歳以上と規定し，人口統計では，0歳から14歳までを「年少人口」，15歳から64歳までを「生産年齢人口」，65歳以上を「老年人口」に分類し，年少人口と老年人口を合わせて「従属人口」と呼ぶ．「老年人口」は「年少人口」とともに消費人口であって，生産年齢人口に従属する社会集団であり，一括して被扶養階層とみなすのである．こうして，われわれは65歳に達すると，身体的・心理的・社会的状態の如何に関わらず「高齢者」として分類され，すべての65歳以上の人は老人問題の対象となり，社会サービスの受給対象者とされて，社会生活の主流から外されていくことになる．

第二の仕組みは定年制度である．わが国では定年制をとっていない企業はまれであり，多少のばらつきはあるものの，65歳前後の年齢に達すると一律に退職させられる．退職は職業人としての地位と役割を喪失することであり，賃金生活から年金生活へと変わることである．そして，年金生活者となった途端に社会的被扶養階層とみなされ，年金生活者の増大は年金財源の不足や次世代の負担増を，さらには医療費の増加が国民健康保険制度の破綻をもたらすなどと，高齢者は社会的に「疎ましい」存在として扱われることになる（藤田，

2007).

　このように，高齢者とか定年という言葉は，本来は価値を伴わないものであるが，公的なラベルとみなすことで差別論の対象になる．**公的ラベリング**とは，個人以外の組織や制度がラベリングすることである．老人ラベリング差別論からは，65歳で老人年齢に組み入れる人口論の見方そのものが有力な公的ラベリングと見なされる．定年制度もまた同様である．先にラベリング差別論を構成するための「暫定的な公準」をあげた辻(2000)は，その公準の7として「公的ラベリングは，勢力や道徳性をより多くもつ機関や組織などによってなされるがゆえに，私的ラベリングよりもより一層自我ラベリングを生みやすい．殊に，この種のラベリングは，社会的正義や善行や愛の名目で実行されることが多く，しかも社会的な権威をもって実施されるので，被烙印者にとってこうした烙印(ラベル)を放棄したり，無視したり，脱却したりすることは至難の業といえる．だから，被烙印者にとって，ラベリングを脱却する脱ラベリングを試みることよりも，烙印者のラベルどおりの役割を演じたり，まさに合理化してラベルどおりの人間になる方が得策と考えられる」(pp. 43-44)としている．

　アメリカ社会では，エイジズムという見方が広く浸透して以来，高齢者の実態を正しく捉えようとする意識が育ち，高齢者団体(例：全米退職者協会)の運動によって，1967年に「雇用における年齢差別法」が成立し，また，カナダは1978年，ニュージーランドは1992年に年齢による差別を禁止する法律を制定し，高齢者の権利の獲得に成功している(藤田，2007)．一方，日本では，エイジズムの概念は輸入されたものの，高齢者に対する偏見という点に力点が置かれ，差別という点からの社会運動には繋がっていない(横山，2010)という．

──────────【展　開　篇】──────────

　高齢者に関わるラベリングの問題を日本の研究に限って検索すると，先に辻(2000)が述べているように，決して多くない．まして，上の適用例で紹介したような実践的研究となると皆無と思われる．ここでは，若者の目から見た高齢

者ラベリングの問題と，自身の認識する自己ラベリングについての調査研究を取り上げることとする．

4節　若者の老人差別意識

【理論篇】で紹介したように，Scheff(1975)は，逸脱のラベリングに関係する条件の三つ目として，その人物と社会的統制エイジェントとの間の「社会的距離」をあげた．

核家族化など社会環境の著しい変化の影響で，高齢者との同居経験や接触経験に乏しい若者と高齢者の「社会的距離」は，若者の老人差別意識にどう影響するのであろうか．高齢者を「老人」にする老人化のプロセスを，ラベリング差別論の観点から捉える辻(2000)は，「若さ」を表象する若者の代表として，大学生の老人意識を分析している．

調査項目として，老人に対する好意度，敬老意識や棄老観と老人排除の認知，排除の内容などを用意し，宮崎県と山口県の大学生や看護専門学校生を対象に複数の調査を行っている．その結果，以下のような知見が得られた．

差別意識や棄老観(深沢七郎の小説『楢山節考』に見られる，当時の姥捨て慣行への肯定的態度)が，性別では男子の方に強く，棄老に対して「人間として絶対にすべきではない」という態度よりも，「当時としては仕方がなかった」と答える割合が多く，女子と異なる反応を示している．これについて辻(2000)は，男性の現実主義的な見解の現れかもしれないといい，性別役割による老人処遇観が反映していると分析している．

しかし，家族や地域の要因は必ずしも仮説に従うものではなかった．つまり，核家族形態で生活している学生の方が老人を排斥する，という仮説は認められず，かえって，高齢者と同居している拡大家族において学生の差別意識も強く，また，棄老型も比較的多かった．

拡大家族の学生に差別意識が強いことから，他の家族形態の場合より緊張度が強いことが推測された．実際，祖父母との同居経験と差別感情との間には有意な相関関係が認められ，同居経験をもつ学生に老人差別の感情をもつ者が多く見られた．若者が祖父母との同居を通して老人の現実の実態を知り，それゆ

えに何がしかの軽視感が出てくるのかもしれない，と解釈している．

また，地域との関係では，棄老者類型については仮説を支持し，「友愛型(老人は好き・棄老観否定)」や「原則反対型(老人は嫌い・棄老観否定)」が農村部で多く，逆に，「現実型(老人は好き・棄老観肯定)」や「棄老型(老人は嫌い・棄老観肯定)」が都市部で多かった．ところが，差別意識の強度では農村部の方が高く，逆に都市部の方で低いという，仮説とは異なる傾向を示した．特に，出身地別では近郊農村の学生が「友愛型」で，差別意識が強いという特徴的な傾向を示した．

棄老者類型の全体の姿は，「友愛型」が半数には満たないものの最多で，続いて「現実型」が30%弱，「原則反対型」が10%強，「棄老型」7%，「態度保留型」4%と続く．「棄老型」は7%と少ないものの，極端な排斥主義に繋がるだけに，啓発対象として留意が必要であることを指摘している．

全体的には，差別意識が強かったのは，男子学生・老人は嫌い・拡大家族・農村部・階層帰属意識は各階層の「下」の部分(上の下・中の下・下の下)であった．これらを踏まえて辻(2000)は，積極的でない「孤立」した不満層であって，どちらかといえば後ろ向きの志向性をもつ者に差別感が強まる傾向がある，と分析している．

5節 男子青年のエイジズムに関連する要因

原田ら(2008)は，Fraboni et al.(1990)によって構成されたエイジズム尺度の日本語短縮版を作成し，都市部の男子青年におけるエイジズムに関連する要因の検討を行っている．

Fraboniらは，先に紹介したButlerのエイジズムの概念の意義を踏まえたうえで，既存の尺度が否定的なステレオタイプや信念というエイジズムの認知的成分のみをとらえていることを批判し，差別的な態度や高齢者との接触を回避するような感情的成分をも測定するエイジズム尺度の必要性を指摘した．そして，Allport(1958)の偏見の定義を反映した，ステレオタイプ化された「誹謗」，高齢者との接触の「回避」，高齢者の排除を支持する「差別」の三つの構成概念を措定して，29項目からなる「Fraboniエイジズム尺度(FSA)」を開発した．

表6.2　日本語版 Fraboni エイジズム尺度の質問項目（原田ら，2004, p. 316）

65歳以上の高齢者についてお聞きします。以下の1～19の各項目について，「そう思う」「まあそう思う」「どちらともいえない」「あまりそう思わない」「そう思わない」でお答えください。

- ●1　多くの高齢者(65歳以上)はけちで，お金や物を貯めている．(Ⅲ)
- ●2　多くの高齢者は，古くからの友人でかたまって，新しい友人をつくることに興味がない．(Ⅲ)
- ●3　多くの高齢者は，過去に生きている．(Ⅲ)
- ●4　高齢者と会うと，時々目を合わせないようにしてしまう．(Ⅰ)
- ●5　高齢者が私に話しかけてきても，私は話をしたくない．(Ⅰ)
- ●6　高齢者は，若い人の集まりに呼ばれたときには感謝すべきだ．(Ⅰ)
- ●7　もし招待されても，自分は老人クラブの行事には行きたくない．(Ⅱ)
- ●8　個人的には，高齢者とは長い時間を過ごしたくない．(Ⅱ)
- 9　ほとんどの高齢者は，運転免許を更新すべきではない．
- ●10　高齢者には，地域のスポーツ施設を使ってほしくない．(Ⅰ)
- ●11　ほとんどの高齢者には，赤ん坊の面倒を信頼して任すことができない．(Ⅰ)
- ●12　高齢者は，だれにも面倒をかけない場所に住むのが一番だ．(Ⅰ)
- ●13　高齢者とのつきあいは結構楽しい．*(Ⅱ)
- 14　最近の日本の高齢者の苦しい状況を聞くと悲しくなる．*
- 15　高齢者が政治に発言するように奨励されるべきだ．*
- 16　ほとんどの高齢者は，おもしろくて個性的な人たちだ．*
- ●17　できれば高齢者と一緒に住みたくない．(Ⅱ)
- ●18　ほとんどの高齢者は，同じ話を何度もするのでイライラさせられる．(Ⅱ)
- 19　高齢者は若い人より不平が多い．

注1)　●印は，原田らが作成した日本語版 Fraboni エイジズム尺度短縮版の14項目を示している．
注2)　*は逆転項目を示している．
注3)　否定的な項目では，「そう思う」5点，「まあそう思う」4点，「どちらともいえない」3点，「あまりそう思わない」2点，「そう思わない」1点を配点し，肯定的な項目（＝逆転項目）では1点から5点を配点し，単純加算して得点化する．

表6.3　下位尺度別の得点分布と信頼性（原田ら，2004, p. 314）

	得点分布					信頼性
	レンジ	平均値	標準偏差	歪　度	尖　度	α係数
Ⅰ　嫌悪・差別(6項目)	6～30	10.28	3.59	.79	.35	.79
Ⅱ　回避(5項目)	5～25	13.21	3.67	.11	.05	.77
Ⅲ　誹謗(3項目)	3～15	8.33	2.40	−.11	.12	.73
合計得点(14項目)	14～70	31.82	7.73	.20	−.13	.85

原田ら(2004)はこれの日本語版を作成することを試み，条件に適合すると判断された19項目を選び出し，さらに，尺度を構成する過程で信頼性と妥当性に関する検討を行った結果，最終的に，「嫌悪・差別」(6項目)，「回避」(5項目)，「誹謗」(3項目)と命名した3因子(下位尺度)14項目からなる短縮版を作成している(表6.2・表6.3参照).

この尺度を従属変数とし，基本属性，パーソナルネットワーク，加齢に関する知識，生活満足度，老後不安感を独立変数とする質問紙調査を，東京都の区市部および千葉県・神奈川県・埼玉県の市部に居住する25〜39歳の男性3000名に郵送留め置き法(郵送配布・訪問回収の自記式)で行い，1289名から回答を得た(有効回収率43.0%)．分析の結果，以下のような知見が得られた．

【仮説1】親族・仕事仲間など日頃から親しくしている高齢者が少ない者，祖父母との同居経験がない者ほどエイジズムが強い(「ネットワーク」仮説)．

〈結果〉親しい高齢親族が少ない者ほどエイジズムが強かった．しかし，祖父母との同居経験の有無(接触仮説)はエイジズムとの有意な関連がみられなかった．子ども・青年期における祖父母・孫関係の質が，高齢者に対する態度を肯定的にも否定的にもする可能性が考えられる．

【仮説2】加齢に関する事実を知らない者ほどエイジズムが強い(「知識」仮説)．

〈結果〉加齢に関する知識が乏しい者ほどエイジズムが強く，加齢に関する正しい情報と教育によってエイジズムを弱めることができる可能性が示された．学校・公共施設におけるエイジング教育のプログラム開発などによって，一般住民に高齢者の状況やエイジング・プロセスに関する情報を提供する「啓発的老年学」の意義が認められる．

【仮説3】生活満足度が低い者，老後の生活に対する不安感が高い者の方がエイジズムが強い(「不満・不安」仮説)．

〈結果〉生活満足度が低い者ほどエイジズムが強く，日常生活における欲求不満がエイジズムに影響することが示された．この欲求不満とエイジズムの関連は，雇用政策や年金・介護保険といった社会保障を巡る「世代間対立」の問題に繋がる知見であり，これらに対する正確な情報提供も，エイジズムを解消するために必要な方策である．

6節　高齢者の自己ラベリング

　ラベリング論では自己成就的予言の存在を指摘しているが，それは，他者によって貼られたラベルを受け入れることで，自らのアイデンティティを獲得していく過程として意味づけられている．

　これに対して，沖中(2006)は，「自分が意味付与しているラベルを自己に貼り付け，意味づけること」を「自己ラベリング」と定義して，身体障害をもつ高齢者が，今を生きる自分をどのように意識しているのかという現在の自己意識を，身体障害をもつことや老いることについて抱いていた過去の意識とのつながりの中で明らかにしようとしている．彼女の目的は，看護者として，個々の高齢者が前向きに生きられるように実践していくための示唆を得ることにあり，それをラベリングの視点で分析し，記述することを行っている．

　研究参加者は，介護老人保健施設に入所して，認知症がなく，言語的コミュニケーションが可能な，老年期に至って身体障害をもった，76歳から98歳までの女性6名，男性3名，の9名を対象としている．8名が車椅子を使用し，1名が杖歩行であった．

　高齢者の抱く自己意識を半構造的面接法によって明らかにするべく，インタビューガイドとして，老いや身体障害を一般的にどのように思ってきたのか，身体障害をもった今の自分をどのように思っているのか，これからの自分の生き方をどのように考えているのか，の項目を設定し，録音を逐語録としたものをデータとした．これをグラウンデッドセオリー・アプローチを参考に分析して，以下のようにまとめている．

　高齢者が過去に抱いていた意識のうち，身体障害や老いることを負にラベリングしていたのは，「身体が動かなければ何もできない」と，認知症によって身体障害をもつことを老いと重ねて意識した，「ぼけるのは嫌」であった．反対に，正にラベリングしていたのは，「身体障害があってもできることがある」であり，また，正にも負にもラベリングしていなかったのは，「年とともに身体は弱ってくる」，「身体障害に対するアンビバレントな思い」であった．他方で，「身体障害や老いることについて何も考えてなかった」と，身体障害や老いることを意識してこなかったとの反応も見られた．高齢者が抱く身体障

害や老いることについてのラベリングは，このような過去のラベリングだけではなく，施設に入所後，自分より重度の身体障害をもつ人や認知症高齢者を，負にラベリングするようになっていた．身体障害をもつ高齢者は，こうしたラベリングや，自分が他者，特に家族にとって役に立たない存在であると意識することに影響され，現在の自分を，「生きる意味が見出せない」と負に自己ラベリングしながらも，前向きに「生きる意味を探す」と正に意識しながら，自らの老いを生きようとしていた．

　これらのことから，身体障害をもつ高齢者が前向きに生きるための看護実践として，高齢者が，老いや身体障害について抱いてきた思いを語ることによって負の自己ラベリングを解放すること，家族との関係性を繋ぐことによって，高齢者が家族にとって役に立たない存在という負の自己意識をもちにくくすること，施設入所後に認知症高齢者を負にラベリングしないような関わりとして，高齢者が認知症について理解できるようにすることの必要性が示唆された．

【クロージング・エクササイズ】

都会の巨大ニュータウンに増える高齢者のうつ病

　1960年代後半の高度経済成長時代を背景に，大都市近郊に造られた巨大ニュータウンは，今大きな曲がり角に来ている．居住者の高齢化が進み，成人して転出した子どもたちの後には親世代だけが残る形となった．入居当時は若くて苦にならなかった居住環境も，エレベーターやスロープがない高層団地の生活は外出をおっくうにし，閉じこもりや社会的孤立をもたらすようになり，ひいてはうつ病を引き起こし，自殺傾向が増しているからである．

　私の住むニュータウンも同じ状況にある．わが家は，祖父がニュータウンでの商売の発展を見越して40歳代で近郊の都市から移住し，戸建ての店舗を構えてリカーショップを営んできた．それから40年，当時10歳でここにやってきた父が，今はその跡を継いで店をやっているが，団地人口の減少や高齢化の影響で活気が薄れ，周辺には空き店舗が目立ち始め，わが家の商売も楽ではなくなってきている．

　私はここで生まれ，ニュータウンの中にある同じ団地の小・中学校を卒業し，そのまま同じニュータウン内の高校に進学・卒業して，今は1時間の電車通学で大都市の大学の心理学部に通っている．私が小学校に通っていた頃，既に子どもの数は減り始めており，ニュータウン建設当時の教室には空き部屋が目立ち，高校も，ニュータウン内の生徒は3分の1にも満たず，市内や周辺都市の生徒が多数を占めていた．

　私は，休日や暇のあるときには，バイト代わりに店の手伝いで団地内に配達をしたり店番をしたりしているが，子どもの頃よく買い物に来てくれ，話しかけてかわいがってくれた人たちが，配達で品物を届けに行くと，皆年老いてひっそりと生活して元気なさそうに見え，手持ちぶさたでテレビを観ているのによく出くわす．私の子ども時代を知っている人の中には，お茶を出してくれたりして，時には思わぬ長居になったりすることもある．また，中には，店でしばらく顔を見なくなったなと思っていた人が，入院したとか，時には孤独死していたり，うつ病が高じて自殺したという話も時々耳に入ってくる．

　こうした高齢者問題の現状は，ニュータウン内でも団地新聞や回覧板で話題になっており，父は，何とかニュータウンの活気を昔のように取り戻したいとの思いで，「ニュータウン再生フォーラム」というNPOに加わって活動している．母もまた，団地内の介護支援が中心の福祉サービスのボランティア団体に所属して，車を運転できず市役所や病院に行くのが難しい高齢者や障害者の人に付き添ったり，家事を手伝ったりしている．

私には兄が一人いて，今は別の都市でサラリーマン生活をしているが，将来はどうするつもりだろうか．店の跡を継ぐのだろうか．私も，大学を卒業したらどうしようか，正直なところ心が定まっていない．でも，私は生まれ育ったこの町が好きだ．何よりも，私をかわいがってくれたあのおじいちゃん，おばあちゃんたちを元気づけてあげたい．父母の活動を見ていて，私にも何かできないか，何かしたい，と強く思う．
　ところで，私には，同じ団地の小・中学校に通い，高校・大学は別々になったが，今も同じ自宅通学している二人の仲のよい友人がいるが，彼らとは通学の行き帰りで一緒になることがよくある．一人は工業高校から大学の工学部に進んで環境デザインを専攻しており，建築関係に就職したいと言い，もう一人は普通科から大学の健康科学部に進学して，将来は体育教師になりたいと言っている．電車の中での会話で時々子どもの頃の話題になるとき，ふとしたことから私がこうした思いを口に出すと，強く同調してくれるのだが，そのまま何事もなく駅で別れて別々の方向へ散っていくというのが今の姿だ．

　ここに登場する「私」は，あなた自身である．コミュニティ心理学を学び始めた大学生のあなたなら，この団地コミュニティのために何をしようと思いますか．また，それはどうすれば可能になると思いますか．コミュニティ心理学の視点で，大学生のあなたの「身の丈に合った」，実現や改善可能な具体的方策を考え，提案しなさい．

第 III 部

障害者とコミュニティ心理学

―――――【オープニング・クイズ】―――――

障害者クイズ

①国民のおよそ4%が何らかの障害を有している．
  1．そのとおりである   2．2%   3．6%

②精神障害者の数はこの10年間増加している．
  1．そのとおりである   2．横ばい状態   3．減少

③「受け入れ条件が整えば退院可能」な精神病床入院患者は，入院患者の15%を占める．
  1．そのとおりである   2．10%   3．20%

④民間企業における障害者の実雇用率は，年々増加傾向にある．
  1．そのとおりである   2．横ばい状態   3．減少傾向

⑤障害者雇用率は，民間，国・地方自治体ともに基準（法定雇用率）を上回っている．
  1．そのとおりである 2．ともに下回っている 3．国・自治体は上回っている

⑥知的障害者の就業形態は，授産施設・作業所等が全体の5割を占めている．
  1．そのとおりである   2．4割   3．6割

⑦障害者の約7割が，今現在，障害を理由とした差別や偏見を感じたり受けたりしている．
  1．そのとおりである   2．6割   3．8割

⑧「障害」の表記に関して，障害がある人の方が，ない人よりも改めるべきとの意見が多い．
  1．そのとおりである   2．同程度   3．少ない

⑨ホームレスの人のうち，知的・精神障害が疑われる人が3割程度いると推定されている．
  1．そのとおりである   2．2割   3．4割

⑩特別支援学校教員の「特別支援学校教諭等免許状」の保有率は，全体で80%である．
  1．そのとおりである   2．70%   3．90%

（正解は p. 348）

7 章

障害者の自立：エンパワメント

　エンパワメントという用語は今日さまざまな分野や文脈で用いられているが，久木田(1998)によれば，元々は法律用語で，当初は「公的な権威や法律的な権限を与えること」という意味で使われたという．これが，第二次世界大戦後アメリカでの多くの社会変革活動，とりわけ公民権運動やフェミニズム運動の中でこの言葉が使用される過程で，元来の意味から派生した「権限を委譲する，自由裁量を与える」という意味とともに，社会的に差別や搾取を受けたり自らコントロールしていく力を奪われた人々が，それを取り戻して自立していくプロセスを表す，より広範な概念として使われるようになったものだという．つまり，今日では，エンパワメントとは，権限(力)を，「与える」ものから「獲得する」ものへと，主体と客体が入れ替わっていることに注意が払われる必要がある．

　久木田はこの用語が用いられている領域や文脈を，①ジェンダー・人種差別・宗教，②貧困，③教育・心理学，④福祉・医療・精神保健，⑤ビジネス，にまとめているが，このうち「福祉・医療・精神保健」におけるエンパワメントの研究は，患者個人の健康や病気からの回復に根源的な影響を与える**パワレスネス**(powerlessness：無力感)という概念から始まり，その状態の回復には，患者個人のみならず，その家庭やコミュニティなどを含む社会的な広がりの中で検討する必要があると考えられるようになったこと，医療従事者を中心とした，従来の「患者をコントロールするための看護」という考え方への問題が意識されてきたこと，などにより今日の方向へ向かったと推測し，この分野での理論化は，患者自身の自己責任や自己決定，コントロール感や効力感の促進，患者と医療従事者との間のパートナーシップ関係の形成，などを重視する展開を示

していると概観している．

　この久木田の言説を裏付けるように，山田・鈴木(2008)は，エンパワメントの概念は，今日では福祉分野だけでなく医療分野においても汎用され，特に慢性疾患をもつ人や身体障害がある人に用いられるようになり，さらに，精神障害領域でもこの概念が注目されるようになってきている，と文献を紹介しながら指摘している．また，菅野・石塚(1998)は，「エンパワメントの概念が，障害者が主体性を獲得し，自分たちの生活は自分たちで管理し，社会を整備していくことであるとすれば，これまでの精神障害者の社会復帰活動のあゆみはまさしくエンパワーメントの歴史そのものといっても過言ではない」(p. 72)と，障害者の自立にとってのエンパワメント概念の重要性を強調している．同様の指摘は高畑(2001)によってもなされている．

　このように，障害者のエンパワメントでは，ソーシャルワークに代表されるように，従来，個人や家族のエンパワメントに焦点が合わせられ，実践や援助技術の面が強調されることが中心になってきた．ただその一方で，今日では，セルフヘルプ・グループや障害者の施設，さらには，【展開篇】で紹介する北海道浦河町の「べてるの家」のように，施設を含めたまちおこしに関わる，地域コミュニティのエンパワメントにも関心が向けられるようになってきている．

　後述するように，エンパワメントは，ミクロからマクロに至るさまざまなレベルで行われる多層的な構造をもっている(Rappaport, 1987)．人々が社会的・政治的・文化的文脈において，自分たちの生活に対するコントロールを引き受けることを含めた，個人・組織・コミュニティといった多層的な構成概念としてエンパワメントは現れてきている．本章では，個人レベルに留まることなく，多様な視点からエンパワメントを考えることとする．

【理　論　篇】

1節　エンパワメントの概念・定義

　序章で紹介したように，**エンパワメント**(empowerment：力を獲得すること)はコミュニティ心理学の中心理念の一つである．コミュニティ心理学にこの概念を最初に導入したのは，1981年の Julian Rappaport による論文といわれ，彼は，この概念が，人々に本来備わっている強さ(strength)に焦点を置いており，社会変革に注意を向けていることに注目した(Rudkin, 2003)．

　表7.1はエンパワメントの定義の例である．導入者の Rappaport 自身，その定義が発表の時期により力点の置き方に微妙な揺らぎが見られ(三島，2007a参照)，また，コミュニティ心理学者間でも必ずしも一致しているとはいい難いが，生活の質(QOL)に影響を及ぼす決定に自らがコントロールを獲得する努力

表7.1　エンパワメントの諸定義

◎**Rappaport**(1987)　〈コミュニティ心理学〉
　エンパワメントは，過程として捉えられる．すなわち，人や組織やコミュニティが，自らの生活を通して支配性を獲得していくメカニズムである．
◎**Cornell Emporerment Group**(1989)　〈コミュニティ心理学〉
　エンパワメントは，相互尊重や批判的思考，配慮，集団への参加を伴い，そのことを通して，資源の平等な配分を受けていない人々が，資源に対して以前よりもアクセスできるようになったり，コントロールが増すような，地域コミュニティに中心を置く意図的・継続的な過程である．
◎**Wallerstein**(1992)　〈健康教育〉
　エンパワメントは，人々がコントロール感を増し，コミュニティでの生活の質の向上と社会正義を目標とした人々や組織，コミュニティの参加を促進する社会的行為の過程である．
◎**Perkins & Zimmerman**(1995)　〈コミュニティ心理学〉
　エンパワメントは，人々が自らの生活を通して，大きなコントロールや社会政治的な環境についての気づきや，コミュニティへの民主的な参加を獲得するメカニズムである．
◎**Adams**(2003)　〈ソーシャルワーク〉
　エンパワメントは，個人やグループ，コミュニティが自分自身の環境をコントロールできるようになり，自分たちの目標を達成し，それによって自分自身も他者も，生活の質を最大限にまで高められるように援助する方向で働けるようになることである．
◎三島(2007)　〈コミュニティ心理学〉
　自らの内なる力に気づいてそれを引き出していくこと，その力が個人・グループ・コミュニティの3層で展開していくことといえる．端的に言えば，能力の顕在化・活用・社会化である．

のプロセス，という点でおおよその同意が得られていることは，コミュニティ心理学以外の領域における定義の例からも汲み取ることができよう．

　Dalton *et al.*(2001 ; 2007)は，エンパワメントに関して多様な考え方が存在する中，コミュニティ心理学者の間で合意が見られている特質として，①エンパワメントは多層構造であること(個人・組織・コミュニティそれぞれのシステムにおいて生じる)，②社会変革に対してボトムアップなアプローチに関心があること(専門家によるトップダウンよりも，住民による草の根運動の観点)，③異なった文脈下では異なった形態をとること(歴史・経験・環境が異なればエンパワメントの形態は異なる)，④恒常的というよりも過程(process)であるということ(時間軸に沿って動的に展開する過程である)，⑤集合的文脈下で生じること(孤立した過程ではなく，集団や組織への参加を通じて進展する)，をあげている．

　また，エンパワメントについての今日最も活発な発言者の一人であるZimmerman(2000)は，三つの鍵となる成分を同定している．

　①資源へのアクセスを獲得するための努力：資源(人のニーズや要求を満たす道具的資源や，道具的資源へのアクセスを促進するインフラ資源)は社会の中に等しく分布しているものではなく，この不公正を正すために変革が求められ，資源への等しいアクセスを要求するためにエンパワメントが必要とされ，また，結果としてパワーが獲得される．

　②目標を達成するために他者と共に参加すること：資源の平等な獲得のために，弱い立場にある人々は共通の利益のために共同することでパワーを獲得することができる．

　③政治・社会的な文脈についての批判的理解：弱い立場にある人々が共有する関心を討論するべく一緒になるとき，個人のレベルを超えて存在する政治・社会的パワーを形成できることに気づくようになる，というものである．

　こうした視点とともに重要な点は，エンパワメントとは，自ら(個人・集団・コミュニティ)が自力で力(パワー)を獲得することであり，他者から力を与えてもらったり，他者に力を与えてやったりするものではなく，あくまでも主体的に自らの力を発見したり力をつけ，伸ばすものである．他者はそれを支援する役割であるとともに，当事者と援助者はともにエンパワメントを目指すパートナーである，ということである(植村，2008)．

2節　エンパワメントの過程とレベル

　上記の諸定義でも，エンパワメントは過程を指す概念として捉えられていることがわかる．個人や組織やコミュニティが，その生活や活動に関する決定権をもとうとしたり，自らを左右する環境に対して影響力をもとうとしたり，また，他者や他組織と協力したり援助したりする過程全般を指す概念として用いられている．一方で，そうした過程の結果として，決定権や影響力やコントロール感を獲得したり，効果的なあるいは創造的なスキルが産出されたりという，エンパワメントの成果もその概念の中には含まれている．

　こうした点を踏まえて，Zimmerman(2000)は，エンパワメントを「過程(process)としてのエンパワメント」と，「成果(outcome)としてのエンパワメント」に区別して捉えることを提唱し，前者を"empowering"，後者を"empowered"と名付けている．つまり，進行形(～ing)と完了形(～ed)で両者を表現することで，エンパワメントという概念のもつ時間構造を強調しようとしたものである．さらに彼は，これも上記の諸定義に見られるように，エンパワメントが多層構造をもつものであることを踏まえて，個人・組織・コミュニティの三つの分析レベルを設定してこれを捉えようとしている．表7.2は，時間(過程・成果)と，層(レベル)を組み合わせた諸フェーズでのエンパワメントの具体的な内容を示したものである．ただ，Zimmerman は，過程と成果の間には明確な差異があるというものではないし，また，個人・組織・コミュニティのレ

表7.2　エンパワーの過程とエンパワーの成果の比較

(Zimmerman, 2000, p. 47)

分析のレベル	過程("empowering")	成果("empowered")
個　人	意思決定スキルの学習 資源の管理 相互協力	コントロール感 批判的気づき 参加的行動
組　織	意思決定への参加の機会 責任の共有 リーダーシップの共有	資源を求めての効果的競争 他組織とのネットワークづくり 政策への影響
コミュニティ	資源へのアクセス 開かれた統治構造 多様性への耐性	組織的な連合 多元的なリーダーシップ 住民の参加スキル

ベル間のエンパワメントも相互依存的であり，互いが原因であるとともに結果でもあるという関係にあるとしている．

3節　個人・組織・コミュニティのエンパワメント

(1) 個人のエンパワメント

個人のエンパワメントは**心理的エンパワメント**(psychological empowerment)ともいわれる．Zimmerman(2000)は，これについて，個人内的側面・相互作用的側面・行動的側面の三つの側面を同定している．

①個人内的側面：精神内界のダイナミックスに焦点が置かれ，これには自尊感情やコントロール感(知覚されたコントロール)，自己効力感といった，心理学がこれまで自己概念として取り上げてきたものとオーバーラップしている．

②相互作用的側面：人々がどのようにして社会環境を理解し，それに影響を及ぼそうとするかに関連しており，エンパワメントのためには二つの対人的スキルが求められる．一つは他者と共同して働くのに必要なスキルであり，いま一つは，存在しているパワーからのコントロールを獲得するのに必要なスキルである．前者には，問題解決スキルや葛藤解決スキル，他のメンバーについての知識，多様性に価値を置くこと，他者とうまく結合する能力などがあり，後者には，誰が資源をコントロールしているか，その人やグループをどのように操作できるか，影響力を獲得するためにどのレベルにアプローチするのがよいか，などの知識やスキルを増大させることが関わっている．

③行動的側面：コミュニティ組織や活動に参加することによってコントロールを獲得するための行為をとることに関係しており，最も密接に対応する概念は市民参加である．**市民参加**(citizen perticipation)とは，「共通の目標を達成するために個人が報酬なしで参加している，あらゆる組織化された活動への関与」(Zimmerman & Rappaport, 1988, p. 726)と定義されるように，人々の生活を改善するための価値的な運動であり，これによって人々は所属の感情を高め，生活全般についてのコントロール感を増大させる．市民参加はエンパワメントの原因でもあり結果でもある(Perkins et al., 1996)といわれるように，市民参加は人々をエンパワメントに導き，また，エンパワーした人々は市民参加者になる可能

性があるということである．

　表7.2に示されるように，個人レベルの分析での「過程」には，新しいスキルを学習することや認知的スキルを適用すること(意思決定など)，資源を管理することなどが含まれ，こうして，個人がエンパワーすると，「成果」として，自分のことは自分でコントロールすることができるという感じが高まり，周囲への批判的意識が芽生え，コントロールするのに必要な行動をとるようになる．

　伊藤(2002)は，子どもの頃には肢体不自由児施設に，成人してからは身体障害者療護施設と更生援護施設にそれぞれ入居し，長年にわたる隔離された施設生活によって無力化されていた2人の身体障害者が，その後地域にある自立支援の団体と関わる中で，それまではあきらめていた地域での「自立生活」を実現させた事例を紹介している．一方，田中(2001)は，後に【展開篇】の5節で紹介するように，精神障害者のエンパワメントが促進されていく様子を，障害者自身へのインタビューを通して描き出している．

　なお，平川(1997)は，虐待を受けている子どもやHIV患者，ホームレス，発達障害児など，臨床面における多様な対象者への個人レベルでの介入を行っている国内外の研究を紹介している．

(2) 組織のエンパワメント

　組織あるいはグループのエンパワメントについて，Zimmerman(2000)は二つのやり方で概念化できると論じている．2節で紹介した彼の分類に対応させて，一つはその組織がメンバーをエンパワーしているか(empowering organization)どうかであり，もう一つは，その組織自体がエンパワメントを目指して活動しているか(empowered organization)どうかである．

　メンバーをエンパワーしている組織は，メンバーが生活を通してコントロールを獲得できるようにするために，彼らに意思決定への参加の機会を提供する．メンバーは，リーダーシップや責任の共有のようなスキルを発展させる機会をもち，また，自尊感情や自己効力感の高まりを自覚するかもしれない．一方，エンパワメントを目指してそれを達成した組織は，コミュニティを変革する努力に従事する．たとえば，コミュニティの資源を公正に移動させたり，政策決

定に影響を及ぼしたり，サービスの分配について代替システムを確立したりするかもしれない．こうしたことができれば，組織がコミュニティをエンパワーしたことになる．つまり，組織やグループには，メンバーをエンパワーすることと，組織としてエンパワーすることの両者が必要とされる．表7.2 はその内容を表している．

　しかし，現実は多様である．9 章の【展開篇】で紹介するアトピー性皮膚炎患者のセルフヘルプ・グループのように，内に向かっても外に向けても活発な活動をしているグループや NPO がある一方で，俗に幽霊会員と呼ばれるメンバーが多数を占める組織も数多い．また，AA(アルコール依存者匿名協会)のように，メンバーの個人的成長と相互のサポートは奨励するが，団体の趣旨として社会的な変革を求めていない組織もある(橋本, 1998)．

　そのような中で，横須賀(2007)は，兵庫県西宮市に拠点を置く障害者団体が，「全国高校生障害者リーダー大会」(通称「障害者甲子園」)というプログラムを実施し，団体自身の内部に向けたエンパワメントとともに，外部へ向けた動きを実践している姿を紹介している．障害者甲子園は，高校生の障害者を障害者運動における将来のリーダーとして育成することを目的として，そうした人材をリクルートすることにあり，講演会や交流会，分科会といった 3 泊 4 日のプログラムに全国の障害をもつ高校生の無料参加を募るものである．プログラム自体は，参加者が内にこもることなく，公共交通機関を利用して一人で会場までやってくるという外向きの行動を支援するものであるが，それとともに，障害者団体という組織が，社会に向けてこういう活動を発信しているところに，エンパワーした組織の姿を認めることができよう．

(3) コミュニティのエンパワメント

　コミュニティ・エンパワメントとは，「個人や組織にとって必要な協調的な努力に対して，コミュニティの社会的・政治的・経済的資源をより大きな社会から獲得するなどして整備し，また，それらを利用しやすくすること」(清水・山崎, 1997, pp. 12-13)とされる．コミュニティ全体での意識高揚，合意形成，社会的支援体制，社会的弊害要因の除去などを通して，住民全体の主体性や自立性，力量形成を図ることにある．

エンパワーしているコミュニティは，メンバーにとっての資源（例：公園などのレクリエーション施設・警察などの保護的サービス・医療機関などのヘルスケアサービス・道路やゴミ収集などのインフラ整備）へのアクセスのしやすさや関与への等しい機会を要求し，住民の間の批判的な発話を鼓舞し，多様性に対する許容性を認める市民に開かれた統治を認める．一方，エンパワーしたコミュニティは，そのコミュニティを改良するためのさらなる努力を積極的に始め，犯罪の予防など生活の質への脅威に応答するべく他のコミュニティと連合したり，場面に応じた多元的なリーダーシップを獲得したり，市民参加への機会は増すことになる．その内容を示したものが表7.2である．

こうしたコミュニティ・エンパワメントの様相をより総合的に捉える枠組みとして，Cottrell(1976)とIscoe(1974)は，**有能なコミュニティ**(competent community)という概念を提出している．Dalton *et al.*(2001；2007)は，2人があげる要素を統合して，有能なコミュニティの資質を10にまとめている．①コミットメント：メンバーがコミュニティで共有する課題に取り組む姿勢，②自他認識：メンバーが他者の関心事や考え方を理解し，熟知していること，③明瞭性：自分の考えをメンバーに明瞭に主張できる能力，④コミュニケーション：共有する意義を表現するアイディアや言葉を使って，コミュニティの人々と通じ合えること，⑤対立解消と和解：葛藤や衝突を理解し解決するための，合意に基づくガイドラインがコミュニティに存在すること，⑥意思決定への参加：メンバーがコミュニティの目標設定・意思決定・企画施行をすることに積極的に関わること，⑦社会関係の管理：外部にある資源を同定し，利用を可能にし，外部からの要請や脅威には対応できること，⑧資源の利用：コミュニティ内外の有形な個人の資源を適切に利用できること，⑨リーダーの育成：メンバーのリーダーシップや責任感のスキルをコミュニティで育成すること，⑩評価：コミュニティの問題や解決法の失敗や改善をフィードバックし，研究すること．

コミュニティ・エンパワメントの研究や実践は，地域社会学や公共政策，都市工学など従来からのまちづくり・むらおこしの系譜とともに，健康なまちづくりを標榜する地域保健学が先導しており，最近では，安梅編(2005)による紹介や，雑誌『保健師ジャーナル』(2006)による特集にそれを見ることができる．コミュニティ心理学からは，Orford(1995)が，アメリカ・イタリア・イギリス

の地域精神保健運動，ノーマライゼーション，アドボカシー(権利擁護)，近隣ネットワーク，コミュニティ災害への対処，コミュニティ・ディベロップメントなどを取り上げている．

一方，最近のわが国の研究としては，下山田ら(2006；2007)による，エンパワーしたコミュニティの創生過程に関する研究があげられる．ある町の障害児の親の会のリーダーなど5名を情報提供者として，インタビューで語られたエピソードを分析することで，ソーシャルサポート・ネットワーキングが発展していく3期の過程があること，そこでは人々の「願い」が一貫してネットワーキングの根幹をなし続け，キーパーソンによる協働とそれのマネジメント役を町の保健師が担うことで機能を果たし，町全体のエンパワメントに繋がったことが示されている．さらに，同町の「総ボランティア運動」のコア・メンバー8名へのインタビューを通して，「町を何とかしよう」とするコア・メンバーの実践を生み出す創発的な社会的相互作用の過程が分析され，「私たちで決めた」という感覚の高揚がコミュニティ・エンパワメントの促進に重要な要因であることを示唆している．

障害者のコミュニティ・エンパワメントに限ると，【展開篇】で紹介する「べてるの家」のような例を除けば，彼ら自身でそれを形成することはむずかしい．障害者やその家族を支える地域ぐるみのサポート・システムの構築がその実際ということになるだろう．佐藤ら(2007)は，茨城県大洋村(現鉾田市)が事業の一環として，精神障害の当事者の主体的な参画の機会として，地域における精神障害に関する普及啓発イベント「心の健康フォーラム in 大洋村」を企画し，その成功体験の獲得に基づくエンパワメントの向上を目的とした取り組みの実践を紹介している．【展開篇】で紹介する「精神障害者のエンパワメント尺度」を実施したところ，参画前後の比較で，「自尊・自己効力感」「楽観主義と未来のコントロール」の2下位尺度でスコアの改善が示されたが，その要因として，このイベントが当事者の提案やそのために要した関係機関との調整が反映されたかたちで開催されたという体験を通して，自身の役割遂行への満足感や達成感を得ることができ，それらが当事者の主観的な自己評価の向上をもたらしたと推測された．

4節　エンパワメントの測定

　これまで見てきたように，エンパワメントはその概念や定義が多様であること，プロセスと成果の両面を含むことや多層構造をもつこと，心理的・価値的側面が強いことなどの理由が相まって，その測定を困難なものにしている．しかし，現状の改善や変革を求めるうえから介入を可能にするためには，測定の研究は欠くことができない作業である．

　こうした状況を反映してか，エンパワメント尺度のレビューを試みた門間(1997)は，諸種のデータベースを検索して入手し得た測定尺度の文献数のそのあまりの少なさに検索不足を懸念しながらも，研究が始められたばかりであるという点に間違いはないようだと述べている．

　このように，先行する文献の乏しさに問題はあるものの，清水(1997)は，エンパワメントを測定する方法や立場について3点で分類が可能であるとしている．①尺度の主観性と客観性：コントロール感や満足感といった個人の主観を測定する立場と，個人やコミュニティが獲得した客観的な能力を測定する立場がある，②測定のレベル：これには三つの立場があり，個人レベルで測定する立場(心理的エンパワメント)，コミュニティ能力(コンピテンス)を測定する立場，多元的なエンパワメントを測定する立場(個人・組織・コミュニティに分ける)，③過程と成果のどちらを測定するものか，というものである．

　実際に存在している測定尺度を見る限り，圧倒的に多いのは，「個人レベル」の，「主観(認知)」に基づく，「成果」を測定・評価しているのが現状である．

(1) 個人レベルの測定

　門間(1997)は内外の11の尺度を紹介している．これらは大きく三つに分類され，第1は教師・ソーシャルワーカー・看護職などの援助職種，および一般企業の就業者など「職業人のエンパワメント尺度」であり，第2は幅広く成人を対象とした「一般的なエンパワメント尺度」で，これには生活全般へのエンパワメントと，コミュニティの一員としてのエンパワメントを測定するものが含まれる．第3は「患者およびその家族のエンパワメント尺度」で，精神障害

者・セルフヘルプ・グループ・家族が含まれる．

　個人レベルの尺度に含まれるエンパワメントの要素には，先に心理的エンパワメントとして紹介した，自尊感情や自己効力感，コントロール感，自立性・自発性，無力感などがある．このことについて門間は，個人レベルのエンパワメントのみを測定している場合は既存の自己概念的な尺度と類似してくることになるが，エンパワメントの概念自体は集団やコミュニティレベルを含んでいるものであることから，その項目内容は二者関係・集団・組織・コミュニティなどに対する個人の認知という意味での個人レベルのエンパワメントの測定になっていると指摘している．

　なお，百瀬(2007)は，自らの高齢者用の尺度を作成する過程で，教師用をはじめ，一般職業人，ソーシャルワーカー，保健師，看護師，患者用の内外の尺度を紹介し，藤後(2002)は保育士の，古川ら(2002)は教師の，また，天野・植村(2011)は高齢者用の尺度を作成している．なお，精神障害者のエンパワメント尺度については【展開篇】で紹介している．このように，最近では，わが国においても心理的エンパワメント尺度を開発する動きが盛んになってきている．

(2) 組織レベル・コミュニティレベルの測定

　組織レベル・コミュニティレベルのエンパワメントの測定として，先の門間(1997)のあげるリストの中にも，Israel et al.(1994)や，Segal et al.(1995)のものが紹介されているが，前者は，一般成人に対して個人・組織・コミュニティの三つのレベルへのコントロール感や影響力の個人的な認知を評価するものであり，後者は，精神障害者のセルフヘルプ・グループメンバーに対して，個人・組織内・組織外の三つのレベルに対する相互作用や市民活動への参加の，個人の認知を問うものである．

　一方，先の清水(1997)の分類による，集団を一つの分析単位として測定するコミュニティ能力という概念に対しては，先に紹介した「有能なコミュニティ」という考え方があり，Goeppinger & Baglioni(1985)は，Cottrell(1976)があげる八つの要素のうち，①コミットメント，②参加，③自他認識と状況定義の明確性，④参加者の相互作用と意思決定を促進する仕組み，⑤葛藤の抑制と和解，⑥より大きな社会との関係の管理，の六つについて4段階の自己評定の下

位尺度を構成している．また，Eng & Parker(1994)は，先行するいくつかのコミュニティ能力の測度をレビューするとともに，自らも上記 Goeppinger & Baglioni の六つに，明瞭性とソーシャルサポートを加えた新たな 8 次元の尺度を構成している．

──────【展　開　篇】──────

　障害者への支援は，医療中心の支援から福祉サービスなどを用いた地域支援へと大きく移行しつつあり，それに伴って支援の目標も，症状の改善から，コミュニティでの自立を目指して，社会適合の改善，QOL の向上，そして，新たにエンパワメントの向上が重要視されるようになってきた．2011 年に一部改正された「障害者基本法」は，第 1 条に，その目的を「この法律は，全ての国民が，障害の有無にかかわらず，等しく基本的人権を享有するかけがえのない個人として尊重されるものであるとの理念にのっとり，(中略)障害者の自立及び社会参加の支援等のための施策を総合的かつ計画的に推進すること」としているように，自立と社会参加を目指してのエンパワメントのありようが大きな課題となっている．

　ただ，日本における障害者のエンパワメントを扱った研究が乏しいこともあり，この【展開篇】では，結果的に精神障害者のエンパワメントのみを扱うものとなった．個人のエンパワメントについては質的研究と量的研究の両面から，コミュニティのエンパワメントについては北海道浦河町における実践を紹介する．

5 節　聞き取り調査を通して見る精神障害者のエンパワメント

　どのようにして精神障害者のエンパワメントは促進されていくのだろうか．田中(2001)は，障害者本人を対象に，その要因を把握することを目的として半構成的面接法を用いた聞き取り調査を行っている．

研究参加者は，①実名で社会的に活躍しているスピークアウトした，②精神障害者(ICD-10のF2を基準)で，③セルフヘルプ・グループに所属する活動の担い手であり，④事前に調査に協力の得られた者のうち，⑤全国的分布を考慮して，選定した10名である．

　仮説(田中の表現による)として，①内面的特質(病型や病気の程度，病気や障害の受容度，性格，社会生活体験の度合い)は何か，②仲間の存在は影響するか，③専門家の支援は影響するか，④現在の社会的役割の存在は影響するか，⑤非障害市民の存在は影響するか，⑥地域的な違いはあるのか，の6点に置き，グラウンデッドセオリー法とKJ法を用いて分析している．質的研究を用いた理由は，調査の目的を得るには数量的研究ではなじみにくいことがあり，数量的データをいかに列挙しても精神障害者の人生の再建とエンパワメントの要因を解明するには無理がある，と判断したことによっている．

　分析の結果，以下の16の構成要素と1つの隠しオブジェクトが抽出された．すなわち，①開かれた性格，②病識の存在，③出発としての怒りと疑問，④実践と学習，⑤生活体験の蓄積，⑥現存する未来との出会い，⑦実名へのスピークアウト，⑧講演・執筆活動，⑨等身大の評価，⑩セルフヘルプ・グループの存在，⑪社会的な役割獲得，⑫価値観の変容，⑬よき専門家との出会い，⑭身近な理解者の存在，⑮希望の存在，⑯広がる仲間，⑰良質な医療の継続(隠しオブジェクト)，である．

　これらをもとに，上述の仮説に則して考察を加えると次のようになる．

　①内面的特質の影響：病気による自我形成の侵襲が少なく，開かれた性格の持ち主で，怒りや疑問を感じ，病識を獲得することが，最初のエンパワメントであるといえる．

　②仲間の存在の影響：セルフヘルプ・グループでの実践全体，特に学習会やミーティングの積み上げ，現存する未来との出会い，講演や執筆活動，社会的な役割の獲得など，明らかにセルフヘルプ・グループ活動の経験からエンパワメントの足場を形成している．

　③専門家の支援の影響：エンパワメントは専門家の存在を否定しない．むしろ，彼らは専門家のもつ力を活用する．一人の人間としての対等な関係を基礎に個性を尊重し，可能性を引き上げてくれ，同伴的援助を惜しまない信頼に足

る専門家は，彼らの自尊心を高め，自己決定の選択肢を広げ，自信と意欲を引き出した．

④現在の社会的役割の存在の影響：精神障害者の社会的存在としての存在証明は「社会的役割の獲得」にある．役割は人を育てる，という言葉は真実である．

⑤非障害市民の存在の影響：一般の市民との関わりが，援助関係における閉塞しやすい二者(患者と専門家)関係を広げる．市民は障害者や専門家の独りよがりや甘えを正すとともに，共感者・協力者にもなる存在である．

⑥地域的な違いの存在：エンパワメントの視点から地域を捉えたとき，地域は問題発生の場ではなく問題解決の場である，という共通点がある．エンパワメントの過程にある精神障害者に，地域の違いはハンディではない．

これらの考察をもとに，田中(2001)は次のようにまとめている．すなわち，「エンパワメントは，自己イメージの変化で実感できるものである．それは，認知の再構成から始まる．その強化因子は，学習と実践，現存する未来や仲間との出会いであり，体験の共有から意識の共有へと深まりをみせる．それには，専門職の対等な姿勢での協力や市民の支えが欠かせない．仲間の概念はこれにより広がっていく．獲得した社会的役割，希望と身近な支え手がさらにエンパワメントを確かなものにする．個人的要因と社会的要因は，このように相互に影響し合う」(p. 210)．

6節　統合失調症患者のエンパワメント

エンパワメントの測定については，日本だけでなく，欧米においてもまだ十分に確立されていないが，畑ら(2003)は，Rogers *et al.* (1997)によって精神障害者のために開発されたエンパワメント尺度の日本語版を作成し，統合失調症患者に適用している．この尺度の最大の特徴は，精神障害者のセルフヘルプ・グループの代表者，すなわち当事者によって構成されたものである点である．

この尺度は28項目より成り，精神障害者のエンパワメントの心理的側面を評価するために作成された自記式尺度である．全くそのとおりだ(1)，まあまあそのとおりだ(2)，あまりあてはまらない(3)，まったく違う(4)，の4段階

評定で回答する．Rogers らの因子分析の結果では 5 因子が抽出されている．すなわち，①自尊・自己効力感(例：私はやり始めたことは大抵完成させる*／私は自分自身に対して肯定的な気持ちでいる*)，②力・無力感(例：私はいつも無力だと感じる／自信のないときはいつもみんなに従う)，③コミュニティ活動と自立(例：人間はたとえ悪い選択であっても自分で決定する権利がある*／ともに働く人々はその地域住民に影響力をもつ*)，④楽観主義と未来のコントロール(例：人間の限界は自分ができると考えるかどうかによってのみ決まる*／自分の人生で起こることはほとんど自分が決めることができる*)，⑤正当な怒り(例：何かに対して怒りを向けることは多くの場合物事を変える第一歩となる*／物事に対して怒ることはまったく無益なことだ)，というものである (*は逆転項目を示す)．

この尺度を用いた統合失調症患者への信頼性・妥当性のチェックは，エンパワメント合計点については，再テスト法による信頼性($r=0.85$)，内的整合性($a=0.79$)，基準関連妥当性(5 章で紹介した WHO-QOL 尺度合計点との $r=0.71$)の点から適用可能と考えられた．ただ，下位尺度の間で，信頼性・妥当性に不良な部分も見受けられており，今後の検討に委ねられている．

エンパワメント尺度と性別・年齢・統合失調症亜型診断(妄想型・解体型・緊張型・鑑別不能型・残遺型)など背景指標との間には有意な関連はなく，また，BPRS(Overall & Gorham, 1962)によって評価した四つの精神症状(幻覚妄想・思考障害，敵意，ひきこもり，不安・抑うつ)とは一部で相関を示したものの軽度であり，エンパワメント得点はおおむね精神症状から独立した指標であると考えられた．このことは，この尺度を精神障害者支援における一つの指標として用いることへの臨床的な意義に力を与えるものである．すなわち，支援が医療中心から福祉サービスを用いた地域支援へと大きく移行する中，援助者は単に精神症状を改善させることだけではエンパワメントは高められず，それとは別の工夫が求められることを示唆している．

障害者の自立に向けた取り組みが，政策としても，また当事者の活動としても盛んになりつつあるが，取り組みには当事者の積極的な気持ちが不可欠であることを考えると，エンパワメント尺度の活用は，それを効果的に引き出す方法を検討するうえで益するところ大なるものがある．日本独自の精神障害者用エンパワメント尺度の開発が望まれる．

なお，この尺度に関して，山田・鈴木(2008)による，尺度中の「正当な怒り」因子に注目した研究，3節(3)で紹介した佐藤ら(2007)の研究がある．

7節 「べてるの家」におけるコミュニティ・エンパワメント

「べてるの家」は，札幌市から車で4時間，襟裳岬方面に向けて走った所にある人口1万4000人ほどの浦河町にある．1984年に設立された精神障害などを抱えた当事者の地域活動拠点で，社会福祉法人浦河べてるの家(小規模授産施設2か所，共同住居12か所，グループホーム3か所を運営)，有限会社福祉ショップべてるなどの活動の総体であり，そこで暮らす当事者たちにとっては，生活共同体，働く場としての共同体，ケアの共同体という三つの性格を有している．元々は浦河赤十字病院の精神科を利用する回復者クラブの活動が端緒になっており，浦河教会の旧会堂で一緒に生活しながら，北海道日高地方特産の日高昆布の産地直送などの起業を通じた社会進出を目指すことで誕生した(http://urakawa-bethel.or.jp/)．

現在の実践は多様なものとなっており，最近ではビデオ制作から講演活動まで行い，メンバーは単なる施設の利用者ではない．アルバイトも含め100人以上働いている人の9割以上が，精神障害をはじめ何らかの障害のある人びとで，有限会社の社長あり，従業員あり，共同住居の世話人もいる．日高昆布の詰め合わせをおもに作業所が担い，通信販売，産地直売，高齢者用介護用品の販売，住宅のメンテナンス事業など，年商1億円を超え，今や過疎の町を支える一大地場産業となった．ここのモットーは「町のために何ができるか」であり，メンバーは社会貢献している意識で，テレビ取材にも講演にも応じている．

ここでは，病気が重くなったり生活や活動に支障が出てくることを，ごく普通のこととして捉える．それが当たり前，普通であって，驚いたり，嫌がったりしない．あるがままをそのまま受け入れる「べてる流」と呼ばれる生き方が，ケアに関係する人たちから注目を浴びている．「弱さを絆に」「三度の飯よりミーティング」「昆布も売ります，病気も売ります」「安心してサボれる会社づくり」「精神病でまちおこし」などをキャッチフレーズにし，また，毎年「べてるまつり」と呼ばれる催しが町民ホールで住民参加のもとに開催され，幻聴や

妄想を語り合う「幻覚＆妄想大会」など，ユニークな企画が行われている．

この活動の立ち上げから今日に至るまで中心になって関わってきた医療ソーシャルワーカーの向谷地(2002)によれば，精神障害者の社会復帰という伝統的な枠組みを捨てて，あえて「地域のために」という理念を掲げ，浦河で暮らす人々の生活向上，地域活性化に貢献することを目的に活動を展開してきたという．その背景には，地域の過疎化，雇用情勢の悪さ，専門スタッフの不足，精神障害者への住民感情の悪さ，当事者の経済的基盤の弱さ，という浦河という地域特有の困難があったからであり，このことが「精神障害者の社会復帰」から「地域全体の社会復帰」への方向転換を切らせた重要な起点であったという．

このように，精神障害者の当事者グループとしてさまざまな活動を展開しているべてるの家について，藤本ら(2006)は，なぜそうした活動ができるのか，その活動の原動力がどこにあるのか，をメンバーに対して「個人レベル」「組織レベル」「コミュニティレベル」の三つの視点からインタビューしている．ここではコミュニティレベルに焦点を当てて簡潔に結果を紹介することにする．

べてるの家を全国的に有名にしたのはなんといっても「幻覚＆妄想大会」であり，これにより住民が直接精神障害者と触れ合うことで徐々に偏見が少なくなり，町との関係ができた．重要なことは，メンバー自身がこうした町との関係を理解していることであり，べてるの側から積極的に地域の住民に発信することで，統合失調症という病名だけの顔の見えないイメージから，町に生活している固有名詞をもった具体的な人物像が定着し，病気に対する理解が深まることで町民や町との関係が変化してきたといえる．また，マスコミの力も大きく作用している．テレビで紹介されたことで浦河の町や日高昆布が全国的に有名になり，べてるに見学者が年間2000人も来るようになった今，浦河の町に対してべてるが貢献しているということをメンバーが自覚し，それを誇りに思っている．このことがメンバーの自信に繋がり，病気を肯定的に捉える姿勢の原点になっているという．

向谷地・小林(2009)は，病院から地域への患者の生活の移行において，往々にして行われがちな，受け皿となる地域住民の理解を抜きにした，コミュニティの成熟を待たずに進められる問題点を指摘し，当地で地域が変革していくよう努めてきたことを，「外堀から埋めて，だんだん内堀へ向かう作戦」と呼ん

で，内外の両側から地域とのつながりに力を入れることを強調している．こうして，精神障害者の自立に向けて，個人の，組織の，また，コミュニティのエンパワメントが形成されていくことになる．個人レベルや組織レベルのエンパワメントについては，浦河べてるの家著『べてるの家の「非」援助論』(2002) や，『べてるの家の「当事者研究」』(2005)，がそれを如実に物語っている．

　なお，精神障害者の地域生活支援における実践は，埼玉県大宮市(現さいたま市)の「やどかりの里」(http://www.yadokarinosato.org)，そのほかにおいても類似の取り組みが見られる．

8 章

地域社会の受け入れ：コミュニティ感覚

　施設ケアから地域ケアへ，という社会福祉思潮の転換に伴って，障害のある人に対する福祉の在り方もそれと軌を一にして主張がなされ，ノーマライゼーションやインテグレーションの理念とも相まって，コミュニティへの期待と役割はいやが上にも大きさを増してきている．そのような中，以前に比べてかなりの部分改善がみられるとはいえ，障害のある人とその家族が，偏見と差別の中で社会的弱者としての生活を余儀なくされているのもいまだ現実の姿である．それゆえにこそ，地域ケアが叫ばれる中で，彼らを取り巻く圧倒的多数者としての地域住民の意識改革が，中核的課題として取り上げられなければならないだろう．

　この問題に関わる本質的な概念の一つが，本章で取り上げる「コミュニティ感覚」である．障害のある人を地域の中に受け入れ，多様な彼らと共生することができるか否かは，人々のコミュニティ感覚にかかっているといっても過言ではない．

　ところで，今日，コミュニティ心理学の中心理念の一つとして知られるこの「コミュニティ感覚」の提唱者 Seymour Sarason が，障害者問題の研究者として，障害のある人の権利の擁護と幸福の実現にとって地域住民のコミュニティ感覚の醸成と伝播が大切である，と論じたことを知る人は少ないかもしれない．『川を渡る』の著者で，障害者福祉の実践家である Schwartz (1992) が，「それは私たちが慈しみのシステムであると考えたものを作り上げようと熱中しているときに，どういうわけかなおざりにしてきた基本的な要素です．それはセイモア・サラソンが「心理的コミュニティ感覚」と称した，この世の中での「居場所感(sense of place)」をもつという基本的感覚に関わるものです．この感覚

なくしてヒューマンサービスの場所から慈しみの心が生じることはありません」(訳書 pp. 28-29)と述べる，人間存在の本質に関わるものであると位置づけている.

本章では，まず，コミュニティ心理学におけるコミュニティ感覚とは何かについて，その概念や理論的背景を概観し，その実証的研究を紹介することを通して，人々がコミュニティ感覚をもつことの重要性を指摘しよう.

――――――――【理　論　篇】――――――――

1節　コミュニティ感覚とは何か

(1) 定義と要素

序章で紹介したように，コミュニティ心理学において，コミュニティとは，「人が依存することができ，たやすく利用が可能で，お互いに支援的な，関係のネットワークである」(Sarason, 1974, p. 1)という定義に見られるように，ある一定の場所に生活しているという生活環境を共有することから生まれる地理的コミュニティ(geographical community)ばかりでなく，共通の規範や価値，関心，目標，同一視と信頼の感情を共有していることから生まれる，社会・心理的な場に基づく関係的コミュニティ(relational community)をも含む，機能を重視する概念と位置づけられている(植村, 2006).

こうしたコミュニティに対して人々がもつ態度を，Sararon (1974)は，**コミュニティ感覚**(sense of community (SOC)：**心理的コミュニティ感覚**：psychological sense of community (PSOC)ともいう)と命名して，コミュニティ感覚の欠如や希薄さはわれわれの生活における最も破壊的な原動力となっている，とこの概念の重要性を指摘した．そして，彼はコミュニティ感覚を，「他者との類似性の知覚，他者との相互依存的関係の承認，他者が期待するものを与えたり自分が期待するものを他者から得たりすることによって相互依存関係を進んで維持しようとする気持ち，自分はある大きな依存可能な安定した構造の一部分である

という感覚」(p. 157)と定義した．

　Sarasonによるコミュニティ感覚研究の根底には，コミュニティ心理学のもつ価値観の基盤となる考えが反映されている．つまり，健全なコミュニティでは，個人を超えた情緒的つながりがコミュニティの集団的生活を形づくっている，という信念である．Sarasonのこの概念定義は，あらゆる形式のコミュニティに通用する普遍的な枠組みとして，現代でもなお重要な役割を果たしている．

　しかし，Sarasonによる理論的考察の後，コミュニティ感覚に関する理論的発展や実証的研究，実践活動はほとんど行われなかった．このコミュニティ感覚が研究・実践の対象として再び脚光を浴びるようになった大きな契機は，McMillan & Chavis (1986) による再定義と，「Sense of Community Index (SCI)」という心理尺度の作成にある (Chavis et al., 1986)．彼らは社会学と社会心理学の領域におけるコミュニティ感覚と集団の凝集性に関する研究をレビューし，コミュニティ感覚を「メンバーがもつ所属感，メンバーがメンバー同士あるいは集団に対してもっている重要性の感覚，また，集団にともにコミットメントすることによってメンバーのニーズを満たすことができるという信念の共有」(McMillan & Chavis, 1986, p. 9) と定義したが，これはSarasonのものに類似した内容になっている．

　このように，McMillan & Chavisは，コミュニティ感覚を理解し測定することを目的に，その構成要素として，①メンバーシップ，②影響力，③統合とニーズの充足，④情緒的結合の共有，の四つをあげたが，その内容は次のようなものである．

　◎メンバーシップ：メンバー自身がコミュニティに所属しているという感覚を意味し，これには四つの概念が包含される．「コミュニティの境界」は，メンバーと非メンバーを分ける境界であり，これには地理的な境界や，目的や関心の共有による境界などがある．「所属感」は，メンバーとして受容されていると感じ，アイデンティティを獲得することである．「情緒的安心感」は，所属感を得ることによって安心と安全の感覚が生まれ，これにより一層の自己開示が促進される．最後の，個人がコミュニティに対して行う「投資」とは，所属感や安心・安全感を獲得した個人は，コミュニティに対して貢献しようとし，

金銭や労力提供など有形・無形の投資活動を行うようになることを表している．

◎**影響力**：大きく四つの概念が包含されている．第1には，メンバーがコミュニティに何らかの影響力をもっていると感じることができることである．第2に，コミュニティ自体がメンバーに大きな影響を与えているという感覚が生まれる．第3に，コミュニティあるいはメンバー間での親密性を生むことを目的として，コミュニティへの同調，あるいは，コミュニティとしての均一性・統一性を求める力が生まれる．第4として，コミュニティに対するメンバーの影響力，あるいは，メンバーに対するコミュニティの影響力は，相互連関的に発生することが必要である．これら四つの概念に共通することは，コミュニティあるいはメンバーどちらかが一方的に他方に貢献することを求めているのではなく，コミュニティとメンバーとの互恵的関係の重視である．

◎**統合とニーズの充足**：人と環境の適合の概念と密接に結びついている．メンバー間でニーズが共有され，コミュニティはそのニーズの充足のための場を提供する役割を果たす．このことを通して，個人の価値観はコミュニティの価値観に統合されていくとともに，さらに，コミュニティのメンバーであることによって個人のニーズを充足することができることから，自己のニーズの充足が他者のニーズの充足と結びついているという感覚が得られる．

◎**情緒的結合の共有**：コミュニティ感覚の中でも特に感情・情動を強調する概念である．コミュニティのメンバーが，歴史や時間，場所，シンボル，経験などを共有することを意味している．情緒的結合は，メンバー間のポジティブな交流，重要な出来事や問題を共有し解決すること，メンバーを称えること，コミュニティへの積極的参与と投資，メンバー間の精神的つながりの経験，を通して培われ，さらにこれらが促進されていく．

これらの構成概念から，Chavis et al. (1986) は4因子12項目からなるSCIを作成した(SCI尺度の日本語版については，笹尾(2007)を参照)．このSCIの因子構造は理論と定義に基づいて先験的に作成されており，心理尺度を構成する際に一般的に用いられる，いわゆる尺度構成の手順とは異なっている．しかし，その後の一連の研究では，McMillan & Chavisの4因子構造の妥当性および信頼性が実証されている(Chipuer & Pretty, 1999)．

こうして，コミュニティ感覚の概念定義は，Sarason (1974) とMcMillan &

Chavis (1986)によるもので一定の合意が得られ，また，研究において使用される尺度についても，SCIそのものや，改訂版(Obst & White, 2004;「地域」→「グループ」)，短縮版(Peterson et al., 2008; 2項目構成)，イタリア版(Tartaglia, 2006)，もしくは，SCIをもとに作成された類似のもの(笹尾，2007参照)が多い．

(2) 研究の概観

これまでコミュニティ感覚の研究が行われた対象集団を見ると，地域コミュニティは当然として，職場，学校，大学生，宗教コミュニティ，コミュニティ組織(例：薬物乱用者の回復組織)，オンライン・コミュニティ，移民集団などが紹介されている(Dalton et al., 2007)．

コミュニティ感覚によってもたらされる効果については，笹尾(2007)や植村・笹尾(2007)がまとめている．それによると，たとえば，コミュニティ感覚の高さと，人生への満足感や主観的幸福感の高さ，および，孤独感の低さとの間には正の相関が確認されている．さらに，心理学的概念にとどまらず，より健全なコミュニティを表す社会的指標との関連も多く指摘されている．一般に，コミュニティ感覚が高い地域では，住民が地域の活動により積極的に参与している．たとえばChavis et al. (1986)の研究では，コミュニティ感覚の高い住民は地域でのボランティアに参加する割合が多いことが示されている．ほかにも，投票率などに見られるように，地域社会への積極的・主体的参与とコミュニティ感覚の高さとの関連が報告されている(Hughey et al., 1999)．また，Perkins et al. (1990)は，コミュニティ感覚が高いコミュニティでは犯罪発生率が低いという結果を報告している．

地域コミュニティ以外でも，教育現場において，高等学校における研究では，コミュニティ感覚が高い生徒は授業妨害や早退，また，高校中退をする割合が低い(Royal & Rossi, 1996)．また，Pretty (1990)が大学生を対象に行った調査では，高いコミュニティ感覚をもつ学生は大学内での活動に積極的に参加する傾向があるにとどまらず，薬物乱用などの犯罪行為に関わる割合が低い傾向も報告されている．わが国では，笹尾ら(2003)が大学教員を対象に，「学問共同体としてのコミュニティ」を形成するうえでコミュニティ感覚が重要であることを明らかにしている．

さらに，職場におけるコミュニティ感覚の研究では，仕事の満足度，役割葛藤の低さ(Royal & Rossi, 1996)や，看護師のストレスの低さ(山口ら，2002)などとの関連が指摘されている．そのほかには，抑圧への抵抗や，薬物乱用からの回復がコミュニティ感覚と正の関連をもつことが報告されている(Dalton et al., 2007)．

一方，対照的に，コミュニティ感覚の欠如は仕事での不満感や従業員の苦情を募らせたり(Catano et al., 1993)，都市の低収入者の身体疾患を高めたり(Brodsky et al., 1999)，ヘルスケアの支出や選択，サービスと大きな問題を引き起こしたりする(Ahern et al., 1996)などの結果が得られている．

コミュニティ感覚の先行要因についてもかなりの関心を集めている．比較的メンバーの数が少なく小さなコミュニティにおいてコミュニティ感覚が高く(Obst et al., 2002a)，また，コミュニティでの居住年数や関わりの長さなどの時間的要因の影響も認められている(Chavis et al., 1986 ; Pretty et al., 1994)．そのほかには，結婚しているかどうか，コミュニティにおける人種・民族的状況，居住形態，所得レベル，年齢や教育歴，人格特性などとの関連も指摘されている(Dalton et al., 2007)．

ところで，最近になるにしたがい，McMillan & Chavis (1986)の四つの要素の独立性と妥当性に関して，実証研究のうえから必ずしも一貫しない知見が得られるようになっていることも事実である．12項目全体での信頼性(α係数)は高いにもかかわらず，各下位尺度の信頼性に一貫性がなく概して低いことや，要素間の相互相関が非常に高いことを見出したり(Mahan et al., 2002)，因子分析の結果，4因子以外に付加的な要素を見出したり(例：Conscious Identificationと名付けられた因子の抽出：Obst et al., 2002b)，コミュニティ感覚の異なる次元を見付けたり(例：Social Connections/Mutual Concerns/Community Valuesと名付けられた3因子構造：Long & Perkins, 2003)しているものもある．

そこで，これらの批判を改善することを目的として，最近，Chavis et al. (2008)はSCI-2なる改訂版を発表した．それを示したものが表8.1である．

先の12項目版とは異なり，下位尺度項目がいずれも倍の合計24項目構成で，かつ，すべて肯定型の質問表現となっており，また，真-偽2値ではなくリッカート・タイプの4肢選択の反応形式になっている．さらに，先の版では

表8.1　SCI-2：SENSE OF COMMUNITY INDEX II（植村試訳）

以下のそれぞれの文章は，あなたがこのコミュニティについてどのように感じているかを，どれくらいうまく表していますか？

〈ニーズの強化〉
1．私はこのコミュニティの一部であることで，自分の重要なニーズを叶えている
2．コミュニティのメンバーと私は，同じ事柄に価値を置いている
3．このコミュニティは，メンバーのニーズに応じることに成功してきている
4．このコミュニティのメンバーであることが，私を快適な気持ちにさせている
5．問題を抱えているとき，私はこのコミュニティのメンバーと，そのことについて話し合うことができる
6．このコミュニティの人たちは，類似のニーズや優先事項，目標をもっている

〈メンバーシップ〉
7．私はこのコミュニティの人たちを信頼することができる
8．私はこのコミュニティのメンバーのほとんどの人を認識することができる
9．コミュニティのメンバーのほとんどが，私を知っている
10．このコミュニティは，人々が認識することができる衣装や記号，芸術，建造物，ロゴマーク，標識，旗などのような，シンボルやメンバーであることの表出物をもっている
11．私は多くの時間や努力を，このコミュニティの一部であることに用いている
12．このコミュニティのメンバーであることは，私のアイデンティティの一部である

〈影響力〉
13．このコミュニティに適合することは，私にとって重要である
14．このコミュニティは，他のコミュニティに影響を及ぼすことができる
15．私は他のコミュニティ・メンバーが，私のことをどう思っているか気になる
16．私はこのコミュニティの在り方に対して影響力をもっている
17．このコミュニティで何か問題が生じたとき，メンバーはそれを解決することができる
18．このコミュニティは，よいリーダーをもっている

〈情緒的結合の共有〉
19．このコミュニティの一部であることは，私にとって非常に重要である
20．私は他のコミュニティ・メンバーと運命共同体であり，彼らとともにあることを楽しんでいる
21．私はこれからもずっと，このコミュニティの一部でありたい
22．このコミュニティのメンバーは，祝日や祝典，災害といったような重要な出来事をいっしょに共有してきている
23．私はこのコミュニティの未来について希望をもっている
24．このコミュニティのメンバーは，互いを気にかけている

【尺度の得点化】
まったくそうは思わない＝0　いくぶんかそう思う＝1　だいたいそう思う＝2　完全にそう思う＝3
　　◎SCI合計得点：1〜24の合計
　　◎下位尺度得点：4尺度ごとの合計

注：Chavis, D. M. が主宰するウェブサイトより転載
http://www.senseofcommunity.com/files/Sense%20of%20Community%20Index-2(SCI-2).pdf

"block" と表現されていたものが，すべて "community" に統一されている点でも異なっている．質問内容も，先の版を踏襲しているものが「影響力」に2, 3項目見られるものの，ほぼ全部新しいものとなっている．彼らによれば，項目数を増やしたことで，オリジナルの理論に記述されたコミュニティ感覚の属性のすべてがカバーできたとしている．

2節　コミュニティ感覚の問題点

この Chavis らの尺度がどれ程有効なものかは今後の研究の蓄積に待たなければならないが，そうした改良の上でもなお残された問題は存在する．それはおそらく，コミュニティ感覚というものが文脈的なものであり，コミュニティや文化が異なれば変化することによるものだと考えられる．それが真実であるとすれば，McMillan & Chavis のモデルは，あるコミュニティでは基本的な要素を記述しているかもしれないが，他のコミュニティでは異なる概念化や測定が求められていることになる．

さらに，Chipuer & Pretty(1999)はコミュニティ感覚の研究における問題点として，コミュニティ感覚が取り扱っているものが，コミュニティにおける具体的行動であるのか，あるいは，コミュニティ・メンバーの期待も含めた認知的あるいは情動的態度であるのかが不明瞭であること，また，McMillan & Chavis の定義は，コミュニティ感覚が個人の心理的変数(個人レベル変数)であるのか，あるいは，コミュニティの状態を記述する変数(コミュニティレベル変数)であるのかを明示していないこと，を批判している．Fisher et al.(2002)は，多くの研究では，個人に対して行った質問紙調査の得点をコミュニティごとに合計したものを「そのコミュニティのコミュニティ感覚」として取り扱っているが，それは個人レベルの差異を過小評価する結果となり，必ずしも妥当な方法とはいいがたい，と述べている．

また，従来の研究では，コミュニティ感覚とその他の変数との相関関係を記述しているにすぎず，変数間の因果関係を特定するメカニズムにまで踏み込んだ研究はほとんど行われていない．したがって，コミュニティ感覚の高さが，即，コミュニティにおけるポジティブな結果を生み出すのか，それともある種

の媒介変数が関与し，あるいは，特定の文脈の影響の下でコミュニティ感覚が望まれる効果を生み出すのか，検討の余地がある．

ところで，一般に，コミュニティ感覚はプラスの利益を提供すると仮定されてきたが，**否定的コミュニティ感覚**(negative sense of community)という概念を提唱する研究者が現れた．Brodsky (1996)は，人がより大きなコミュニティについて強く否定的に感じているとき(例：高率の犯罪と暴力のある都市近隣住区に娘と居住しているシングルマザー)，自身でそのコミュニティから距離を置いたり，否定的コミュニティ感覚を養うことでコミュニティの関与に抵抗し，自らのウェルビーイングを強化しようとするという．Brodsky (1996)の研究における女性たちが「リスキーな近隣住区」に参加しなかった主要な理由は，物理的および精神的な安全性の欠如を知覚したことであった．Dalton *et al.* (2007)は，Brodskyの知見を受けて次のようにいう．「ある強力な肯定的コミュニティ感覚は，常に"あなたにとって良いもの"か？　それは常に個人のウェルビーイングやストレス状況下でレジリエンスを増進させるか？　コミュニティ心理学者はコミュニティ感覚というアイディアにロマンティックな思いをもっている．多くの環境において，ある強い肯定的なコミュニティ感覚が個人に利益を与えることは真実である．だが，時として，否定的な心理的コミュニティ感覚がウェルビーイングをよりよく増進させるというBrodskyの知見も同様に明確なものである」(p. 181)．このように，コミュニティ感覚のもつ否定的な側面の研究も今後の課題といえるだろう．

さらに，今後に残されている課題として，これまで，コミュニティ感覚を高めるための具体的方略が見出されていないことである．従来のコミュニティ感覚研究は，ある特定時点におけるコミュニティ感覚と他変数との関連を記述する横断的研究がほとんどであった．McMillan & Chavis (1986)が指摘するように，コミュニティ感覚は時間や歴史的経験を通してコミュニティで培われていくものである．コミュニティ感覚がさまざまな場面や対象集団に有用なものであることが明らかになった現在，これをコミュニティ心理学の理念に則して「予防的介入」に取り入れるためには，実証的，理論的証拠に基づいた具体的方略が必要となる．つまり，乏しいコミュニティ感覚しか持ち合わせていない人や集団を，どうすれば豊かなコミュニティ感覚の持ち主や集団に変容させる

ことができるのか，の問題である．今後，縦断的研究やアクション・リサーチなど現場実験を行うことで，コミュニティ感覚の変化をもたらす要因を同定し，予防的介入で使用可能な方略を見出すことが期待される．

3節　コミュニティ感覚と関連する諸概念

　個人レベルであれコミュニティレベルであれ，コミュニティ感覚は多くの他の概念と重なり合う．そのいくつかについて紹介しよう．

　近所付き合い(neighbouring)とか近隣凝集性(neighbourhood cohesiveness)と命名された測定尺度では，たとえばSkjaeveland et al.(1996)は，近隣での協力的活動，近隣のわずらわしさ，近隣への愛着，社会的紐帯の弱さの4側面から測定しており，SCIの主観的な感覚よりも，近所付き合いの有無という実際の接触を重視し，加えて，ポジティブな面のみならず近所付き合いのわずらわしさというネガティブな面も含むべきであり，これは慢性的なストレスを形成し，近所付き合いの経験をスポイルするものと論じている．彼らの研究において，65歳以上で10年以上の居住歴の人に，愛着や活動得点が高くて，わずらわしさが低く，子どものある人は，ない人に比べて愛着は高く，わずらわしさが低い傾向を示した．

　Sampson et al.(1997)は，集合的効力感(collective efficacy)と名付けた測度を開発している．これは相関性の高い，インフォーマルな社会的コントロール感，および，社会的凝集性と信頼という二つの下位尺度からなり，自家所有者，高い社会経済的地位，高齢者において得点が高く，彼らは明確な規範をもち，高い相互信頼感と公共善のためには介入するという共有された意志をもっている．社会的な無秩序に立ち向かう姿勢の強さは，集合的効力感の存在を信ずればこその態度であるといえよう．

　そのほかにも，場所の愛着(place attachment)や市民参加，ソーシャルサポートをあげる人もいる(Dalton et al., 2007)．Perkins & Long (2002)は，これらコミュニティ感覚と類似する概念をソーシャルキャピタル(社会関係資本)と呼び，図8.1のような四つの象限で表し，コミュニティ感覚と四つのソーシャルキャピタルの要素の関係を示している．これらを区分するものは，認知的なもの

	認知／信頼	社会的行動
私的組織化	コミュニティ感覚	近所づきあい
公的組織化	集合的効力感	市民参加

図 8.1　ソーシャルキャピタルの四つの次元(Perkins & Long, 2002, p. 294)

か行動的なものかという次元と，活動の対象が私的なものか公的なものかという次元であるとしている．私的な近隣への認知・信頼が「コミュニティ感覚」であり，それに基づく社会的な行動が「近所づきあい」，公的に組織化された対象への認知・信頼が「集合的効力感」，それに基づく社会的行動が「市民参加」ということになる．そして，これらソーシャルキャピタルの四つの要素のそれぞれは，一貫して他の要素と関係しているとしている．こうした認識のうえで，彼らはこれら四つの概念を測定する「Social Capital Survey Scales」を開発し，「Brief Sense of Community Index」（社会的結合尺度：地域のほとんどの住人は私のことを知らない（逆転）など3項目，相互関心尺度：隣人も私もこの地域に同じものを求めている，など3項目，コミュニティの価値尺度：同じ地域の人とコミュニティ感覚をもつことは重要だ，など2項目，の合計8項目），「Collective Efficacy Scale」（この地域に住む人がお互いをもっとよく知ることを求める，この地域の犯罪を減らすことを求める，など6項目），「Citizen Perticipation Scale」（あなたは現在地域の組合のメンバーか，会合では発言したか，など8項目），「Neighbouring Behavior Scale」（隣家が出かけている間家を見守るか，個人的な問題に対して隣人にアドバイスをするか，など5項目），の各尺度を構成している．

　一方，わが国では，Sarason や McMillan & Chavis，その他の研究の流れとは関連なく，1970年代に，社会学を中心に「コミュニティ意識」の研究が盛んに行われるようになった．

　これは，1960年代からの高度経済成長政策の影響を受けて，過疎・過密という言葉に象徴されるように，旧来の地域共同体は急速に崩壊したものの，しかし，それに代わる新しい地域社会はまだ創生されていない中で，「生活の場において，市民としての自主性と責任を自覚した個人および家庭を構成主体として，地域性と各種の共通目標をもった，開放的でしかも構成員相互に信頼感のある集団」（国民生活審議会調査部会編，1969）を，「コミュニティ」と定義して，

コミュニティづくりを模索する中で生まれた概念である．

コミュニティ意識とは，この研究に先導的な役割を果たした奥田(1993)によれば「特定のコミュニティへの帰属・一体感情」を指し，その経緯から地理的コミュニティを想定しているものの，相互の関連性なく展開されてきた先のSarasonや，McMillan & Chavisのコミュニティ感覚の概念と大きく異なるものではない．なお，本章ではこれ以降，感覚，意識，態度という用語が混在して用いられているが，各研究者の命名に従ったものであり，心理学では一般に「態度」という概念で扱われているもので，相互に大きな意味内容の差異はないものとして扱う．

コミュニティ意識の研究では，社会学の立場からの，奥田(1971)のコミュニティ・モデルや鈴木(1978)のコミュニティ・モラールにみられるように，住民を類型に分ける(4類型が多い)ことを大きな特徴としている．たとえば奥田のモデルでは，意識体系としての「特殊化-普遍化」，行動体系としての「主体化-客体化」の二つの軸の組み合わせから四つのタイプのコミュニティ意識モデル(地域共同体モデル，伝統的アノミー・モデル，個我モデル，コミュニティ・モデル)と，それを質問項目の形で簡潔に表現したものを各1問用意し，四つの中から一つを選択させるものである．このうち，地域主体的・普遍価値的類型を表す，「地域社会は自分の生活上のよりどころであるから，住民がお互いに進んで協力し，住みやすくするよう心がける」という意見項目を選んだ人が「コミュニティ・モデル」型の最も望ましい住民と措定される仕組みである．

こうした中で，社会心理学の立場から，社会学のモデルの恣意性を批判して，緻密な心理尺度構成を行うことで住民のコミュニティに対する態度を類型化し，それを各種の場面に適用することでこの類型の意義を明らかにしたのが田中ら(1978)である．彼らは「積極性(A)-消極性(P)」，「協同志向(C)-個別志向(I)」の2次元からなる心理尺度を作成し，コミュニティ意識の類型化を行った．四つの住民類型設定の模式図とその尺度項目は図8.2，および，表8.2のとおりであるが，この中で，A-C(積極性-協同志向)型と名付けられた類型がコミュニティ・メンバーとして最も望ましい姿として措定されている．なお，これを用いた実証研究については【展開篇】で取り上げることとする．

そのほかにも，植村(1977；1981)による「地域連帯性」についての既存の尺

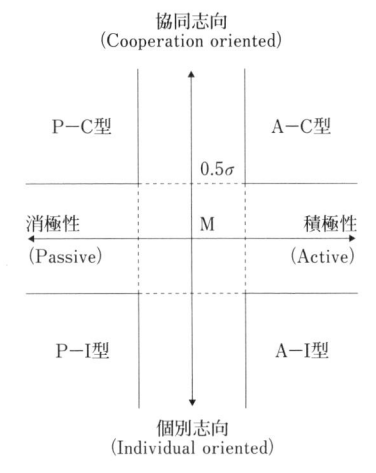

協同志向
(Cooperation oriented)

P-C型	A-C型
消極性 (Passive) ← M → 積極性 (Active)	
P-I型	A-I型

0.5σ

個別志向
(Individual oriented)

図 8.2 コミュニティ意識の 4 類型(田中ら, 1978, p. 40)

表 8.2 コミュニティに対する態度尺度(田中ら, 1978, p. 38)

第 I 尺度(積極性‐消極性)
(1) 町内会(自治会)での発言は,とかくあとでいろいろいわれやすいので,なるべく発言したくない.
(2) この町をよくするための活動は,地元の熱心な人たちに任せておけばよい.
(3) 学校の整備や遊び場の確保などについては,市当局のほうでうまくやってくれるだろう,と信頼している.
(4) 自分の住んでいる地域で住民運動がおきても,できればそれに関わりたくはない.
(5) 近所の顔見知りの人とは親しくしたいが,知らない人とはそれほど親しくなりたいとは思わない.

第 II 尺度(協同志向‐個別志向)
(6) 町内会(自治会)の世話をしてくれとたのまれたら,ひき受けてもよいと思う.
(7) 地域の生活環境をよくするための公共施設の建設計画がある場合,自分の所有地や建物の供出には,できるだけ協力したい.
(8) 自分の近所に一人暮らしの老人がいたら,その老人のために日常生活の世話をしてあげたい.
(9) 地域の皆と何かをすることで,自分の生活の豊かさを求めたい.
(10) いま住んでいる地域に,誇りとか愛着のようなものを感じている.

度の再構成と,それから派生した新概念と測定の方法論的および実証的考察がある.そこでは,特に福祉対象者(子ども・高齢者・障害者)への配慮を重視し,安全・健康・利便・快適という生活福祉の側面に焦点を合わせた要素から構成される,コミュニティ・メンバーの態度と行動を測定する「地域連帯感尺度」,および,「地域連帯行動尺度」と,そのコミュニティを統合する有形・無形の

シンボルの存在を問う「地域連帯表象尺度」，の三つの側面から連帯性を把握する測度の作成を提案している．とりわけ，「地域連帯表象尺度」の構想は McMillan & Chavis (1986)の四つの構成要素のうちの「情緒的結合の共有」に繋がるものである．事実，McMillan (1996)は，コミュニティ感覚は，そのコミュニティの歴史や伝統，および，達成されたもの(成果)についての共有された物語から起こる一つの共有された感情的結合(emotional connection)を必要とする，と述べていることからも，そして，5章の最後でも紹介したように，Rappaport (2000)がコミュニティは共有された物語なしにはコミュニティであることができないと述べているように，歴史や伝統の有形・無形のシンボルの存在は，コミュニティ感覚やコミュニティの連帯意識の形成，さらには住民のエンパワメントにとって重要な意味をもつと考えられる．

なお，わが国では，心理学の立場からのコミュニティ感覚やコミュニティ意識の研究はもともと数少ないが，最近，石盛(2009 ; 2010)による研究が現れてきている．

──────【展　開　篇】──────

コミュニティ感覚の視点を，障害のある人およびそれを取り巻く人々や，コミュニティ組織に絡めて取り上げたものは，章頭で紹介したSarasonとSchwarts以外にはほとんど見られない．ただ，そのような研究領域においてもコミュニティ感覚が有効性を発揮しているところに，この概念のもつ重要な意味があるともいえよう．ここに紹介する研究はその稀少例である．

4節　薬物乱用回復施設における居住者のコミュニティ感覚

薬物乱用プログラムの文献のレビューからは，コミュニティ感覚をもつ入院患者の1年以内の治療からの高率な離脱が報告されている．結果として，非医学的でコミュニティベースの，セルフヘルプ・グループ的なケア・システムが

関心をもたれるようになってきている．仲間同士による禁欲的な相互援助がエンパワメントをもたらし，専門的な治療よりも費用効果的であると考えられている．

1975年に設立されたOxford Houseは，アメリカの諸州に展開されている薬物乱用者の回復のための居住施設で，Ferrari *et al.* (2002)のDePaul大学の研究グループはこの施設を対象として多様な知見を得ている．その一つにコミュニティ感覚との関連を見たものがある．Oxford Houseは居住者が専門的治療者の関与なしに住むことができ，滞在期限もなく，自分たちでHouseを事務的に管理し，6か月ごとに責任者を選出して多数決原理(例：80％以上の賛成)で民主的に運営される．財産は個人管理に任され，賃貸料の滞納や反社会的行動・薬物の再開は立ち退きになる．

メンバーは禁欲的な協同場面の中で，同じ障害のある仲間からの絶え間のないサポートを受けることや，上述の自主管理的な生活を通してコミュニティ感覚を発達させる．類似する他者とのメンバーシップはコミュニティ感覚にとってなくてはならないものであり，回復を求める常用者にとって，そうしたメンバーシップは禁欲的な仲間をさらに増やすことになる．相互のサポートはFrank Riesmanのいうヘルパー・セラピー原則(9章参照)を生み出し，禁欲的な自己効力感は薬物乱用のぶり返しを押さえるようである．仲間との紐帯の共有や経験の妥当性は，居住者が嗜癖についての見方を再構成し，活動場面を再定義するのを助けている．嗜癖から回復するために安定した環境で生活することは，コミュニティ感覚を発達させるうえで重要な要素であるように思われる．

結論として，禁欲的な他者との協同的な生活を体験することがコミュニティ感覚を生み，それが「ハウス」を「ホーム」に変えることを示していること，加えて，薬物乱用からの回復にとって，コミュニティ感覚を増進させるOxford Houseモデルが大きな潜在力をもっていることが示唆された，とFerrari *et al.* (2002)は述べる．仲間同士の相互援助や共同生活場面を通して，回復を求める薬物乱用者たちは雇用を維持することができ，犯罪的行動がなくなり，それによって政府への補助金のニーズは抑えられる．彼らにとって，雇用を維持することは個人的責任感の増進に繋がり，それは自己効力感の信念を増大させるかもしれない．

5節　コミュニティ意識類型による住民の障害者観の比較

　ノーマライゼーションとインテグレーションの福祉思潮の普及とともに，施設ケアからコミュニティケアへ，と障害のある人に対する福祉の在り方も転換が急がれている．ただ，障害者福祉は，観念的なスローガンの連呼や建前論だけで解決されるほど画一的な単純な問題ではない．中でも，問題解決への最大の障害とされる差別・偏見の問題は，社会福祉においてコミュニティの存在が重視されるに伴っていよいよ大きくなり，地域住民の果たす役割をクローズアップさせることとなる．

　この問題に対して，植村ら(1977)は，先に紹介した住民のコミュニティ意識の4類型を用いて，これとの関連で障害者観の分析を行っている．彼らによって最も望ましい住民類型と措定されたA-C(積極性‐協同志向)型とは，「コミュニティに生起する問題に積極的に取り組み，行動するとともに，それをほかの住民と連帯して，地域社会という全体的な集合の場の中で達成させようとする姿勢を示す類型」である．一方，その対極に位置するP-I(消極性‐個別志向)型は，「コミュニティに生起する問題への取り組みや行動が消極的・他人任せ的な姿勢で，またコミュニティを自分たちの生活する集合的な場であるとの認識も乏しく，関心も希薄な類型」と，最も望ましくない住民類型と措定されている．また，この両者の中間に位置するP-C(消極性‐協同志向)型とA-I(積極性‐個別志向)型の優劣は，解決を要する課題場面により変化すると考えられている(植村，1984)．

　さて，知的障害のある人に対する態度の質問項目は，大きく態度の認知的側面と行動意図的側面に分け，さらにそれぞれについて自我関与の程度を3段階に設定した．

　まず認知的態度については，Q1. 自分の子どもの縁談相手の家族に知的障害児者がいることが分かった場合，縁談を考え直したい，Q2. 子どもを知的障害児と遊ばせたり学校で席を並ばせたりしたくない，Q3. 知的障害児者家族との関わりをもつことは避けたい，Q4. 障害児者の施設は町から離れた所に造る方がよい，Q5. 障害児者の福祉の充実は一般の人の生活にゆとりができてからにすべきだ，Q6. 企業は知的障害者の働く場をもっと設けるべきだ，

の6問で，2問ずつを組として自我関与の度合いの大きいものから順に3段階に分けて並べられており，そう思う(5点)から，そうは思わない(1点)の5段階評定を求めるものである．

一方，行動意図的態度については，ある特定の場面への行動の意図を問うことにより，より直接的な態度を知ろうとするものである．自我関与の程度によって次の三つの場面を設定し，それらへの行為を，絶対する(7点)から，絶対しない(1点)に至る7段階で評定を求めた．場面は，Q1. 知的障害児の共同保育所が地域内にあり，その経営が苦しいことから公立化を求める市への請願書の署名を求められた場合の協力，Q2. 同じく，廃品回収への協力，Q3. 同じく，慰問や保育士の手助け・掃除などの奉仕活動への協力，の三つで，署名，廃品回収，ボランティア活動と順に自我関与の度合いが強くなっている．

結果は，まず，認知的態度については，すべての項目で平均点の好ましさはA-C＞A-I＞P-C＞P-Iであった．類型間での項目による差の検定からはおおよそ予想どおりの結果が得られているが，ただ，Q1とQ2という自我関与の最も大きい項目にはどの類型の相互の間にも有意な差が見られず，一般論的には類型の有効性を物語ってはいるものの，事がわが身に及べばまた別だ，という姿勢を示すものであり，根深い改善困難な社会通念の存在を意識せざるを得ない．

一方，行動意図的態度については，3項目ともA-C＞P-C＞A-I＞P-Iの順であり，認知的態度と異なりP-C型がA-I型を上回っていた．ここでは，A-C型はすべてP-I型に有意な差をつけており，同じく自我関与の程度とはいえ，活動上での支援の方が素直に類型に現れやすいことが推測される．

このように，認知的態度，行動意図的態度のいずれにおいても，普遍的に好ましいコミュニティ意識をもっている人ほど，知的障害がある人という特定の対象への態度においても好ましい結果が得られていることから，3節の最後にも述べたように，コミュニティ感覚の醸成のための方策の考案が緊急に求められている．

6節　コミュニティ意識類型による障害児をもつ家族の近隣・地域社会に対するストレスの比較

　それでは，障害のある児を家族にもつ親たちは世間をどのように見ているのであろうか．コミュニティに住む一般住民が，知的障害のある人への偏見的態度を払拭するうえで，コミュニティ感覚をもつことが重要であることを前節で紹介したが，コミュニティ・ケアの思想は単に住民の啓発による差別・偏見の是正に留まるものではなく，それとともに，生活者としての障害児者本人や家族の役割も重視されなければならない．ことにそれがコミュニティ住民との連帯を求めるものに傾いているとすればなおさらであり，受動的に援護を受けるだけの役割ではなく，主体的にコミュニティに関わる姿勢が求められることになる．事実，知的障害児者をもつ家族がコミュニティの中で孤立するに至る経過には，住民側の偏見に基づくものもあろうが，当該家族自体が自ら身を退き，殻に閉じこもることから生じているものもあり，こうした世間への「ひけめ」や，その裏返しとしての「甘え」(例：障害児がいるので町内の役は免除してほしい)が，住民の知的障害児者への認識の欠如を助長させる結果を招来しているともいえるからである．

　この問題の解答の一端を明らかにするべく，植村・新美(1984)は学齢期の知的障害児をもつ父母について，知的障害児をもつことによって彼らがコミュニティとの関わりの中で体験する諸種の負荷を「心理社会的ストレス」として捉え，それが父母自身のコミュニティ意識類型との関連でどのように異なるかを明らかにしようとした．

　近隣・地域社会に対するストレスは，尺度構成された「近隣・地域社会の理解」「近隣・地域社会でのひけめ」「近隣・地域社会での子どもの交友関係」「地域環境」「医療機関」「訓練・相談機関」「行政機関」と命名された7尺度によって捉えようとしている．前3尺度はインフォーマルな地域関係のストレス，後3尺度はフォーマルな社会資源へのストレス，4番目にニュートラルな「地域環境」というストレスを配したものである．

　これらを，前節と同様に四つのコミュニティ意識類型との関連で分析したところ，ストレスの発現の様相に有意な差を生じた尺度は，インフォーマルな領

域のものに限られるという知見が得られた．「地域環境」ストレスをも含めて，コミュニティ内のフォーマルな社会資源に関しては，知的障害児をもつ親(父母とも)の間で，それらから受けるストレスには一様性が保たれて得点に有意な差がないのに対し，コミュニティの住民との人間関係の相互作用をその基調とするインフォーマルな社会資源の活用においては，自身のコミュニティ意識がそれに大きく影響を及ぼすことを物語っている．

　この点で特に重要な位置を占めるのがP-I(消極性－個別志向)型の類型に属する人々であることは，検定の結果が明瞭に示している．有意な差が見られた3尺度のすべてに，父母ともにこの類型は他の3類型と隔たりをもち，類型間で最も高いストレスを現している．コミュニティに生起する問題への取り組みや行動が消極的・他人任せ的な姿勢で(P)，また，コミュニティを自分たちの生活する集合的な場であるとの認識も乏しく関心も希薄(I)な人々であるP-I型の父母は，それゆえ地域の中で孤立した存在と考えられ，このことが人間関係を基調とするインフォーマルな地域集団との関連で生じる領域のストレスを高めたと思われる．

　類型別に見れば，A-C(積極性－共同志向)型が相対的に最も望ましく，P-C(消極性－共同志向)型がそれに続き，A-I(積極性－個別志向)型はインフォーマルな領域ではよいものの，フォーマルな領域ではむしろP-I(消極性－個別志向)型以上に望ましくなく，P-I型は総じて最劣位に位置するものとまとめることができる．したがって，この関係から明らかなように，こうしたストレスにはC(協同志向)の要因が強く関与していると考えられ，I(個別志向)要因をC(協同志向)要因へと態度変容させることが問題解決の重要な鍵であることを示唆している．そのための一つの方策として，著者(植村)は，Iの要因をもつ人々に対して，「障害児の親の会」の諸会合に頻繁に「参加」してもらうよう地区の会長に働きかけをしてもらった．行事参加をすることで一体感が増し，個別志向から協同志向へと態度を変容させることを狙ったものである．一方，P(消極性)要因をA(積極性)要因へと態度変容させる方策としては，P要因をもつ人々に対して，「障害児の親の会」において，どんなに小さくてもよいから「役割」を与えるよう会長に働きかけた．役割付与は責任感を生み，積極性が養成されることを狙ったものである．

これらの措置は，先に【理論篇】の最後で，今後に残された課題として取り上げた，乏しいコミュニティ感覚しか持ち合わせていない人や集団を，どうすれば豊かなコミュニティ感覚の持ち主や集団に変容させることができるか，という問いへの解答の一端を得るべくなされたものであった．ただ残念なことに，明確な結果を得る以前に研究を休止せざるを得ない事態となり，未完のままである．ともあれ，コミュニティの中でその一構成員として積極的かつ協同志向的に振る舞うことによって，知的障害児をもつことでコミュニティからインフォーマルな領域のストレスを被っているという認知も，低減されるものと期待したい．

9 章

当事者・家族の会：セルフヘルプ・グループ

　障害者本人やその家族にとって，自立的であるとともに相互的な援助組織であるセルフヘルプ・グループは，障害者を取り巻く数ある援助組織の中でも最も信頼や連帯や安心の感情を得ることができる存在であろう．それは何よりも，このグループが自分と同じ問題を抱える人々の集まりであり，いちいち説明しなくとも暗黙のうちに解り合える，いわば身内集団(in-group：内集団)であるからである．著者がかつて勤務した愛知県心身障害者コロニーの時代には，現在は「愛知県知的障害者育成会」と改名された"手をつなぐ親の会"が，市町村や地域ブロック単位にある会の連合組織としてあり，著者も「身内」として扱われて，講演会やワークショップに呼ばれたり，クリスマス会などに参加したり，あるいはまた，われわれのアンケート調査やインタビューに協力してもらったりと，和気藹々とした家族的な雰囲気の中で多様な活動を展開していたことを思い出す．

　こうしたセルフヘルプ・グループは，障害者に限らず，多様な問題を抱える人々の集まりとして無数に設立されており，かつ世界的に見ても非常な勢いで成長しているといわれる(Levine et al., 2005)．その理由として，久保(1998)は，①家族・近隣などの普通のサポートシステムが崩壊し，機能しにくくなってきたこと，②ニーズがあるのに専門的機関・制度などが少なかったり，ないこと，③制度によるサービスでは満足できないものを満たそうとしたこと，④利用者の主体性・権利意識などが増大したこと，をあげている．一方，『孤独なボウリング』を著したPutnam(2000)は，これを**ソーシャルキャピタル**(social capital：社会関係資本ともいう)の減退によるものと位置づけている．ソーシャルキャピタルについては8章でもその一端を取り上げたが，Putnam自身はソー

シャルキャピタルを「社会的ネットワーク，およびそこから生じる互酬性と信頼性の規範」(訳書 p. 14)と簡潔に定義するにとどめている．なお，川島(2011)によれば，Putnam は別の著書(1993)で，「調整された諸活動を活発にすることによって社会の効率性を改善できる，信頼，規範，ネットワークといった社会組織の特徴をいう」と定義しているという．わが国では，金子(2011)が，「ソーシャルキャピタルは人間関係面の交流と資源，そこから得られる信頼，安心，支え合いなどの「人脈」の総称である．具体的には個人がもつ家族，友人，知人，近隣関係，グループ，団体活動などの関係を指す」(p. 138)と定義している．Putnam によれば，こうしたものが今日社会の中で急速に減退してきており，その一方でこれに替わるものを求める要求は増大しつつある中で，セルフヘルプ運動はその間隙を埋めるものとしてうまく機能しているというのである．

ところで，コミュニティ心理学がこのセルフヘルプ・グループに関心をもつ理由は，後述するように，それがボランティア集団とともに，コミュニティにおける非専門的な部分での一つの重要な**社会資源**(social resource)と捉えているからであり，また，利用者の選択肢の豊富さが，本人およびコミュニティのエンパワメントに繋がる現代の潮流であると認めているからである(Levy, 2000)．人の多様性を尊重するコミュニティ心理学にとって，多様な人々の要求にかなうよう，選択肢は豊富であることが望まれることからも，コミュニティに存在する社会資源の種類と質の向上を通した有効活用はコミュニティ・エンパワメントに繋がり，7章で紹介した「有能なコミュニティ」の形成に寄与するものである．本章ではこうした視点を踏まえながら，セルフヘルプ・グループについて考察することにしたい．

────────【理　論　篇】────────

1節　セルフヘルプ・グループとは何か

(1) セルフヘルプ・グループの定義

　セルフヘルプ・グループ(self-help group)とは，「ある共通の問題に見舞われた個人が(あるいはその家族が)，自分一人だけでは解決できそうにないその自分自身の抱える問題の解決，あるいは，その問題と共に生きていく力を得ていくために，自発的かつ意図的に組織化したグループである」(三島，2007b, p. 218)とか，「共通の困難な生活状況にある人々が，その共通した体験に関連する情報および感情，考え方をわかちあうために自発的かつ継続的に行う活動」(岡，1999, p. 640)と定義されている．

　久保(1998)によれば，このセルフヘルプには二つの意味があり，一つは個人による自助・独立の意味(自立・自律)を指し，いま一つは相互援助・共同の意味を指すという．セルフは，自分(I)だけではなく，われわれ(We)も指すので，「仲間同士による共同の自助」の意味も含まれており，したがって，セルフヘルプ・グループは，「自分のことは自分でする」self-help と，「相互に助け合う」mutual-help が組み合わされて，「仲間同士が支え合うグループ」を意味すると考えられている．このような背景もあって，最近では self-help, mutual help, mutual support の用語が互換的に用いられてきている現実がある．

(2) セルフヘルプ・グループの類型

　上述したセルフヘルプ・グループの定義は，その「範囲」にまでは言及していない．本章が包摂されているような「障害者」の範囲，あるいは，少し広く解釈して「ヒューマンサービス」の範囲までで考えるか，定義のままに「仲間同士が支え合うグループ」ととって，コミュニティ心理学が扱う「コミュニティ」全般を範囲とするかによって，分類は多様になる．後者となれば，久保(1998)もいうように，公害運動や草の根の活動，住民運動，消費者グループやPTA，同窓会，県人会，さらに町内会までも含むことが可能になるからである．

Levine et al.(2005)は，コミュニティ全般を取り込んで次の六つに分類している．①「正常」から失格と判定された行動特徴をもつ本人のグループ(例：精神障害者・精神遅滞者・アルコール依存者・犯罪者・ギャンブラー・薬物嗜癖者・同性愛者など)，②社会的烙印を押される条件をもつ人々の親族のグループ(例：上記①の人々の配偶者や子どもなど)，③社会的に孤立しがちな傾向のある共通の問題をもつ人々のグループ(例：未亡人・糖尿病の子どもや小児がんの子どもをもつ片親など)，④共通の人種的・宗教的アイデンティティをもつグループ(例：移民グループの出自となる国の教育や文化的保護を目的とするもの)，⑤準政治的組織(例：納税者連合など特定の問題についての市民組織・人工中絶に反対する会など)，⑥ミックス・タイプ：多くのグループは上記のカテゴリをいくつか併せもっている．

　日本の研究では，六つの志向群に分類している野田(1998)のものがある．①匿名自助志向群：課題限定／訓練・治療中心(例：**AA(アルコール依存者匿名協会**：Alcoholics Anonymous))，②家族自助志向群：代弁・要求中心(例：障害や難病関係の親の会や家族会)，③連合組織志向群：行政対応／運動・協力中心(例：障害者団体連合会)，④自律相助志向群：疾病管理／相互扶助中心(例：疾病・障害者の「友の会」)，⑤自立生活志向群：生活確保・獲得中心(例：ピア・サポートやピア・カウンセリングなどの相談活動)，⑥市民運動志向群：連携／協働中心(例：各種ボランティア活動)．

　一方，ヒューマンサービスの範囲に限定した分類には，Powell(1987)が，①習癖・依存の問題のグループ：特定の行動を変える(例：AA・スモークストッパー・ギャンブラー匿名協会など)，②広範な問題解決を目指すグループ：さまざまな問題と対処のパターンを修正する(例：児童虐待する親の匿名協会・精神障害回復者協会など)，③マイナーなライフスタイルをもつ人々のグループ：社会を変えたりライフスタイルを変える(例：配偶者との死別や離婚による単身者グループ)，④当事者の家族グループ：家族の重荷を軽減する(例：アラノン(アルコール依存者の家族)・精神病同盟など)，⑤身体に障害をもつ人たちのグループ：障害を支え合う(例：脳卒中の会・てんかん協会・喉頭摘出者の会など)，の五つに分類しているものがある(久保，1998)．

　このように，セルフヘルプ・グループの分類には多様なものがあり，また，各単会と連合会，さらには全国組織と，組織が大きくなるにしたがってその目

指すものが当初の趣旨や個人の思惑と乖離してくるという問題も生じており，現実の運営にはむずかしい問題が横たわっていることも確かである．しかし，すべてのグループに共通するものはエンパワメントを求める志向性であり，メンバーは犠牲者ではなくて生き残りであるという信念である(Scileppi et al., 2000)．

(3) セルフヘルプ・グループの機能

セルフヘルプ・グループがそのメンバーのためにサービスする機能にはさまざまなものがある．たとえば，Orford(1992)は，それまでの多くの研究者の論文の中で繰り返し取り上げられてきたものをまとめるかたちで，情緒的サポート，役割モデルの提供，力強いイデオロギー，適切な情報，対処方法についてのアイディア，他者を援助する機会，社会的交わり(仲間付き合い)，支配と統制の感覚，の八つをあげ，これらをソーシャルサポートの機能としてあげられているものと比較すると，ほぼ同じ内容を提供している点で興味深いと指摘している．Scileppi et al.(2000)は，社会的交わり，認知的再構造化，情緒的表出，経験から収集した洞察，役割モデル，対処方略をあげ，また，わが国では三島(2007b)が，グループ・プロセスを通してのアイデンティティの再建や自尊心の改善，イデオロギーの構築，ヘルパー・セラピー原則(後述)，専門職援助に対する批判的役割，グループ・ダイナミックスの体験，エンパワメント，の六つをあげている．このように，これらには相互に共通する要素が多く見られるが，三島によれば，これらの諸機能を有機的に結びつけ，位置づけ直すような研究はまだ手つかずのままであるという．

ここでは，Levine et al.(2005)のあげる六つの機能に沿って，簡潔に紹介することとする．

①**心理的コミュニティ感覚の増進**：たとえば，夫の転勤で友人もいない大都市に転居してきた知的障害の幼児をもつ母親が，保健所の3歳児健診でたまたま知り合った同じ障害をもつ子どもの母親に誘われて，地域の手を繋ぐ育成会に参加することで仲間を見出す．他者が同じ問題を経験し，同じ感じ方をしていることを発見することは，個人的な危機を一つの社会的な経験とする助けとなる．こうして，グループに属することでコミュニティ感覚(8章参照)が増進

されるだろう．

②**認知的解毒剤としてのイデオロギーの提供**：個々のセルフヘルプ・グループは，程度の違いはあれ，何らかの信念や「教え」をメンバーの間で共通の基盤としてもっている．よく知られた例でいえば，AAにおける「12ステップ」(橋本，1998)がそれであり，「ステップ1　われわれはアルコールに対して無力であり，生きていくことがどうにもならなくなったことを認めた」「ステップ2　われわれは自分より偉大な力が，われわれを正気に戻してくれると信じるようになった」のように，段階的に12のステップで構成されるステートメントからなっている．アルコール依存者は自らの飲酒行動を統制することができない，という信念は，飲酒行動を全体で節制するというAAの基本であり，神聖な規範的理想としてメンバーは遵守することを義務づけられている．これはグループにとって一つの「イデオロギー」として作用し，悪循環を維持させている状況の輪を断ち切り，再発を防御する「解毒剤」として機能する．

③**告白・カタルシス・相互批判の機会の提供**：グループの連帯性の感覚は，メンバーがそのフィーリングと経験を共有するときに開発される．メンバーは，自分の失敗や問題，低められた自尊感情や罪の意識と関係している経験を口に出すことで鼓舞される．セルフヘルプ・グループの雰囲気は，一般に，専門家に導かれる治療グループにおけるよりも支援的であり，連帯性のフィーリングが発達すると，メンバーは互いを対決させる相互批判に自由を感じるようになる．そして，それはまた自尊感情を高めるための一つの方法でもある．

④**役割モデルの提供**：メンバーはお互いに役割モデルを提供する．メンバーの間には優劣の差は存在しないので，新しいメンバーは経験を積んだメンバーを容易に同一視することができ，先輩の成功体験の見聞は「私にもできる」という感覚をもたらすし，万が一それが失敗に帰すものであっても，「反面教師」の役割を果たすことができる．4節で取り上げるFrank Riessmanの「ヘルパー・セラピー原則」，つまり，人は援助することで最も援助を受けるという効果現象は，役割モデルの端的な表出である．

⑤**効果的な対処方略の教授**：毎日の経験を共有することによって，メンバーは確かな対処の工夫を発見したり共有したりする．メンバーは一つの類似した状況の中にいるので，彼らの問題は繰り返され，一人のメンバーが別の人に伝

える解決方法は適切なものである．こうして獲得された文化的な知恵は，口頭で伝達される形で蓄積される．

⑥**社会関係のネットワークの提供**：メンバー個々人がもつ社会的ネットワークを活用することで，彼らはより多くの資源へのアクセスを獲得することができるようになる．類が友を呼ぶように，同じ問題を抱える者同士の連帯の輪はさらに拡大していく．また，単会同士が結びついて連合体を形成したり，類似の問題を抱えるグループと交流するなどの展開が見られるようになる．

2節　セルフヘルプ・グループの有効性

久保(1998)はセルフヘルプ・グループの特徴を以下の六つにまとめている．①メンバーは共通の問題をもっている，②共通のゴールがある，③対面的(face-to-face)な相互関係がある，④メンバー同士は対等な関係にある，⑤参加は自発的なものである，⑥専門家との関係はさまざまだが，基本的にはメンバーの主体性が重んじられる．そして，この中でとりわけ重要な点は，「共通の問題をもつ当事者であること」であるという．

つまり，セルフヘルプ・グループの重要な強みの一つは，それが共通の**体験的知識**(experiential knowledge)に根ざす人々の集まりであり，この体験的知識は何物にも代え難い絶対的な意味をもっている．Borkman(1976)によって提唱されたこの体験的知識とは，科学的な手続きによって検証された知の体系とは異なる，体験を通して確かめられた知の体系であり，それはさらに，科学的あるいは体験的根拠をもたない「素人考え」とも異なるものである．それぞれの体験はきわめて具体的かつ特殊的であり，それゆえに独自性と限界をもってはいるものの，共通の問題を抱える他者の体験を代表するものでもある，という性格をもっている．この体験と知識は個人の財産として認知され，このことが対等な仲間関係の形成の基礎となっている．

グループとしてのこうした強みが，効果性の評価がむずかしいといわれるセルフヘルプ・グループの研究においてさえ，体験的知識が有効なものであるとの力を与えていると考えられる．Scileppi *et al.*(2000)やLevine *et al.*(2005)は，セルフヘルプ・グループが効果的なものか否かを評価することがむずかしい理

由として，①研究することを目標として集まった集団ではなく，個人の成長や運動の成長を目的としている，②参加は任意であり，かつ匿名性を重視するグループもあり，また，出席者は定まっていないことが多い，③本人の必要に基づいて参加しているので，メンバーを追跡すること，特に落ちこぼれていく人を追跡することはむずかしい，④それぞれのグループはユニークで標準というものがないので，比較は限定されたものとならざるを得ない，⑤グループの構造や機能は変動するので，要因計画の統制は最小限にならざるを得ず，このことが信頼性や妥当性，一般化可能性に影響を及ぼす，⑥メンバーは彼らが望む限りグループに参加するので，効果測定の基準としてよく用いられる参加期間やセッション回数は意味をもたない，ことをあげている．

このように，厳密な分析視点に基づく効果測定にはそぐわない方法論的限界はあるものの，統制されてはいない研究が，数多くの指標に関してポジティブな結果を産出している(Levine et al., 2005 ; Scileppi et al., 2000 ; 金沢, 2004)．たとえば，セルフヘルプと専門的援助を比較した研究では，Videka-Sherman & Lieberman(1985)は，専門的援助サービスを受けた経験をもつセルフヘルプ・グループのメンバーは，専門的なヘルパーよりも何か違うものを得ていると断言し，専門的な援助はまったく何の助けにもならなかったし，そうした援助を求めること自体間違いであった，と断言する人さえいたことを報告している．また，Levine et al.(1993)は，一般的に，専門的なケアの方が優れているとか両者の間にはほとんど差がないという研究よりも，セルフヘルプ・グループによる方が改善度が大きいという研究結果が見られる，と述べている．

Scileppi et al.(2000)の紹介する研究では，たとえばAAの効果について，Polich et al.(1981)は，アルコール依存に対する単一の最も効果的な介入であり，AAはクリニックや病院や関わりをもつ医師の2倍の数のアルコール依存者に手をさしのべており，生涯にわたる継続的なサポートを提供する，と評価しているという．また，金沢(2004)は，抑うつ症状を訴えるクライエントを対象として，サポートグループと集団認知行動療法とを比較したBright et al.(1999)の研究を紹介している．この研究では，臨床心理学の専門家と非専門家が，それぞれサポートグループおよび認知行動療法グループを実施し，この4群間の抑うつ症状の軽減効果を比較したところ有意差は見られず，いずれのクライエ

ント群においても抑うつ症状の改善が見られた．認知行動療法グループでは，専門家グループの方が抑うつ状態を脱したクライエント数において勝っていたが，サポートグループでは，専門家・非専門家の間に有意な差はなかった．これらの結果を総合して，非専門家によるサポートグループやセルフヘルプ・グループは軽視するべきものではなく，むしろ促進していく価値のある活動であり，専門家の行う援助活動と併存して提供されるべきものとまとめている．このほかにも，医療機関における薬物依存の治療後にセルフヘルプ・グループに参加した人は，参加しなかった人よりも良好な結果を得たり，友人関係の質や量が増加した研究(Humphreys & Noke, 1997)を紹介している．

　最近では，*American Journal of Community Psychology* が 2008 年に「精神保健セルフヘルプ」の特集を組んでいるが，その中で Pistrang et al.(2008)は効果研究のレビューをしており，文献として取り上げるに際して設定した，グループの特徴，標的となる問題，成果の測度，研究計画，の四つの基準を満たしている 12 篇の研究を分析している．標的としての問題のタイプは，慢性の精神病を扱ったものが 3 篇，うつ・不安 4 篇，死別 5 篇の 3 種類であった．結果は，①7 篇の研究が，グループへの参加がメンバーにプラスの変化をもたらしたこと，②最大の知見は，2 篇のランダム試行研究が，高価な専門的介入を要したグループの効果と同等の成果をセルフヘルプ・グループが示したこと，③5 篇の研究で，セルフヘルプ・グループのメンバーと非メンバーの間で成果に差が見られなかったが，ただし，マイナスの効果はどの研究にも現れてはいないこと，④より質の高い成果の研究のためには，精神保健問題のスペクトラム全体にわたるこれらのグループの有効性を評価する必要があること，が明らかになったとしている．

　このような結果を見る限り，セルフヘルプ・グループが有益な存在であることは確かである．ただ，セルフヘルプ・グループがすべての人に適切なものであるわけではない．パーソナリティや価値観の違いからグループになじめずに脱落していく率は治療グループと同じくらいの高さであるし(Humphhreys, 1997)，また，すべての人が，メンバーになることで利益がもたらされると考えているわけでもない(Norton et al., 1993)．とはいえ，セルフヘルプ・グループが，人生の多様な問題を抱えながらそれを乗り越えようとしている人々に，自

立的・相互援助的に取り組む助けとなっていることは間違いない．

3節　セルフヘルプ・グループとコミュニティ心理学

　セルフヘルプ・グループはコミュニティ心理学にとってどのような意味と関心をもつ存在であろうか．はじめにも述べたように，その理由の一つは，セルフヘルプ・グループが，社会資源の有効活用(高畑，2006)を謳うコミュニティ心理学の主張に合致する非専門的な社会資源の一つとして，ボランティア活動と共に重要な役割を担うものと認識されているからである．

　加えて，Dalton et al.(2001)が，セルフヘルプは「治療に代わるものなのか，それともコミュニティの形態の一つなのか」と問いかけるように，単に個人的な問題に対する集団療法の一つと考えることは，それらのグループのもつ多くの価値を見逃すことになる．「グループの一員になることにより，メンバーは自分自身の問題に取り組むだけでなく，他のメンバーを援助するという責任を負うことになる．このことはよく，そのメンバー自身のアイデンティティの変容を引き起こす．(中略)これらのグループは社会規範的なコミュニティ(normative community)と捉えることでより明確に説明される．このコミュニティでは所属の感覚が得られ，グループへのアイデンティティの位置づけが行われ，メンバーが相互に貢献する，つまりコミュニティ感覚が得られるのである」(訳書 p. 253)．

　セルフヘルプ・グループはコミュニティの一つであり，そこに所属することで，8章で紹介したMcMillan & Chavis(1986)のいうコミュニティ感覚の四つの要素を共有する．つまり，所属感や情緒的安心感で構成される「メンバーシップ」の感覚，自分とグループは互恵的・相互依存的な関係にあるという「影響力」の感覚，メンバー間でニーズが共有されグループは統合されているという認知に基づく「統合とニーズの充足」の感覚，メンバーとの交流を通して得られる情緒的一体感と満足感を表す「情緒的結合の共有」の感覚，である(8章参照)．

　先に紹介したLevine et al.(2005)のセルフヘルプ・グループの機能の中にもその一つとしてあげられていたように，こうしたコミュニティ感覚をメンバー

に提供することができ，また，メンバーはこの感覚を共有することで，個人もグループもエンパワーするという効果を発揮する．つまり，7章で紹介したように，個人としては自己コントロール感や自己効力感が高まり，周囲への批判的意識や自分の置かれた環境での意思決定や問題解決への参加意識が高まる．また，グループとしては，責任の共有や他のグループとのネットワークの形成，活動範囲の拡大などへ，さらには政策決定への影響力の行使を求める運動へ，と社会変革に繋がる力を獲得するようになっていく．三島(2007b)は，Rappaport (1981)が，従来の，援助を求める人々を弱い存在と捉えて彼らを非難するようなモデルに代わる，自分の生活にコントロール感をもち，社会変革にも関わる「エンパワメント・モデル」を提唱する中で，セルフヘルプ・グループ運動がこうしたアプローチを体現し，サービスの在り方にも大きなパラダイムの転換を意味するようなインパクトを与えるものと位置づけていることを紹介している．

―――――――――【展　開　篇】―――――――――

　セルフヘルプ・グループの研究・実践として，グループの機能を説明するうえで欠かすことのできない，「ヘルパー・セラピー原則」が出現する過程を仮説モデルとして呈示した研究，最近の急速なインターネット普及のもとでその役割が注目されてきている，バーチャルコミュニティでのセルフヘルプ・グループの話題，および，グループへの専門家の関与の在り方の問題，を取り上げることとする．

4節　ヘルパー・セラピー効果出現のメカニズム

　Riessman(1965)によって提唱された**ヘルパー・セラピー原則**(helper therapy principle)とは，「最も単純にいえば，"人は援助をすることで最も援助を受ける"というもの」(三島, 2007b, p. 227)で，グループに参加し，他者を援助する

ことによって，援助者自身が利益を受けるという効果のことをいう．Gartner & Riessman(1977)はこれを"Helping You Helps Me"と表現している．Lewis et al.(2003)は，セルフヘルプ・グループのメンバーが，他者を援助することによって経験する利点を，諸研究をもとに次の7点にまとめている．①他者の生活に影響を与えることにより，対人関係能力のレベルが上がったと感じる，②他者との間で与え・受けることによって平等の感覚をもつ，③他者を援助することにより，自分も貴重な学習をする，④援助した人々から社会的な承認を受ける，⑤援助する人はより自立的になる，⑥似た問題を抱える人の援助をすることで，距離を置いて自分の問題を考えることができる，⑦援助の役割をもつことにより，社会的有用性の感覚が得られる，というものである．

このように，ヘルパー・セラピー原則はセルフヘルプ・グループの機能を説明するうえで欠かせないものになっているが，それにもかかわらず，援助者が受け取る効果がどのようなメカニズムで現れるのか，その機序を説明する試みはなされていないとして，高木・山口(1998)は，ヘルパー・セラピー効果出現に関する3過程8段階モデルを仮説的に構成した．そのうえで，成人アトピー患者の二つの団体のメンバー16名との半構造化面接を通して，このモデルの妥当性を探索的に検討しようとした．以下がそのモデルと具体的な現れである．

Ⅰ．情報や情動の共有による共感喚起と自尊心回復過程

①状況の類似性認知による共感喚起と自尊心回復段階：アトピー患者は，顔面に皮疹や色素沈着を有する場合が多いため，グループに参加して同じ境遇の人に出会った瞬間に類似性の認知が可能となり，苦しんでいるのは自分だけではなかったという安堵感と共感を抱き，さらに，自己の体験を語り合うことを通して共感が深まり，このことが低下した自尊心回復の第一歩となる．

②自己開示による苦痛軽減と自尊心回復段階：自己開示を通して苦痛の低減が自覚され，また，他者からの共感的理解を受けることによって他者から受容されているとの自己認知が高まり，さらに自尊心の回復が進む．

Ⅱ．情報量増加に伴う自己理解と問題対処の方向性明確化過程

③情報量増加による自己理解と他者理解促進段階：会合に継続的に参加する中でアトピーに関する情報が増え，そのことで他者との比較が容易になり，類似点や相違点が明確になることで自己理解ならびに他者理解が促進される．

④新たな役割認知による自己の再評価段階：開示・被開示経験を重ねるうちに，自分が他者から情報を摂取するだけでなく，他者に対して情報を提供する存在として役立っていることに気づくようになり，社会的役割の観点から自己の再評価が起こる．

⑤他者や問題とのかかわり方の明確化とその実践に向けた動機づけの高まり段階：開示・被開示経験，情報量の増加，自己理解・他者理解の深まりを通して問題への対処の仕方が具体化し，それにともなって実践への動機づけが高まる．

Ⅲ．態度変容による行動変化および強化と活動発展過程

⑥セルフケアの実践段階：アトピーに対する自己の態度が明確化され実践への動機づけが高まると，行動レベルでの変化が起こり，他者に依存することなく自己の問題として積極的に取り組むようになる．

⑦外部の情報摂取・提供活動段階：セルフケア実践中の患者はグループの外に目を向けるようになり，交流会や講演会に参加し，また，他のアレルギー患者（例：喘息）のグループとの接触にも積極的になり，情報交換を通して視野が広がり，活動がいっそう強化されていく．

⑧社会変革を目指した活動拡大段階：会報の発行や電話相談などの活動を行う中で，個人の努力だけでは解決不可能な問題（例：医療保険制度）に直面するようになり，制度改革を求めて署名や陳情などの社会運動を始めたり，問題を共有する人々以外にも働きかけを行い，活動が拡大していく．

高木・山口(1998)は，このモデルをもとに行った2グループ16名の成人アトピー患者との具体的な面接の結果として，すべての参加者が，状況の類似性の認知による共感の喚起と自尊心の回復効果，自己開示による苦痛の軽減と自尊心の回復効果を獲得しており，また，継続参加者は他者から感謝されることで援助者としての自覚が促進し，いっそう大きな自尊心回復効果を得ており，さらに，グループ外への情報提供を通してメンバー自身も有益な情報を入手し，セルフケアの実践にそれを役立てていたことを報告している．

5節　インターネット上のセルフヘルプ・ネットワーク

　インターネットによるオンライン・ネットワークを利用したセルフヘルプ・グループが近年多く出現するようになってきている．"自助グループ"，"セルフヘルプ・グループ"をキーワードとして検索すると2万件を優に超えるヒットがあり，精神保健分野の全国のセルフヘルプ・グループの検索サイトや，都道府県単位の患者会や障害者団体のリンク集，また，障害の種類別のセルフヘルプ・グループだけでも実に多様なものが上がってくる．

　こうしたインターネット上のセルフヘルプ・グループについての研究は，わが国ではようやく端緒についたばかりであり，これからにかかっている．前節までに述べた，通常のセルフヘルプ・グループの特徴や利点に対して，インターネット・セルフヘルプ・グループの特質として，内藤(2000)は，①時間や場所を問わずに参加できる，②非同期的なコミュニケーションが可能，③他の参加者と直接顔を合わさなくてもよい，④ステレオタイプの影響が小さい，⑤匿名で参加できる，ことをあげている．ただ，これらの特質は，長所であると同時に短所でもあることに注意をする必要があろう．

　これらの点を含めて，インターネット・セルフヘルプ・グループに期待されるサポートの効果やエンパワメントについては，宮田(2005)がまとまった報告をしているが，ここでは，実際にネット上で，働く障害児の親のためのグループを運営している実践例を報告することとする．

　獣医師の岩本(2002)は，同じダウン症児をもつ母親で臨床心理士の玉井真理子と，1996年に障害児とワーキングマザーネットワーク(HCWMN)というサイトを立ち上げて運営している(http://square.umin.ac.jp/~mtamai/HCWMN.HTML)．

　その主張は，ホームページによれば，「残念ながらいまの日本では，障害のある子どもを育てながら働きたいという希望が，さまざまな困難の存在により，誰でも容易にかなえられるわけではないのが実情」であり，「全国に散らばる，家事や仕事に追われて忙しいお母さんたちは，なかなかこのような自分たちの現状に関して，情報交換をしたり，悩みを分かち合い，問題を話し合う場が少ない」ので，「HCWMNは，インターネットという，いつでも，誰でも，どこ

からでも，気軽にアクセスできる手段を通じてそのような場を広げ，障害のある子を育てながら働くお母さんのささやかな応援をしていくもの」と謳っている．そして，この場でどのようなことを話し合おうとしているかについては，「障害児を預けて働くことに対する母親自身の否定的価値観または罪悪感」，「障害児を抱えてなお働きたいと考えるお母さんに対する，配偶者，家族，医療・療育者をはじめとする，周囲の人たちの否定的価値観」，「母親または家族以外の人間が，障害児の保育・介護を分担してくれる態勢が少ないこと」，「障害児を預けて働くのに役立つ，さまざまな情報の不足・入手の困難」など，障害のある子を育てるお母さんを取り巻く困難な状況について，「今日より明日が少しでもよい状況になるために建設的な意見を交換し，実際の皆さんの豊富な体験をもとに，情報交換や，問題提起，解決策の模索を行っていきたい」と提案している．岩本(2002)によれば，現在メーリングリストに登録されているメンバーは，「障害のある子をもつ，働いているか働こうと思っている母親たち，その家族，もしくは母親を支援したいと考えている人たちであり，子どもの障害の種類・程度や参加者の職業はさまざまである」(p. 18)という．

こうして，「障害のある子どもを育てながら仕事をもち続けている母親，というサイレントマイノリティである仲間たちが，自分たちの言葉をもてる場をつくりたい—そんな私たちの希望は，オンライン・ネットワークを利用することによって，その制約から大きく解放されることになった」(p. 19)という．オンライン・ネットワークのメリットとしては，いつでもどこからでもアクセスでき，参加しているメンバー全員と情報が素早く共有できる簡便さ，自分の課題や悩みを文章化することで，問題点が整理され，それに対した新しい洞察が促されること，記録が残ることで過去の記録の中からメンバーが自分に必要な情報を探すことができること，お互いが会うことなくコミュニケーションを行うため，自己開示の限定をかなり意識的にすることができ，相手に気兼ねなく自分の伝えたい範囲でできること，をあげている．

一方，デメリットとしては，テキストによるメッセージのやりとりという特徴から，しぐさや声など非言語的メッセージが使用できないので，気持ちや感情を伝えることが実際に会って話をするより格段に難しく，表現の文章力と端末に対する習熟の必要性をあげている．加えて，組織を運営する者が運営上や

技術上の困難に出会ったときのクリアリングハウス(clearing house：情報センター)の存在の必要性も指摘している．

6節　セルフヘルプ・グループと専門職の関係：コミュニティ心理学からの事例

　専門職とセルフヘルプ・グループの間の関係の在り方の問題は，討論の一つの重要な焦点になっている(Levine et al., 2005；久保，1998)．久保(1998)によれば，Adams(1996)は，両者の関係を，①専門職がセルフヘルプ・グループを「取り込む」，②専門職がセルフヘルプ・グループを「側面から援助する」，③セルフヘルプ・グループは専門職から「自律している」，の三つのタイプに分けているという．

　セルフヘルプ・グループと専門職のそれぞれに対して，お互いをどう認識しているかについての，欧米の態度調査研究をレビューした蔭山(2002)は，すべての研究が，セルフヘルプ側も専門職側も，互いに今後とも関わりを望んでおり，肯定的な態度をもっていること，また，専門職の具体的な役割の実態は会員の紹介が最も多く，ついで，セルフヘルプ・グループを立ち上げるときの支援(設立支援)，相談，会合への参加，が多いことを報告している．こうした結果を踏まえて，蔭山は，専門職がセルフヘルプ・グループに関わるときの原則として，①セルフヘルプ・グループは自立したグループであり，グループ文化をもっていることを尊重する，②セルフヘルプ・グループの秘密性を尊重する，③セルフヘルプ・グループの体験的(経験的)知識を尊重する，ことをあげている．また，セルフヘルプ・グループと専門職の望ましいかかわり方についての代表的な関係モデルとして，「パートナーシップ・モデル」と「コンサルテーション・モデル」を取り上げ，両者を比較している．このうち，コンサルテーション・モデルとは，本書の3章で取り上げた Gerald Caplan の理論そのものであり，重複を避けるためにここでは繰り返さない．これに対してパートナーシップ・モデルとは，1990年代から注目されている新しいモデルで，「協力，共同，バランスのとれた責任，相互尊重，地位の平等，共有された意思決定，つながりの機能によって特徴づけられる相互依存的同盟」とか，「共通の目的

6節 セルフヘルプ・グループと専門職の関係：コミュニティ心理学からの事例

を達成するために協働すること，この関係は，お互いの技術や能力を尊重し，目的を達成するために互いの力を合わせることが有益であるという認識に基づいている」(p.522)と定義されるもので，蔭山は，特に地域を活動の基盤としているセルフヘルプ・グループの場合，専門職との望ましい関係はこのモデルであると主張している．

対象を精神障害者のグループに限定したとき，専門職との関係の在り方についての最近の研究として，守田ら(2003)は保健師の立場から，岩田ら(2004)は精神保健福祉士の立場から，それぞれ支援の在り方を提案しているものが見られるが，ここではコミュニティ心理学の立場からの事例を紹介することにする．

三島(2001)は，精神障害回復者クラブにコミュニティ心理学の専門家として加わる中で，その活動にどのような関与が可能かを模索している．「つどい」と命名されたこのクラブは25年の歴史をもつグループで，毎月1回第2日曜日に地域ケア福祉センターで，通常午後1時から4時まで例会をもつ．普段は特別の形式に従って会が進行するわけではなく，その時々に仲間同士が小グループに分かれて，仕事や趣味の話，生活上の困難や職場や家族との人間関係など広範に及ぶ事柄について話し合う．この小グループは，例会の間中作られては壊され，メンバーは部屋の中を自由に移動する．例会後，希望者によって喫茶店などで二次会，三次会がもたれることもある．また，ハイキングや1泊旅行，ワインパーティなど，どこのグループにも見られるような催しが1年の活動行事として組み込まれている．

こうした中で，他のグループとは趣を異にするものとして，3回にわたって刊行された記念誌があり，中でも研究助成を受けた号では，自らの活動の意味を明らかにする目的でアンケート調査を行い，研究の計画・立案・実施・評価の全プロセスに全メンバーが関与してできあがったものであった．三島はここに研究プロジェクトのメンバーとして加わり，セルフヘルプの研究者としての専門性を発揮し，データの分析や考察を担当したのである．

結果から，モデリングの存在と，他者の役に立つ体験－傷つき体験・喪失体験が他者の役に立つというヘルパー・セラピー原則の存在，の二つの重要な要素が浮かび上がり，理論研究でいわれているセルフヘルプ・グループの機能がアンケート調査からも得られたことを，全メンバーが自覚的に認識することとと

なった．
　こうして，三島(2001)は，この研究のプロセスそのものが，当事者自身が，問題がそのまま成長・解決に繋がることを意識化するプロセスでもあり，この調査はその意味でのエンパワメント・アプローチであったと位置づけている．「従来は，こうしたことは，専門家から一方的に規定されていました．当事者自身は，専門職との関係の中で，事実上，こうしたことを意識化する機会を取り上げられてしまってきていたといえます」(p. 177)と述べている．こうした体験を得たメンバーは，問題の内部者の視点から，それまでの専門職中心主義によるサービスシステムに対してその不備を指摘し，ユーザーのニーズに沿った，当事者の実感に根ざしたサービスの創設を主張できる存在になるとして，研究を現場に取り入れることによる，当事者との参加研究(participant research；植村，2008)の可能性を示唆している．アクションリサーチを超えるものとしての参加研究は，よりラディカルなものとして位置づけられ(Brown & Tandon, 1983)，参加者は単に質問紙へのデータ提供やコメントには満足しない．彼らは研究アジェンダをもち，リサーチ・クエスチョンを定義し，知見を解釈し，結果を吟味する．参加研究においては，研究者と参加者はまったくの協働する対等関係にあり，研究は専門家・素人の枠を超えて両者で作り上げるもの，知見は共有されるものとの認識に基づいており，三島はこのことを指摘しているのである．
　以上を踏まえて，三島(2001)は，コミュニティ心理学の立場からの専門家によるセルフヘルプ・グループへの援助の在り方を，①物質的資源の援助，②新しいグループをつくる，③セルフヘルプ・グループ活動に関する研究・調査，④政策策定支援者としての役割，⑤コンサルタントとしての援助，⑥グループへのメンバーの紹介，とまとめている．ただ，これは一方的な援助ではなく，参加協働的援助とでも呼ぶべきものといえるだろう．

【クロージング・エクササイズ】

知的障害者の家族

　3歳年下の弟は，知的障害児の県立特別支援学校高等部の2年生である．中度の精神遅滞と診断され，小・中学校時代は学区内に特別支援学級がなかったこともあり，私と同じ学校ではなく少し離れた学区外の公立学校に通っていたし，今も学校には地下鉄とバスで通学しているので，近所には友達というものがいない．

　私は弟とは仲がよいのだが，それでも弟のことで小学校時代はよくいじめられ，侮蔑的な言葉を吐きかけられ，何度も学校から泣いて帰ったこともあった．そのたびに弟や両親を恨んだものだが，その都度父母に励まされて，なんとか立ち直ってきた．そして，私は勉強で頑張ることでみんなに認めてもらおうとし，また，友達からは嫌われないように，先生には叱られないように，いつも人の顔色を窺うとともに，クラスの誰にも負けまいと頑張ってきた．そんな姿勢がいつしか身についてしまい，友達に指摘されて自己嫌悪に陥ることがよくある．

　父は長崎，母は鹿児島の出身で，高校卒業後就職でこの地に来，職場結婚した．したがって，親類縁者は近くにはおらず，今住んでいる公団住宅も13年前，私が小学校入学直前に移ってきた．父母ともにあまり社交的な性格ではないし，障害児がいることで周囲に対して気後れがあることや，生まれ育ちがこの地元でないこと，団地住まいということなどが重なっていると思うのだが，うちの家族は近所との交流はほとんどない．私もここへ引っ越して来て以来，弟のことを興味本位で知られるのが嫌で，友達を家に連れてきたことはほとんどない．

　父母の里へはお盆の時期に，毎年隔年でどちらかへ帰るのだが，どちらも田舎で，特に父方に帰った際には，母は祖父母の前では嫁として小さくなっているように私には見え，弟の存在をいまだに近所にも知られないようにしているくらいだ．私は腹立たしく思っているのだが，行く前にいつも，祖父母の前では波風を立てるな，と釘を刺されており，いい子ブリッ子を演じてきている．

　父は，弟のことは母任せで，ほとんど関心がないようだ（私にはそう見える）．自分の役割は，一生懸命働いてお金を稼ぎ，弟の将来に少なくとも金銭的な不安がないようにすることだ，と考えているように見える．

　一方，母は，あと1年もすれば弟の学校が終わるので，その後の生活をどうさせたものか，と頭を悩ませている．障害の程度からみて就職は無理で，通所の授産施設に通わせたい様子だが，それとてもどこも満杯で空き待ち状態だというし，その上不況のために仕事が回してもらえず，施設の方もお手上げということらしい．母は地域の「手をつなぐ親の会」に入会はしているが，誘われて時々参加する程度で

熱心とはいえず，したがって，情報も学校からのものが中心のようだ．

　私は，大学に入って，弟のこともあってボランティア・サークルに入部した．これまでいろいろな人の支援をしたり，弟と同じような障害児や児童施設で活動をしてきた．この春2年生になって，サークルの渉外係に任命され，県下の大学の同じサークルの団体に学校の代表として出席するようになり，他大学の学生と知り合いになったり，県や市の福祉課の職員や施設の代表者や職員の人の話を聞く機会も増え，福祉の知識も少しずつ身についてきた．

　父母もまだ50歳前後と若いので，今のところ弟の将来のことを私が心配することはないのだが，10年先，20年先，私はどうしているだろう？　両親は？　弟は？　父母亡き後は？　とふと考えることがある．

　ここに登場する「私」はあなた自身である．コミュニティ心理学を学び始めたあなたなら，障害者をもつ家族の当事者として，また，そうした家族一般のために何をしますか，それはどうすれば可能になると考えますか．コミュニティ心理学の視点から，障害者本人や家族の幸福の増進に寄与するための，大学生のあなたの「身の丈にあった」，実現や改善可能な具体的方策を考え，提案しなさい．

第 IV 部

市民とコミュニティ心理学

―【オープニング・クイズ】―

市民クイズ

①児童のいる世帯の母親のうち,仕事をもっている者の割合は約5割である.
    1. そのとおりである　　　　2. 3割　　　　　　3. 6割

②現在,男性の育児休業取得率は2%程度である.
    1. そのおりである　　　　2. 1%に満たない　　3. 5%程度

③2010年現在,15歳から34歳までのニートとフリーターの合計は,約300万人である.
    1. そのとおりである　　　　2. 250万人　　　　3. 350万人

④最近の調査で「心の病を抱える従業員が増加傾向にある」と回答した企業は4割ある.
    1. そのとおりである　　　　2. 2割　　　　　　3. 6割

⑤現在,「妻が全児の親権を行う離婚」は,「夫が全児の親権を行う離婚」の4倍である.
    1. そのとおりである　　　　2. 3倍　　　　　　3. 6倍

⑥夫から妻への犯罪において,この10年,「暴行」よりも「傷害」の増加の方が著しい.
    1. そのとおりである　　　　2. 同じくらい　　　3. 反対(傷害よりも暴行)

⑦「近所に生活面で協力し合う人が一人もいない」人は半数に及ぶ.
    1. そのとおりである　　　　2. 3割　　　　　　3. 6割

⑧2011年時点で,自殺者は14年連続で3万人を超えている.
    1. そのとおりである　　　　2. 2万人　　　　　3. 4万人

⑨出所受刑者の累積再入所率は,仮釈放者よりも満期釈放者の方が高い.
    1. そのとおりである　　　　2. 同じ程度　　　　3. 反対(仮釈放者の方が高い)

⑩現在,外国人登録者数を国籍(出身地)別にみると,韓国・朝鮮が最も多い.
    1. そのとおりである　　　　2. 中国　　　　　　3. ブラジル

(正解は p. 348)

10 章

ストレス社会に暮らす：
ストレス・コーピングとマネジメント介入

　「ストレスから完全に解放されるということは死である」とストレス学説の創始者の一人 Hans Selye は述べた(田中，1991)ということであるが，21 世紀を迎えた今，われわれの生活はそのあらゆる状況・場面において，どの世代，階層，職業の人々にとってもますますストレスフルなものになってきている．ストレス・フリーの生活は夢想であるにせよ，このストレス社会で暮らしていくためには，ストレスと向かい合い，いかに上手にそれと付き合っていくかが求められる時代といえるだろう．

　ところで，われわれが日常用いている「ストレス」という言葉は，科学用語としては次のように区別されている．**ストレス**(stress)は，①心身の安全を脅かす環境や刺激，②環境や刺激に対応する心身の諸機能・諸器官の働き，③対応した結果としての心身の状態，の 3 側面から構成され，①は**ストレッサー**(stressor：ストレス源)，②はストレス対処(コーピング)，ないし，ストレス状態，③はストレス反応，と呼ばれている．そして，今日，ストレスは心身の両面から研究されているが，身体的安全・健康をこの三つの側面から検討する研究を医学的・生理学的ストレス研究，心理的安寧・精神保健を三つの側面から研究する立場を心理学的ストレス研究と呼んで，二つの研究領域を区別している(小杉，2006)．

　したがって，また，この二つのストレス研究はそれぞれ異なるプロセスとアウトカム(成果)を研究の目標にしている．医学的・生理学的ストレス研究は，環境刺激によって生物的に歪んだ身体が疾患発症(アウトカム)に至るプロセス，すなわち，「環境刺激・ストレッサー→身体諸器官の反応→疾患発症」を研究

目標とする．一方，心理学的ストレス研究では，人間関係を中心とするストレスフルな生活出来事(ストレッサー)の主観的な評価次第で心理的安寧や精神的健康が危機に瀕し，不適合状態(アウトカム)に至るプロセス，すなわち，「ストレッサーの認知的評価→対処→心理的ストレス反応→不適合状態」を研究目標としている(小杉，2006)．

本章では，当然ながら，心理学的研究の側面からストレス問題を取り上げるが，コミュニティ心理学ではとりわけストレッサーを被った人々への援助的介入に関心をもっている．これには，おもにソーシャルサポートと対処(コーピング：coping)があるが，このうち前者については2章で取り上げており，ここでは後者に焦点を当てることにする．

――――【理　論　篇】――――

1節　コミュニティ心理学的ストレス理論：
ドーレンベンドの心理社会的ストレス・モデル

(1)　ドーレンベンド(Dohrenwend, B. S.)モデルの概要

Hans Selyeの生理学的ストレス学説：汎適応症候群，Thomas H. Holmes & Richard H. Raheの社会精神医学的ストレス理論：生活出来事と社会的再適応，および，Richard S. Lazarus & Susan Folkmanの心理学的ストレス理論：認知的評価とコーピング(植村・山口，2007参照)に対して，コミュニティ心理学の視点からのストレス・モデルが，時のアメリカ心理学会・コミュニティ心理学分科会の会長であったBarbara S. Dohrenwendの講演において示された．

「コミュニティ心理学者は何をするのか」，「コミュニティ心理学と臨床心理学はどこが違うのか」というその当時のコミュニティ心理学の研究者や実践家の問いに対する答えとして，Dohrenwend(1978)は，コミュニティ心理学に何らかの秩序をもたらすための概念的枠組みとして一つのモデルを提示した．コミュニティ心理学者が精神機能障害の発症数を少なくすることを欲するならば，

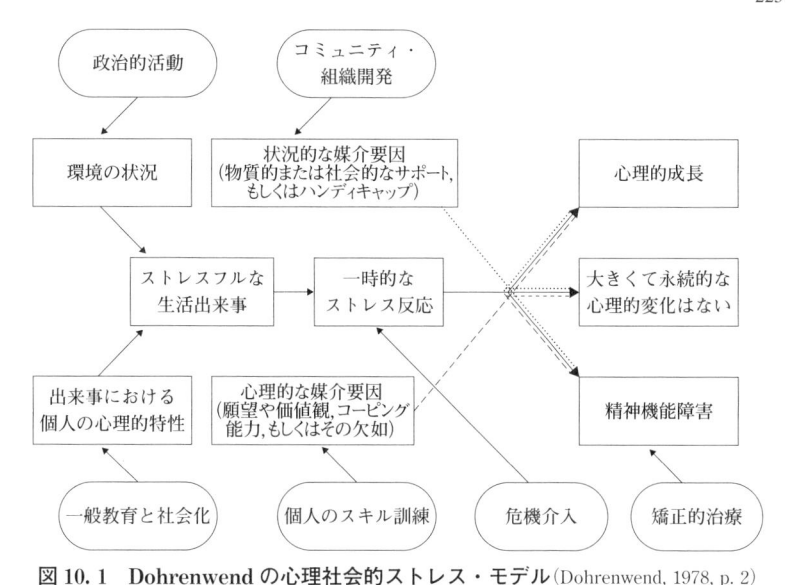

図 10.1 Dohrenwend の心理社会的ストレス・モデル(Dohrenwend, 1978, p. 2)

　その注意をストレスの「プロセス」に焦点づける必要があることをこの心理社会的ストレス・モデルで示したのである(図10.1).

　まずはこの図を簡単に説明しよう．中央の「ストレスフルな生活出来事」，「一時的なストレス反応」は，従来のストレス理論と同様，ストレッサー(ストレス源)とストレス反応である．ただ，それまでの理論と違う点は「一時的な」ストレス反応であり，これがそのまま病気や障害とみなされているわけではないことである．Dohrenwend のモデルでは，精神機能障害と心理社会的ストレス反応とを区別している．心理社会的ストレスは外傷体験となる生活出来事に対する正常な情緒的反応であり，ある個人が精神障害であることを含意しない．つまり，ストレス反応を一つの「症候」と見ることよりも，むしろ，それは自己の中にもっている一つの「一時的な」「プロセス」として見るのである．このストレス状態が可能な限り早く改善されるならば，情緒的反応は精神機能障害へと悪化の道を辿ることは回避できるだろう．そのことは，この四角のさらに右に位置する三つのカテゴリーが表しているが，これについては後に述べることとする．

これより上段にある四角はストレス・プロセスへの環境的寄与を示し，リスク状態にある人々に役立つ環境的資源である．一方，下段にある四角はストレス・プロセスへの個人的寄与を表しており，リスク状態にある人々の個人の抵抗力を強化する資源を示している．ただし，図にもあるように，この寄与資源にはマイナスのものも含まれる．

また，周辺にある六つの丸四角は，環境的資源・個人的資源のそれぞれへの介入のための手段を表している．心理療法のようなこれまでの臨床心理学の介入方法に加えて，コミュニティ心理学が強調するコミュニティ開発や政治的活動（社会変革や市民参加など）が，この全体の中に統合されていることになる．

ところで，このモデルには三つの利点があると Levine et al.(2005)は述べている．第1に，精神機能障害と心理社会的ストレスとの間にはある仮説的な結合があり，その全体像をこのモデルが描いていることである．心理社会的ストレスを強調することで，診断や病気ではなく，もっと違う用語（後述する「危機状態」）で問題を考えることを可能にする．第2に，このモデルは時間の次元を組み込んでいるので，どのような介入が有効であるかを示すことで，治療を探し求める前に予防することができる．第3に，リスク状態にある人の個人的抵抗力を強化する人的資源とともに，その人に役に立つ環境的資源を創り出したり強化したりする，精神保健プログラムをわれわれに考える方向付けをする．つまり，人中心と環境中心の問題の両方を同じ枠組みの中で扱っており，障害の予防への介入とともに，QOLやウェルビーイングの改善のために総合的に用いることができる．

これらについて，以下に解説することにしよう．

(2) ストレスフルな生活出来事

精神機能障害についての伝統的な医学モデルでは，その障害は個人に生得的なものであったり，あるいは，幼児期の経験が原因であるものと見ていたが，Dohrenwend はこれに異を唱えた．このモデルでは，過去の子ども時代の経験よりも，その人の生活の中で起こっている最近の**ストレスフルな生活出来事**（stressful life events），たとえば，離婚とか失業のような「生活事件」といえるようなものや，職場での上司との人間関係や育児上のトラブルのような「日常

の苛立ちごと」のようなものが，個人の適合に影響を及ぼすと考える．ストレスフルな出来事は人のそれ以前の順応の状態に挑戦をつきつけ，新しい状況との適合をその人に要求する．この要求にうまく応えられないと，不安やうつ，混乱，激怒，無力感などの感情や，また，頭痛や不眠など身体的な反応を伴うかもしれない．ただ，これらの反応はその人の現在の順応が挑戦を受けていることへの正常な情緒的反応なのであり，対処するための心理的な手段や，役に立つ支援が十分ではないかもしれないことへのサインであって，一時的なストレス反応であり，それ自体は精神機能障害とはみなされていない．

ところで，ストレスフルな出来事にも多様なものがあり，その性質によってストレッサーを分類することも試みられている(植村, 1994).

1) 急性ストレッサーと慢性ストレッサー：交通事故や火事など，一時的・急性的な性質をもつものと，騒音，家事の負担など，持続的・慢性的な性質をもつものがある．

2) 快ストレッサーと不快ストレッサー：結婚や昇進など，ストレッサーではあっても快適なものと，離婚や失業など不快なものに分けられる．ただ，快か不快かは主観的なもので，客観的に決めるやり方には異論もある．

3) 外的ストレッサーと内的ストレッサー：自己の外部の環境から生じるものと，心や身体など自己の内部の環境から生じるものとに区別できる．外的ストレッサーは，①物理的・生物的・化学的ストレッサー(例：騒音・細菌・放射線)と，②社会的ストレッサー(例：役割期待・人間関係)に，内的ストレッサーは，③情緒的ストレッサー(例：不安・緊張)と，④身体的ストレッサー(例：疲労感・発熱)に分けられる．

こうした種類や内容ばかりでなく，そのほかにも，出来事の強度や持続性，同時多発数や頻度，複雑性，コントロールや予測の可能性なども適合に影響を及ぼすと考えられる．

(3) ストレスフルな出来事に影響を及ぼす個人的要因と環境的要因

上に紹介したようなストレスフルな出来事が，そもそも起きやすい人や環境というものもある．Dohrenwend(1978)は，「ストレスフルな出来事は，それらがその人が置かれている環境によって，あるいは，その出来事の中心となって

いる人の心理社会的な特性によって，決定されるその程度が変化する」(p. 3)と述べており，このモデルが人と環境の両方を説明しており，ある問題のどちらの側面がより重要であるかに関して，われわれが焦点付けをすることを認めるものとなっている．

たとえば，ある人が失業というストレスフルな出来事に直面しているとして，その原因が経済不況という個人の力では如何ともしがたい要因によることや，作業環境の悪さが原因で怪我をし，それが元で退職に追い込まれることもあるだろう（図中の「環境の状況」）．あるいは，ヘビードリンカーであることで，職務上の失敗や人間関係上のトラブルを起こしたことが原因で解雇されるという場合もあるだろう（図中の「個人の心理的特性」）．個人的な理由か環境的な理由か，どちらが原因で職を失ったにせよ，その人は失業というストレスフルな出来事に直面して，新しい状況と適合する必要にせまられる．

ただ，このモデルにおいては，その人にのみ焦点を当てたり環境のみに原因を求めたり，あるいは，その他のすべての要因を無視することでは不十分であると考えている．ストレスフルな出来事の原因がいずれにあるにせよ，モデルが示しているように，それを予防するために介入することやそれに続くプロセスの中で，一時的なストレス反応，さらに，それに続く成果（アウトカム）がもたらされるのである．

また，Dohrenwend モデルでは，ストレス－病理関係において，状況的媒介要因と心理的媒介要因は，ともに成果（アウトカム）を決定するうえで重要な役割を占めている．図 10.1 に明らかなように，状況的媒介要因にはソーシャルサポート（2 章参照）が，心理的媒介要因にはコーピング（後述）が，それぞれ代表的なものとしてあげられている．

(4) 一時的なストレス反応の先にあるもの

一時的なストレス反応と状況的および心理的媒介要因は，モデル図の右端の三つの成果（アウトカム）のカテゴリーを導くうえで複合的なかたちで相互作用する．

Caplan（1964）の**危機理論**（crisis theory）によれば，危機状態は，一方でわれわれを「危険」に導き，精神的脆弱性をもたらすものである反面，人の成長を促

進させる「機会」ともなることを強調している．この考え方を適用すれば，「一時的ストレス反応」は危機状態を意味しており，それは結果として，精神的脆弱性としての「精神機能障害」に至る道や，反対に，成長促進としての「心理的成長」への道を開くであろう．モデル図が示すように，Dohrenwendは，①苦しい経験をクリアーすることの一つの成果としてポジティブに成長したり変化する（「心理的成長」），②その人にとっての本質的な元の状態に戻る（「心理的変化なし」），③永続的な精神機能障害を発達させる（「精神機能障害」），の三つの成果を描いている．

　臨床心理学や精神医学に基づく臨床的な努力の大部分が，この心理社会的ストレスのプロセスの最終地点での「治療」の提供である．Dohrenwendは，ストレスが原因で引き起こされる精神機能障害の症状に立ち向かう人々への最良の方法は，できる限り早期の時点で危機状況に出会うことであり，そこで可能な限りの一次予防の努力をすること（例：知識や情報の収集・サポート源の確保）であると仮定した．それゆえに，Dohrenwendは，この図の周辺に位置する市民参加や社会変革のような「政治的活動」や「コミュニティ開発」や「教育」を通して，望ましくない出来事が生起する前に，あるいは，極力それらがその個人にとっての最後の問題になりそうになる前に，コミュニティに対して危機介入の提供ができることを示すために，コミュニティ・ベースのストレス・プロセスのモデルを提示したのである．コミュニティ心理学の立場からのストレスの研究や実践は，治療に至る以前の段階への予防的介入にあることが理解できるであろう．

2節　コーピング

(1) コーピングとは何か

　すでに見てきたように，Dohrenwend(1978)の心理社会的ストレス・モデルにおいては，一時的ストレス反応がどのような結果を招来するかには，状況的媒介要因と心理的媒介要因が大きく関わっている．このうち，心理的媒介要因においては，中でもコーピングの占める位置はきわめて重要なものである．これと類似する考え方は心理学的ストレス理論を提唱したLazarus & Folkman

(1984)にも見られ，次のように定義している．

　コーピング(coping：対処)とは，「能力や技能を使い果たしてしまうと判断され自分の力だけではどうすることもできないとみなされるような，特定の環境からの強制と自分自身の内部からの強制の双方を，あるいはいずれか一方を，適切に処理し統制していこうとしてなされる，絶えず変化していく認知的努力と行動による努力」(訳書 p. 143)である．この定義から，コーピングのもつ三つの特徴が浮かび上がってくる．①コーピングは安定したスタイルや性格特性ではなく，状況によって変化する動的なプロセスである，②コーピングは意識的な努力であり，無意識レベルでなされる防衛機制や適応機制とは異なる，③コーピングとコーピングの成果とは別個である．

　つまり，コーピングはストレッサーによって生起した反応ではなく，一つの目的的行為であり，その目的は心理社会的ストレス反応の低減にある．それゆえ，成果がどうであれ，その行為はすべてコーピングとして捉える必要がある．

(2) コーピング方略の分類

　コーピングを分類することが試みられている．最もよく知られた分類が，どこに焦点付けをするかによる分類で，Lazarus & Folkman (1984)はこれを問題焦点型と情動焦点型と名付けた．前者は課題中心の方略で，ストレスの原因となっている出来事を根本的に取り除くという課題に取り組むことに焦点を当てたコーピングの仕方であり，問題解決に向けて情報収集する，計画を立てる，具体的に行動する，といった方略をとるやり方である．一方，後者は当面の問題によって生じている情動的な興奮状態を緩和することに焦点を当てる方略で，直面する問題について考えないようにする，問題の意味を考え直す，気を紛らわすために何かほかのことをする，といった方略をとるやり方である．

　Carver *et al.* (1989)は能動スタイルと回避スタイルに分けている．前者は上記の問題焦点型にほぼ対応しているが，回避スタイルというのは，典型的には，事柄を否定や拒否したり，酒を飲んで紛らわせたり，状況から撤退するといった対処の方略を表す．回避は最後の手段として用いられるべきであり，生き方として用いるべきではない．しかし，他の技術や方法によっては管理できないストレスフルな状況というものが存在することも事実であり，そのような状況

下でのコーピングとしては望ましい方法であろう．

(3) プロセスとしてのコーピング

コーピングとは次々と移り変わるプロセスの中で起こる現象であり，人はそのコーピングのプロセスのある段階では，情動の流れに任せるようなやり方に依存しなければならないかもしれない．しかし，別の段階では，課題解決のような別のやり方を駆使しなければならないかもしれない．このようなプロセスの移り変わりは，対処する人と，それを取り巻く状況との関係が変化していく限り続いていくものである．

コーピングがプロセスであるということは，それぞれの場面や状況で適正な，できれば最適のコーピングをするに当たっては，文脈の存在を無視することができないことでもある．Dalton et al. (2001)が述べるように，人は孤立してコーピングすることはなく，人との関係の中でコーピングしていくのである．生態学的な視点から見ると，コーピングは文脈に依存するものであり，いかなる場合にも優れているというようなコーピングのスタイルや方法があるわけではない．社会的・文化的要因，性差やさまざまな多様性，近隣・組織・ミクロシステムといった生態学的なレベル，そして，ストレッサーの種類なども考慮に入れる必要があるということである．

3節　ストレスマネジメント介入

(1) ストレスマネジメント介入とは何か

最近，「ストレスマネジメント介入」という言葉がストレス科学の研究者から聞かれるようになってきた(津田ら，2004；坂野監修，2004など)．この用語そのものを定義したものは見あたらないが，山田(1997)によれば，**ストレスマネジメント**(stress management)とは，「ストレッサーの増大にともない，心身の緊張(ストレス)が過負荷とならないようにコントロールする計画的活動をいう」(p.173)．また，介入とは，システム論の立場からコミュニティ心理学を捉えたMurrell(1973)は，「個人もしくは社会システム，ポピュレーションまたは社会システムのネットワークの内部に変革を導入する際になされる，何らかの組

織的な努力のことであり，しかもそれが期待する目的は，個人と環境との適合性を改善することである」(訳書 p. 199)と定義している．介入することは，対処することとともにコミュニティ心理学の重要な理念であり，技術である(植村，2008)．その言葉どおり，現象や問題に当事者以外の者が傍観することなく意図的に関わることであり，アクション・リサーチはその実践的介入技法の一つである．

したがって，ストレスマネジメント介入とは，具体的には，ストレッサー，コーピング，ストレス反応という一連のプロセスに介入することで，ストレスを適度かつ良質に保ったり，ストレスから発する疾病を予防し，健康を保持するべく管理する実践技法である．

(2) ストレスマネジメント介入の実際

ストレスマネジメント研究の動向を，1997年から2001年に公刊されたアメリカ心理学会のデータベース PsycINFO に基づいて分析した津田ら(2004)によれば，ストレスマネジメントの対象者はその大半(83%)が成人であり，一次予防，二次予防，三次予防のすべてのレベルで実践されており，また，その設定場面は，臨床場面，職場，学校の順で，おもに心理的指標(POMS・GHQ・STAIなど質問紙)による介入の評価測定では全体の97%に何らかの効果が認められており，その有用性はきわめて高いという．

一方，鈴木(2004)は，わが国で過去10年間に公表されたストレスマネジメント研究を分析し，そこで取り上げられた実践領域を，職場(企業人・看護職・教員など)，学校(小学生から大学生・不登校生徒など)，地域社会(地域住民・災害被災者・事件の被害者など)，医療・保健領域(難病・がん・小児ぜんそく患者など)，家庭(高齢者・主婦・在宅介護者など)，に分類している．そのプログラムは，ストレスへの耐性を高めることを狙って職場全体の単位でリラクセーション法を学習するものから，予防的取り組みである点では共通しているが，たとえば，看護職が経験するストレスの特徴を考慮した介入内容のものや，事件の被害者が重篤なストレス性障害を引き起こすことがないよう個別の危機介入を行う取り組み，あるいは，がんなどの病気に伴う心身のストレスを緩和するための治療的介入，さらに，地域住民の生活習慣病予防を狙い，健康の維持・増進を積

極的に意識した広域レベルの取り組みなど，多様なプログラムが実践されている．

ただ，ストレスマネジメント介入は，津田ら(2004)が指摘するように，これまで Lazarus & Folkman(1984)の心理学的ストレスモデルをその理論的枠組みにして実践されてきており，アプローチ法として，図10.2 に示されるように，ストレッサーの軽減を目指す環境調整を行うことよりも，ストレッサーの認知を変えたり，問題に対するコーピングを強化したり，ストレス反応の緩和を目指すという，人中心の介入がほとんどである．コミュニティ心理学が重きを置く環境中心の介入，すなわち，環境内にあるストレスの原因となる物的・人的・社会的要素を改善・除去する取り組みは，Dohrenwend のモデル図10.1 におけるソーシャルサポートによるアプローチを除いては，まだ乏しいといわざるを得ない．

コミュニティ心理学者として，コミュニティ内の有効なコーピング資源やマネジメント資源を人々に教授・伝達することは，彼らが問題場面や危機に上手に適合するのを援助することに大いに役立つことである．

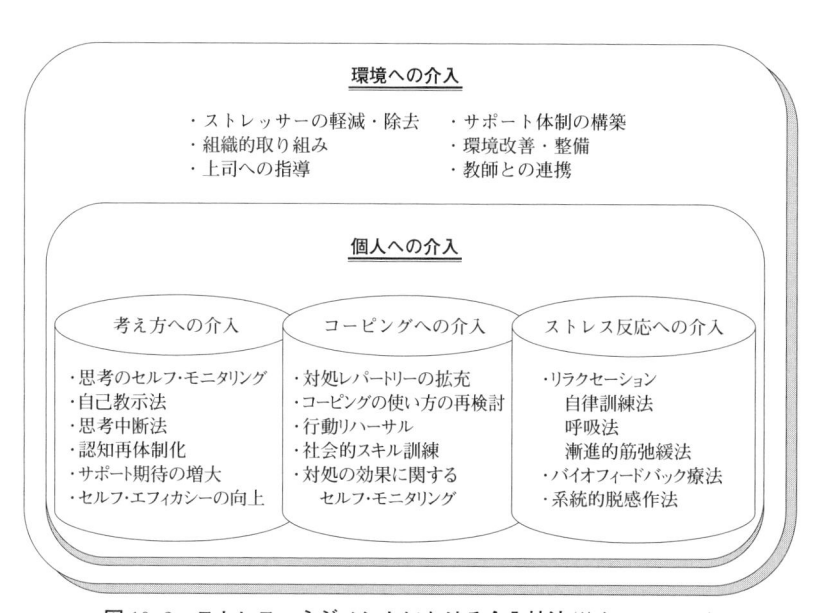

```
┌─────────────────────────────────────────────┐
│              環境への介入                    │
│  ・ストレッサーの軽減・除去  ・サポート体制の構築  │
│  ・組織的取り組み          ・環境改善・整備    │
│  ・上司への指導            ・教師との連携      │
│                                              │
│              個人への介入                    │
│  ┌──────────┬──────────┬──────────┐         │
│  │ 考え方への │ コーピング │ ストレス反応│         │
│  │   介入   │ への介入  │ への介入   │         │
│  ├──────────┼──────────┼──────────┤         │
│  │・思考のセルフ│・対処レパート│・リラクセー  │         │
│  │ ・モニタリング│ リーの拡充  │ ション     │         │
│  │・自己教示法 │・コーピングの│ 自律訓練法  │         │
│  │・思考中断法 │ 使い方の再検討│ 呼吸法     │         │
│  │・認知再体制化│・行動リハーサル│ 漸進的筋弛緩法│         │
│  │・サポート期待│・社会的スキル │・バイオフィード│         │
│  │ の増大    │ 訓練      │ バック療法  │         │
│  │・セルフ・エフィ│・対処の効果に │・系統的脱感作法│         │
│  │ カシーの向上│ 関するセルフ・│           │         │
│  │          │ モニタリング │           │         │
│  └──────────┴──────────┴──────────┘         │
└─────────────────────────────────────────────┘
```

図 10.2　ストレスマネジメントにおける介入技法(鈴木, 2004, p. 9)

なお，本章では，ストレスの「測定」に関する記述を紙幅の都合上割愛した．ストレッサー，ストレス反応，コーピング，ストレスマネジメントの効果，などの測定尺度や指標については，他書(パブリックヘルスリサーチセンター，2006；小杉編，2002；坂野監修，2004 など)を参照されたい．

――――――――――【展　開　篇】――――――――――

無数にある生活場面のストレス問題の中から，ここでは，職場生活，家庭生活，地域生活の一端をトピックとして紹介することとした．

4 節　ヒューマンサービス職のバーンアウト

ヒューマンサービス職とは，看護師・教員・ヘルパー・警察官など，顧客にサービスを提供することを職務としている職業の総称であるが，その活動領域は，医療・教育・福祉・治安など公共サービスが中心になる．これらの職業に共通する仕事の特徴として，①一般に弱い立場の人を対象にしており，それだけに相手に対する配慮が不可欠で(温かく人間的)，同時に，慎重かつ理性的な判断・対応(冷静で客観的)という，優しさと厳しさといういわば相反する役割が求められる．②人命に関わるなどミスが許されない重い責任が課せられ，強度の緊張を強いられる．③専門性が高く，たゆみ無い知識や技量の維持・向上が求められる．④各自が独立した専門家と位置づけられており，協力やスムーズな人間関係を保つことがむずかしい．⑤必ずしも期待した成果が達成されず，職務満足度や自尊感情が低下しやすい，ことなどがあげられる．

たとえば，看護師の場合，ストレスの原因として，①仕事量の多さと役割の曖昧さ，②看護師同士(同僚・上司)や他職種との関係，③患者との関係，④専門職としての裁量権の低さ，などがあげられ(川口，2004)，これらが相まって，今まで精力的に働いていた人が急にその意欲が失せ，いわば燃え尽きたように働かなくなってしまう，バーンアウトと呼ばれるヒューマンサービス職に特有

4節　ヒューマンサービス職のバーンアウト

のストレス反応が現れる．

バーンアウト(burnout：燃え尽き症候群)とは，落合(2009)によると，Maslach & Jackson(1981)は，「ヒューマンサービスの従事者が，長期の対人援助の過程で，解決困難な課題に常にさらされた結果，極度の心身の疲労と情緒の枯渇をきたした症候群」と定義しており，①情緒的消耗感，②脱人格化，③個人的達成感，の三つの尺度からなる「Maslach Burnout Inventory(MBI)」を開発した．①情緒的消耗感とは，「仕事を通じて，情緒的に力を出し尽くし，消耗してしまった状態」と定義され，バーンアウトの主症状と考えられている．単なる消耗感ではなく，「情緒的」と限定がついているのは，バーンアウトの結果生じる身体的・精神的消耗感の主たる源が「情緒的な資源の枯渇」にあるからである．②脱人格化とは，「サービスの受け手に対する無情で，非人間的な対応」と定義され，相手の人格を無視した，思いやりのない紋切り型の対応をとることをいう．③個人的達成感とは，「ヒューマンサービスの職務に関わる有能感，達成感」と定義され，サービス・レベルの低下や成果の急激な落ち込みと，それに伴うヒューマンサービス従事者としての自己評価の低下が，個人的達成感の低下と名付けられたものである(久保，2004)．バーンアウトを測定するための心理尺度は上記のMBIが有名で，日本では久保(2004)や田尾・久保(1996)によって「日本語版バーンアウト尺度」が開発されている．

個別のヒューマンサービス職のストレスについて，単発の研究論文は別として，教師については岡田(2005)が保護者との対応や学級崩壊，同僚との人間関係などに分けてストレス対処法を，保育士については雑誌『保育の友』(2006)が，警察官については長井(2001-2009)が，さらに，医師のストレスについては雑誌『医学のあゆみ』(2008)が救急医や麻酔医，小児科医など専門領域に特徴的なストレスを，それぞれ連載や特集を組んで紹介している．なお，そもそもバーンアウト研究の発端ともなった看護師についての特集や連載は見あたらないが，川口(2004)がその全体を要領よくまとめており，また，落合(2009)はエスノグラフィーの手法を用いて精神科看護師と教師についての分析を行っている．

いずれにせよ，こうした公共性の高いヒューマンサービス職のストレス問題は社会の骨組みそのものを揺るがしかねない喫緊の解決を要する問題であり，ストレスマネジメントの確立が求められている．

5節　ワーク・ファミリー・コンフリクトと従業員支援プログラム

2007年末，政府・地方公共団体・経済界・労働界の合意により，「仕事と生活の調和(ワーク・ライフ・バランス)憲章」が策定された．このワーク・ライフ・バランスを実施するうえで最も重要な対象とされているのは子育て中の女性労働者であり，日本の場合，共働き夫婦であっても女性に家事・育児役割が偏っていることが多く，仕事と家庭の間の葛藤が強いと精神的健康に悪影響を及ぼすことは容易に想像できる．

渡井(2007)は，ワーク・ライフ・バランスにおけるストレス指標の一つとして「ワーク・ファミリー・コンフリクト(WFC)」を設定しているが，金井(2002)は，これを「役割葛藤の一形態であり，組織からの要求が家庭における個人の達成を阻害し，また家庭からの要求が組織における個人の達成を阻害すること」(p.108)と定義したうえで，この葛藤を規定する要因を明らかにし，さらに，それが結果としてのストレイン(strain：ストレス反応)に及ぼす影響を調べている．調査は民間企業に勤務する正規従業員502名に行われたが，ここでは共働きの女性(n＝111)の結果を紹介する．

まず，WFCは因子分析の結果，3因子構成であることが明らかとなった．すなわち，家庭領域からの要求が職場での役割の達成を妨げる「家庭→仕事葛藤」，仕事領域からの要求で家庭での役割を妨げる「仕事→家庭葛藤」，家庭と仕事の両方をこなそうとするあまり，いつも時間に追われたり時間の不足感を感じている「時間葛藤」である．共働きの女性は，妻専業主婦の男性群や共働きの男性群に比べて3因子とも平均値が高いが，「時間葛藤」以外の二つの因子はこれら両群との間に有意な差が現れており，共働きの女性が家庭からも仕事からも大きな葛藤を抱えていることが解る．

これに対して，「時間葛藤」は仕事領域(仕事時間・仕事過重)からの影響をもっぱら受け，仕事うつ傾向へ，ひいてはストレインを導く．一方，家事をしっかりこなしたいという家事時間関与が高いほど「仕事→家庭葛藤」が高くなるが，ただ，この葛藤は仕事や家庭のうつ傾向や満足度に影響を及ぼしておらず，ストレインを導かないという特徴が見られる．葛藤を抱えながらも上手に自己完結しているのかもしれない．

ところで，妻が専業主婦の男性群と共働きの男性群との間には，用意されたすべての変数の平均値間に有意な差はなく，これに関しては男女差が明確であり，同じ共働きの男女間では，仕事過重は男性に高く，家事過重および上述したように WFC は女性に高かった．これらのことから，共働きの状況においても，男性は仕事，女性は家事という伝統的性役割観が明確であり，家庭から職場に進出しているかたちになっている女性の方に特に大きな負荷が生じていると考えられた．

上述した渡井(2007)によれば，海外の先進国と比較して日本女性の WFC の高さや精神的健康の悪さとの関連が際立っていること，男性に比べて役職の有無と WFC との関連が強いこと，「仕事→家庭葛藤」が「家庭→仕事葛藤」よりも高いことも指摘され，仕事に偏る日本の労働者の葛藤とその健康への影響の関連が明らかになりつつある．また，夫婦間において，WFC と精神的健康，結婚満足の3者の間には交互作用があり，ストレッサーとストレインという一方向の関係ではなく，複雑なメカニズムであることが示唆されていること，WFC と子どもへの受容的養育態度の悪さとの関連が指摘され，WFC は労働者本人の健康だけでなく家族の健康へも影響する可能性があること，などがわかってきているという．

こうした，ワーク・ライフ・バランスやワーク・ファミリー・コンフリクトを含む労働者の精神保健問題に対して，わが国でも近年サービスが提供されるようになってきた．従業員支援プログラム(Employee Assistance Program：EAP)と呼ばれる活動がそれである．

北島・深尾(2007)の紹介による国際 EAP 学会の定義によれば，EAP は，「仕事上の業績に影響を与える従業員の個人的問題(健康・結婚・家族・経済・アルコール・薬物・法律・感情・ストレスなど)を見付け，解決する」ための各種の援助，および「職場組織が生産性に関連する問題を提議する」ための援助を行うこととされ，その範囲は健康管理からそれに影響する経営管理的要素にまで至る．具体的支援内容として，①企業リーダーに対するコンサルテーション・研修・援助，②従業員への秘密厳守で迅速な問題発見／評価サービスの提供，③従業員への建設的直面化・動機づけ・短期介入，④従業員の医学的診断・治療・援助のための専門機関の紹介，⑤サービス・プロバイダーとの関係構築・維持に

ついての企業へのコンサルテーション，⑥従業員・企業への医学的・行動的問題(アルコール依存・精神障害など)をカバーする健康保険・福利厚生などの資源の利用促進のためのコンサルテーション，⑦企業や個人の業績へのEAPの効果の確認，などがある．

EAPには，企業内にEAPスタッフを配置して問題に取り組む内部EAPと，企業外のEAP業者に契約委託する外部EAPがあり，また，その利用方法としては，相談したい本人が任意で利用するセルフ・リファーと，上司などが部下に利用を勧めるマネジメント・リファーがある．上記の支援内容からも窺われるように，カウンセリングのみならず，研修や管理職へのコンサルテーションなど，組織という社会環境に積極的に働きかけていくことで，問題を早期発見・早期解決，さらには予防へと繋げる．コミュニティ心理学の理念や方法論が活用されている．

6節　在宅障害高齢者の介護ストレスへの対処

身体的あるいは認知的な障害で自立が困難になった高齢者の在宅介護は，介護者の生活を拘束し，長期間にわたる介護ストレスは介護者の精神保健を損なわせる．介護者が介護に拘束されすぎることなく精神保健を維持していくには，介護者の対処(コーピング)の在り方が重要となる．岡林ら(1999)は，在宅障害高齢者の介護ストレスに対する主介護者のとる対処方略を類型化し，それが精神保健に及ぼす効果を検討している．

東京都三鷹市に住む，障害高齢者と同居している主介護者834名に訪問面接調査を行った．対処方略の20項目を因子分析した結果5因子が抽出され，第1因子：介護におけるペース配分(例：できる範囲で無理をしないようにお世話をする)，第2因子：介護役割の積極的受容(例：意思の疎通を図り○○さんの気持ちを尊重する)，第3因子：気分転換(例：お世話に振り回されず意識的に自分自身の時間をもつ)，第4因子：私的支援追求(例：お世話している人同士で励まし合う)，第5因子：公的支援追求(例：お世話に役立つ情報を集める)，と名付けられた．二次因子分析の結果，第1・第2因子が"接近型"，第1・第3因子の"回避型"，第4・第5因子が"支援追求型"としてまとまり，第1因子のペース配分が接

近型と回避型の両方に関わる形で，五つの因子が三つの上位概念を構成することが確認された．

これらの対処方略と燃え尽き(バーンアウト)との関連については，パス解析によって行っており，ストレス反応としての燃え尽きは前述のMBIを在宅介護者用に適用した尺度で，5種類の対処方略とストレス反応を媒介する2次ストレッサーとして介護拘束度(介護の世話の程度を5段階自己評定)を変数として置くモデルを設定している．

その結果，先ず，接近型の対処方略である「介護役割の積極的受容」は介護拘束度を介して燃え尽きに結びつき，介護者の精神保健を悪化させることが見出された．介護者が熱心になるあまり介護に縛られすぎて，最終的には燃え尽きてしまう可能性が示唆された．次に，回避型の対処方略である「介護におけるペース配分」は直接的に，「気分転換」は介護拘束度を介して間接的に，燃え尽きを減少させた．つまり，燃え尽きを防ぐためには気分転換をして介護拘束度を減らすことが有効であるが，介護に拘束される時間を減らすことができない場合にはペース配分を行うことが重要である．最後に，支援型の対処方略である「私的支援追求」は燃え尽きと正の関連が見られ，また，「公的支援追求」も有意ではないものの同様の関連が見られており，精神保健が悪化している人ほど支援を求めるという，因果関係の方向性が逆転している可能性が示唆された．

従来の研究では，回避型の対処方略(気分転換・ペース配分)は精神保健を悪化させるという関係が多くみられるが，本研究における回避型の対処方略には，介護拘束度や燃え尽きを減少させる肯定的な効果がみられたことが特徴的で，主介護者が介護に拘束されすぎずに，"回避型"の対処方略をとることを許容する環境を整えることが，燃え尽きを防ぐ重要な要因であることが示唆された．

なお，この岡林ら(1999)の研究とは別に，在宅介護者のコーピング尺度について，石川(2007)は，認知的対処(例：今の経験はためになると思うことにする，こんなこともあると思ってあきらめる)，問題解決的対処(例：どうすればよいか解決策をいろいろ考えてみる，公的サービスを積極的に利用する)，気分転換的対処(例：意識的に自分の時間をもつ，気晴らしや気分転換になることをする)，ソートストッピング対処(例：先のことはあまり考えないようにする，大した問題ではないと考える)，

サポート希求対処(例：家族や周りの人に協力してくれるように頼む，お世話にまつわる苦労や気持ちを人に聞いてもらう)，と名付けた因子に基づく下位尺度を作成し，また，荒井・杉浦(2000)は，家族介護者のストレスを測定する心理尺度として，Zarit & Zarit(1987)によって開発された21項目からなる「Zarit介護負担尺度日本語版」を紹介している．

7節　災害被害者のストレスと心のケア

1995年1月17日に発生した未曾有の阪神・淡路大震災については，臨床心理学を中心に数多くの研究報告や実践活動が提出されている．

震災直後になされた城・小花和(1995)の調査研究に基づく災害ストレスの諸相では，次のことを明らかにした．調査1では，被災した神戸市全区および阪神地区各市住民のうち4歳から88歳の748名を対象に，地震発生当日から約1か月間に発現したストレス症状の内容とその程度を，桂(1989)の「簡易ストレス度チェックリスト(SCL-S)」30項目によって行い，不便な生活環境からくる生活ストレスが対象者の属性とどう関わっているかを分析した．その結果，①避難所生活者群は避難所以外での生活者群よりも高いストレスを自覚しており，重度のストレス7％，中度33％，軽度28％，正常と診断されたのは32％であるのに対し，避難所以外の群では，正常が58％，重度2％，中度17％，軽度23％であった．②性別・世代別では，50歳代・60歳代が最もストレスが高く，中でも避難所生活者の60歳代の女性が最も高いストレスを自覚していた．

一方，調査2では，神戸市灘区，須磨区，西区内にある六つの幼稚園に通園する3歳から5歳の園児の母親1005名を対象に，地震発生当日から約3か月間に園児と母親に発現したストレス症状を，園児については身体的症状(15項目)と行動上の症状(85項目)について，地震前にはなかったのに地震後に現れたものを選択してもらい，母親にはSCL-S(30項目)を行った．その結果，①おねしょ，頻尿，下痢・便秘，食欲不振など，泌尿器系・消化器系に関する身体症状，怖い夢を見たと訴える，ちょっとしたことですぐ目を覚ます，などの睡眠障害，一人でできることでも親に頼りたがる，親がいないと怖がる，などの分離不安が出現するようになっていた．②子どもと母親は，物理的ダメージが

大きい場合に強いストレス症状を示した．③母親にとっては，避難状況や家屋が受けた物理的ダメージ以上に，子どもの示すストレス症状の特徴がストレッサーとして強い影響力をもっていることが示唆された．

杉村(2001)は，被災県の臨床心理士会の代表として，災害直後から支援活動に携わった立場と経験から次の点を指摘している．まず，被災者とコミュニティの回復プロセスとして，一般に，英雄期，ハネムーン期，幻滅期，再建期の4期に分けられているが，これは比較的被災状況が軽度で，コミュニティもある程度その機能を発揮できる状態での心の回復過程であり，阪神・淡路大震災のように急性ストレス障害(ASD)や心的外傷後ストレス障害(PTSD)の深刻な状態にある被災者は，上記の典型的な回復過程を辿るのは困難で，対象喪失に伴う抑うつ反応が強く，モーニングワーク(悲哀の心の作業)を辿る．また，兵庫県教育委員会が震災の翌年から4年間県内全域の公立小・中学校生徒に行った悉皆調査の結果として，①心の健康に教育的配慮を要する児童生徒数は，4年間で横ばいからむしろ増加傾向にあること，②激震地ほど後遺症の傷跡が深いこと，③要因別では震災の恐怖によるストレスが最も多く(44%)，以下，震災による二次的ストレスともいうべき家族・友人関係の変化，住宅環境の変化，経済環境の変化と続くこと，④仮設住宅から復興恒久住宅に転居する児童生徒数が増加し，教育的配慮を要する数も増加していること，が明らかとなったが，これらのデータから，避難所→仮設住宅→復興恒久住宅と住居を転々とせざるを得なかった子どもほど震災後遺症の傷が深いことが示唆される，と指摘している．さらに，スクールカウンセラーとしての臨床心理士の心構えとして，①ゆっくり話を聞く，②話の腰を折らない，③安易な扱いをしない，④感情を受け止める，⑤悲哀を尊重する，⑥恐怖を和らげる，⑦罪悪感を取り除く，⑧怒りを認める，⑨強くなることを勧めない，という被災者支援の原点に立ち戻って関わることを求めている．そしてさらに，多様な支援活動から得た教訓として，臨床心理士のパラダイムシフト，つまり，従来の密室における「座して待つカウンセリング」(waiting mode)から「活動するカウンセリング」(searching mode)へという，インドアーからアウトリーチへのコンセプト・チェンジが，臨床心理士に社会的に要請されるだろうとしている．

コミュニティ心理学の視点に立って，研究参加者である被災者との協働的実

践を行った研究が，阪神・淡路大震災の2年前に起こった「北海道南西沖地震」に遭遇した奥尻島青苗地区住民への，若林(2003)によるアクション・リサーチである．彼は，「災害に遭うとはどういうことか」という問いの回答として，①受動的になること，②時間的展望が脅かされること，③人間関係が複雑になることだとし，この三つの認識に立って被災地の青苗地区の町内会に介入し，住民やコミュニティがどうすれば能動的になれるか，被災の時間軸での位置づけを明確にしうるか，人間関係を再構成することができるか，という達成目標を設定し，そのうえでいくつかの具体的な実践活動を展開している．自治体や研究者から強制されたアンケート調査ではなく，被災住民自身をして「オラッチのやった調査」と語らしめた，筆者自身が町内会と共同で実施した災害1年1か月後，および4年後のアンケートや，被災当時青苗地区を訪れたボランティアたちへ宛てた住民からの手紙(通信文)づくりとともに，災害前の「町並みのミニチュア模型づくり」は特筆すべきものである．災害から4年が経ち，津波で家を失った住民も，家族や親戚を亡くした住民も，少しずつ落ち着きを取り戻した一方で，以前誰がどこに住んでいたかの記憶が薄れ始めた時期に，住民が寄り集まり思い出しあって，家の造りや屋根の形まで精巧な1センチ立方ほどのかつての「わが家」を自らの手で作り上げ，70センチ平方ほどの地区の地図の板の上に貼り付けて塗装したのである．若林は，「〈思い出すこと〉，〈話すこと(話し合うこと)〉，〈形あるものを作ること〉などさまざまの営みがあずかっており，この作業が有した作用あるいは働きは複合的である」(pp. 336-337)と述べているが，作業を通し視覚に訴えることで記憶を呼び戻し，情緒を共有し，コミュニケーションを促す点で，先の三つの目標が見事に具現化され，地区住民のエンパワメントや再結束に貢献する力となり得たことが推測される．5章7節で紹介した地域回想法，および，そこでのコミュニティの語り(コミュニティ・ナラティブ)を，図らずも体現したものとなっているといえよう．

　追記：本章記述直後の2011(平成23)年3月11日に，東日本大震災が発生した．この節に関するまさに最新の事態ではあるが，終章の最後にも付け加えたように，本書編集段階では研究レベルの情報は未だ断片的なものしか得られていないこともあり，ここでは触れることを差し控える．

11 章

多職種との連携：コラボレーション

　序章の章頭にいくつかの例をあげたように，今日，コミュニティは，地理的コミュニティと関係的コミュニティとを問わず，また，その規模の大小を問わず，多種多様な社会問題を抱えている．心理学が扱いうる市民生活に関わる社会問題も同様で，精神保健問題に限らず，特定の限られた専門家だけでは対応が困難なほどに複雑な要因が絡み合ったものが多くなっており，単一の視点や方法では解決が難しく，多面的・多層的で長期的な介入を必要とするという特徴をもっている．

　それでは，こうした状況に対して，どのようにすれば適切な対応が可能となるのであろうか．本章で取り上げる**コラボレーション(協働)**という考え方が，それに道を拓くものとして期待が集まっている．岸本(2008)によれば，「コラボレーション(collaboration)は，協同，協力，共演，合作，共同作業，共同研究などを指す言葉で，そのままカタカナで表記されることも多いが，協働という訳語が当てられることもある．芸術，特に音楽の分野ではよく使われる言葉だが，近年では漫画制作や企業間，ブランドと雑誌やショップなどの共同企画にも使われ，その内容は多岐に渡っている」(p. 173)といい，また，藤川(2008)は，異職種間の協力を表す概念の一つで，欧米では1970年代から広まり，1990年代には医療・福祉・教育などの対人援助サービスの現場で重視されるようになったが，日本では2000年代に入って次第に注目を集めるようになっている，と述べている．

　その定義などに関しては後に紹介するが，要するに，複雑化した現代の多種・多面・多層的な様相を呈する社会問題に適切に介入・対応し，解決を図るためには，問題を発生させている社会的・経済的・文化的・制度的・歴史的な

ど，多側面から問題を捉え直し，要因を解きほぐす必要があり，そのためには多職種や多学問間の連携による協力が必要であるということである．近接の学問や研究者との協働は，より全面的で道理に適った変革を生み出すための一つの有力な手段であり(Strother, 1987)，また，他の学問がある現象をどのように見ているかについての新しい気づきを与え，それにより視野が広がり，新しい視点を採用できる(Kelly, 1990)として期待される．一方，援助を受ける当事者(利用者・ユーザー)にとっては，「社会生活者としてのクライエント」という視点で扱われることで，自らがもつ多様な社会・心理的なニーズに，多職種・多学問の援助者あるいは組織間の連携や協働によって，適切に応じてもらえることを意味する．

このように，コラボレーションが今日のコミュニティ心理学の理念の一つとなっており，また，コミュニティ心理学の定義においても，近年の定義になるほどこの概念が重要視されてきていることは序章で紹介した．わが国でも，高畠(2005)が日本コミュニティ心理学会の会長就任に当たっての挨拶で，コンサルテーションやネットワークの概念以上に，対人援助職の人々にパラダイム・シフトを起こす，より根源的，包括的概念としてのコラボレーションの追究の必要性を訴えている．また，福山(2002)はソーシャルワークの立場から，地域における保健・医療・福祉の援助システムが重要視されてきた今，この協働態勢(コラボレーション)をいかに効果的に活用するかがそれぞれの専門職にとっても，専門機関にとっても，専門領域にとっても重要問題となっている，と指摘している．

ところで，確かにコラボレーションが複雑・多様化する今日の社会問題に対処する有力な概念であり，方法であることは理解できるとして，注意すべき点は，先の岸本(2008)が述べるように，「コラボレーションと口にするのは簡単だが，考え方や背景の異なる2つのものが協働することは，自らが根本から変革することを余儀なくされるような大変なことであることを認識しておかねばならない」(p. 178)．本章では，こうした警告をも踏まえながら考察することとする．

──────────【理　論　篇】──────────

1節　コラボレーションとは何か

(1) コラボレーションの研究史的背景

　コラボレーションが注目されるようになった時代的背景については，上に述べたような事情があるが，研究史的背景としては3点ほどが考えられる．
　一つ目は，Kult Lewin に始まる**アクション・リサーチ**(action research)の流れで，研究者が実際にコミュニティで何らかのアクションを実行するという動きが高まってきたことである．アクション・リサーチとは，社会問題の解決に当たっては，より現実社会と関連のある環境下での研究を重視し，現場の実践の中から求められたり必要とされるものを掴み，それを理論的および方法論的に精緻化することで研究を創造しようとする考え方である．この現場には，当然のことながら多様な専門家や職種の人がおり，相互の協力・連携のもとでよりよい成果が得られる可能性が高まる．Duffy & Wong(1996)は，アクション・リサーチをコミュニティ心理学の基本理念の一つとして掲げているが，コミュニティにおける研究の複雑さに対応するにはこの研究法が重要であること，また，コラボレーションによって効率的なサービスが提供できることを論じている．
　二つ目は，**生物 - 心理 - 社会モデル**(bio-psycho-social model；Engel, 1977)の浸透である．システム理論に基づくこのモデルは，人の抱える精神・身体疾患などの問題を複数の要因(神経・細胞・細菌などの生物的要因，認知・感情・ストレスなどの心理的要因，ソーシャルサポート・生活環境・経済状況などの社会的要因)の相互作用の結果として統合的に見る視点を提供し，医療・心理・社会福祉という異なる立場からの多層的なアプローチが有効であるということを理論的に裏付けた．医療領域においては長らく疾病の生物医学モデルが支配的であったが，心理社会的要因を重視する必要性が論じられるようになり，生物医学モデルに代わるものとして提案されたのがこの生物 - 心理 - 社会モデルである．生物的要因に対しては医療職や看護職が，心理的要因については心理職が，社会的要

因については福祉職や行政職が関わっていくというものであり，いたずらに自己主張することではなく，他者(他職)の意見に耳を傾け，他者(他職)と協働できる可能性を探っていく地道な作業である(下山，2010b)．

　三つ目は，対人援助の領域における**社会構成主義**(social constructionism；杉万，2005)の影響である．社会構成主義とは，自然科学のメタ理論(研究哲学)である論理実証主義(logical activism)に対抗する考え方で，日常生活場面でわれわれが経験したり観察する事柄や関係は社会的構成物と見，社会における客観的現実は個人の主観から独立して実在するとはみなさず，対話を通じて個人と現実とが相互に影響を与え合う循環的な関係にある，とみなす主張である．藤川(2007)の説明を借用すれば，この「現実は社会的に構成される」とする社会構成主義の考え方に従うと，問題状況とは，力をもつ者の利害に基づく「ストーリー」が，ほかの者のストーリーを支配する過程であると理解され，社会的に弱い立場にある者のストーリーに耳を傾け，支配的なストーリーに対抗するストーリーを構成していくことが援助であるとされる．臨床場面も社会的に構成された場にほかならず，問題状況は多様に捉えうるものと考えると，サービス提供の際に，専門家が権威に基づいてサービス(ストーリー)を押しつけるのではなく，利用者自身が主体的に問題を定義し(ストーリーを作り)，問題解決のためのサービスを自己決定する力をもてるよう専門家が援助していくことが重視されるようになった．こうして，社会構成主義の影響によって，専門家が援助(治療)を施すというかつての専門家中心の発想から，援助を受ける側(利用者・ユーザー)が主体となってサービスを利用するという援助観の発想の転換が生じ，利用者がニーズを満たせるようなサービスを受けるために，利用者と複数の専門職がサービスの構成に共に参加することが推進されることとなったのである．

　こうしたいくつかの流れが相まって，これまで専門職間で細分化され，統一性のなかった対人援助サービスの在り方の見直しが求められ，多職種間の連携という発想がコラボレーションの考え方を生んだと考えられる．

(2) コラボレーションの定義

　コラボレーションの概念については先に紹介したが，ここで改めてコラボレーションの定義のいくつかを紹介することとする．表11.1の中で最も丁寧な

表 11.1　コラボレーションの諸定義

◎**Nelson et al.**(2001)〔池田(2009)による〕(コミュニティ心理学)
「ケア・支援・コミュニティ・健康・自己決定・参加・パワーの共有・人間の多様性・社会的公正などの価値の促進を必要とする，虐げられたグループ，ステークホルダーたちとコミュニティ心理学者の関係．これらの価値はサービスとサポート，連携とソーシャルアクション，調査・研究と評価を促進する．」

◎**亀口憲治**(2002)(臨床心理学)
「所与のシステムの内外において異なる立場に立つ者同士が，共通の目標に向かって，限られた期間内に互いの人的・物的資源を活用して，直面する問題の解決に寄与する対話と活動を展開すること．」

◎**藤川　麗**(2007)(臨床心理学・コミュニティ心理学)
「異なる専門分野が共通の目標の達成にむけて，対等な立場で対話しながら，責任とリソースを共有してともに活動を計画・実行し，互いにとって利益をもたらすような新たなものを生成していく協力行為である．」

◎**高畠克子**(2007a)(コミュニティ心理学)
「さまざまな臨床場面で続出している困難な問題に対して，その解決が一人の専門家の力量だけでは不可能である状況を踏まえて，さまざまな専門家ときには非専門家も交えて，積極的で生産的な相互交流や相互対話を重ねながら，共通の目標や見通しを確認し，問題解決に必要な社会資源を共有し，必要ならば新たに資源や社会システムを開発する活動．」

　定義は高畠(2007a)によるものであるが，その他の定義もほぼ同様の内容が含まれていることが読み取れよう．
　ところで，荻野ら(2002)はソーシャルワークの立場から，コラボレーションの成果に影響を与える要素として，それぞれのメンバーが高い自律性をもった専門職であることとともに，コラボレーションへのクライエントの参加をあげている．先に紹介した社会構成主義に立てば，専門家だけでなく，クライエントの専門性も重視されるべきであり，荻野ら(2002)は「社会的に認知された資格を背景とした専門性の肯定によって協働の質が異なるのではなく，クライエントを含めた参加メンバー各々がその独自性，専門性を発揮してこそ，コラボレーションの効果があがると考える」(p. 43)とする．こうして，心理臨床やソーシャルワーク実践の現場では，専門家のみのコラボレーションではなく，当事者・ユーザーもそのメンバーの一員とみなす考え方が成立する．このことは，亀口(2002)の定義において，「異なる立場に立つ者同士」として，「専門家」に限定していないことにも現れており，彼が編集した同書の実践報告例にそれを

見ることができる.

　序章の初めに紹介したOrford(2008)は,ホームレス問題を例に取り上げながら,コミュニティ心理学を実践する人は,活動を始めるときホームレスの人々との密接な協働のもとに取り組むことを欲し,彼らと可能な限りアイディアや知見を共有する姿勢をとる,と述べているように,「当事者との協働」はコミュニティ心理学の基本姿勢であることが改めて指摘されたことになろう.

　なお,コラボレーションと類似する概念としての,リエゾン,コンサルテーション,コーディネーション,リファーとの異同の比較もなされているが(高畠, 2007a；藤川, 2007),紙幅の都合上ここでは言及しないこととする.

2節　コラボレーションから得られるものと課題

(1) コラボレーションによる援助の利点と課題

　藤川(2007)は,大学教員と臨床心理士のコラボレーションによって大学生の修学支援を行った事例研究をもとに,臨床援助のためのコラボレーションの利点と課題を表11.2のようにまとめている.それによると,まず大きくは,包括的・多角的な援助を行うことに関する利点と課題,および,援助者がチームであることによる援助者チームと利用者との関係に関する利点と課題,の二つに分けることができるとする.ここでは利点を中心に紹介することとする.

表11.2　コラボレーションによる援助の利点と課題(藤川, 2007, p.164)

	利　点		課　題	
包括的・多角的な援助に関する利点と課題	利点1	援助の相乗効果が期待できること	課題1	包括的な援助と各専門性の追究を両立させること
	利点2	多様なサービスがクライエントにとっての魅力になること	課題2	援助者間での方針の不一致に対処すること
援助者チームとクライエントとの関係に関する利点と課題	利点3	支持的な雰囲気を作りやすいこと	課題3	クライエントの自律性を尊重すること
	利点4	クライエントとの関係作りを援助者間で互いにサポートできること	課題4	援助者間の協力関係を保つ必要があること
	利点5	援助者とクライエントとの作業同盟が作りやすいこと	課題5	関係を深めることに対して抑制が働きやすいこと

表にみられるように，前者の利点はさらに二つに分けられ，利点1とは，異職種が一緒に援助の目標と計画を立てることで複数の側面から援助がタイミングよく提供され，援助の効果を上げることができること，利点2は，協働によって利用者のニーズに応じた新たなサービスを提供できること，を意味している．一方，後者の利点はさらに三つに分けられる．利点3とは，複数の援助者が同席することで，利用者のために援助者が協力し合う様子を直接見せることができること，利点4は，利用者がより身近に感じている援助者が別の援助者との橋渡しをすることで，利用者の警戒心が解けること，利点5は，援助者間で協力し合う雰囲気を示すことができれば，利用者は援助者チームへの信頼感を増し，安心感を抱けるし，また，援助関係を築くことがむずかしいケースでも，援助者間でサポートし合って利用者との距離を多様に取ることによって作業同盟が作りやすくなること，を意味している．

これらの利点以外にも，藤川(2008)は，援助する側にとっての利益として，援助職のバーンアウトが防止されることや，専門性をより広い文脈の中で見つめ直すことによる専門性の向上効果を指摘している．このように，コラボレーションには数々の利点があることは確かであるが，同時に，援助を成立させるためにはさまざまな課題に対処する必要があることも表11.2は示しており，システムの運用上のルール作りや援助者に求められる技能や価値観など，クリアされなければならない条件にも配慮が必要であろう．

一方，こうした同一機関内のコラボレーション以外にも多様な形態があり，福山(2002)はそれらの分類を，1)同一機関内のコラボレーション(①同一職種間，②多職種間)，2)多機関間のコラボレーション，3)多領域間のコラボレーション，の三つに大別し，それぞれの効用と限界を論じている．

同一機関内の同一職種間のコラボレーション［1)-①］の効用は，専門性の活用と向上，および，相互理解がし易く同意を得やすいことであり，限界は，同一職種であるがゆえに視点なども単一になりがちで，総合的(包括的)成果が出せないことや，理解していることの点検がしにくく見逃しやすいことである．これに対して，多職種間のコラボレーション［1)-②］の効用は，それぞれの専門性を活用し総合的成果を出せるので合意が得やすいことであるが，限界は，それぞれの専門性についての相互理解がむずかしいことであるとする．次に，

2) 多機関間のコラボレーションの効用については，それぞれの機関の代表が集まることで，それぞれの機関の独自性や方針を活用して総合的成果をあげることができる点があるが，その一方で，限界として，それぞれが一堂に集まることが難しく，体制を効率よく稼働させることがむずかしいことをあげている．最後の，3) 多領域間のコラボレーションについては，それぞれの領域の独自性や専門性を活用することにより，うまくいけば新しい総合的な理論開発ができる効用があるが，現実にはそれぞれの領域の限界があり，領域の枠を外した相互協力を得ることがむずかしい，と福山は指摘している．

(2) コラボレーションが成功するための要件

それでは，このように多様な形態をもつコラボレーションが成功するためには，どのような点に注意を払わなければならないのであろうか．渋沢(2002)は，クライエント(当事者・ユーザー)と治療者・援助者，援助者間，施設・組織間のコラボレーションを促す要因と妨げる要因を，表11.3のようにまとめている．

まず，コラボレーションの基盤をなすのは関係者間の信頼であり，信頼関係を築き維持するためには，お互いの役割を理解し合い，互いにどのような援助を提供できるのかを明確にすることが重要である．多職種の援助者の場合は，互いの職務の独自性と固有性を理解することが要求される．

多職種のコラボレーションにおいてむずかしいのは，それぞれの専門職の中核をなす理念と価値観の違い，診断・アセスメントの手順や問題定義の方法が異なる場合があることである．職種間の違いを克服するために必要なことは，お互いの専門知識と役割を理解し合うためのコミュニケーション技術の訓練である．多職種チームの場合は役割の柔軟性も重要である．業務が重複する場合があるとき，信頼関係がないと競争や縄張り争いになりかねない．

さらに，コラボレーションが遂行されるためには組織の支援が必要である．多職種，多機関，多領域と範囲が広がるとともに，コラボレーション関係の形成には時間がかかり，かつ，所属機関の本来の業務とは別に仕事を担わなければならないことが多い．このため，所属機関の理解なしには他施設・機関との長期的なコラボレーションは維持しにくい．多機関とのコラボレーションが成功するためには，職員の努力だけでなく，資源の支出を統制する管理職がコラ

表 11.3　コラボレーションの促進要因と阻害要因(渋沢, 2002, p. 272)

システム	コラボレーションを促進する要因	コラボレーションを妨げる要因
クライエント 家族	●主体性 ●治療・援助過程に関する知識と役割の明確化	●受動性 ●過度の負担 ●治療・援助過程に関する知識の欠如
専門職	〈対クライエント・家族関係〉 ●クライエントの主体性と自己決定の尊重 〈他職種との協働〉 ●信頼 ●互いの職務の専門性の理解 ●同等の時間の投資 ●指導的立場の譲りあい ●同等な関係形成 ●問題の予測能力	〈対クライエント・家族関係〉 ●クライエントの主体性と自己決定の無視 〈他職種との協働〉 ●互いの専門性に関する知識の欠如 ●役割の曖昧さ・縄張り争い ●価値観・理念・方法論の対立 ●信頼・コミュニケーション・意欲の欠如 ●不均等な力関係の違い ●事前の準備不足
組織レベル	●協働を促す職場環境 ●協働に対する理解・支援 ●協働作業に対する時間・支出・労力の投資 ●専門職としての経験のある管理職	●サービスの供給に関する硬直した管理体制 ●職能団体の硬直した規則 ●コンシューマーに対するアカウンタビリティーの欠如
行政・政策レベル	●アクセスしやすい治療・援助の場の提供 ●協働を促進する諸政策 ●NPOなどとのパートナーシップ	●たてわり行政 ●診療報酬制度

ボレーションの重要性を理解し，積極的に関与する必要がある．

　一方，こうした社会的・状況的要因とは別に，コラボレーションを成功させるために必要な個人的な要件として，渋沢(2002)はそれぞれの職種が専門家としてのアイデンティティをもつことの重要性を説いているが，さらに，高畠(2007a)は，個人がもつべき資質として，Reese & Sontag(2001)が創造性，共感能力，柔軟性，辛抱強さをあげ，また，Gardner & Carry(1999)が基本的で必要不可欠な能力として，同僚に対する尊敬の心，拠って立つ共通基盤を認知する能力，良質なコミュニケーション能力，をあげていることを紹介している．

(3) コラボレーションのプロセス

　Gardner & Carry(1999)は，コラボレーションそのものがプロセスであると

いい，関係者が互いにプロセスを客観的に理解し合い，その間に生じるいろいろな問題に柔軟に対応できることが重要である，と指摘する．そして，コラボレーションのプロセスで達成しなければならない課題として，彼らは，①共通した目標の設定，②相互に依存していることの認識，③決断に関して同等の影響力をもつこと，④コラボレーションの結果に関して同等の責任をもつこと，をあげる．また，これらの課題を達成するためには，それぞれの職種が自分の視点を主張するスキルと，自分とは異なる視点をもつ相手に協力するスキルをもっていること，さらに重要なことは，対立が起きた場合にそれを管理するスキルをもっていることである，と述べている．

　研究者によってプロセスの分け方にはさまざまなものがあるが(Gray, 1989；Graham & Barter, 1999；Dalton et al., 2001)，およそ，問題の設定期(問題の定義づけと目標の設定)，方向性の設定期(作業の方向性の設定)，計画の導入期(役割と責任の確認，作業の遂行)，コラボレーションの維持期(知識やスキルの動員)，再編期(組織化や変革)にまとめることができよう．

3節　コミュニティとのコラボレーション

　ここまで，心理臨床実践やソーシャルワークに代表されるような，主として個人(利用者・クライエント)を中心とした，専門家による援助体系としての多様なコラボレーションの形態を考察してきた．しかし，コミュニティ心理学として，こうした個人(家族を含む)を中核に置いた多職種や専門家のコラボレーション以外に，あるいは，それ以上に重要な関わり方の形態として，多様なコミュニティとのコラボレーション(コミュニティ・コラボレーション)がある．いわゆる協働的コミュニティ研究である．たとえば，具体的には，コミュニティの活性化や健康なコミュニティづくり，あるいは，コミュニティの防犯やホームレスなど社会問題といわれる対象についての研究がそれで，個人レベルを超えたコミュニティ全体と研究者とのコラボレーションである．こうしたコミュニティとのコラボレーションに，コミュニティ心理学者はコミュニティのメンバーや実践家とどのように関わることができ，あるいは，関わるべきであろうか．

　Dalton et al.(2001)は，研究者とコミュニティ・メンバーとの協働関係を成

立させるために，研究者が心すべき五つのパートナーシップの原則があるとする．すなわち，

①コミュニティ研究はコミュニティのニーズによって触発される：コミュニティが直面している問題を，それが心理学の理論や概念に正確に当てはまるか否かではなく，コミュニティのニーズを優先して取り組む．

②コミュニティ研究は資源の交換である：研究者とコミュニティ・メンバーがそれぞれもっている資源を共有することで相互依存関係を築き，コミュニティ感覚を高める．

③コミュニティ研究はソーシャルアクションの道具である：コミュニティ研究はコミュニティの決定に情報を提供し，それはコミュニティの決定にも影響を及ぼす．

④ソーシャルアクションの評価は倫理的に不可欠なものである：研究がコミュニティの決定に影響を及ぼすような場合，その評価は欠くことができないものである．

⑤コミュニティ研究はコミュニティにとって有用な知見を生み出す：コミュニティ研究者は，今コミュニティで必要とされているニーズに適う研究成果を伝えなければならない．

この五つの明確な協働関係のもとにコミュニティ研究が行われることで，コミュニティのウェルビーイングに寄与することができるというものである．

一方，池田(2009)は，コミュニティ心理学における，研究者とコミュニティの実践家やステークホルダー(利害関係者)とのコラボレーションの特徴を，以下の10点にまとめている．①その目的がコミュニティ・ヘルスの向上と予防のための変革やコミュニティ開発を目指したものであること，②コラボレーションによってコミュニティと研究者の双方に利益があること，③研究者のコミュニティへの参加度が比較的高いこと，④ある程度長期的な参画であること，⑤研究者はアセスメントやプログラム計画・評価の知識・技術や学術的知識を活用すること，⑥コミュニティと対等であることを重視すること(協働者)，⑦コミュニティのニーズが優先・重視されること，⑧コミュニティ・メンバーの知識を尊重すること，⑨異文化性(立場や背景が異なること)をもった二つ以上の組織や個人がともに働いていること，⑩コラボレーションは構築していく過程

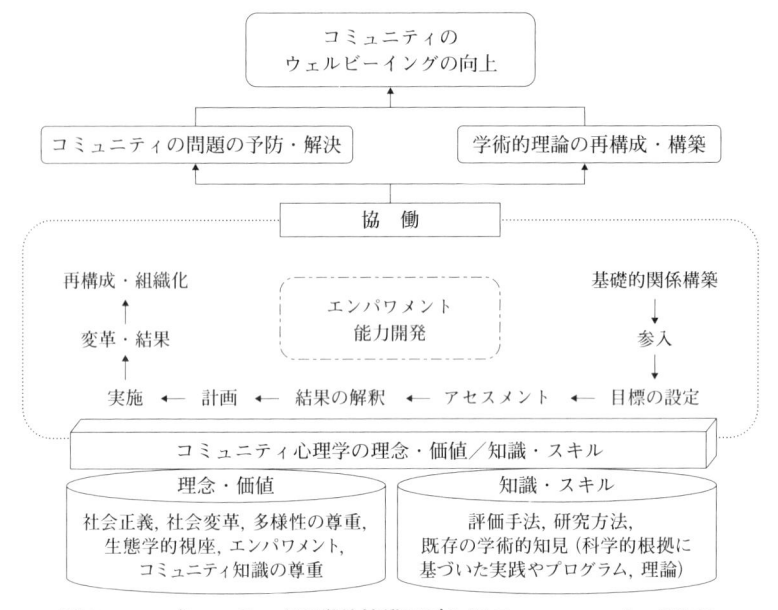

図11.1 コミュニティ心理学的協働モデル(池田, 2009, p. 64 を一部改変)

をもつもの,である.これらの特徴から,池田は,コラボレーションがコミュニティ心理学の中核的価値を基礎に発展していることを指摘している.

こうした特徴や先行研究なども踏まえたうえで,池田(2009)はさらに,コミュニティと研究者双方のニーズを満たしながらコラボレーションによる実践の効果を高めるための仮説モデルを,コミュニティ心理学をバックグラウンドにもつ研究者の立場からの視点として提示している(図11.1参照).

コミュニティ心理学が重視してきた理念・価値・知識・スキルがすべてのプロセスのベースとなり,これらに基づいてコミュニティとの基礎的な関係を築きながらコミュニティに参入し,目標の設定と共有,アセスメント,結果の解釈,計画,実践の実施,変革・結果(評価),再構成・組織化へと進んでいく.この過程はエンパワメントや能力開発を促進するものであることが重要で,研究者とコミュニティ・メンバーとが実践を通じて自らをエンパワーし,能力を高めていくことができる過程となることが望まれる.このプロセスを通じてコミュニティが直面している問題の解決や予防が達成され,研究者は学術的理論

の再構成・構築を進めていく．さらに，これらのコラボレーションは，最終的にはコミュニティのウェルビーイングを高めるために行われる，というものである．池田は，このモデルは先行研究などから引き出された仮説であり，妥当なものかどうかはいまだ明らかでないと断っているが，今後，実践を通してこのモデルの検証が進むことが期待される．

─────【展　開　篇】─────

　これまで，わが国の研究において，臨床心理士による，家族，学校，産業，病院など多様な場面のコラボレーションの実践については『現代のエスプリ』No. 419(2002)と『臨床心理学』18 巻 2 号(2008)が，ソーシャルワーカーのコラボレーションの実践については『精神療法』28 巻 3 号(2002)が，それぞれ特集を組んでおり，また，高齢者ケアに特化した多職種と家族のコラボレーションの実践については畠中(2006)の編集になる著作があるが，コミュニティ心理学の雑誌特集や著作は見当たらない．こうした現状の中で，コミュニティ心理学の志向性をもった，学校，地域，行政での実践を取り上げることとする．

4 節　学校臨床におけるコラボレーション

　公立中学校のスクールカウンセラー(SC)として 6 校に勤務し，10 年の実績をもつ植山(2008)は，コラボレーションを「異なる専門職が対等な関係で相補的，相乗的にかかわりあうことによりクライエントの利益と福祉が増進されるようなチームアプローチである」(p. 204)と定義し，学校現場におけるコラボレーション・パートナーとして，教職員(管理職・担任・養護教諭・非常勤教師など)，学校職員(事務主事・用務主事)，非常勤職員やボランティア(学校支援指導員・部活動外部コーチ・通訳など)，学校外の協力者や支援者(教育委員会・民生委員・保護司など)，外部専門機関(教育相談センター・児童相談所など)，の五つをあげている．そして，これら多様な人材と適切なコラボレーション関係を築いて

いくためには，各パートナーの立場や役割，専門性，キャリア，他のメンバーとの関係性，本人のキャラクターなどの条件を総合的に見極めたうえで，コラボレーション関係をどう作っていくかを判断することが求められるとする．したがって，SCとしての「学校臨床におけるコラボレーションとは，これらの多様で重層的な状況を十分認識したうえで，必要な情報を収集し，それを短時間に整理・判断して自らの位置取りを決定し，支援活動を実施していく不断の活動である」(p.205)と述べている．

SCとして植山が重視するのは，日常の，生徒一人一人の変化・成長が実感できるコラボレーションや，自殺などクラスや学校，時には地域までも巻き込む緊急支援におけるコラボレーションとともに，予防啓発的な対応の必要性や，次世代を担う若い力を学校や地域の中に育てることを視野に入れた，学校教育実現の協働者としてのSCの役割である．これはコミュニティ心理学が重視する予防や非専門家の活用に該当するだろう．

前者の，予防啓発的な対応の必要性とは，植山が個別事例から学校全体に影響が及ぶ事例への対応を重ねていく過程で気づいたもので，心理社会的発達の視点を導入して学校全体を見立て直し，予防啓発的な対応を行う必要性を強く認識するようになったことによるものであるという．不登校やいじめなどの人間関係を訴えてくる生徒たちの基本に，個としての育ちが不十分なことが多数見られ，気持ちや考えを言葉にできない，ストレス対処法を知らない，葛藤を抱えられない，他者理解ができない，自己主張がうまくできないなど，コミュニケーション・スキルが年齢に比して幼かったり，ライフスキルさえも不十分である生徒が見られ，日常生活の中で社会化されていく体験が不足していることを痛感したという．

そこで，予防啓発的な対応をクラスや学年で行うための働きかけを，養護教諭や教育相談担当教師，クラス担任に行い，授業案を事前に管理職に見てもらい了解を求めたうえで実施した．授業の実施に際しては，SCが授業者になる場合と，担任がなる場合があり，前者の場合では，日常場面を知らないSCのフォローに担任や学年の教師にともに入ってもらい，後者の場合は，心理社会的な側面からの支援のためにSCがアシスタントとして入る．これらは，通常の授業とは異なるので生徒も関心を示しやすいが，ただ，十分な教材準備と授

業者のチームワークが求められる反面，影響力は長期間持続しないことが多いという．授業型ではなく，日常場面でのさりげない働きかけの継続が望まれるとしている．

一方，後者の，次世代育成のための協働者としての SC の役割とは，とりわけ指導困難校といわれる学校の教師が，生活指導に追われて授業準備や補習希望者に応じられない事態が生じている現状を見たことによるという．多忙のために個別指導が必要な生徒に手が回らず，学習面や対人関係面での自信を失い自尊感情を低下させた生徒が情緒的に不安定になり，行動化や不登校を呈している．この悪循環を断ち切るには，現状では，教師に代わる人材をうまく導入することだと考え，学生ボランティアを導入して放課後の自主学習室を開催したものである．

教師や心理職を希望する学生を募り，事前研修を行い，活動の前後のミーティングを行って，活動の意義と自分たちの生徒への関わりが及ぼす影響について振り返りを行うことを数年間継続したところ，学生グループが自主的に活動を組み立て，新人研修を行えるまでに成長した．この試みが次世代を育成するための好ましい循環を生んだことから，この結果を踏まえて，活動を意識的に校内に位置づけることにして，教育委員会に諮って実施することとしたものである．学校内では SC が中心となり，生徒と学生ボランティア，および教師を繋ぐ役割を担い，その学校にふさわしいボランティア活動の立案を行う．学校外では，自治体が設けたボランティア・コーディネーターが他校のボランティアも含めて事前研修や集中研修を行い，各校のニーズに合ったボランティアを導入できるようコーディネートするというものである．この計画は，生徒の成長発達の促進，ボランティア学生の成長発達の促進とともに，教師の多忙さの軽減にも貢献でき，何よりも，生徒と学生という二つの次世代を担う若い力を育成できるという点で期待される．

5節　ひきこもりのセルフヘルプ・グループ代表者とのコラボレーション

ひきこもり者は治療動機や問題意識が曖昧で弱く，自ら医療機関を訪れるこ

とが少なく，また，治療からも容易に脱落してしまう傾向が指摘されている（斉藤，2003）ことから，板東(2008)は，医学モデルによるのではなく，コミュニティ心理学的援助を試みる中で，ひきこもりのセルフヘルプ・グループの代表者とのコラボレーションの事例を報告している．代表者自身もひきこもりからの回復途上にある人たちであるが，彼らは地域において自然発生的に形成されたセルフヘルプ・グループを運営しており，コミュニティ心理臨床家の意識をもつ専門家としての著者(板東)が，地域のそうした五つの代表者に呼びかけて「代表者グループ」を結成し，5年間にわたる彼らとのコラボレーションの在り方を考察したものである．

　代表者たちは，グループを運営していく援助者であると同時にいまだ問題を抱えている当事者でもあり，この「援助者性」と「当事者性」の混在する彼らと専門家として関わるに当たって，支援する立場と協働する立場の判断に直面することになる．結成からの時期を5期に分け，それぞれの時期の経過を，第1期：協働の意思確認と枠組みの設定，第2期：代表者の当事者性との関わり，第3期：代表者の援助者性との関わり，第4期：代表者グループの目的・方法の再構成，第5期：協働の意識と凝集性の高まり，と名付けてまとめたうえで，それを踏まえて，セルフヘルプ・グループ代表者の援助者性・当事者性と，コミュニティ心理臨床家の支援・協働という関わり方の関係を以下のようにまとめている．

　コミュニティ心理臨床家は代表者に対して，「当事者性」については，受容・共感・支持的関わりによって「支援」し，代表者たちのセルフヘルプ活動と「協働」することで彼らのエンパワメントを実践する．一方，「援助者性」については，グループ運営へのコンサルテーション的な関わりによって「支援」し，また，運営に関する意見交換をすることで「協働」することが重要である．こうして，代表者たちの援助者性・当事者性それぞれに対して協働の関係を基本にしつつも，支援する意識ももつことで有効な関係を築けることが示された．

　さらに，伝統的な心理臨床の枠組みや，セルフヘルプ・グループの枠組みに対して，当事者性と援助者性を併せもつセルフヘルプ・グループの代表者グループの枠組みとしては，彼らを支援する意識だけで接すると彼らの自負心を阻

害することになるが，協働の意識を基本に据えることで関係を築くことができることが明らかとなった．当事者として悩み苦しんでいたひきこもり者が，援助者としてのセルフヘルプ・グループ代表者の役割を経て成長していくが，コミュニティ心理臨床家はその過程に寄り添うという関係性の理解を専門性とする中で，時間・場所が固定され，目的・方法が徐々に明確となり，枠組みの形成と協働の意識によってグループ代表者の心理的な安全性が確保されていくことがわかったという．

板東(2008)のこの実践事例は，地域におけるセルフヘルプ・グループ，および，その代表者のグループという二重性をもったコミュニティとのコラボレーションを示した貴重な研究であり，3節で紹介した，Dalton et al.(2001)の研究者とコミュニティメンバーとの協働関係を成立させるために研究者が心すべき五つの原則や，池田(2009)がまとめたコミュニティ心理学におけるコラボレーションの特徴を，その中に体現させているものだといえよう．

6節 児童相談所におけるコラボレーション

児童相談所(児相)という行政組織でのコラボレーションの実際について，川端(2008)と三枝(2007)が紹介している．ここでは，両者の論点を合わせまとめるかたちで紹介することとする．

児相には，児童福祉司と呼ばれるソーシャルワーカー，心理職である児童心理司，児相に含まれる一時保護機能をあずかる一時保護所の児童指導員や保育士，調理員，また，医師や虐待対応協力員，その他の職種が加わり，チームを組んで対応するシステムが準備されている．コラボレーションは，大きく児相内でのコラボレーションと外部機関とのコラボレーションに分けられる．

1. 児童相談所の中でのコラボレーション

児相で相談が受理されると，五つの診断カテゴリー(福祉司による社会診断，心理司による心理診断，医師による医学診断，一時保護担当職員による行動診断，その他の診断)が用意されている．医学，行動，そのほかについては必要に応じて行われ，心理診断もすべての相談で実施するわけではないが，このような複数職種による対象事例への各診断を通して総合判定を行う．個々の相談は福祉司を

リーダーに多職種が協働しながら進行するが，受理，判定，処遇方針，措置，相談の終結などについては，所内会議で討議・決定される．

　心理司は心理診断や心理治療などの狭義の心理臨床に限った業務を行っているわけではなく，ケースの状況の推移に応じた家庭訪問や関係者への働きかけなど，福祉司と協働してフットワークよく対応することが求められており，児相の業務において両者は車の両輪であり，欠かすことのできないものであることはいうまでもない．

　ただ，時として，両者の意識の相違からケースの運営が停滞することがあり，最も多いのは心理判定を巡る問題であるという．心理司は心理検査の方法とタイミングに対して慎重であるのに対して，ケース運営の流れのうえから早く心理判定をしてほしい福祉司との間で，連携がうまくいかなくなる事態が生じる．また，心理司が，判定の結果，早期に入所が必要であると判断したり，入所させる施設に条件があるという印象をもっても，実際に施設を探す福祉司にとって，現状としてその方針に添えない場合もある．こうした関係を改善していくためには，両者が相手の専門性や現状について理解することが必要であり，そのうえで相手が受け入れられる提案をすることが，コラボレーションのためには必要不可欠であるということである．

2. 外部機関とのコラボレーション

　児相が個別の相談業務に関して協働する外部機関には，市町村関係部署，福祉事務所，保健所，警察，保育所，幼稚園，学校，児童委員，児童福祉施設，里親，療育施設，病院，児童福祉審議会，弁護士，家庭裁判所，少年鑑別所，少年院，など多岐にわたり，川端(2008)は，「ネットワークの網の目のうえをバランス棒をもちながら綱渡りしているイメージさえ浮かんでくる」(p. 213)と評している．

　児相は，相談や通告があるまで相談者と接点がないことが圧倒的に多いため，その人が何に困っているかはわかっても，どのような環境にいて，どのような援助資源があるのか，わからないことが多い．そのため，児相の業務において関係機関との連携は不可欠である．日頃から相談をしていた人と関わりのある機関からの情報が，非常に重要な意味をもっているのである．逆に，関係機関

とうまく連携がとれない場合，関係機関の存在は時として大きな負担となる．児相に対して過剰な期待や誤った認識をもってケースを紹介されたり，心理判定について過剰な期待をもたれたりすることもあるという．児相が関わる入り口の時点で関係機関から誤った意識づけを与えられた場合，相談者との関係が壊れることも少なくなく，そうなると，相談業務としてその後のケース運営が難しくなることが多く，負担感は増大することになるという．

　こうした問題点を解決する方法としては，日頃から関係機関と連絡を密に取り，児相のできることとできないこと，役割やスタンスを伝えていくことである．また，期待に対しては，「できない」と答えるだけでなく，「〜まではできる」と，一部でもできることがあればそれを伝えることが必要とされる．

　これらの点を踏まえて，三枝(2007)は，心理職と他職種との連携のポイントとして次の2点にまとめている．

　第1に，自分のことを相手に正しく，かつ，わかりやすく伝えること．相手の要求に対して，自分のできることとできないことの伝達なしには，コラボレーションは不可能である．そして，できることに対しては積極的に関わっていく姿勢も重要である．

　第2に，相手のことを知ること．自分の方から，相手の要求は何か，どのような必要性からきているものか，を知ろうとすることが重要である．そして，自分のできることが，相手のやろうとしていることのどの部分に役立つかを伝えることができれば，相手にも自分の専門性を理解してもらえるのである．

12 章

現代社会とコミュニティ：社会変革

　コミュニティ心理学は，広義の「社会問題」を人と環境（物理的・社会的・文化的・人的）との間の乏しい適合性に起因しているものとして捉える．そして，人と同等もしくはそれ以上に，環境への介入によってこれを改善しようとするところにその特徴をもつことは，これまでにも述べてきた．今日，社会は大きくかつ急速に変化しているが，Duffy & Wong(1996)や Moritsugu et al.(2010)，Dalton et al. (2001 ; 2007)，さらには Rudkin(2003)は，コミュニティ心理学の重要課題として社会変革をあげ，「コミュニティ心理学の目標の一つは，研究で武装して社会変革をひきおこすことである」(Duffy & Wong，訳書 p. 24)といい，社会変革は今日世界に広く行き渡った必要条件であり，コミュニティの質を高める方向に向けた変革のために，コミュニティ心理学は何ができるか，を絶えず問う必要性のあることを強調している．Jason(1991)もまた，社会変革がコミュニティ心理学における基本的価値であり，積極的に参加したり，形作ることに関与すべきことを主張している．

　そこで，本章ではまず，なぜ今社会変革が求められているのか，その背景や原因を探ることから始めることとし，そもそも社会変革とは何なのか，どんなタイプのものがあるのか，どのようにして行われるのか，変革は失敗に帰することが往々にしてあるが，それはどこに問題があるからなのか，について考えることで進めることとする．そして最後に，今日の日本において行われている多様な社会変革の研究や実践を呈示することで，コミュニティ心理学の関わりを考える題材としたい．

――――――――――【理　論　篇】――――――――――

1節　なぜ社会変革が求められるのか

　では，なぜ社会変革が求められるのだろうか．それはまさに今日という時代の人と環境との不適合の反映であるが，Duffy & Wong(1996)やMoritsugu et al. (2010)はいくつかの文献をもとに整理し，まだ漏れているものがあるかもしれないと断りながら，その理由として，多様な住民の存在，縮小する財源，説明責任の要求，知識や技術の急速な進歩，コミュニティ・コンフリクト，伝統的サービスへの不満，社会問題の解決法の多様性に対するニーズ，の七つの要因をあげている．

　①多様な住民の存在：社会が多様性の価値を尊重するようになるとともに，彼らのもつ特有のニーズを受け入れることになる．高齢者や障害者，災害被災者，失業者，外国人労働者など，彼らは皆社会変革を求めるニーズをもつ特別の状況にある．彼らのニーズが社会に変革を起こし，エンパワーしたその力がさらに大きな変革を生み出す原動力となる．

　　例：性同一性障害の人々が，戸籍や住民票の記載や職場での処遇の改善を求めて，グループで運動を起こす．

　②縮小する財源：世界的に経済が冷え込む中，国や地方公共団体の財源も乏しく，また助成財団など民間の活用資金も同様である．こうした状況下で，新しいコミュニティ・サービスを展開するには，ボランティアやNPO法人による活動を通したプログラムが求められる．

　　例：廃止を決めた私鉄の路線バスを，自治体と住民による第3セクター方式で運営する．

　③説明責任：かつての社会保険庁(現，日本年金機構)による杜撰な年金記録管理問題は厚生労働行政を根底から揺さぶり，国民から重い説明責任を突き付けられることとなった．今日では，患者へのインフォームド・コンセントから食材の生産地の表示に至るまでさまざまなことがらに説明責任が求められているが，納得のいく回答が得られないとき，当事者は変革を要求するだろう．

例：議員の歳費や予算の適正な執行について，市民オンブズマンが説明を求める．

④**知識や技術の急速な進歩**：IT革命に象徴される技術革新は，生活のあらゆる部分に大きな社会変革をもたらしている．インターネットの普及と活用はその典型であろう．一方，科学技術の進歩がもつマイナス面(たとえば，2011年3月11日に発生した東日本大震災による東京電力福島第一原子力発電所の，事故評価尺度最悪レベル7の放射能事故)への不安は，テクノフォビアと呼ばれて別の社会変革の要因ともなっている．

例：村内全戸にパソコンを設置した過疎の山村はインターネットで世界と繋がり，住民の生きがいを生み出している．

⑤**コミュニティ・コンフリクト**：Duffy & Wong(1996)の定義では，二つまたはそれ以上のグループ間で，通常はグループにとって特別の価値がある目標がお互いに相容れないことをいい，このコンフリクトは，解決するか否かにかかわらず社会変革に帰着することが多いという．

例：地域に造られることになった障害者施設について，地元住民とのトラブルを解消するために，地域住民側と施設側(主催者・父母)の両者が話し合いをもつ．

⑥**伝統的サービスへの不満**：旧来の地域の商店街のスタイルやサービスに対する不満がスーパーや量販店の進出を生み出したり，あるいは，産地直送や市民生協を生み出したように，既存のコミュニティ・サービスに対する消費者の不満ほど社会変革を促進する原因はないだろう．このことは医療や教育の領域においてもいえることである．

例：病院の診療体制に対して不満をもつ本人や家族が，セルフヘルプ・グループを作って相互支援や情報の交換をする．

⑦**解決法の多様性への要求**：多様な住民の存在を受容すれば，彼らがもちだす問題に対する解決の方法にも多様性のニーズが伴うのは必然であろう．解決のための選択肢が少なく，しかも，それが自分のニーズに合致するものでない場合には不満をもたらし，しばしば変革を要求し，新たな解決法を創り出す原因となる．

例：不登校の子どもたちに対して，適応指導教室やフリースクールなどの多

様な代替物を設置する．

2節　社会変革とは何か

　ここまで，**社会変革**(social change)とは何かについて，その概念や定義を明確にすることなく話を進めてきた．Scileppi et al.(2000)は，「そのコミュニティの価値や社会構造の修正」(訳書 p. 339)と定義し，さらに，Duffy & Wong (1996)や Moritsugu et al.(2010)は，social change には二つのタイプがあるとして，自然発生的あるいは**非計画的社会変革**(unplanned change)と，誘導的あるいは**計画的社会変革**(planned change)を区別している．そして，後者の計画的変革については Kettner らの優れた実用的な定義があるといい，「計画的変革とは，ある状況を変化させようとする，意図的ないしよく考えられた介入である」(Duffy & Wong, 1996, 訳書 p. 95)と紹介している．

　ところで，"social change" という用語は，社会学では「社会変動」を定訳として定着済みである．「社会変動とは社会構造の変動である．……システムが現行の構造のもとでうまく機能しなくなったとき，社会変動が生ずるのである．……社会構造に機能が結びつくことによって，社会変動の方向性が現れる．社会成長，社会発展，社会進化といった諸概念は，いずれも社会変動というそれ自体としては方向性を含まない概念に，一定の方向性を付与されることによって形成される」(富永，1993, pp. 658-659)との概念定義に見られるように，「変動」自体には方向性はないとされ，「社会変革」は別の原語(social transformation, social reconstruction)の訳語として当てられている(濱嶋ら，2005)．そして，濱嶋らは，「変動には漂流変動(drift)と計画的変動が区別される．前者は諸部分主体が未調整かつ自然発生的に進める変動であり，後者は計画主体によって推進される変動である」(p. 273)として，Duffy & Wong や Moritsugu らの分類と同じ定義をしている．

　その意味では，あえて異なる訳語を用いることによる混乱は回避されるべきかもしれないが，一方，コミュニティ心理学は人と環境の適合性を図るために積極的に環境に働きかけ，人間のもつ潜在的な強さとコンピテンスを強調し，エンパワーすることをその理念としており，「計画的変革」をもって "change"

を意味させようとしていることは明らかである．その意味でも，「社会」の動静に関心をもつ社会学が，社会の積極的，消極的変化の両面を表す「変動」を用いるのに対して，「人間」の動静に関心をもつコミュニティ心理学が，公益（小松，2002）を目的として社会を積極的に変化させる意図を内包する「変革」の訳語を当てることは，理に適っていると考えられる．

　さて，改めて社会変革に戻り，そのタイプや種類について整理すれば次のようである．上記したように，Duffy & Wong や Moritsugu らは自然発生的または非計画的変革と，誘導的あるいは計画的変革，つまり，災害や人口変動のように予想できなかったり意図しない変革と，意図的に変化を生み出すことを望んだり狙ったりする変革に分けている．そして，この両者は四つの点で区別され，計画的変革は，第1に範囲が限られていること，つまり，何が変革されるのかあらかじめ定まった目標があること，第2にコミュニティメンバーの QOL を高めることを志向していること，第3に変革によって影響を受ける人々に役割を与えていること，すなわち，コミュニティ心理学者は住民に変革を押しつけるのではなく，実現可能な選択を選ぶよう援助し，そして，変革の計画や実行に彼らと共に参加すること，最後に変革エージェントとして行動する人間，たとえば，コミュニティ心理学者やコンサルタントなどの専門家によって導かれることが多いこと，をあげている．

　一方，Rappaport(1977)は，個人的および**組織的変革**(organizational change)と，制度的および**社会的変革**(societal change)に分けている．前者はある個人の行動を修正するのに効果的であったり，ある機関を援助することがその目標に合わせるうえで有効であるような変革であるのに対して，後者は社会システムの目標を変えたり，コミュニティ内のグループ間の地位関係を修正するような変革を指す．たとえば，ある生徒やクラスの成績が劣っているとき，教師がその個人やクラスレベルで起こっている問題を分析して，カウンセリングをしたり補習授業のようなサポートをする変革が前者であり，同じ地域の他校の生徒と比べて学年や学校全体の成績が劣っているならば，当該コミュニティ自体が抱える問題を改善したり，コミュニティの価値と葛藤する学校システムの教育的価値自体を見直すような変革が後者の例である．

　これに対して，Dalton *et al.* (2001; 2007)は，トップダウンかボトムアップか，

という分類を行っている．前者は組織の目標や方法論が**トップダウン形式の変革**を通しての「コミュニティ改善」であり，おもな影響力は専門家が保持している．改善運動はコミュニティにおけるニーズと欠陥を特定することによって進められ，それらのニーズを満たすための新しい，あるいは，改善されたサービスを計画・実施することにある．それに対して，後者はコミュニティのメンバーや住民が活動の着手の時点から参加し，おもな影響力と統制を保持するプロセスを経る，**ボトムアップ形式の変革**による「コミュニティ・エンパワメント」である．エンパワメントへ向けての行動はコミュニティの強さと資源を査定し，それに則って目標を決定する．両者の決定的な違いは，エンパワメント・アプローチではコミュニティのメンバーが統制を保持しているということである．そこに住んでいる人々によって決められる決定が，最も影響を与えるであろう．

　さらに，Scileppi らによれば，Watzlawick *et al.* (1974)は，第一次変革と第二次変革に分けているという．**第一次変革**(first-order change)とは，「真の変革なしのイノベーション．つまり，第一次変革は，地位やパワー関係を変えない小さな断片的な修正を含むもので，その主要な問題は未解決のままである」のに対して，**第二次変革**(second-order change)は，「コミュニティの価値や目標の中にある，真の有意味な改変を反映させている社会変革」と定義づけられている．たとえば，ある会社が一時雇用グループの人を「名目的」な従業員として雇うことは，この会社が差別のない会社であると見られるようにするための隠れ蓑の企てであり，その一方で，この会社が現状を保護する実際の政策をとり続けているとすれば，これは第一次変革の例である，と紹介している(Scileppi *et al.*, 2000, 訳書 p. 241)．

3節　計画的社会変革はどのようにして行われるか

　すでに見たように，社会変革を求める理由にはさまざまなものがある．では，どのようにして社会変革は行われるのであろうか．Duffy & Wong(1996)と Moritsugu *et al.* (2010)は，計画的社会変革を創造するための方法として，市民参加，ネットワーキング，コンサルタント，教育と情報普及の利用，公共政策，

の五つをあげている．

①市民参加：市民参加(citizen participation)とは，「共通の目標を達成するために個人が報酬なしで参加している，あらゆる組織化された活動への関与」(Zimmerman & Rappaport, 1988, p. 726)と定義されるように，最も素朴な社会変革の形態であり，投票や署名，調査への協力，デモ行進や座り込み，委託会議への出席，議員へのロビー活動，など多様なものが含まれる．

ところで，その定義が強調するように，参加は影響力を行使することでよりよい決定を生み出すための実際的な手段として捉えられるが，その一方で，実際的な利点を生むかどうかに関わりなく，参加することで，メンバー間で確認されたり新たに生み出されたりするパワーや連帯感や自己実現をもたらす，それ自体が目的となる一つの価値でもある．

このように，市民参加は手段と目的との両面の価値を伴っているといえ，コミュニティ心理学にとっては，とりわけ市民参加の目的としての価値に注目することに大きな意味が見いだされるであろう．つまり，価値としての市民参加とはエンパワメントを意味している．

②ネットワーキング：ネットワーキングに関する初めての書物を著したLipnack & Stamps(1982)は，「ネットワークとは，われわれを結びつけ，活動・希望・理想の分かち合いを可能にするリンクである．ネットワーキングとは，他人とのつながりを形成するプロセスである」(訳書 p. 23)といい，治療，共有，資源利用，価値，学習，成長，進化，の新しい価値・目標を目指す多様なネットワーキングについてその方法を明らかにし，団体名鑑など有効な情報を提供している．自立した人間同士が自発的に新しい創造的協力関係・社会連帯を作り，生活の質を向上させることで社会変革を達成しようとする運動である．わが国でも1998年のNPO法の成立によってこうした団体が続々と生まれつつあり，加えてインターネットの発展・普及と相まって，コミュニティ心理学が関わる心理・教育・福祉・保健・医療分野などでの動きも活発で，ウェブサイトを検索することで市民が容易に必要とする情報を入手でき，また，参加できるようになった．

③コンサルタント：専門的な変革エージェントとしてのコンサルタントは，コミュニティ組織の変革のためのプログラム評価や，ニーズ・アセスメントを

実施する際に求められる．コンサルタントはコミュニティ心理学者の役割の一つであり(平川, 1995)，専門的知識や技術をもち，経験に基づく豊富なアイディアに支えられて，長期的アプローチを採用することができる．コンサルテーションについては4章で詳細に取り上げているので，ここでは触れない．

④**教育と情報普及の利用**：Duffy & Wongは，コミュニティ心理学の文献では，変革のほかの側面と比べて，情報普及と教育にはこれまであまり注意が払われることはなかったが，社会変革運動には不可欠なものであるという．革新的なプログラムの有効性が明らかになった場合，多様なメディアを通じた情報の普及があれば，多くの時間や資金や労力を節約できる．Rogers(1983)と共同研究者が明らかにしたイノベーションの普及の方法論や諸技法は，有効な手だてを提供するだろう．

⑤**公共政策**：新しい法案や政策を通過させることや，既存の法律や政策を修正することは，社会変革をつくり出す有力な手段の一つである．コミュニティ・メンバーの生活の質の向上を求める公共政策は，一般的には国や地方自治体の議員や政策立案者によってなされるが，最近は，市民案を作って政党に提案するNPO法人が生まれたりもしている．また，かつて小泉内閣時代の構造改革特区計画では，不登校や学習障害の子ども向けの小中一貫校の設立や，NPOによる高齢者や障害者の福祉コミュニティの設立，空き店舗を利用した育児支援施設の設置など，教育や福祉の分野にも新しい公共政策が展開された．公共政策が変われば大規模な社会変革を引き起こすことができるが，こうした中に(コミュニティ)心理学者が参加することによって，影響力を行使することが望まれる．

以上，計画的社会変革の方法について，Duffy & Wongおよび Moritsuguらのあげる要因に倣って簡単に紹介した．これ以外にも，Dalton *et al.*(2001 ; 2007)はコミュニティ変革へのアプローチとして，社会運動，コミュニティ開発，意識高揚，政策研究とアドボカシー(権利擁護)をあげている．ただ，ここでは触れなかったが，両者があげているこれらのものにはそれぞれ問題点が存在していることも，利用に当たっては理解しておく必要があろう．

4節　社会変革はなぜ失敗するのか

　社会変革がうまくいくとばかりはいえない．ある介入の試みはあるグループを援助する一方で，他のグループを不快にさせることもある．Scileppi et al.(2000)は，これをニュートン物理学の運動の第3法則「すべての作用には反作用がある」にたとえ，コミュニティ心理学的アナロジーといい，そしてまた，Kelly(1966)の四つの生態学的原理の一つである「遷移」によって説明しようとしている(1章参照)．すなわち，あるグループへの利益は別のグループの損失によってバランスが保たれていることがあり，変革はそれが現状を混乱させ，以前には力をもっていたものがそれに取って代わるグループに従わなければならないがゆえに，中立的なものとはならない．こうした事態では，現状の権利擁護者たちは，自らを守るべく新たな変革による介入を拒否するだろうし，その力が強ければ遷移は起こらず，社会変革は失敗に帰すであろう．

　社会問題はすべてにわたって両面をもっており，問題の定義の仕方次第で，それを取り扱うために選ばれる解決のタイプに影響を与える．たとえば，政府は最近，新障害者基本計画を策定し(2003～12年度)，知的障害者の処遇を巡る動きとして，施設入所からグループホームへの移行という脱施設化(deinstitutionalization)を進めている．脱施設化の問題は重要な政治的・経済的な言外の意味をもっており，障害者たちが生活することになる，そのコミュニティのより声の大きいメンバーの価値観は，障害者が今後どのように処遇されるかに影響を及ぼす．コミュニティの人々が，施設退所者のスティグマ化されたネガティブな側面に焦点を合わせて行政に働きかけるか，彼らのプラスの側面としてのアドボカシーの見地から働きかけるかによって，変革は前進にも後退にもなるだろう．

　どのようなタイプの個人が社会変革をつくり出す試みに積極的に活動しているかを調査した研究によれば，内的統制型(個人の力や運命は自分がコントロールしているという感覚)のパーソナリティか，社会的不公正の信念(この世の中は公正ではないという認知)のいずれか一方だけでは不十分で，両者を併せもつ人に社会活動に関与している人が多かった(O'Neill et al., 1988)．活動に積極的に参加することはコミュニティ感覚を増し，また逆に，コミュニティ感覚をもつこ

とによって活動がより促進されることにもなるだろう．

　ただ，皆がみな社会変革の活動に参加したいと考えているわけではないことは注意する必要がある．参加しない人の権利は尊重されなければならない．また，社会変革には結果が出るまでに相当の時間がかかることが通例であり，熱心な人ほどバーンアウト(増田，1999)する危険を孕んでいることにも注意を要するだろう．さらにまた，活動家が一般住民を代表していなければ提案や解決策は受け入れられないし，実行できないだろう．

　ところで，精神保健の専門家やコミュニティの実践家は，これまで社会変革への自らの役割を狭く解釈したり，コミットする姿勢に乏しかったといえよう(山本，2006)．コミュニティ心理学者は価値中立的であるべきではなく，革新的な社会変革プログラムを積極的に擁護し，人々に社会問題を理解させ，また，ユーザー・グループの立場に立って説得することはおそらく有益なものであろう(Scileppi et al., 2000)．長年にわたってわが国のコミュニティ心理学を先導してきた山本(2006)は，研究と実践の統合に当たって研究者の中立性と価値観について述べる中で，研究者の科学的中立性と価値的中立性を峻別することを主張している．つまり，研究者特に実践研究者は，科学的中立性は守らなければならないが，価値的に中立という立場はあり得ず，また，強者の立場に立つのでもなく，コミュニティ心理学者は地域住民の立場に立って問題を受け止め，そのうえで科学的中立性のルールに則って取り組む態度をとるべきことを強調している(終章3節参照)．

──────────【展　開　篇】──────────

　ここでは，1節で紹介したDuffy & Wong(1996)やMoritsugu et al.(2010)による，社会変革が求められている七つの理由に基づいて，それに対応させながら，現代社会における社会変革の研究実例や実践を紹介することとしたい．ただ，残念なことに，わが国には社会変革の現場を観察したり調査をしているリサーチャーとしてのコミュニティ心理学者はいるものの，自らアクション・リ

サーチを仕掛けて変革に寄与しようとしている研究者や実践家は少ないのが現状である．

5節　多様な住民の存在

序章3節の「コミュニティ心理学の理念」において，その一つとして，「人の多様性を尊重し差別から解放すること」をあげた．Dalton et al. (2007)はコミュニティ心理学にとっての人の多様性の鍵となる次元として，文化，人種，民族，ジェンダー，性的指向性，社会階級・社会経済的地位，能力・障害，年齢，地域，霊性と宗教などをあげているが，ここでは社会変革を求める多様な住民の例として，性同一性障害者と滞日ブラジル人を取り上げる．

(1) 性同一性障害者特例法

正式には，「性同一性障害者の性別の取り扱いの特例に関する法律」と呼ばれるこの法は，性同一性障害者のうち，①20歳以上であること，②結婚状態にないこと，③子どもがいないこと，④生殖能力がないこと，⑤なりたい性別の外性器に似た性器を持っていること，の5条件を満たす者に対して，家庭裁判所の審判を経ることによって，法令上の性別の取り扱いを性自認に合致するものに変更することを認め，戸籍上の性別記載を変更できるとしたもので，2004年7月16日に施行された．2007年度までに全国で約840人の性別変更が認められたが，さらに，2008年6月に改正法が成立し，5条件の一つである，子どもがいる場合は戸籍の性別を変えられなかった「子なし条件」(上記③)が，子どもが成人すれば性別を変更できるように緩和された(朝日新聞，2008.6.10)．

性同一性障害とは，身体の性と心の性の不一致に苦しむ状態のことをいい，日本精神神経学会のガイドラインに沿って，国内の主要医療機関でこの障害と診断された人は約5000人である(上川，2007)．医療技術の進歩により，ホルモン投与や性別適合手術を用いて当事者の精神的苦痛を軽減し，性自認に合わせて社会適合させることが可能になってきた．しかし，外見と戸籍上の性別記載が食い違っているために本人確認に問題を生じ，選挙権の行使や履歴書を必要とする場面での不利益，また，偏見による差別を受けることもある．こうした，

性同一性障害者が被る制度的，および，社会的不都合を解消する目的で発効したこの法律は，上記「特定の5条件」が厳しすぎるという批判から要件緩和を求める声がある(虎井，2007)ものの，日本に独特の戸籍制度の維持もあってこの方面の法整備が著しく遅れていた現状からの変革として，当事者を中心に一歩前進との評価は高い(上川，2007).

「私の場合，"私の肉体はまちがっている"と思った．だから手術して変えよう，男体になろう，と決意した．それがすべてである．それにつきるのである」(p.13)と，女性から男性(FTM)への転換を求めた虎井(1997)や，「1995年，27歳の時，"男性"としてのサラリーマン生活をやめた．その後，"自分らしくいたい"という思いから，さまざまな模索を重ね，30代に入ってから"女性"として生きるようになった」(p.i)と，男性から女性(MTF)への転換を求めた上川(2007)のような性同一性障害に苦しんできた人びとに，時代が法律をもって，かたくなな扉を少し開けた社会変革の例であるだろう．

(2) 滞日日系ブラジル人との共生

入管難民法の改正(1990年)で外国人労働者の受け入れが容易になって以来，国内在住の外国人が増え続けてきたが，2008年以来の世界同時不況によって製造業が落ち込み，そこで働いていた多くの外国人労働者が解雇を余儀なくされて失業した末，帰国に追い込まれている．特に，国別で最も多いのがブラジル国籍の人々で，かつてブラジル人の数は30万人を超え(2005年)て増え続けていたが，2009年には26万人にまで減少した(国立社会保障・人口問題研究所「人口統計資料集」による)．それでも中国籍(68万人)，韓国・朝鮮籍(57万人)についで3位であり，中でも愛知・岐阜・静岡・三重の東海4県にブラジル人が集住している現実がある．これらの県の各自治体では，就労や教育，医療，社会保障，生活上のトラブルなど多様な問題を抱えて対応に苦慮しており，NPOやボランティアによる活動のみならず，自治体自身が対応に乗り出しているところも多い(阿部，2011)．

こうした中，市町村レベルでは，特に日系ブラジル人が多く住む地域を中心に「外国人集住都市会議」が2001年5月に結成され，制度の立ち後れを指摘し，問題解決へ向けて国への具体的な提言や要望を行っている．たとえば，愛

知県豊田市では，行政や企業，日系ブラジル人の代表らが参加する多文化共生推進協議会の中に「教育・青少年」「保険・労働」「コミュニティ」の3部会を設け，問題解決に当たっている．三重県四日市市では，独自の「外国人児童生徒受入拠点校」制度を導入している．しかし，各自治体ごとに外国人の居住形態や滞在期間の長短などが違うため，共通の特効薬・万能薬がないのが実情である(読売新聞，2006.6.7)．一方，政府は2005年に，総務省に「多文化共生の推進に関する研究会」を設置し，出入国管理とは別の外国籍住民との共生を目指す施策を検討し，報告書を作成してガイドラインを示した(http://www.soumu.go.jp/s-news/2006/060307_2_bs1/pdf)．

このように，地方自治体も国も，押し寄せる現実を前にして変革を求められており，施策のうえで重い腰を上げ始めてはいるが，共生を求めての現場の実態は簡単ではないようである．浅田(2002)によれば，その背景には，行政側のスタッフが実際に外国人が多く暮らす地域で生活していないために，現実にどういったことが問題として存在するのかを的確に判断していないことが多かったり，地域住民のみならず自治体職員にも偏見的な態度が見え隠れするという．浅田が愛知県西尾市の県営団地の自治会長に行った聞き取り調査から，その事例を紹介する．

日常生活上のトラブルとして真っ先にあげられるものにゴミ出し問題がある．ゴミ出し場に分別の看板をポルトガル語で表記している地域は多いが，それがブラジル人にとってわかりやすいもの，理解できるものになっていなければ効果は期待できない．また，このことを自治会の配布物や回覧板で通知するのだが，配布物まで随時翻訳している地域は少なく，たいていは日本語の回覧板にふりがなをつけることで済ませているところが多い．

医療に関しても，日本語がわからないので，市民病院に行ってもどこに何があるか，どうしたらよいのかわからない．病院の案内図や医療関係の用語を翻訳したり，通訳のできるスタッフを用意するなど，本来ならば病院側が患者への配慮として行うべきことも，なされていないことが多い．

日本の学校に子供を通わせるブラジル人父母にとって，日本の学校の仕組みを理解すること，学校から配布される書類を理解することは大変困難であるという．これは学校の受け入れ態勢が不十分であることの表れであるが，担任の

教師にすべての対応を負わせる姿勢があり，学校全体の組織としての体制がとれていないことや，学校を指導する立場にある教育委員会が機能していないことを露呈している．

住宅の環境という点では違法駐車の問題がある．外国人に駐車場を貸したがらない地主が多いことがあり，これは「外国人は信用できない」という根強い偏見に根ざすものである．違法駐車問題というと，ブラジル人が駐車場契約を結ばないので彼らの責任不足だと安易に結論を下しがちだが，実態は偏見や差別意識という別のところにあることが多い．多文化共生に向けて，ネガティブな態度の改善のための方策が望まれる（金，2011）．

浅田(2002)が調査した自治会長は，こうした事例に自らが解決に向けて立ち上がっており，自治会長というその役割をはるかに超えた活動をしている．本来なら行政スタッフが対処すべき問題でありながら，地域での生活実態を把握していないがために理解や判断ができず，自治会長にしわ寄せがいくことになる．組織的な行政の変革が求められるゆえんである．

なお，浅田の研究とは別に，杉岡・兒玉(2005)は，滞日日系ブラジル人の精神保健問題と文化的所属感およびサポート・ネットワークの関連について，また，日系ブラジル人児童生徒支援のための支援者ネットワークづくりについて（杉岡・兒玉，2007），コミュニティ心理学からアプローチを試みている．

6節　縮小する財源

路線バスの廃止を受け，地域の交通手段を守ろうと地域住民が主体となったNPO法人を立ち上げてバス存続に取り組んでいる例と，盛んになりつつあるボランティア活動ではあるが，市民ボランティアは活動に参加することを通して何を獲得していくのかを例に，社会変革との関わりで考える．

(1) NPO法人生活バス四日市

三重県四日市市では，赤字による路線バスの廃止に対して，地域住民が地域の生活に密着したバス運行の企画・運営に地元の企業などの協力を得ながら取り組んでいる．

2002年2月，市内を走る三重交通バスのある路線が利用者の減少による赤字化から5月末の廃止を決定し，行政を通じて地区の連合自治会に通達があった．4月に当該自治会が住民にアンケートを実施したところ，回答者の圧倒的多数が買い物・病院へのアクセス手段がなくなるのは困るとの意見を寄せ，これを踏まえて5月に市に対して路線バスの存続またはこれに替わる処置を要請したが，バス廃止の方針は変わらなかった．このため，6月から自治会を含む有志で沿線住民の生活に密着した「生活バス」としての路線や運行計画について検討を始め，隣接地域自治会にも共同参加を求めて快諾を得，地区住民にバス説明会を開催し，9月には地域住民・協賛企業(スーパー・病院など)・運行事業者(三重交通)からなる「生活バス四日市運営協議会」を発足させた．その後，陸運局に運行許可申請を相談したり，試乗会を開催したり，時刻表を各戸に配布するなどのPRに努め，2003年3月にはNPO法人の設立認証を取得して，4月1日より本格運行を開始して今日に至っている(http://www.rosenzu.com/sbus/npo.html)．

　NPO法人生活バス四日市は，「地域の新たな公共交通ニーズを開拓し，もってバスを活用した地域活性化と福祉の増進に寄与する」ことを目的に設立され，運行主体はこの法人，運行事業者は三重交通，運行は月～金の週5日間，午前8時台から午後6時台まで1日5.5往復，利用料金は1回当たり100円となっている．バスを取り巻く各主体がバスの運営のコストを少しずつ負担し，資金不足を解消することによってNPO法人運営のバスを実現している．

　バスが運行され，地域の中に公共交通手段が確保されていることが最大の成果であり，特に高齢者が一人で外出しやすいため，スーパーや病院などへの外出回数が増えており，また，地域住民が立ち上げたNPO法人が中心となって自らのニーズを踏まえてバス運行を企画・運営していることで，住民の間に「自分たちのバスを利用しなければ，支えなければ」という意識が高まり，乗客が増える効果があった(国民生活白書，2004a)．こうしたボトムアップ型の運営方式は，このNPO法人の「目的」にあるように，バスを活用した新しい生活スタイルの確立を目指しており，「どんどん使って，どんどん便利に！　このバスを守り，育てるのはあなたです」というキャッチフレーズには，市民参加とコミュニティ・エンパワメントが込められている．

この事例は，2節で紹介したDalton et al. (2001 ; 2007)のいうボトムアップ型の社会変革の成功例であるが，ただ，こうしたコミュニティバスや鉄道は全国で数多く施行されているものの，運行増の一方で乗客の頭打ちが市町村財政を圧迫し，廃止を余儀なくされたり正念場を迎えている場合も多い(堀内，2012；朝日新聞，2010.2.20～24)．市民主体のコミュニティバスを成功させる条件として，①住民が存続を願い，活動に参加すること，②自治体が支援すること，③実際にバスを運行するバス会社が積極的に関わること，④関係者を束ねるコーディネーターがいること，をあげる研究者もいる(朝日新聞夕刊，2010. 3. 24)．

(2) ボランティア活動が参加者にもたらすもの

　災害ボランティア，環境ボランティアなど，多様なボランティア活動はその本来の相互扶助(共助)の精神に基づいて行われているものではあるが，それとともに，国や自治体の縮小する財源の肩代わりをするものとして，ボランティアやNPO活動が社会変革の主体の一つとして注目されている．ボランティア活動に参加することを通して，人々は何を獲得するのだろうか．

　環境配慮行動を多様な側面から追求している広瀬(1995)と共同研究者たちは，その一つとして環境ボランティアの存在を取り上げ，ボランティアの活動が地域住民のリサイクルに関する認知や行動に及ぼす効果を検討している．この一連の研究の中に，ボランティア自身が活動にコミットすることで生まれるエンパワメントの側面を扱ったものがある．

　リサイクル活動へのコミットメントがボランティアのエンパワメントに及ぼす効果を意識調査によって見た研究(広瀬ら，1999)では，イベントへの参加回数をコミットメントの指標として取り上げ，エンパワメントとの関連を調べている．その結果，イベントの参加回数は活動の有効感，自分自身の有能感，グループへの連帯感に大きな影響を及ぼしており，参加回数の多いほどこれら三つのエンパワメントを感得していた．また，活動によってエンパワーした人ほど，将来の活動への参加意図が高くなると考えられた．市の一般廃棄物処理計画への市民参加によるエンパワメントの効果をみた研究(広瀬ら，2003)では，ボランティアにより社会貢献ができ，視野が広がり，ネットワークを通じて情報を獲得できたと感じているほど，市の一般廃棄物処理の基本計画づくりへの

参加でも同様の期待をもっており，市民参加による基本計画づくりへの全体評価も高かった．また，環境ボランティアへの活動参加への動機づけを質的研究によって明らかにする中で，参加者が得たものとしてのエンパワーメントを抽出したもの(安藤, 2002)もある．これらについて，7章で紹介したZimmerman (2000)の「エンパワーの過程とエンパワーの成果の比較」(表7.2)を想起されたい．

こうした経緯を踏まえて，広瀬(2001)は，参加者たちが誰もがよい経験をしたと感じており，ボランティア活動をすることでエンパワーメントが実感できること，それは新しい試みをしていろいろな人とつながりができたという「連帯感」，自分たちの働きかけで地域が変わっていくという「効力感」，自分自身でもいろいろなことを学び，何かをやれる知識や能力が身につくという「有能感」を意味する，とまとめている．

7節　説明責任

説明責任とはアカウンタビリティ(accountability)の訳語で，「企業，学校，政府，や他の社会に与える影響がある組織などが，直接的に関わる当事者(例：社員，消費者，教員，学生，管理者)のみならず，間接的に影響を受ける人や組織(例：消費者，学生，保護者，地域住民)に対して，情報提示などによって報告および説明する必要があるとの概念」(笹尾, 2006, p. 112)である．

税金はどこに使われたのか？　対象となる住民は利益を得たのか？　目標は達成されたのか？　もしそうでなかったのならば，なぜできなかったのか？　これらの質問への回答が直ぐ出てこなかったり，期待していたものでなかったり，建設的なものでなかった場合，質問を浴びせる当事者たちは変革を要求するかもしれないし，新しい管理者を求めたり，新しいガイドラインを求めるかもしれない．変革の要求があまりにも徹底的だと，その行き着く先は，関係者たちが直ちに説明できない組織はどれも消滅するということになる，とDuffy & Wong(1996)は述べている．

ここでは，説明責任の事例として，学校と行政を取り上げることとする．

(1) 学校の説明責任としての情報公開：学校ホームページ

　学校における説明責任の概念は，「開かれた学校づくり」を推進する具体的な取り組みとして用いられるようになり，学校評価と強く関連づけられるようになっている．学校が地域住民の信頼に応え，家庭や地域が連携協力して教育活動を展開するためには，学校を開かれたものとするとともに，学校の経営責任を明らかにするための取り組みが必要という考えのもとに，平成10年の中央教育審議会の「地方教育行政」答申は，具体的施策として，「教育計画等の保護者，地域住民に対する説明」と「学校評議員の設置」を提言した(佐藤, 2002)．

　このうち，前者はとりわけ「総合的な学習の時間」と結びつき，学校は家庭や地域との連携に積極的に取り組み，特色ある学校づくり・教育づくりに努めることが課題となった．この「連携」を円滑に行うためには，その相手となる家庭や地域に対して必要な情報を提供し，教育目標や経営方針，指導の進め方について具体的に説明し，学校への理解を得ることが前提条件になる．「説明が不十分だと，連携自体が円滑に進められないだけでなく，学校が家庭や地域資源をご都合主義的に利用しようとしているような印象を与える」(佐藤, 2002, p.97)ことにもなりかねず，「連携」の取り組みにおいては，「説明」によって学校を理解してもらうことが先決となることもあって，学校側は学校情報の公開と発信手段として，インターネット上にホームページを開設する動きが盛んになっている．検索欄に学校名を入力すれば，たちどころにホームページが見つかるだろう．

(2) 行政の説明責任と市民参加：夕張市の財政再建問題

　北海道夕張市が2006年深刻な財政難のあおりを受け，2007年3月財政再生団体に指定されたことは記憶に新しい．353億円の赤字額を18年間かけて解消するとされている．

　財政難に陥った経緯は，「石炭から石油へ」の国のエネルギー政策転換による炭坑閉山に端を発し，その石炭産業の撤退による市勢の悪化を「炭坑から観光へ」のスローガンのもと，テーマパークやスキー場の開設，映画祭などのイベントの開催など，企業誘致によって地域経済の再生策を図ったものの，観

光・レクリエーション関係の衰退期と重なったり，過大な投資と放漫経営が累積赤字としてのしかかった結果，市の財政を圧迫したことによる．これに対する財政再建計画は，給与の削減(市職員数・給与の削減，市会議員数・給与の削減)，市保有観光施設の運営委託・売却・廃止，市民税等諸種税金の増額や新設，ゴミ処理料や下水道使用料などの増額，その他，市民に多大な負担を強いることで対応しようとしている(「夕張市」Wikipedia, 2012.5.20アクセス)．

　澤井(2007)は，こうした負債を，一時借入金で処理することで膨大な赤字を作り出したにもかかわらず，夕張市当局は市民や市議会に十分な説明をしてこなかったことに最大の問題点があるという．議会や市民が自治体の財政状況を的確に把握し，政策的な論議をする能力を形成することなしには，「財政健全化計画」や「財政再生計画」が市民自治のいっそうの発展や強化につながらない可能性があり，望ましいのは，財政危機を一つの契機として市民自治の前進が図られ，行政と市民との協働による「市民的公共性」が形成されることだとする．

　さらに，澤井(2007)は，財政情報の開示と説明責任の適切な果たし方は，従来は決算の報告や結果責任の明示に限定されてきた「説明責任」を，より広く，「予算の編成過程の公開」やそれ以前の各種事業計画への「市民参加」に拡張することで，中央政府の「説明責任論」とは異なる，身近な政府としての地方自治体のアカウンタビリティの在り方がある，と述べている．予算の過程への市民参加を実行することで，常に身近な統治団体として機能することが期待される地方自治体をより活性化させることになり，そのことで市民自身が生き生きとし，本来の主権者としての見識を育てることもできるとしている．

　本章でも，Duffy & Wong(1996)やMoritsugu et al.(2010)が，計画的社会変革を創造するための方法としてあげた五つを紹介したが，そのうちの「市民参加」と「公共政策」は，この夕張市に見られるような市民生活が崩壊に直面する事態においては，社会変革の手段として大きな意味をもっていることが改めて理解できたように思われる．

　2011年，この夕張市に30歳という全国最年少の市長が誕生した．全国の自治体で唯一の財政再生団体の舵取りとして，そのリーダーシップに大きな期待がかけられている．

8節　知識や技術の急速な進歩

　1994年に商用サービスが開始されて以来，日本におけるインターネットの普及は急速に上昇しており，2009年末における利用者は9408万人で，全人口に占める普及率は78.0%に当たるという(情報通信白書，2010)．ここでは，現代の最大のIT革命としてのインターネットが，社会変革をもたらした例を取り上げる．ただ，Scileppi et al. (2000)が警告するように，「他の社会的装置と同じように，サイバー村には依然として山賊や悪人がいる」(訳書 p. 305)ことも事実で，インターネットが社会生活にもたらす利害や限界については，いまだ未探索の部分が大きい．この技術の効果的な利用を計画したり実行するには，もっとたくさんの研究が行われる必要がある．

(1) 自助資源としてのインターネット

　インターネット上には多種多様な無数のオンライン・グループが存在している．関心や問題を共有する人びとが相互作用するオンライン・グループの中には，コミュニティ心理学が関心をもつ精神保健領域の，専門家による管理や運営面への主導的な関与がない，当事者同士の相互援助的なオンライン・セルフヘルプ・グループがある．ここでは，奥山・久田(2002)による，「引きこもり」の人びとが参加する電子掲示板の機能を，オンラインとオフラインにおける相互作用の観察と分析によって検討した研究を取り上げる．

　ある一つの引きこもりの電子掲示板の5か月分のすべてのログをダウンロードして分析の対象とし，また，システム・オペレーターとの面接や，月1回のオフ会での会合や，会合後の懇親会への参加観察を通した情報の収集も含めた分析を行っている．

　対面的なセルフヘルプ・グループへの参加の，望ましい結果に関連しているプロセスやグループでの体験の性質を査定するために考案された，言説機能カテゴリー(援助領域：サポート・解釈・ガイダンス，援助探索と開示領域：自己開示・情報の提供・フィードバック，情緒的な反応領域：同意・否定，など5領域12カテゴリー)と，言説テーマカテゴリー(心身の状態，医療，性格の悩み，対人関係，家族関係，など9カテゴリー)を援用して，電子掲示板上のやりとりを分類した結果，

「サポート」「自己開示」「情報の提供」などからなる援助の提供と探索に関するやりとりが過半数を占めた．また，電子掲示板のやりとりには参加しない人が，掲載されている情報に興味をもって，システム・オペレータに宛てて個人的に電子メールを送ってくることがしばしば生じており，そのやりとりを通じてはじめて専門的な相談機関や医療機関に出向いた当事者や家族があった．さらに，当該掲示板でのやりとりをきっかけにして，対面的な会合であるオフ会が定期的に開催されるようになり，そこではさまざまな自助的な活動や個人的な関係が自律的に展開していた．以上のことから，この研究の重要な知見として，電子掲示板が，アクセスした人びとを，オンラインからオフラインへの関係へと移行させる媒介的な機能を有していることが明らかにされたことである．対象とした電子掲示板は，専門家の接近が困難な「ひきこもり」の人たちやその家族にとっての，自助資源として機能していたといえるだろう．また，電子掲示板が，まず，物理的な制約を超えてネット上に関心や悩みを共有する人々を集合させてオンラインの関係を可能にし，一部の掲示者とROM(read only member)を相対的に安定した対面的な関係へと媒介するといった，特徴的な利点あるいは機能を有していることが指摘されている(奥山，2002)．

このように，従来の狭い範囲の地域コミュニティでの対面的なセルフヘルプ・グループから，時空を超えたバーチャルコミュニティでのセルフヘルプ・グループへと，インターネットはコミュニティ心理学における変革への関心事を大きく拡大させることとなった．

(2) 携帯電話の普及が若者の社会参加にもたらすもの

携帯電話ほど，若者に限らずすべての世代にコミュニケーションの変化をもたらしたツールはないだろう．インターネット接続も，若い世代ではパソコンよりも携帯電話を通しての方が多い現状からすれば，今や携帯電話(というよりも，「ケータイ」という新しいメディア・ツールとして扱う方が特に若い世代には理に適っている)は，彼らにとって「ない生活は考えられない」ものであり，「肌身離さず持ち歩くもの」となっている．

この携帯電話によるコミュニケーション，とりわけ携帯メールの利用が若年層の対人コミュニケーションにもたらす効果に着目して，小林・池田(2005)は

「人々の身近なパーソナルネットワークはその人が取得する社会的な情報に直接影響し，それが蓄積されることによって社会全体や政治の認識を形成していくことに鑑みれば，これから社会的・政治的領域に市民として関わるはずの若年層において携帯コミュニケーションがもたらす効果を検討することは，重要度の高い課題である」(p. 67)との考えのもとに調査を行っている．

彼らの仮説は，まず「友人関係一般」および「家族」との問題として，携帯メールの利用頻度が高いほど既存の友人関係が強化されるだろう(仮説1a)．一方，携帯通話の利用頻度は既存の友人関係を強化する効果をもたないだろう(仮説1b)．携帯通話の利用頻度が高いほど家族との関係が強化されるだろう(仮説1c)．一方，携帯メールの利用頻度は家族との関係を強化する効果をもたないだろう(仮説1d)，というものである．

次に，上記1a，1bの友人関係一般についての回答に対応させて，「親しい友人」との個別のコミュニケーションについての仮説も立てており，携帯メールの利用頻度が高いほど親しい友人との対面接触頻度が増えるだろう(仮説2a)．一方で，携帯通話の利用頻度は親しい友人との対面接触頻度を増やす効果をもたないだろう(仮説2b)，とした．さらに，最近の「公」に対する「私」優先の生活価値傾向を踏まえて，携帯コミュニケーションの頻度が高いほど「私生活志向」が高いだろう(仮説3)，という仮説を導いている．

つまり，上の世代と比較して，20歳代では，携帯での通話よりむしろメールによって，友人とのコミュニケーションをとる傾向があるとの先行研究から，携帯電話が，世間でしばしば語られるような対人関係を無条件に希薄化するメディアではなく，むしろ，ある種の偏りをもちつつも，メールを通して対人関係を強化する効果をもっており，携帯メールの利用は若年層の「強い紐帯」の強化および活性化に寄与する．ただ，問題は強化される対人関係の偏りの中に隠されており，個人のパーソナルネットワークが同質な人々に囲まれることは，異質な他者との相互作用の減少を意味し，それは社会参加および他者に対する寛容性を低減させる可能性がある．「強い紐帯」と呼ばれる親密かつ比較的少数のパーソナルネットワークを強化する一方で，このことによって同時に同質な社会的アイデンティティが強化され，結果として社会的領域におけるフォーマルな参加を阻害する可能性がある．たとえば，社会的参加の典型である自治

会や町内会への参加行動が減少する可能性が高い．それによりますます若年層の情報環境を私的な領域へ収縮させることになり，「私生活志向」をいっそう高めるだろう，というものである．

データは，仮説 2b を除いてほぼ支持され，「個人レベルでの私生活志向が民主主義システムの円滑な運用にマイナスの効果をもつ可能性は否定できない」(p. 81) として，著者らは若年層における携帯コミュニケーションの在り方を危惧している．新しい技術の導入によって社会変革が起こる典型的な例として IT を取り上げたが，変革が必ずしも好ましい方向性をもつものばかりではないことが懸念されることを示している．

9節　コミュニティ・コンフリクト

コミュニティ・コンフリクトを通しての変革の例として，過疎地域の活性化に向けての保守－革新住民間の確執と，社会福祉施設建設をめぐる施設－地域関係問題を取り上げる．

(1) 鳥取県智頭町の地域活性化運動

過疎地域の活性化問題に取り組んでいる杉万 (2000) のグループは，鳥取県の智頭町をフィールドに，住民自治の社会システム作りを通してコミュニティのエンパワメントを図ろうとしている．以下に，杉万 (2008) に則して紹介する．

製材所経営者と特定郵便局長のたった2人の住民リーダーが始めた，村内の杉材の高付加価値化を軸とする事業 (ハガキなどのウッドクラフト開発，住宅デザイン・コンテスト，ログハウス「杉の木村」建設) の成功が，村内に30名の地域活性化運動への共鳴者を生み，彼らによる「智頭町活性化プロジェクト集団：通称 CCPT」の結成は，物づくりから人づくりへとシフトすることで，多彩な研究者・知識人を杉の木村へ招いて毎年「塾」を開催したり，村内青年の海外派遣事業や，カナダの高校との交換留学へと発展した．

この10年間の活動実績は広範な村民の認めるところとなり，「次は，行政 (役場) を変えなければ」の方向へ向かうこととなった．CCPT のメンバーには役場の職員も含まれており，CCPT の活動は分厚い行政の壁を突き崩し，町行

政へと浸透する中で，「ひまわりシステム」「ゼロ分のイチ村おこし運動」などの施策が生まれた．

「ひまわりシステム」とは，郵便配達員が配達途中に独居の高齢者を訪れ，「ご用聞き」をするというものである．日用品の購入や使い走りなど高齢者の要求に応えて農協や病院での代行をして，翌日再度高齢者を訪問する．町内全域で実施されており，声かけや訪問が高齢者をエンパワーしている．

「ゼロ分のイチ村おこし運動」（日本1/0村おこし運動：http://cms.sanin.jp/p/chizu/kikaku/mezasu/zeroichi/）とは，最小コミュニティ単位である「集落」ごとに住民自治を育もうとする運動である．住民は自ら10年後の集落ビジョンを描き，それを実現する．行政は脇役としてそれをサポートするのみだが，2011年現在，町内89集落中16集落と2つの地区がこれに参加し，地域経営，交流，住民自治の3本の柱のもと，保守性・閉鎖性・有力者支配という旧来からの地域体質を打破しようとする意図が込められている．

これらの計画や運動の企画は，当初役場と議会の執拗な抵抗にあったが，「物言わぬ住民」から「物言う住民」を創り出していくこの運動は，ついには役場のトップ層にも理解者を生み，施策として承認されて今日に至っている．こうした『地域からの挑戦』（岡田ら，2000)は，コミュニティ・コンフリクトを通して変革を引き起こすことができることを実証するものである．

(2) 社会福祉施設-地域社会コンフリクト

社会福祉施設を建設しようとすると当該の地域住民から強い反対運動が生じ，コンフリクトに陥ることが多い．施設や地域住民はこのコンフリクトをどのように克服し，新しい施設-地域関係を築き上げていけばよいのだろうか．この問題に，埼玉県と横浜市の社会福祉施設に対して，質問紙調査と事例研究の両面から取り組んでいるのが古川ら(1993)のグループである．彼らの結果を，以下に著者なりに要約してみる．

住民のネガティブな反応に対する施設側の対応努力の結果，どのような両者関係に落ち着くかを，設立時の施設-地域関係における対応とその後の展開に目を向けて整理すると，次の4パタンに分類できるという．第Ⅰパタン：地域住民と施設との相互理解のもとに，施設-地域コンフリクトを経験することな

しに施設が設立される．第Ⅱパタン：地域住民の社会福祉，地域，福祉施設への無関心という状況のもとで，施設－地域コンフリクトを経験することなしに施設が設立される．第Ⅲパタン：施設－地域コンフリクトの結果，住民の要求を受容することで施設が設立される．第Ⅳパタン：施設－地域コンフリクトの結果，当該地域での施設の設立が断念される．

また，施設が新設される際に地域住民がそれをどのように受容するかは，住民の地域や福祉への関心・理解の程度によって構成される福祉観(福祉への住民感覚)(1軸)と，施設建設に関わる住民の地域社会イメージ(伝統維持意識・生活防衛意識・要求実現)との適合性(2軸)，の二つの軸の組み合わせで決まり，上記の4パタンとの関連でいえば，①積極・肯定的施設観：共感(支援協力)〈1軸高・2軸高〉［第Ⅰパタン］，②消極・肯定的施設観：傍観(没交渉)〈1軸低・2軸高〉［第Ⅱパタン］，③拒否・迷惑施設観(設立阻止)〈1軸低・2軸低〉［第Ⅳパタン］，④要求・受益優先施設観：(相殺条件提示)〈1軸高・2軸低〉［第Ⅲパタン］，となろう．

さらに，施設と地域の両者関係を発展させていく契機としてコンフリクトを意味づけると，コンフリクトの収拾の形態として，大半が「施設－地域コンフリクトの結果，住民要求の受諾と交換で施設が設立される」という［第Ⅲパタン］をとっており，具体的には，施設が地域に対して譲歩し，その機能や規模を縮小していくという形での対応と，逆に，住民要求に応えてそれらを拡大していくという，二つの方向があることを見出している．また，施設－地域コンフリクトは必ずしも施設－地域関係に対してマイナスの結果をもたらすものではなく，設立に到った場合には，地域住民の施設理解を深める契機になることが多いという．ここに彼らは，コンフリクトを通しての施設－地域関係の変容可能性を示唆している．

10節　伝統的サービスへの不満

社会が複雑・多様化するに従い，伝統的，あるいは画一的な対応の仕方では対処できない事態や不備・不具合が生じてくることは必然となる．特定の個人や集団，あるいは地域に適したサービスが受けられるよう，代替物や選択肢が

用意されたり開発される必要があるだろう．ここでは，その事例として，地域の治安の悪化に対して，伝統的な警察による防犯態勢を補う活動をしている「NPO法人　日本ガーディアン・エンジェルス」と，伝統的な学校教育に地域住民が参画することで，子どもや地域の教育力を高めようとする「コミュニティ・スクール」構想を取り上げる．

(1) NPO法人　日本ガーディアン・エンジェルス

　1995年の阪神・淡路大震災や地下鉄サリン事件をきっかけに1996年に設立された日本ガーディアン・エンジェルス(日本GA)は，「不特定かつ多数のものに対して，安全パトロール等犯罪防止に関する事業等を行い，住民の生活の安全の確保に努め，安全で住みやすいまちづくりの推進に寄与する」ことをその目的としている．おもな活動として，①地域安全パトロール，②子どもの安全セミナー，③インターネット安全教室，④学校校区安全パトロール・地域安全マップづくり，⑤防犯リーダー養成講座，⑥働く女性のための防犯セミナー，⑦安全に関する講演，⑧落書き消し，⑨イベントサポート，⑩犯罪情報ボランティア・コール「ダイヤルV」があり，そのモットーは "Dare to Care"（見て見ぬふりをしない），である(http://www.guardianangels.or.jp)．

　都市部住民の地域に対する無関心を放置したままでは地域の自浄力が低下し，犯罪や非行の多発に繋がるのではないか，という危惧を抱いたアメリカ留学体験をもつ一人の日本人青年によって，東京支部として立ち上がったこの組織(小宮，2000)は，1999年にNPO法人格を取得し，2011年現在全国に24支部，274名の活動人員をもつまでになっている．

　日本GAの目的は地域の治安が悪化することの予防にあるが，予防活動の重要性を地域住民に理解してもらうべく，多様な団体や組織(役所，消防，警察，防犯協会，町内会，青年会，商店街など)と協力・連携しながら，上記のような活動を展開している．20歳代を中心とする会員(学生・社会人)が，パトロールにボランティアで参加するなど協力しているが，活動内容が地域住民に口コミによって広く認知されるにつれ，治安悪化を懸念する各地の町内会や商店街から，活動範囲を広げて欲しいとの依頼や，受け入れ先の地元の企業などから物品を含む寄付が集まるようになっているという(国民生活白書，2004b)．

日本 GA の防犯の考え方の中核をなすのは「割れ窓」理論(小林, 2003)である．1 枚の割れた窓が放置されることによって次々と窓が割られ，落書きされるなど軽微な違反行為が増加し，さらにはより悪質な犯罪を誘発させるという治安悪化のプロセスを説明するものであると同時に，住民には地域のまとまりを弱体化させ，無力感を抱かせ，交流や地域活動への参加を控えさせるという悪循環のプロセスを含んでいる．このプロセスを断ち切るには，どんな小さな違反行為でも見付け次第対処し，1 枚の割れ窓もない地域環境をつくるためにパトロールすることで予防する，という防犯活動を展開している．

なお，日本 GA の実践とは別に，最近の地域住民による防犯活動の内外の研究の実際や背景理論については小俣(2011)の紹介があり，また，調査研究として，市民参加を規定する要因を高橋(2010)が，地域内のソーシャルキャピタルとの関連を高木ら(2010)が追究している．

(2) 学校改革：コミュニティ・スクール構想

6・3・3・4 制の戦後の学校システムが揺れつづけている．教育の機会均等を求めた制度から，多様な教育を求める制度へのうねりである．極端なまでの横並び主義や画一性・一律主義への「異議申し立て」が，政府側からも国民の側からも沸き上がったことがその背景にある．その結果,「開かれた学校」づくりを目指して学校・家庭・地域の連携が唱えられ，学校支援ボランティア，学校評議員制度，説明責任と学校評価，学校選択制など，これまで不可侵と目されてきた学校に地域社会の目が入ることとなった．ここでは，学校支援ボランティアの視点から，コミュニティ・スクールに着目した取り組みを紹介することとする．

コミュニティ・スクール構想には，教育改革国民会議が提案した「新しいタイプの公立学校」，つまり，目的指向型のテーマ・コミュニティ(関心共有のコミュニティ)を重視する日本版チャーター・スクール(金子ら, 2000)もあるが，ここでいうコミュニティ・スクールとは，既存の公立学校をより地域に近づけ，保護者や地域住民との「協働」を通して，新しい実践に取り組もうとする地域密着型の学校を指している(佐藤, 2002)．この代表的な事例に，東京都三鷹市立第四小学校による，三つのタイプの学校支援ボランティアの活動がある

(貝ノ瀬，2003)．

　この小学校では，着任した校長の強いリーダーシップのもと，保護者や地域のヒト・モノ・コトを子どもたちの学習に取り入れることで，学校単独ではなく，家庭や地域の教育機能を融合させ，その良識と専門性を教師のパートナーと位置づけて，学校を地域に開かれた「参画型コミュニティ・スクール」とすることを目的として多様な教育活動を展開している．「教育ボランティア」として登録された140名以上の地域住民や地域内にある企業・組織の職員は，①コミュニティ・ティーチャー(CT)，②学習アドバイザー(SA)，③きらめきボランティア，の三つのいずれかに所属し，学校教育に参画している．

　①のコミュニティ・ティーチャーは，専門的な知識や技能をもつ人びとが講師となっており，医師，菓子職人，農家，市会議員，IT技術者，各企業，NPO団体など多様な人が授業に参加しており，「総合学習」の単元開発や子どもたちの実体験と課題解決学習が展開できている．②の学習アドバイザーはおもに保護者で構成され，算数や国語などの教科の授業の中に参加し，担任や専門の教師の教科指導補助として学習支援をしている．また，③のきらめきボランティアは，授業前や放課後を利用して，地域住民や保護者が自分の趣味や特技を生かした活動を，英会話や手話クラブ，サッカークラブ，パソコンクラブなどとして展開し，教師が指導する必修クラブとは別に，課外の選択クラブ活動として運営されている．

　こうした活動はボランティアの側にも好影響を与えており，生涯学習の点からも，「子どもたちから元気をもらっている」と好評のようである．こうして，子どもを真ん中に，保護者，地域住民，教師が協働することで，ともに生き，ともに学び，ともに創り出す「参画型コミュニティ・スクール」ができつつあるという．

　なお，全国におけるこうした学校改革の実践例は，志水(2008)，苅谷ら(2008)，佐藤(2002)，玉井(2002)などに見ることができる．

11節　解決法の多様性への要求

　ここでは，ホームレス問題の解決法の一つとして，ホームレスの人々に仕事

を提供し，自立を支援するビジネスである．雑誌『ビッグイシュー日本版』の刊行と，近年増加する刑事犯によって定員を超えた過剰収容の刑務所問題に対処するために，国が半官半民の刑務所の開所に踏み切った「社会復帰センター」を取り上げ，社会問題の解決法の多様性についての一端を紹介することで考えてみたい．

(1) ホームレスの仕事をつくる：『ビッグイシュー日本版』の挑戦

ホームレスへの支援を，NPO団体やボランティアによるチャリティではなく，ビジネスの手法を用いて雑誌をつくり，雑誌販売というホームレスの人々の仕事をつくる．これを彼らが路上で市民に売ることで利益を得，得たお金を簡易宿泊所に泊まる資金に充て，資金を貯めてアパートなど自分のすみかを確保し，住民登録を獲得して新しい職探しへと展開していく．

『ビッグイシュー』は，ホームレスが仕事と収入を得ながら自立することを目的に1991年にロンドンで創刊され，日本版は2003年に大阪で発売が開始された．月2回の発行で，定価300円のうち160円がホームレスに，卸値140円のうち14円が支援団体の収入になる．ビッグイシュー日本の代表を務める佐野(2010)は，仮に1日当たり20冊仕入れて完売すれば，販売者の収入は3200円になり，大阪の釜ヶ崎の「ドヤ」1泊1畳半の部屋なら500円，1000円出せば3畳の部屋が確保でき，少なくとも，冷たいコンクリートの路上から，まずは屋根と壁と畳のある部屋に上がり，布団にくるまって1日の疲れを癒すことができる．東京だともう少し値段は上がるが，1500円くらいからネットカフェがある．『ビッグイシュー』を販売しながら僅かでも貯蓄をすることができれば，1か月の家賃が2〜3万のアパートを借りるのも夢ではない．住所さえ確保できれば，さらにその後の人生の選択肢は広がるだろう，と見込んでいる．

ところで，この雑誌は，読者の7割が女性，世代別では20〜30歳代の女性が3割，3人に一人が会社員・団体職員である．国内外の著名人へのインタビューや社会問題，映画・音楽情報など，質の高い内容を提供することをモットーにしている．ホームレスの人が一般の人の悩みに答える「人生相談」も人気コーナーで(ビッグイシュー販売者・枝元なほみ，2011)，読者の興味は4割前後の人が環境・エコロジーや仕事・働き方に，3人に一人が自由・人権や平和に高

い関心をもち，また，6割以上の人が誌面のすべてを読み，さらに，毎号買う人も6割を超え，月1回買う人を含めれば8割近くになるという(佐野, 2010).
　佐野(2003)によれば，日本版のモデルとしたビッグイシュー・スコットランド(有限会社)は，社会的企業としてスコットランドおよび世界中のホームレスの人々に収入を得る機会を提供することを目指す，という使命を掲げており，社会的企業とは，ビジネスの戦略を用いて社会的な病弊と闘う新しい種類のダイナミックな起業家による組織のことだという．また，彼らはその事業の価値やスタンスを，ビッグイシュー社が提供するのは仕事であって，救済ではなく，ホームレスの人々は質の高い雑誌を売ることで収入を得るべきであり，"同情による購入"の売り上げであってはならず，そして，ホームレスの人々を代弁するのではなく，発言する場を提供し，彼らと社会との関係をつくる機会をつくるとし，救済や代弁が目的ではないことを強調しているという．
　ビッグイシュー日本は，同様の趣旨の使命のもとに展開されており，淡々と目の前の課題をクリアしていきながら，結果として小さなところで社会が変わっていく，僕たちはそういう力を持ちたいと思っている，と佐野はインタビューで答えている(稗田, 2007)．問題の一部となってしまった人々が解決の担い手になる，というのがビッグイシューの考え方であり，アイディアと創造性があれば，個人や企業が社会を住みやすく変えていくことができる(佐野, 2003)，と主張する．
　2003年9月の創刊以来，延べ1090人が登録し，2010年現在，全国14都道府県の路上で156人が働き，新しい仕事を見付けて卒業した人も121人になった．雑誌のこれまでの総販売数は388万冊，5億7500万円の収入を直接ホームレスに提供したという．佐野はまた，雑誌以外でもホームレスの人を支えようと，2008年にNPO法人「ビッグイシュー基金」を創設し，市民からの寄付や会費をもとに，路上で暮らす人の健康診断や資格を取るための講習にも取り組んでいる(佐野, 2010)．
　このように，ビッグイシューの活動は2002年に制定された「ホームレス自立支援法」とは異なる，新しいかたちのホームレス問題の解決法として社会変革のうえから注目されているだけに，成功を期待したいものである．なお，若年化するホームレス問題への注目もあって，最近ホームレス問題関連の著作が

増えているが(例：青木, 2010；飯島, 2011), 2009年秋から年2回発行の雑誌『ホームレスと社会』(明石書店)が刊行されるに至っている.

(2) 民活刑務所：社会復帰促進センター

2007年5月13日, 山口県美祢市に全国初の半官半民の刑務所が開所した. これは, 公共施設などの建設・維持管理・運営などを, 民間の資金・運営能力・技術的能力を活用して行う「PFI(Private Finance Iniciative)方式」と呼ばれる, 1999年7月に成立した「民間資金等の活用による公共施設等の整備等の促進に関する法律」(PFI法)に基づく適用例で, 法務省は民間が運営に加わる刑務所を, 美祢市のほか, 栃木県さくら市, 兵庫県加古川市, 島根県浜田市, の計4か所に開設している(浜田が2008年10月開所で最後).

刑務所ではあるものの「刑務所」の名称は用いられておらず, 美祢の場合, 拘束や懲罰は刑務官ら公務員が担い, 警備や職業訓練, 給食などは民間の職員が請け負う方式である. 収容定員は男女各500名で, 初犯者で執行刑期がおおむね懲役1年～5年程度, 心身に著しい障害がなく, 集団生活に適合でき, かつ, 就業経験や出所後の身元引き受けなどに問題ない, などの受刑者を収監するという(美祢社会復帰促進センター：http://www.mine-center.go.jp).

通常の刑務所とは異なり, コンクリートの外壁ではなく3重のフェンスが周囲を取り囲んでいる. 居室は95%が個室で, テレビ・ベッド・机・鍵付きの棚が完備されているほか, 窓には鉄格子の代わりに強化ガラスが使用され, 開放的な作りになっている. 受刑者は胸の位置にICタグを内装した衣服の着用が義務づけられており, 受刑者の居場所の把握などに活用されていることに加え, 建物に出入りするときには指静脈のパタンを照合し, さらに, 200台以上の監視カメラによって24時間監視が行われている.

民間の力を導入する理由は受刑者の急増にある. 全国に7万人を超す受刑者を抱え, 定員を15%以上オーバーする過剰収容状態にあり, 一方, 公務員削減に取り組んでいる政府としては刑務官の増員は認められず, 業務を民間に委ねる新しいタイプの刑務所が生まれることとなった. また, 職業訓練を重視するのも, 再犯を防止し, 過剰収容解消に繋げる狙いがある. 法務省が保護観察期間中の再犯率を調べたところ(2005年), 有職者に比べ無職者は5倍以上だっ

た経緯があり，美祢の社会復帰促進センターでは手話やプログラミングなど 11 種類のメニューを用意し，販売士やホームヘルパー 2 級の資格取得も可能で，100 種類以上の通信教育の案内もしているという(朝日新聞，2007.6.9.)．

　かつて，スイスの 6 州が電子機器を利用して，刑期が 6 か月未満か，刑期の残りが数か月と少なくなった受刑者を自宅で服役させる制度を導入する旨の報道があったり(朝日新聞，1999.1.24.)，Duffy & Wong(1996)が，在宅逮捕や，短期刑務所としてのショック収監プログラム，地域サービスプログラム，などアメリカにおける受刑者のさまざまな収容形態を紹介したうえで，「実際，刑務所は非常に過密なため，有罪判決を受けたすべての加害者の約 75% が，現在拘置所や刑務所などの中ではなく，コミュニティの中で監察されているのである」(訳書 p. 300)と述べている．費用便益分析の結果，こうした在宅服役制度が諸国で採用される中，わが国において半官半民の刑務所が出現したのも経費削減の面が強く(美祢の場合，国営より 48 億円の節約と法務省はいう)，これも社会変革としての刑務所問題そのもの，および，経費面での多様な解決の一つといえるだろう．

――――――【クロージング・エクササイズ】――――――

海岸ごみ清掃ボランティア活動を対象とする研究の企画

　私は心理学部の3年生で，春からコミュニティ心理学のゼミに所属することになった．2年次のコミュニティ心理学の講義で，他の心理学の講義とはずいぶん発想の異なる斬新さに魅了されて，学年末のゼミの選択の際も迷わずこれに決めた．

　このゼミの方針は，卒論は個人で書くのだが，3年次は，メンバー全員で一つのテーマについて共同研究を行い，学年末にそれをまとめた「研究報告書」を刊行することである．テーマは，コミュニティ心理学が扱い得る広義の社会問題とし，メンバーで議論して決めることになっている．これまでの先輩たちのテーマのいくつかを紹介すると，児童養護施設の子どもと職員，高齢者の自立支援，高齢者施設の介護職者，精神障害者の小規模作業所，地域の子育てサークルへの支援，父親の育児参加，といったものが取り上げられてきた．

　これらをその年の共通のテーマとして，メンバーはいくつかのグループに分かれて，コミュニティ心理学の理念などからアプローチしていくのである．やり方は，対象となる集団や組織にボランティアとして参加・活動し，観察するとともに，ラポール（信頼関係）が整った段階で対象者にインタビューを行い，テープレコーダーに収録し，逐語録を作り，主にKJ法を用いて分析を行うことをやってきている．そして，こうした問題に対して，コミュニティ心理学は何ができるかをまとめるとともに，大学生の身の丈にあったレベルでの現状の改善策を提言することで報告書を締めくくる．

　4月の授業開始早々に，こうした点がゼミ担当の先生から説明され，早速自分たちのテーマを決める討論に入った．5月の連休を利用して，大学のセミナーハウスで2泊3日の合宿を行い，メンバーの親睦を深めるとともに，熱い議論が戦わされた．その結果，今年は，夏休みに，県内のNPOが主催する「海岸ごみ清掃ボランティア活動」に一市民として参加し，そこに集まってきた人々にインタビューや質問紙調査をするという案が採択されることとなった．これには，昨年単独でこの活動に参加したゼミメンバーの体験に基づく説得力のある発言が大きい．合宿終了後，主催団体にも問い合わせた結果をまとめると，おおよそ次のようなものである．

・本県にある，根本から先端まで50kmある半島の，太平洋に面した表海岸を，夏休みを利用して1日5kmのペースで10日間かけて清掃する活動である．
・ごみの種類は飲料用プラボトルが最も多く，発泡スチロールや硬質プラスチックなどが続く．こうした漂着ごみばかりでなく，不法投棄と思える車のタイヤなど，何でもありの様相を呈している．

・参加者は県内の大学生が主体だが，企業のボランティア・グループや一般市民，親子の参加もあり，事前の申し込みが原則だが，当日の飛び入り参加も認めており，開催期間中のどこからでも，何日間でも自由で，昨年は延べ600名の参加があった．
・宿泊は野外活動センターや地元の公民館などで，食事の準備もボランティアの大学生のスタッフが行っており，県内の新聞社やテレビ局，企業などからの支援金，さらには，地元の農家などからの現物支給もある．昨年の宿泊者は，1日平均60人程度であった．
・さまざまな人や企業や団体が活動に参加しており，集めたごみを仕分けして焼却場へ運ぶのを，産業廃棄物企業がボランティアを買って出ていたり，宿泊所での夜は，大学の教員が環境問題の講演や討論会を催したり，清掃中には地元の高校の吹奏楽部が軽快な音楽を演奏して，真夏の昼下がりの，きつくて単調な作業を少しでも楽しいものにしようとアイディアを出したりもしている．

こうした環境美化ボランティア活動への参加者を対象として，コミュニティ心理学の立場からどのような研究が可能であろうか．あなたならどのような研究を提案しますか．研究の目的，方法，結果の分析方法，まとめ方など，具体的な企画書を作成しなさい．

終　章

再び，コミュニティ心理学とは何か

　ここまで，序章3節で取り上げたコミュニティ心理学の理念にほぼ沿うかたちで，12章にわたって一つずつ，かつ，理解を容易にすることを狙って，あえて仮の対象者(領域)を四つに大別したうえで，それらとの関連をもたせながら【理論篇】と【展開篇】として論述してきた．もちろん，それぞれの理念や目標には軽重や優先度があるわけではないし，対象者や領域がここにあげるものに限定されるわけでもない．さらには，著者がすべての理念に精通し，等しい深さでそれらに焦点を当て得ているわけでもないことは言をまつまでもない．

　ただ，本書を終えるに当たって，時代とともに拡大し変容し続けているコミュニティ心理学を現在の時点で可能な限り統合的に把握しておくことは，著者としての責任であるとともに，読者にとっても必要なことであろう．そこで，こうした点も踏まえて，最終章では再び原点に立ち戻って，改めてコミュニティ心理学とはどういう心理科学なのかを振り返り，コミュニティ心理学は何をなすべきか，コミュニティ心理学の援助の在り方とはどういうものか，コミュニティ心理学者の役割とは何か，などについて考えることとする．

　これらを論じるに当たって，序章2節で披露した，著者の「コミュニティ心理学の定義」を改めて最初に再掲しておくこととしたい．以後の記述をする際に，この定義に照らして齟齬がないか，いちいちの確認をするためでもある．

　「コミュニティ心理学とは，多様なコミュニティの中に存在および発生する問題をメンバーが社会問題として捉え，当該コミュニティ内外の人的・物的・その他活用可能な社会資源を動員しながら協働することで，人と環境の不適合から生じたそれを解決・低減することを通して，コミュニティおよびそれを構成する人々のウェルビーイングの向上を目指す，市民主体の心理学である.」

──────────【理　論　篇】──────────

1節　コミュニティ中心主義

(1) コミュニティ中心主義

コミュニティ中心主義(community centered approach)とは，コミュニティのメンバーやシステムがもつそれぞれの資質を高め，コミュニティへ還元しながら，コミュニティ全体の成長発達を全員で支えていこうという考え方を指す．

その中核となる基本姿勢は，①「相手の土俵で援助する」，つまり，その個人やグループの生活の場での適合を目指すこと，②コミュニティ全体の健康増進を目指すこと，③悩める個人やグループを支えているのはコミュニティであり，コミュニティ全体が精神保健の問題に対処する責任があること，④遠くの専門家よりもその個人やグループに一番近い所にいるコミュニティのメンバーに協力を求めていくこと，といった考えが基本になっている．この姿勢は医学モデルに象徴される**専門家中心主義**(professional centered approach)と比べて大きな発想の転換を迫るものであり，コミュニティにある社会資源としてのキーパーソンや非専門家，ボランティアなどの人的資源(専門家もコミュニティにおける人的資源の一つである)や，組織や制度などの集合的資源，施設や設備などの物的資源，情報的資源の活用を通して，チームワークによる問題への対処および解決を志向するものである．

コミュニティ中心主義の立場に立つと，問題を抱えているその個人やグループは，同時に，コミュニティで日常生活を送る「生活者」でもあることが見えてくる(山本, 1995)．したがって，1章1節で取り上げた「どぶ川の金魚」のたとえや「社会的文脈の中の存在として人間を見ること」の理念が示すように，そのケアは生活全体を視野に入れたものを目指すことになり，少数の専門家の一時的・断片的な支援ではない，当該家族を中心にコミュニティ・メンバーの協力による支援が必要になってくる．そして，こうした経験を繰り返し獲得することにより，当事者がエンパワーすることが最も大切であることは当然として，メンバーもコミュニティもエンパワーしていくのである．

平川(1995)は、コミュニティ中心主義では、人々はコミュニティのコーディネーターを目指すのであり、自身が専門家でなくても、コミュニティの中にいる多様な専門家を知っており、あるいは、ボランティアと連携ができればよく、また、不足している資源があれば皆と一緒に新しく作っていけばよいとしている。コミュニティ中心主義で大切なことは、適切な距離を保ち深入りせずに、個人やコミュニティ全体が育つように見守ることであり、声がかかればいつでも援助に駆けつけ、うまくいけばさっと身を退くフットワークや、利用可能なネットワークに精通していることが大事で、「軽快なフットワークと綿密なネットワークと少々のヘッドワーク」のできるコミュニティ・コーディネーターであることが望ましいという。

(2) 心理社会的問題へのコミットメント

コミットメント(commitment)とは、リスクを伴うような行動を行う決定を、他者からの強制ではなく、自分から進んで行ったと知覚されるような行為をいう(土田, 2002)。これまでの諸章で見てきたように、コミュニティ心理学はコミュニティの心理社会的問題に対して傍観者でいることなく、その問題解決に積極的に関わろうとする、このコミットメントの姿勢を強くもっている。それは、ある理論やモデルの検証を目指すことを目的とする**モデル志向**(model-oriented)の学問的態度に対して、問題の解決を目指して介入方法を模索する**問題志向**(problem-oriented)の姿勢をとることから来ている。つまり、コミットメントは、現実の日常生活の中で生起している心理社会的問題に、介入を通して変革に取り組もうとする実践的な姿勢からくる、コミュニティ心理学という学問の必然の志向性であるといえよう。

それでは、コミュニティ心理学が関わるコミットメントとは何であろうか。たとえば、社会正義のようなものにコミットする場合、それは情緒的および物質的サポートのみならず、時間や献身、思考、時には犠牲すら要求されるだろう。われわれは何にコミットするのか。Nelson & Prilleltensky(2005b)は、主要な実体として五つのものをあげている。すなわち、価値、自己、他者、コミュニティ、および専門性である。ここでは、価値とコミュニティ、および、専門性について紹介することにする。

まず価値に対するコミットメントであるが，価値とは，われわれが倫理的なやり方で行動することを助ける案内原理であり羅針盤である．それが欠如していると，社会を改善するために何を提案するべきか，また，コミュニティの出来事や進行状態をどのようにアセスメントすべきか，が決まらない．自らの信じる社会的な価値に対してコミットすることが求められる．ただ，孤立した独自の価値にコミットすることは危険な不均衡を生み出す可能性があり，周囲との調和を保つ必要がある．

　コミュニティに対するコミットメントとは，身近な人々への思いやりのような，自身のコミュニティの中心的な部分に位置する人々へのサポートとともに，われわれにとって身体的あるいは情緒的に身近ではないが，尊敬や義務に値する人々への関与や関心をもつことを意味している．われわれは自らの直接的な環境のみならず，不正義が生じているどこのコミュニティに対しても，正義と公正に関わろうとする姿勢をもつ必要がある．直接的コミュニティと同様に，間接的であれ，関心をもつ地理的コミュニティや関係的コミュニティにも積極的にコミットすることがコミュニティ心理学の使命である．

　専門性に対するコミットメントは，コミュニティ心理学を専攻する者として，その発展に自分のエネルギーを献げることを意味する．この専門性は，ウェルビーイングの増進と差別からの解放のために多くを提供しなければならない．コミュニティ心理学の研究と活動を強化することは研究者にとって重要であり，Nelson & Prilleltensky(2005b)は，心理政治的妥当性(psychopolitical varidity)という概念でこのコミットメントを説明している．この心理政治的妥当性には二つのタイプがあり，社会現象を理解するのに心理学的要因および政治学的要因を用いる認識的(epistemic)心理政治的妥当性と，社会変革を継続させるために両要因をセットとして用いる変容的(transformational)心理政治的妥当性である．心理学的要因は，個人内・対人・家族・グループ・文化レベルで作動する，パワー・ダイナミックスによって形成される個人の主観的な生活経験に関係する．一方，政治学的要因は，対人・家族・グループ・コミュニティ・社会的レベルでの，パワー・ダイナミックスおよび関心の葛藤によって形成される個人やグループの集合的経験に関係している．それゆえ，心理政治的妥当性は，個人やグループなどさまざまなレベルの分析的研究に適用されるときは，認識的心理

政治的妥当性について語ることになり，それがさまざまなレベルへの社会的介入に対して適用されるときは，変容的心理政治的妥当性について語ることになる．

ところで，コミュニティ心理学におけるコミットメントの重要性については先に述べたが，どのようにすればコミットメントは増進させることができるのであろうか．Nelson & Prilleltensky(2005b)は，コミットメントのような道徳行動のパタンは，心理学における多くの現象と同様，教育と社会化のプロセスを通して子ども時代に形成されるという説(Damon, 1995)や，ボランタリズムやアクティビズムの源の調査をしたり(Pancer & Pratt, 1999)，社会的および政治的気づきを増進させるための介入を行ったり(Watts *et al.*, 1999)，などを通してそれを探ろうとしているコミュニティ心理学者の研究を紹介している．

(3) 社会的良心の心理学

Murrell(1973)は，「社会的良心の心理学(psychology of social conscience)としてのコミュニティ心理学」という仮定は，コミュニティ心理学者間で全員一致というほどではないにしても，強い関心であるといい，自らのエピソードを紹介している．それは，「ある学生が，かつて私に次のようなことを尋ねたことがある．すなわち，コミュニティ心理学は，現実の社会，つまり体制的な社会制度を支持し，個人の逸脱行動や慣例を無視した行動に対して敵対するものであるかどうか，と．しかし，そうした支持は，コミュニティ心理学の意図とは明らかに相反するものであろう．1967年におけるアメリカ心理学会の大会のとき，コミュニティ心理学講習会の場で，地方行政府が暴動をふせぐのに助力を与えるという点で，コミュニティ心理学は有用であるかどうか，という問題に関する質問が出たことがある．答弁はそのものずばりの力強いものであり，そうしたことがコミュニティ心理学の固有の機能ではない，という趣旨のものであった．というより，むしろ個人のための諸条件を改善することができるように，社会組織を変革するための努力こそ，コミュニティ心理学の任務なのである．もし「どたんばにきた」ならば，コミュニティ心理学の支配的オリエンテーションは，自らをして，現存する諸制度に異を唱える人たち「の側に」立たせることとなるであろう」(訳書 p. 14)というものである．

社会的良心などを心理学の一部だと述べることは、そうした関心が科学の分野とは適合しないと感じている心理学者たちに不快な思いをさせるに十分であろうし、事実、心理学の歴史は、社会的な諸問題に対して無関心を表明しがちであった。ただ、そうした背景をもちながらも、コミュニティ心理学は、専門的な役割において、心理学に固有の方法の範囲の中で、コミュニティ住民の側に立って社会問題を扱う義務が課せられている、と Murrell は述べる。

コミュニティとそこに生活する人間の現実問題の解決や改善にコミットするコミュニティ心理学は、場合によっては現存する社会慣行や制度に異を唱える側に立ち、社会環境や社会システムへの介入と変革を目指すことになる。コミュニティ心理学を方向づける価値志向は、コミュニティ住民の健康とウェルビーイングの向上であり、また、差別や不正義の撤廃である。それを疎外する立場に与しないことこそが、社会的良心の学としてのコミュニティ心理学の誇りである。

2節　コミュニティ心理学の援助モデル

(1) コミュニティ心理学の原理

これまで各章・各節で論じてきた理論や研究・実践の要素を改めてまとめてみれば、表終.1のようになろう。これは、Orford(1992)が「コミュニティ心理学の原理」として掲げたものである。本書の内容と対照させながら、簡潔に眺めて見ることとしたい。

①については、1章で紹介した Kult Lewin の $B = f(P, E)$ の公式や、「人と環境の適合」の理念を思い出してもらいたい。Orford はこれが最も重要な原理だと述べている。②については、同じく1章で取り上げた、社会問題や個人の行動を見るに当たって生態学的視座を採用すること、とりわけ Urie Bronfenbrenner の理論や、「社会的文脈の中の存在としての人間」を理解することの重要性を指摘したい。③の研究方法については、本書では紙幅の関係で取り上げることができなかった。コミュニティ心理学においてとりわけ重要視される「プログラム評価」（たとえば、安田・渡辺, 2008；安田, 2011；コミュニティ心理学研究, 14(1), (2)特集）とともに、ここにあげられている研究方法については、

表 終. 1 コミュニティ心理学の原理(Orford, 1992：箕口, 2007 p. 27による一部改変)

①問題の発生についての仮説
　個人・社会環境・システムの間の相互作用によって問題が発生していると考える．この相互作用の中には，ソーシャル・サポートと社会力(social power)という構造が含まれている．

②分析のレベル
　ミクロレベルからマクロレベルの分析—とりわけ，組織，コミュニティないしは近隣関係レベルにおける分析—への転換を図る．

③研究方法
　準実験的研究計画法，質的調査法，アクション・リサーチ，事例研究法を含む．

④実践の場所
　できる限り関連のある，日常的社会文脈に近いところでの実践・サービスの提供を目指す．

⑤計画するサービスへの接近
　進んで働きかけ，「探し出し」，コミュニティにおけるニーズと特定のリスクを査定する．

⑥実践における強調点
　治療よりも予防を強調．

⑦他者と心理学を共有することに対する態度
　コンサルテーションを含むフォーマル，インフォーマルな共有方法を用いることに積極的であること．

⑧非専門家と共に活動する際の姿勢
　セルフ・ヘルプ(自助)や非専門家の活動を勇気づけ，その促進と彼らとの協働に努める．

関係書籍(たとえば，Orford, 1992；日本コミュニティ心理学会編，2007；高畠，2011)によって補っていただくことを期待したい．④の実践の場所は，本章の最初に取り上げた「コミュニティ中心主義」そのものであり，研究者や実践家は，"相手の土俵で仕事をする"ことが求められている．⑤もこれと関連し，従来の**サービス供給の待機的様式**(waiting mode of service delivery)，すなわち，治療者は自分のオフィスに留まってクライエントが治療のために来所するときに利用できる方略から，**サービス供給の探索的様式**(searching mode of service delivery)，すなわち，発達的危機の可能性に気づいているサービス提供者が，やがてその危機に出会うかもしれない人々を援助するためにプログラムを計画したり実行する方略(Scileppi et al., 2000)への転換，あるいはまた，アウトリーチ(outreach：出向援助)志向を強調するものである．⑥の予防の重視については，コミュニティ心理学の発足当初からの原理であり理念でもあるものとして，5章で詳しく論じた．⑦と⑧は，これからのコミュニティ心理学に特に求められる視点であろう．本書でも2章と3章，9章で取り上げたが，1960年代末にGeorge A. Millerが"市民に心理学を引き渡す"ことを提案したことが，今ようやく

その実現を形あるものにしつつあるといえるだろう(3章参照).

(2) コミュニティ心理学の援助モデル

Nelson & Prilleltensky(2005b)は,コミュニティ心理学は従来の伝統的な応用心理学とは異なるパラダイムや世界観を代表していると信じているので,それがどのように異なっているかを記述することは有益である,との主張のもとに,表終.2のような対比を行っている.これに類する対比研究はほかにもいくつかあり(Bloom, 1973；山本,1986；Orford, 2008；安藤,2009).本表には著者の責任で,山本(2001)の分類の一部を追加するかたちで取り入れていることを断っておきたい.

ところで,Nelson & Prilleltensky(2005b)は,伝統的応用心理学の例として臨床心理学,教育心理学,産業・組織心理学をあげているが,おおむね従来型の臨床心理学を念頭に置いて考察すればよいであろう.コミュニティ心理学と臨床心理学はともに,個人の幸福と健康な心理社会的発達を増進させることに関心をもって多くの目標を共有しているけれども,本表が示しているように,先のOrford(1992)の"原理"にも取り上げられたものと同じカテゴリー,つまり,個人に留まらない「分析のレベル」や,人の行動は文脈から離れて理解することはできないという強い信念に基づく「問題定義」に力点を置いていること,さらには,個人やコミュニティの欠陥ないしは問題点に焦点を合わせることよりも,むしろ,逆境的条件下で生活している人々のもつ強さやコミュニティの強さに焦点を当てる傾向にあることが,表中のこれら3つ以下の「介入」の諸様態に関わって,コミュニティ心理学特有の援助モデルを形作ることになる.

問題が人間性の個人主義的な概念によって定義されるとき,Ryan(1971)のいう被害者非難(blaming the victim/victim blaming：犠牲者責めともいう)のスタンスを導く可能性が高い.被害者非難とは,社会や社会的差別を非難する代わりにその環境にとっての個人を非難すること,つまり,ある不幸な結果の原因をその個人に帰属させること(Scileppi et al., 2000)を指し,意図すると否とを問わず,それは個人がその問題の原因や解決に責任があることを意味している.しかし一方,問題が人々の社会的な文脈によって再枠付けされたり,環境に原因があ

表 終.2 伝統的応用心理学とコミュニティ心理学の仮定と実際
(Nelson & Prilleltensky, 2005b, p. 5 に山本, 2001, p. 251 の一部を追加)

仮定と実際	伝統的応用心理学	コミュニティ心理学
分析のレベル	対人ないしミクロシステム	生態学的(ミクロ・メゾ・マクロ)
問題定義	被害者を非難する個人主義哲学に基づく	問題は社会的文脈と文化的多様性により再枠付けされる
介入の焦点	欠陥／問題	コンピテンス／強さ
介入の場所	相談室・病院・施設内	生活の場・地域社会
介入の対象	患者	生活者
介入の時期	修理(遅い)	予防(早い)
介入の目標	'不適応'行動の減少	コンピテンスとウェルネスの増進
介入のタイプ	治療－リハビリテーション	セルフヘルプ／コミュニティ開発／社会活動
'クライエント'の役割	専門的治療体制への追従	選択と自己決定をする参加的活動
専門家の役割	専門性(科学者－実践家)	資源協働者(学者－活動家)
マンパワーの資源	専門家のみ	非専門家の協力
研究のタイプ	実証主義的仮定に基づく応用研究	代替的仮定に基づく参加的アクションリサーチ
倫理	個人倫理・価値中立性・現状の暗黙受容の強調	社会倫理・開放的価値・社会変革の強調
学際的紐帯	精神医学・臨床ソーシャルワーク	批判社会学・健康科学・哲学・法学・ソーシャルワーク(コミュニティ開発・社会政策)・政治学・都市計画・地理学

ると認識されれば，被害者非難の傾向は低めることができる．一例をあげれば，レイプ被害を受けた女性に対して，"夜間人通りのない場所を，そんな(挑発的な)服装で歩いている貴女が悪い"と非難を浴びせることで，婦女暴行犯罪という本来の社会問題が被害者個人の生物学的，心理的，もしくは倫理的な要素の中に位置づけられることになり，個人内の変革によって矯正されるべき個人の欠陥として解釈される．一般にこれが伝統的な応用心理学の問題定義のされ方であるのに対して，コミュニティ心理学は，この問題に関わる社会的・環境的要因(たとえば，夜間のパトロール強化・街路灯設置などの環境整備・暴力抑止)に原因を求めることで，多様な手段を用いてそれへの予防的介入を図ろうとする志向性をもつ．

　こうした介入の具体的な事例については，本書の各章で繰り返し提示してきたところであるが，次に，Nelson & Prilleltensky のカテゴリーでは言及され

ていない，「介入のレベル」について取り上げることにする．

(3) 介入のレベル

コミュニティ心理学という心理科学の一ブランチが目指す目標は，個人であれ，集団，コミュニティであれ，そこに生じている心理社会的な現象や問題についての「現状の把握・理解」のレベルに留まることではなく，「介入による改善・変革」を志向・実践することである．システム論の立場からコミュニティ心理学をとらえた Murrell(1973)は，10章でも紹介したように，**介入**(intervention)を，「個人もしくは社会システム，ポピュレーションまたは社会システムのネットワークの内部に変革を導入する際になされる，何らかの組織的な努力のことであり，しかもそれが期待する目的は，個人と環境との適合性を改善することである」(訳書 p. 199)と定義している．

介入についての組織的・体系的な考察と戦略を展開したのも Murrell(1973)で，システムとしてのコミュニティへの介入について，介入の複雑性と目的の野心度によって，表 終.3 のように六つのレベル(類型)に分類している．当然のことながら，高度のものほど介入は難しさを増し，介入者の能力要件も厳しいものとなるが，コミュニティ心理学はこうした介入者の教育や研修についての有効なプログラムの開発を求められている(安藤，2009)．

このように，コミュニティを一つのシステムとして捉え，システムを構成する要素のレベルに基づいた介入を考える Murrell のアプローチ以外にも，原(2006b)が紹介するように，コミュニティ心理学者 James Kelly による，精神保健コンサルテーション，組織変革，地域開発という分類や，臨床心理学者 Sheldon Korchin による，危機介入，コンサルテーション，精神保健教育と態度変容，非専門ワーカーの利用，というコミュニティ介入の「技術」としての分類などもある．また，予防的介入をコミュニティ心理学に措定し，治療的介入を臨床心理学に，維持(予後)的介入をリハビリテーション心理学に，それぞれ位置づけることもできるだろう．

いずれの立場にせよ，介入とはその言葉どおり，現象や問題に当事者以外の者が傍観することなく意図的に関わることであり，アクション・リサーチはその実践的介入技法の一つである．序章2節で紹介したように，Duffy & Wong

表 終.3　コミュニティ介入の類型(Murrell, 1973；安藤, 2009, p. 15)

介入の レベル	介入の名称	介入の内容
1.	個人の配置換え (individual relocation)	不適合を生じている社会体系から，より適合的な社会システムに，個人を移す．「転地」「里親委託」など．
2.	個別的介入 (individual intervention)	個人の資質や方略・技能を変容させて，当該社会システムへの適合度を改善．心理治療・行動修正・社会的スキル研修など．
3.	ポピュレーション介入 (population intervention)	就学予定の児童やその親たちのための準備のプログラム，定年予定者や海外出張(移住)者の事前ガイダンス，帰国子女等への自文化への再適応援助のプログラム．いずれも予防精神保健サービスにおける代表的なアプローチ．
4.	社会システムへの介入 (social system intervention)	環境としての社会システム(家族・学級・学校制度・地域社会・職場など)に永続的変化をつくり出し，社会システムが個々人の問題処理を促進できるようにする．家族療法・組織変革(または組織開発)など．
5.	複数システムの間への介入 (intersystem intervention)	二つ以上の社会システムの間で葛藤におちいっている個人の，両システムへの適合性を改善すること．精神障害者の社会復帰を促すための中間施設(ハーフウェイハウス)など．
6.	ネットワークへの介入 (network intervention)	個々の住民にとって心理・社会的な感受性の高い新コミュニティを設計すること．地域計画やニュータウン設計について行政に意見を具申する，など．

(1996)がいみじくも彼らのコミュニティ心理学の定義の中で，「コミュニティ心理学の目標は，(中略)革新的で交互的な介入を用いて，コミュニティや個人のウェルビーイングをできるだけ完全にすることである」(訳書 p. 16)と述べていることがこのことを端的に表している．アクティブな実践を標榜するコミュニティ心理学にとって，介入は重要な理念であり技術である．

3節　コミュニティ心理学者の役割と価値

(1) コミュニティ心理学者の役割

コミュニティ中心主義の立場に立てば，コミュニティ心理学者もコミュニティの資源の一つということになるが，その役割については，高畠(2007b)がわが国のコミュニティ心理学研究を領域別に概観する中で，コミュニティ心理学

者の役割についてこれまで多くの研究者によって論じられてきたが，やはり山本(1986)の5分類がわかりやすく一般的だろうとして，変革の促進者，コンサルタント，評価者，システム・オーガナイザー，参加的理論構成者をあげている．ここでも，山本(1986；2000b)に従って，まずはこの分類を簡潔に復習することから始めよう．

①変革の促進者：従来の心理臨床家の行っている多様な心理療法やカウンセリング，学校や職場環境に対する組織変革，社会制度の改善など社会システムの変革の促進者，さらに，自分たちが提供するサービス機関のサービス・システムをユーザーのニーズに合うかたちに変革させることも含まれる．

②コンサルタント：3章で取り上げたコンサルテーション活動を多様な場面で実践し，コミュニティ住民と一緒に考えながら，そこで専門的知識を提供し協力していく．

③評価者：社会システムや環境の人間への影響をアセスメントしたり，コミュニティの特性や構造を調査すること，さらには，サービス・プログラムやシステムがユーザーのニーズに適合したり目的どおりに機能しているかを評価すること，も大切な役割である．

④システム・オーガナイザー：障害児の家族のための地域支援組織やセルフヘルプ・グループの組織づくりなど，それを支えていく活動がこれに当たり，システム・オーガナイザーは自分が先頭に立つよりも，メンバーのリーダーが中心としてまとめられていくのを側面援助する，黒子的役割をとることが重要である．

⑤参加的理論構成者：コミュニティの問題に実践家として取り組み，その取り組みの経験を通してそれを概念構成して理論にまとめ，方略論や技術論へと明確化していく手続きを踏む．本章1節の「心理社会的問題へのコミットメント」で述べたように，コミュニティ心理学者の研究の進め方は問題志向的であり，かつ，実際にコミットする姿勢であることを特色としている．

これが山本のあげる分類であるが，コミュニティ心理学者の役割についてはそのほかにも，山本(1986)自身がScribner(1970)の4タイプ，すなわち，社会運動をする心理学者，社会活動をする心理学者，新しい型の臨床心理学者，ソーシャル・エンジニアと呼ばれる心理学者，を紹介したり，安藤(2009)も多様

な研究者の分類を紹介している．

最近では，Biglan & Smolkowski(2002)が，コラボレーションや市民参加，および経験的研究の要素を含めた，地域コミュニティのウェルビーイングを増進させるためのコミュニティ心理学者の四つの役割を描き出していることをDalton et al.(2007)が紹介している．

①地域コミュニティのウェルビーイングをモニターする役割：健康，薬物乱用，青少年犯罪など，個人の行動やコミュニティの問題に関する調査や記録情報など地域資源からの情報を収集すること，および，それらの知見を市民に効果的に提供すること．

②計画づくりを促進させる役割：地域問題を取り上げるためにコミュニティ連合(community coalition)を組織することを援助したり，市民がコミュニティ変革のために特定の目標や戦略を同定する計画づくりのプロセスを育成すること．

③仕事が何であるかをハッキリ表現させる役割：市民が選択した問題や目標に対して，専門家としてコミュニティ介入や政策を同定し，サポートすること．

④コンサルテーションや訓練および評価する役割：これは，山本の②および③に該当する．

こうしたコミュニティ心理学者の役割とともに，Kelly(1971)は，コミュニティ心理学者にとって望ましい七つの個人的資質についても言及している．これらの資質は，今日のコミュニティ心理学者にとっても，洞察に満ちた有益なものであり続けている(Dalton et al., 2007)．すなわち，

①明確に同定されたコンピテンスを有すること：コミュニティ心理学者は，参加的研究者，プログラム評価者，政策分析者，権利擁護者，助成金獲得者，臨床的援助者，コンサルタント，ワークショップ・リーダー，などの役割のいずれかとして，コミュニティにとっての有益なスキルを発揮しなければならない．

②エコ・アイデンティティを創出すること：コミュニティの中に自らを投入し，コミュニティと一体となり，絶えずコミュニティのことを気遣うこと．コミュニティとのこの情熱的な契約は，永続的なコミットメントやより深い理解，および，コミュニティ・メンバーによる選択の尊重をサポートする．

③多様性に対する寛容さ：多様性を受け入れるという受動的な寛容さを超え

て，自分と異なっている人とも関係をもち，そうした差異が葛藤を含んでいるときでさえ，その差異がコミュニティにとっての資源になりうるかを理解することを含んでいる．

④多様な資源に効果的に対処すること：コミュニティ・メンバーは，自身が資源であったり資源をもっていたりするが，その資源は可視的でないこともある．隠れたスキルや知識やその他の資源を同定したり，一緒に仕事をする間にそれらを引き出す能力が求められる．

⑤リスクを負うことへのコミットメント：ポジティブな変革を求める原因や人の権利擁護者となったり，社会の主流から取り残された低地位の人やグループの味方をしたり，また，成功の可能性を知る前に行為の原因を擁護することで失敗の危険を冒すことをも含んでいる．

⑥忍耐力と情熱との交互のバランスを有すること：コミュニティの変革には辛抱強さと情熱の両方を必要とすることが多いが，口に出すべき時と沈黙すべき時を知ることは，学習されるべき一つの技である．

⑦名声を求めないこと：コミュニティ心理学の目標は，コミュニティ資源を強化し，コミュニティのパートナーと仕事をし，コミュニティ変革を成し遂げることである．個人的なものを求めたりそれに浸ったりすることは，これらの目標の長期的な追跡の邪魔をすることになりかねない．成功を祝うだけでなく，信頼を共有することが重要である．

なお，これらの資質に加えるならば，コミュニティ心理学者というよりもコミュニティの実践家，あるいは，専門家でもなく一般市民として自らのコミュニティに関わろうとする人は，先に平川(1995)があげたコミュニティ・コーディネーターの役割をとることが望まれよう．

(2) 研究・実践の姿勢：科学的中立性と価値的中立性

12章4節でも論じたように，研究における科学的中立性と価値的中立性の問題が，実践を重んじるコミュニティ心理学を含む応用心理学においては，とりわけ現実的意味をもってくる．

コミュニティ心理学は科学であり，実践を重視する際その根拠となるものは，当然とはいえ研究データに基づくものでなくてはならない．そして，科学とし

て最も大切なことはそのデータが客観的であることである．研究は，得られたデータが対立する仮説の可能性を減らすやり方で計画を立てるべきであるが，研究者に都合のよいサンプルからのデータであったり，条件設定に偏りなどがあってはならず，また，信憑性のある結果を得るためには適切な科学的方法論を用い，計画されたとおりに実行しなければならない．つまり，研究者はデータの正確な収集と記録，適切な統計学的道具を用いての注意深い分析，研究知見の公正な報告に価値を置かなければならない．これが研究における**科学的中立性**(scientific free)と呼ばれるものである．

これに対する**価値的中立性**(value free)とは，研究に価値をもち込むことの可否の問題である．伝統的応用心理学の倫理は，個人のクライエントや研究参加者に焦点を当て，インフォームド・コンセントや秘密厳守のような価値を強調する．コミュニティ心理学も同様にそうした個人的倫理を忠実に守るけれども，しかし，社会変革を増進させる社会倫理や価値をそれ以上に重視する立場に立つ．Scileppi et al.(2000)は，応用心理学者には，社会科学者として価値中立的でなくてはならないと信じている人もおり，これらの人々は，客観的であるためには，自らが研究している問題について完全に中立的な調査者でなければならないという神話をもっている，と皮肉を込める．また，Nelson & Prilleltensky(2005b)は，価値中立的という立ち位置は，しばしば不当な社会的条件についての暗黙の受容を提供する，と批判している．

それでは，コミュニティ心理学者にとっての価値とは何であろうか．本章1節では，コミュニティ心理学が価値にコミットすることの必要性を論じたが，その価値の中身については触れてこなかった．Scileppi et al.(2000)は，自分自身をコミュニティ心理学者であると考えている社会科学者は，自分の研究や介入に浸透している一組の価値を固守しているといい，それはLevine et al.(1987；2005)およびRappaport(1977)によって同定された次のようなものだとしている．すなわち，「個人もコミュニティも，ともにその順応的な変革を奨励し，障害を予防してプラスの精神保健の効用を促進し，文化的多様性と個人的差異に価値を置き，権利を奪われた人をエンパワーするための資源へのアクセスを増やすこと」(Scileppi et al., 2000, 訳書 p. 231)である．ここには，変革の奨励，精神保健の促進，多様性の尊重，およびエンパワメントが価値としてあげ

られているが，本書ではそれ以外のものについても紹介してきた．

このように，コミュニティ心理学者は，研究は単に新しい知識を開発することのためになされるのではなく，ある価値に基づいた知識を創出し，それをもとに社会的条件を変革するためになされると考えている．研究者として社会問題に対処し，それを解決するべくコミットする以上，「誰のために」「何のために」それを行うのか，についての価値的選択が必然的に加わってくる．この状況下で，研究者としての価値的中立という態度はあり得ないのである．そして，加えるならば，本章1節に述べたように，その価値の指向するところはコミュニティ住民の健康とウェルビーイング，および，差別や不正義の撤廃にあり，コミュニティ心理学者は，それを阻害する立場には立たないという社会的良心をもっている．

最後に，一つの実例を紹介することでこの終章の【理論篇】を締めくくることにしよう．わが国のコミュニティ心理学の発展に大きな足跡を残した山本(1995)は，1992年12月に横浜地裁で判決の出た厚木飛行場基地の周辺住民による騒音公害第二次訴訟裁判で，住民の訴える心理的被害が，コミュニティ心理学や環境心理学のデータに基づき実際に存在することを証言台に立って証言することで，被害住民が損害賠償を勝ち取ることに貢献している．彼は海外の航空機騒音の心理的影響に関する研究資料や，自らの道路騒音の心理的影響に関するデータに基づいた証言を行うことで「科学的中立性」を保持するとともに，この裁判闘争で価値的中立の立場をとる環境心理学者に反対して，コミュニティ住民の健康の向上の立場に与し，コミュニティ心理学の研究者として「価値的中立性」を放棄してコミットした結果の成果であった．誇るべき先達の姿である．

4節　インターネット・コミュニティと地域社会　313

―――――――――【展　開　篇】―――――――――

　【展開篇】の最後を締めるに当たり，これからのコミュニティを考えるうえで欠くことができないインターネット・コミュニティの課題と，日本のコミュニティ心理学の研究上の今後の在り方，および，日本のコミュニティ心理学にとっての緊急の対応課題としての「無縁社会」問題を取り上げる．

4節　インターネット・コミュニティと地域社会

　21世紀の始まりとともに，それまでにない新しいコミュニティが創出された．サイバースペース（電脳空間）上に作り出される無数のバーチャルコミュニティ（仮想コミュニティ），いうところの**インターネット・コミュニティ**（internet community：オンライン・コミュニティともいう）である．

　序章2節で紹介したように，コミュニティ心理学者は地理的コミュニティと関係的コミュニティをしばしば区別してきたが，地理的近接性を求めない関係的コミュニティの中でも極端なものの代表が，このインターネット・コミュニティであろう．12章8節で見たように，インターネット・コミュニティにおいては，関係は技術的に仲介された交換を通して作られ（例：電子掲示板BBS），コミュニティはサイバースペース上にのみ存在する．ある共通の関心がバーチャルコミュニティにとっての出発点を構成し，そこへの出入りは自由なものとなっている．このコミュニティの重要な利点は，空間的・時間的な障害に囚われずに参加できることであり，また，スティグマ（社会的烙印）を負わされたアイデンティティをもつ人々（例：同性愛の青年やHIVの患者）が，匿名のままでそのアイデンティティを共有する他者と語り合えたり，同じ問題や関心をもつ人々（例：自閉症の子供をもつ親同士）が，ソーシャルサポート・ネットワークを形成することができることである．コミュニティへの参加者が匿名であることには良い面と悪い面があるが，そうした点も含めての評価として，コンピュータが介在するコミュニケーションを通してできる多様なコミュニティづくりに，大きな可能性を見ている研究者は非常に多いと考えられる．

ただ，Rudkin(2003)も指摘するように，誰もがコンピュータに等しくアクセスしていないし，コンピュータはお金を食うし，あるレベルの技術的スキルを必要とする．電子コミュニケーションは，すでに周辺化(marginalize：社会の進歩や主流から取り残すこと)されている人をさらに周辺化する潜在力をもっていることを忘れてはならないだろう．インターネット・コミュニティを真に民主的で有益なものにするには，われわれはデジタルデバイド(digital divide：情報格差，池田・小林，2005)を克服する方法を見出さなければならない．

ところで，地域社会とインターネットはどのような関係にあるのであろうか．インターネットという新しいメディアは，人々のコミュニケーションを地理的な制約から解放する点にその特徴とメリットをもっていることは上に見たとおりであるが，その力は，われわれが日常生活を過ごす地域社会という単位をも無意味にするのだろうか．小林(2009)は，このインターネット時代の「コミュニティ・クエスチョン」に対する回答として，次の三つの可能性を用意しながら先行研究を展望したうえで，千葉市美浜区の大規模集合住宅「幕張ベイタウン」の居住者のランダムサンプルによる社会調査を行った．すなわち，

①インターネットの利用によって，地域社会は衰退する
②インターネットの利用によって，地域社会はバーチャルな世界へと移行する
③インターネットの利用によって，コミュニケーションの手段が新たに追加され，地域社会はより豊かになる

というものである．自治会・地域のホームページの閲覧，街区・ベイタウン・美浜区の電子掲示板の閲覧や書き込み，街区・ベイタウン・美浜区のメーリングリストの閲覧や投稿，のいずれかを選択回答した人を「地域オンライン・コミュニティ利用者」とし，自治会や管理組合，PTAなど16種類の地域活動への参加との関連を分析した．

その結果，地域オンライン・コミュニティ利用を促進する要因としてPCメール利用が他の要因より明確なプラスの効果を示すこと，地域オンライン・コミュニティでの情報の閲覧は地域社会への関心を高めることで間接的に地域社会参加を押し上げる効果をもつこと，一方，地域オンライン・コミュニティへの情報の投稿は地域社会参加を押し上げる直接的な効果をもつこと，が得られ

た．情報の投稿というより，積極的なコミットメントが互酬性(reciprocity：互恵性・返報性ともいう)規範の認知を高め，地域社会への参加を促進させたと推測される．

これらのことから，インターネットの利用が，地域社会における対人関係で用いられるコミュニケーションの手段を新たに追加することで，地域社会のソーシャルキャピタル(社会関係資本)をより豊かにする可能性をもつ，という上記③の仮説が支持されたと小林は結論づけている．

小林(2009)が紹介する，Hampton & Wellman(2003)によるカナダ・トロント郊外の新興住宅地ネットヴィルでの，地域社会におけるインターネット利用の効果研究においても，インターネットを利用することは地域社会内の「弱い紐帯」のサイズと地理的範囲を拡大し，「弱い紐帯」で結ばれた他者とのコミュニケーションを活性化させることが示されている．このように，地域社会とインターネットとの関係は，相互に対立するものでも一方が他方を吸収するものでもなく，グローバルなコミュニケーションとローカルなネットワークが共存するという「グローカリゼーション(glocalization)」(Hampton & Wellman, 1999)の視点が必要となる(小林，2009)．

5節　コミュニティ心理学のこれから

Toro(2005)は，2004年のアメリカ・コミュニティ心理学会の会長講演において，1965年に誕生したコミュニティ心理学が40年を迎え，今やErik Eriksonのいう「中年期危機」を経験しているとのアナロジーのもとに，"Where Do We Go from Here?"──このタイトルは，本書序章でも紹介したように，コミュニティ心理学の誕生とも関わりの深い，公民権運動の父キング牧師の同名の著書からの借用である──という演題で，コミュニティ心理学のアイデンティティの再確立と，今後のコミュニティ心理学のあるべき姿を決定する必要に迫られていることを論じている．

その話題の中心は，これからのコミュニティ心理学は，予防やエンパワメント，多様性，社会実験，生態学的視座，といったこれまでのコミュニティ心理学の中で生み出されてきたある特定の「1本の撚り糸(one strand)」を強調して，

戦略的に選択することで生き残りをかけるべきか，それとも，これまでもそうであったように，多くの視座が共存することができ，研究や政策やその他の場面で仕事をしている多くの人々が寄り集うことができる「ビッグ・テント（big tent）」のままであるべきか，というものである．Toro はビッグ・テントであることを支持し，その理由として，この学問がそもそも多様な分野が集まった一つのビッグ・テントとしてスタートし，実践において常にそうあり続けてきたこと，撚り糸は単独であるよりも，幾本も織り合わせることでよりすばらしい織物になること，多様性を維持したり高めることは，その差異以上に，広範な人々が一緒に仕事をすることを可能にさせること，などをあげている．

　Toro（2005）があげるその他の主題としては，コミュニティ心理学は組織および会員の拡大を企てるべきか，それとも小さくて純粋のままであるべきか，というものである．彼は，コミュニティ心理学は社会にもっと多くの提案をするべきであり，われわれの「テント」の中にはもっと多くの部屋があることを信じるがゆえに，拡大すべきであると主張する．そのための方向性として，会員および学会の国際化を目指すこと，アカデミック心理学の外に目をやること，学生および若手の専門家を援助することをあげている．

　一方，Dalton *et al.*（2007）は，最近のコミュニティ心理学に現れている新しい流れとして，コミュニティのグローバルな多様性について人々の気づきが成長していること，社会正義への関心が拡大していること，協働的・参加的な研究と活動が増加していること，経験的研究と，プログラムや政策およびコミュニティにおける日常実践の相互間のギャップに橋を架ける一つの学際的領域として，Wandersman（2003）が「コミュニティ科学」を主張していること，をあげている．

　ひるがえって，わが国のコミュニティ心理学はどうであろうか．著者の思い及ぶ課題をいくつか指摘してみることとする．

　まず一つ目は，「臨床心理学的」地域援助の視点からの脱却である．序章で簡単な歩みを著作を中心に紹介したが，『コミュニティ心理学』という書名のものは別として，これまで，わが国に独特の表現である**コミュニティ・アプローチ**（安藤，1978；2009）の名のもとに，臨床心理学的色彩の濃いコミュニティ心理学が展開されてきたといえるだろう（村山編，2003；窪田，2009；高畠，2011）．

『臨床心理(学的)地域(コミュニティ)援助』(山本編, 2001; 金沢編, 2004; 箕口編, 2007)とか,『臨床・コミュニティ心理学』(山本ら編, 1995),『コミュニティ臨床心理学』(岩堂・松島編, 2001)といった臨床心理学とコミュニティ心理学を合体させた名称のものも現れている. そして, そのテーマや活躍の場は, 大胆にいえば, 家庭・子育て関連, 学校・教育関連, 職場・精神保健関連のものに集中していたといえよう.

しかし, 本書でこれまで見てきたように, コミュニティ心理学は本来もっと多様な分野を扱い, 広義の社会問題にコミットする心理学であることを考えるとき, わが国のコミュニティ心理学の現状は, 特定の分野に偏った, しかも従来の個人臨床からわずかに手を広げた範囲の中で展開されている, 限定的なものといわざるを得ない. 先のMurrell(1973)の介入の類型でいえば,「個人の配置換え」や「個別的介入」, および, せいぜい部分的な「ポピュレーション介入」のレベルに留まっている.

こうした背景には, 日本のコミュニティ心理学が, 世間的には臨床心理学の一ブランチとして認知され, 精神分析療法や認知行動療法などと並んで臨床心理学の理論モデルの一つとみなされたり(下山, 2010a), 臨床心理士認定資格に必須の, 臨床心理査定, 臨床心理面接に次ぐ三つ目の柱としての「臨床心理的地域援助」と位置づけられている(高畠, 2011)ことが大きいと思われる. これにより, 確かに一大勢力としての従来型の「個」を対象とする「治療」中心の臨床心理学に関心をもつ研究者・実践家を引きつけることになったが, 一方で, 社会心理学や文化心理学, 産業・組織心理学, 環境心理学, 生涯発達心理学, 福祉心理学, 犯罪心理学など, もともと「個」や「治療」へのアプローチを超えたコミュニティのテーマに関心をもっていた研究者・実践家が,「臨床心理」に矮小化されることで, 近寄ることをためらったり, 遠ざかったりしたことである. 日本に特有の,「臨床心理的」地域援助がコミュニティ心理学だとして認知されている現状を打破する努力が, 本来のコミュニティ心理学の発展に今求められているといえよう. 本書もそこからの脱却を意図して取り組んだつもりであるが, 応えるものになり得ているか否かは読者の判断に委ねたい.

二つ目は, 上記の内容と連動している部分もあるが, コミュニティ心理学の名にふさわしく「コミュニティ」を強く意識した, そしてまた, かつて著者

(植村, 2008)が指摘したように, 予防やエンパワメントなど本書で取り上げてきたようなコミュニティ心理学の理念や価値を踏まえた研究や実践が, 広く展開されてほしいという思いである.

三つ目は, さらに拡大していえば, 社会変革を意識した研究の推進である. 12章でも述べたように, ここでいう社会変革とは, 規模や範囲の大きなものもさることながら, ささやかな日常的変革である意味合いが強い. 昨日よりは今日, 今日よりは明日の方が生きやすく, 住みやすい, つまり, 市民生活のウェルビーイングを強く意識した研究や実践への志向という問題提起である. そのためには, 実践への介入可能な概念や変数を積極的に模索することが望まれる.

四つ目は, 心理学以外の他の関連科学との連携を図ることである. 先に Wandersman(2003)が「コミュニティ科学」を提唱していることを紹介したが, 近年わが国においても, 20世紀の社会システムのほころびを繕う視点の一つとして, "コミュニティを問い直す"動きが活発になってきている(たとえば, 広井, 2009 : 金子ら編, 2009 : 金子, 2011). そして, これらの多様な「コミュニティ科学」において共通して取り上げられている概念やテーマの一つが, 本書の8章と9章でも紹介してきた「ソーシャルキャピタル」である(たとえば, 稲葉, 2011 : 稲葉ら編, 2011). 三つ目にあげた社会変革の問題は, このソーシャルキャピタルの概念およびそれを操作可能にする変数や介入技法の開発を通して可能にできないものかと夢想している.

いま一つ夢を語ることが許されるならば, 著者がコミュニティ心理学の定義とした「市民主体の心理学」が日本において実現されることである. コミュニティ心理学は, 数多い心理学の中でも最も日常生活に密着した領域である. 心理学を学んだ者が, 特別の資格を必要とすることなく, その理念や価値や原理を職場や日常生活の場の中で活用できる最も身近な心理学であり, これが市民の中に浸透し, さらには行政や組織の中に浸透させることができれば, レベルや規模は別として社会変革は大いに期待できるものと夢想している.

ところで, 序章の章頭で列挙した社会問題の例や, 各部の冒頭で「オープニング・クイズ」として出題した同類の諸問題・現象, あるいは, 本書の中で紹介した研究例や実践例にも増して, 最近, 大きな衝撃を与える地域コミュニテ

ィの社会問題が顕在化してきた．**無縁社会**である．NHK が 2010 年 1 月の放送を皮切りとして幾度も取り上げたことでこの年の流行語ともなった『無縁社会』(NHK「無縁社会プロジェクト」取材班編, 2010)や，朝日新聞が 2010 年末から 2011 年にかけて連載した，家族ならぬ「孤族」という言葉に代表されるように，高齢者に留まらず，若者をも含めたわが国の社会全体に，人々の孤立化が急速かついっそうの深刻さを帯びながら広まっている現実がある．「無縁社会」とは，この言葉を造語した NHK「無縁社会プロジェクト」取材班編(2010)にも定義らしきものは見当たらないが，「「血縁の希薄さ」，「雇用の悪化」，「地域のつながりの喪失」といったものが，さらに「家族」という社会の最小単位そのものを孤立させていたという，やりきれない現実」(p. 266)を表す現代社会の一面を表す言葉として用いられ，また，「孤族」とは，個を求め，孤に向き合う人々のこと(朝日新聞, 2010.12.26)をいう．そしてまた，他人に迷惑をかけたくない，迷惑をかけてはいけないとの思いから，困っているにもかかわらず，その思いの強い人ほど他者から手をさしのべられることに対して後ろ向きな姿勢を取るという調査結果が得られたり(朝日新聞夕刊「窓」, 2010.12.9)，孤独死に直面しても『助けてと言えない』(NHK クローズアップ現代取材班編, 2010)人々が増えている．

　かつて，家族社会学者の目黒(1987)によって『個人化する家族』が著されたとき，このタイトルは新鮮な輝きさえもっていた．彼女は，「集団としての家族があたりまえでなくなる方向に変化していることは，それ自体が家族の崩壊ではない．それは，家族が自明でなくなったということであり，個人にとって必要な要素をもつ家族を創ることが求められているということである．つまり，個人個人がもつニーズに応じられる内容をもつ家族を個人が選ぶことが，ようやく可能になりつつあると理解すべきであろう．このような状況は，社会が豊かになってきた結果出現したといえる」(p. vi)と述べた．そこでは，近未来の家族生活は個人にとっての選択される生き方やライフスタイルの一つであるとして，ポジティブな意味合いをもって描かれた．確かに，個を求めて孤に向き合う選択の結果が 20 年を経た今，「個人化する家族」つまり「孤族」を生んだが，それが一方で，死に直面しても「助けてと言えない」，「無縁社会」を作り出している．このことを，目黒はもとより読者も，当時予測ないし想像を働か

すことができたであろうか．

　この厳しい地域コミュニティ，およびそこに生活する人々に対して，コミュニティ心理学は，また，コミュニティ心理学者は今何ができるのであろうか．日本のコミュニティ心理学のこれからを考えるうえからも，喫緊の対応課題の一つであろう．

　さて，終章を終えるべくここまで書いてきた直後の2011(平成23)年3月11日午後2時46分，宮城県牡鹿半島沖を震源とするマグニチュード9.0の**東日本大震災**が発生した．1995年の阪神・淡路大震災の1000倍といわれる世界でもまれな巨大地震で，津波による2万人にせまる死者・行方不明者が岩手・宮城・福島の3県を中心に出た．さらに，東京電力福島第1原子力発電所の4機の原子炉の壊滅的破損は放射能汚染を引き起こし，半径20km圏内住民への避難指示，30km圏内の住民への自主避難要請が出され，地震被災者と合わせると17万人弱の避難生活者を生み出している．天災と人災の両面からの極度の危機に見舞われている当該コミュニティの人々の生活は，ミクロ・メゾ・エクソ・マクロのそれぞれのシステムレベルで，人と環境の適合のうえから今後どのような展開を見せるのだろうか．事態は刻々と変化しており，軽々に論じることはできないが，ただ，この突発的事態に対しても，無縁社会と孤族の問題が通奏低音として確実に流れていることを考えれば，これは今顕在している以上に容易ならざる問題事態を，近い将来当該コミュニティ住民に突きつけることになるかもしれない．コミュニティ心理学(者)は注意深い洞察力と積極的で多様な形態の介入を通して，この未曾有の社会問題の解決に総力をあげてコミットしなければならない使命をもっている．東日本大震災問題もまた緊急かつ長期的な対応課題である．

文　献

阿部太郎　2011　世界同時不況と東海地域の日系外国人　佐竹眞明編　在日外国人と多文化共生――地域コミュニティの視点から　明石書店　pp. 74-103.

Adams, R.　2003　*Social Work and Empowerment*(3rd ed.). Palgrave Macmilan. (杉本敏夫・齋藤千鶴監訳　2007　ソーシャルワークとエンパワメント――社会福祉実践の新しい方向　フクロウ出版)

Ahern, M. M., Hendryx, M. S., & Siddharthan, K.　1996　The importance of sense of community on people's perception of their health-care experiences. *Medical Care*, 34(9), 911-923.

秋元美世・大島　巌・芝野松次郎・藤村正之・森本佳樹・山縣文治編　2003　ウェルビーイング　現代社会福祉辞典　有斐閣　p. 27.

秋山博介　2002　不登校についての社会病理的一考察――ラベリングされる背景を中心として　実践女子大学生活科学部紀要，39, 123-127.

秋山博介　2005　不登校についての一考察――ラベリングに視点をあてて　実践女子大学生活科学部紀要，42, 39-48.

Albee, G. W.　1959　*Mental Health Manpower Trends*. Basic Books.

Albee, G. W.　1982　Preventing psychopathorogy and promoting human potential. *American Psychologist*, 37(9), 1043-1050.

Allport, G. W.　1958　*The Nature of Prejudice*. Doubleday & Company, Inc.(原谷達夫・野村　昭訳　1961　偏見の心理(上)　培風館)

天田城介　1999　ヘルスケア　庄司洋子・木下康仁・武川正吾・藤村正之編　福祉社会事典　弘文堂　p. 900.

天野瑞枝・植村勝彦　2011　高齢者のエンパワメントの構造に関する研究――尺度作成およびその信頼性　愛知淑徳大学論集(心理学部篇)，1, 1-9.

安藤香織　2002　環境ボランティアは自己犠牲的か――活動参加への動機づけ　質的心理学研究，1, 129-142.

安藤延男　1978　コミュニティ・アプローチ序説　九州大学教養部哲学・心理学科紀要「テオリア」，21, 27-50.

安藤延男　1979　コミュニティ心理学の基本概念　安藤延男編　コミュニティ心理学への道　新曜社　pp. 1-21.

安藤延男　1998　日本コミュニティ心理学小史――1960年代後半から現在まで　コミュニティ心理学研究，2(1), 67-70.

安藤延男　2009　コミュニティ心理学への招待――基礎・展開・実践　新曜社

安藤延男編　1979　コミュニティ心理学への道　新曜社

安藤延男・星野　命・笹尾敏明　2007　日本のコミュニティ心理学　日本コミュニティ心理学会編　コミュニティ心理学ハンドブック　東京大学出版会　pp. 21-34.

Andrews, F. M. & Withey, S. B.　1976　*Social Indicators of Well-Being: Americans' per-*

ceptions of life quality. Plenum Press.
安梅勅江編　2005　コミュニティ・エンパワメントの技法——当事者主体の新しいシステムづくり　医歯薬出版
青木秀男編　2010　ホームレス・スタディーズ——排除と包摂のリアリティ　ミネルヴァ書房
青木きよ子　1998　わが国の看護研究にみられるクオリティ・オブ・ライフ(QOL)研究の現状と課題　順天堂医療短期大学紀要, 9, 73-83.
荒井由美子・杉浦ミドリ　2000　家族介護者のストレスとその評価法　老年精神医学雑誌, 11(12), 1360-1364.
浅田秀子　2002　ブラジル人住民の増加に伴う地域の取り組み——自治会長の取り組みからみえるもの　異文化コミュニケーション研究(愛知淑徳大学大学院), 5, 85-98.
朝日新聞　2006　患者を生きる——うつ　仙台の挑戦①-⑤(7月18日-22日)
朝日新聞　2008　耕論　増える高齢者の自殺(7月27日)「隣人祭り」日本上陸(8月16日)
朝日新聞　2010　あなたの安心「地域の足を確保せよ①-⑤」(2月20日-24日)
坂　鏡子　2001　子育て支援ネットワークづくり——現状・課題・方法　長谷川眞人・神戸賢次・小川英彦編　子どもの援助と子育て支援——児童福祉の事例研究　ミネルヴァ書房　pp. 65-76.
板東充彦　2008　ひきこもりのセルフヘルプ・グループ代表者との協働に関する事例研究——「代表者グループ」における援助者性と当事者性への関わり　コミュニティ心理学研究, 12(1), 49-64.
Barker, R. G. 1968 *Ecological Psychology: Concepts and methods for studying the environment of human behavior.* Stanford University Press.
Barker, R. G. & Gump, P. V. 1964 *Big School and Small School: High school size and student behavior.* Stanford University Press.(安藤延男監訳　1982　大きな学校, 小さな学校——学校規模の生態学的心理学　新曜社)
Barrera, M. 1986 Distinction between social support concepts, measure, and models. *American Journal of Community Psychology,* 14(4), 413-445.
Becker, H. S. 1973 *Outsiders: Studies in the Sociology of Deviance.* The Free Press.(村上直之訳　2011　完訳アウトサイダーズ——ラベリング理論再考　現代人文社)
Benett, C. C., Anderson, L. S., Cooper, S., Hassol, L., Klein, D. C., & Rosenblum, G. (Eds.) 1966 *Community Psychology: A report of the Boston conference on the education of psychologists for community mental health.* Boston University Press.
ビッグイシュー販売者・枝元なほみ　2011　世界一あたたかい人生相談　講談社文庫
Bloom, B. 1968 The evaluation of primary prevention programs. In Roberts, L., Greenfield, N., & Miller, M.(Eds.)*Comprehensive Mental Health: The challenge of evaluation.* University of Wisconsin Press.
Borkman, T. J. 1976 Experimental knowledge: A new concept for the analysis of self-help groups. *Social Service Review,* 50(3), 445-456.
Bright, J. I., Baker, K. D., & Nemeyer, R. A. 1999 Professional and paraprofessional

group treatments for depression: A comparison of cognitive-behavioral and mutual support interventions. *Journal of Consulting and Clinical Psychology*, 67(4), 491-501.

Brodsky, A. E. 1996 Resilient single mothers in risky neighborhoods: Negative psychological sense of community. *Journal of Community Psychology*, 24(4), 347-363.

Brodsky, A. E., O'Campo, P. J., & Aronson, R. E. 1999 PSOC in community context: Multi-level correlates of a measure of psychological sense of community in low-income, urban neighbourhoods. *Journal of Community Psychology*, 27(6), 659-679.

Bronfenbrenner, U. 1979 *The Ecology of Human Development: Experiments by nature and design*. Harverd University Press.(磯貝芳郎・福富 護訳 1996 人間発達の生態学 川島書店)

Broom, B. L. 1973 *Community Mental Health: A histrical and critical analysis*. General Learning Press.

Brown, D., Pryzwansky, W. B., & Schulte, A. C. 2001 *Psychological Consultation: Introduction to theory and practice* (5th ed.). Allyn & Bacon.

Brown, L. & Tandon, R. 1983 Ideorogy and political economy in inquiry: Action research and participatory research. *Journal of Applied Behavioral Science*, 19, 277-294.

Butler, R. N. & Gleason, H. P.(Eds.) 1985 *Productive Aging: Enhancing vitality in later life*. Springer.(岡本祐三訳 1998 プロダクティブ・エイジング──高齢者は未来を切り開く 日本評論社)

Caplan, G. 1961 *An Approach to Community Mental Health*. Tavistock Publications.(山本和郎訳 1968 地域精神衛生の理論と実際 医学書院)

Caplan, G. 1964 *Principles of Preventive Psychiatory*. Basic Books.(新福尚武監訳 1970 予防精神医学 朝倉書店)

Caplan, G. 1970 *The Theory and Practice of Mental Health Consultation*. Basic Books.

Caplan, G. 1974 *Support Syatems and Community Mental Health*. Behavioral Publications.(近藤喬一・増野 肇・宮田洋三訳 1979 地域ぐるみの精神衛生 星和書店)

Cassel, J. 1974 Psychosocial processes and "stress": Theoretical formulations. *International Journal of Health Services*, 4(3), 471-482.

Carver, C. S., Scheier, M. F., & Weintraub, J. K. 1989 Assessing coping strategies: A theoretically based approach. *Journal of Personality and Social Psychology*, 56(2), 267-283.

Catano, V. M., Pretty, G. M., Southwell, R. R., & Cole, G. K. 1993 Sense of community and union participation. *Psychological Reports*, 72, 333-334.

Chavis, D. M., Hogge, J. H., McMillan, D. W., & Wandersman, A. 1986 Sense of community through Brunswik's lens: A first look. *Journal of Community Psychology*, 14(1), 24-40.

Chavis, D. M., Lee, K. S., & Acosta, J. D. 2008 The sense of community(SCI)revised: The reliability and varidity of the SCI-2. Paper presented at the 2nd International Community Psychology Conference, Lisboa, Portugal.

Chipuer, D. M. & Pretty, G. M. H. 1999 A review of the Sense of Community Index:

Current uses, factor structure, reliability and future development. *Journal of Community Psychology*, 27(6), 643-658.

Cobb, S. 1976 Social support as a moderator of life stress. *Psychosomatic Medicine*, 38(5), 300-314.

Cohen, S. & Wills, T. A. 1985 Stress, social support, and buffering hypothesis. *Psychological Bulletin*, 98, 310-357.

Cohen, S., Underwood, L. G., & Gottlieb, B. H. (Eds.) 2000 S*ocial Support Measurement and Intervention: A guide for health and social and scientists*. Oxford University Press.(小杉正太郎・島津美由紀・大塚泰正・鈴木綾子監訳　2005　ソーシャルサポートの測定と介入　川島書店)

Cornell Empowerment Group 1989 Empowerment and family support. *Networking Bulletin*, 1(2), 1-23.

Cottrell, L. S. 1976 The competent community. In Kaplan, B. H., Wilson, R. N., & Leighton, A. H. (Eds.) *Future Explorations in Social Psychiatry*. Basic Books, pp. 195-209.

Cowen, E. 1980 The wooding of primary prevention. *American Journal of Community Psychology*, 8(3), 258-284.

Cowen, E. 1996 The ontogenesis of primary prevention: Lengthy strides and stubbed toes. *American Journal of Community Psychology*, 24(2), 235-249.

Cutrona, C. E. & Cole, V. 2000 自然発生的ネットワークでの最適なサポート　In Cohen, S., Underwood, L. G., & Gottlieb, B. H. (Eds.) *Social Support Measurement and Intervention: A guide for health and social and scientists*. Oxford University Press.(小杉正太郎・島津美由紀・大塚泰正・鈴木綾子監訳　2005　ソーシャルサポートの測定と介入　川島書店　pp. 379-419.)

Dalkey, N. C. & Rourke, D. L. 1973 The Delphi procedure and rating quality of life factors. In The Environmental Protection Agency. *The Quality of Life Concept*.

Dalton, J., Elias, M. J., & Wandersman, A. 2001 *Community Psychology: Linking individuals and communities*. Wadsworth.(笹尾敏明訳　2007　コミュニティ心理学――個人とコミュニティを結ぶ実践人間科学　トムソンラーニング／金子書房)

Dalton, J. H., Elias, M. J., & Wandersman, A. 2007 *Community Psychology: Linking individuals and communities* (2nd ed.). Thomson.

Damon, W. 1995 *Greater Expectations: Overcoming the culture of indulgence in American's home and schools*. The Free Press.

Diener, E. 2000 Subjective well-being: The science of happiness and a proposal for a national index. *American Psychologist*, 55, 34-43.

Dohrenwend, B. S. 1978 Social stress and community psychology. *American Journal of Community Psychology*, 6(1), 1-14.

Dougherty, A. M. 2000 *Psychological Consultation and Collaboration in School and Community Settings* (3rd ed.). Brooks/Cole.

Duffy, K. G. & Wong, F. Y. 1996 *Community Psychology*. Allyn & Bacon.(植村勝彦監訳

1999 コミュニティ心理学──社会問題への理解と援助　ナカニシヤ出版)
Durlak, J. A. & Wells, A. M. 1997 Primary prevention mental health programs for children and adolescents: A meta-analytic review. *American Journal of Community Psychology*, 25(2), 115-152.
Durlak, J. A. & Wells, A. M. 1998 Evaluation of indicated preventive intervention(secondary prevention) mental health programs for children and adolescents. *American Journal of Community Psychology*, 26(5), 775-802.
Dulmus, C. N. & Rapp-Paglicci, L. A. 2005 *Handbook of Preventive Intervention for Adults*. John Wiley & Sons, Inc.
Elias, M. J. 1987 Establishing enduring prevention programs: Advancing the legacy of Swampscott. *American Journal of Community Psychology*, 15(5), 539-553.
遠藤英俊監修　2007　地域回想法ハンドブック　河出書房新社
Eng, E. & Parker, E. 1994 Measuring community competence in the Mississippi Delta: The interface between program evaluation and empowerment. *Health Education Quarterly*, 21(2), 199-220.
Engel, G. L. 1977 The need for a new medical model: A challenge for biomedicine. *Science*, 196, 129-136.
Ferrari, J. F., Jason, L. A., Olson, B. D., Davis, M. I., & Alvarez, J. 2002 Sense of community among Oxford House residents recovering from substance abuse: Making a house a home. In Fisher, A. T., Sonn, C. C., & Bishop, B. J.(Eds.)*Psychological Sense of Community: Research, applications, and implications*. Kluwer/Plenum. pp. 109-122.
Fisher, A. T., Sonn, C. C., & Bishop, B. J.(Eds.) 2002 *Psychological Sense of Community: Research, applications, and implications*. Kluwer/Plenum.
Fraboni, M., Saltstone, R., & Hughes, S. 1990 The Fraboni scale of ageism(FSA): An attempt at a more precise measure of ageism. *Canadian Journal on Aging*, 9(1), 56-66.
淵上克義　2000　教師のパワー──児童・生徒理解の科学　ナカニシヤ出版
藤川　麗　2007　臨床心理のコラボレーション──統合的サービス構成の方法　東京大学出版会
藤川　麗　2008　コラボレーションの利点と課題　臨床心理学, 8(2), 186-191.
藤本　豊・Haarmans, M.・桑島　薫・小濱義久　2006　市民として暮らす生き方──べてるの家のインタビュー調査から　臨床心理学研究, (2), 59-69.
藤田綾子　2007　超高齢社会は高齢者が支える──年齢差別を超えて創造的老いへ　大阪大学出版会
福丸由佳　2008　父母子関係とソーシャルサポート　無藤　隆・安藤智子編　子育て支援の心理学──家庭・園・地域で育てる　有斐閣コンパクト　pp. 37-53.
福岡欣治　2010　ソーシャル・サポート　相川　充・髙井次郎編　コミュニケーションと対人関係　誠信書房　pp. 190-200.
福山和女　2002　保健・医療・福祉の領域における専門職の協働体制の意義　精神療法, 28(3), 263-269.
船津　衛　2003　高齢化の自我　辻　正二・船津　衛編　エイジングの社会心理学　北

樹出版　pp. 41-55.
古川雅文・尾崎高広・浅川潔司・天根哲治　2002　教師のエンパワメント測定尺度の作成　学校教育研究, 14, 15-24.
古川孝順・庄司洋子・三本松政之編　1993　社会福祉施設——地域社会コンフリクト　誠信書房
Gardner, D. B. & Carry, A.　1999　Collaboration, conflict, and power: Lessons for case managers. *Family and Community Health*, 22(3), 64-77.
Gartner, A. & Riessman, F.　1977　*Self Help in Human Services*. Jossy-Bass Pub.(久保紘章監訳　1985　セルフ・ヘルプ・グループの理論と実際　川島書店)
Goeppinger, J. & Baglioni, A. J.　1985　Community competence: A positive approach to needs assessment. *American Journal of Community Pychology*, 13(5), 507-523.
Graham, J. R. & Barter, K.　1999　Collaboration: A social work practice method. *Families in Society*, 80(1), 6-13.
Gray, B.　1989　*Collaboration*. Jossey-Bass.
Gutierrez, L. M.　1994　Beyond coping: An empowerment perspective on stressful life events. *Journal of Sociology and Social Welfare,* 21(3), 201-220.
濱嶋　朗・竹内郁郎・石川晃弘編　2005　社会学小辞典［新版］　有斐閣
Hampton, K. & Wellman, B.　2003　Neighboring in Netville: How the internet supports community and social capital in a wired suburb. *City & Community*, 2, 277-311.
原　裕視　2006a　精神保健革命　植村勝彦・高畠克子・箕口雅博・原　裕視・久田　満編　よくわかるコミュニティ心理学　ミネルヴァ書房　pp. 66-67.
原　裕視　2006b　コミュニティへの介入　植村勝彦・高畠克子・箕口雅博・原　裕視・久田　満編　よくわかるコミュニティ心理学　ミネルヴァ書房　pp. 94-97.
原田　謙・杉澤秀博・杉原陽子・山田嘉子・柴田　博　2004　日本語版 Fraboni エイジズム尺度(FSA)短縮版の作成——都市部の若年男性におけるエイジズムの測定　老年社会科学, 26(3), 308-319.
原田　謙・杉澤秀博・柴田　博　2008　都市部の若年男性におけるエイジズムに関連する要因　老年社会科学, 29(4), 485-491.
原田正文　2002　子育て支援と NPO　朱鷺書房
長谷川明弘・藤原佳典・星　旦二　2001　高齢者の「生きがい」とその関連要因についての文献的考察——生きがい・幸福感との関連を中心に　総合都市研究, 75, 147-170.
橋本美枝子　1998　AA における「ハイヤーパワー」概念の意義　久保紘章・石川到覚編　セルフヘルプ・グループの理論と展開　中央法規出版　pp. 155-171.
畑　哲信・前田惠子・辻井和男・浅井久栄・秋山直子・金子元久　2003　統合失調症患者に対するエンパワーメントスケールの適用　精神医学, 45(7), 733-740.
畠中宗一編　2006　老人ケアのなかの家族支援——各専門職の役割とコラボレーション　ミネルヴァ書房
Heller, K., Price, R., Reinharz, S., Riger, S., Wandersman, A., & D'Aunno, T.　1984　*Psychology and Community Change: Challenges for the future*. Dorsey.
稗田和博　2007　ビッグイシュー　突破する人びと　大月書店

檜垣昌也　2005a　〈ひきこもり〉言説の分析——ラベリング論的視座から　淑徳大学大学院研究紀要，12, 143-162.

檜垣昌也　2005b　〈ひきこもり〉現象に関する研究——ラベリング論的視点の〈ひきこもり〉分析への導入　現代の社会病理，20, 17-33.

檜垣昌也　2006　〈ひきこもり〉現象へのアプローチに関する理論的研究——ラベリング論の理論的立場の考察　聖徳大学研究紀要　短期大学部，39, 1-7.

平川忠敏　1995　地域中心主義　山本和郎・原　裕視・箕口雅博・久田　満編　臨床・コミュニティ心理学　ミネルヴァ書房　pp. 38-39.

平川忠敏　1997　コミュニティ心理学におけるエンパワーメント研究の動向——エンパワーメントの実践面から　コミュニティ心理学研究，1(2), 161-167.

広井良典　2009　コミュニティを問いなおす——つながり・都市・日本社会の未来　ちくま新書

廣兼潤子　1995　期待　小川一夫監修　[改訂新版] 社会心理学用語辞典　北大路書房　pp. 51-52.

広瀬幸雄　1995　環境と消費の社会心理学　名古屋大学出版会

広瀬幸雄　2001　環境ボランティアによる社会的レシピづくり　心理学ワールド，12, 5-8.

広瀬幸雄・杉浦淳吉・安藤香織・佐藤佳世　1999　リサイクル活動へのコミットメントとボランティアのエンパワーメント——日進市・東郷町の環境ボランティアに対する意識調査　環境社会心理学研究，3, 1-121.

広瀬幸雄・杉浦淳吉・大沼　進・安藤香織・前田洋枝　2003　環境計画への市民参加とボランティアのエンパワーメント——日進市の一般廃棄物処理基本計画に対するボランティアの意識調査　環境社会心理学研究，7, 1-154.

久田　満　2007　精神保健における予防　日本コミュニティ心理学会編　コミュニティ心理学ハンドブック　東京大学出版会　pp. 55-69.

保育の友編　2006　特集　保育士のストレス　保育の友，54(8), 10-25.

Holahan, C. & Saegert, S.　1973　Behavioral and attitudinal effects of large-scale variation in the physical environment of psychiatric wards. *Journal of Abnormal Psychology*, 82(3), 454-462.

Holmes, T. H. & Rahe, R. H.　1967　The social readjustment rating scale. *Journal of Psychosomatic Resarch*, 11, 213-218.

堀内重人　2012　地域で守ろう！鉄道・バス　学芸出版社

Hornbrook, M. C., Stevens, V. J., Wingfield, D. J., Hollis, J. F., Greenlick, M. R., & Ory, M. G.　1994　Preventing falls among community dwelling older person: Results from a randomized trial. *Gerontlogist*, 34(1), 16-23.

星野和実・山田英雄・遠藤英俊・名倉英一　1996　高齢者の Quality of Life 評価尺度の予備的検討——心理的満足度を中心として　心理学研究，67(2), 134-140.

細野久容　2004　乳幼児の母親を支える環境について——ソーシャルサポート，サポート源への母親の評価と，育児満足度との関連について　乳幼児医学・心理学研究，13(1), 41-55.

宝月　誠　1993　第一次逸脱／第二次逸脱　森岡清美・塩原　勉・本間康平編　新社会学辞典　有斐閣　pp. 933-934.
Hughey, J., Speer, P. W., & Peterson, N. A.　1999　Sense of community in community organizations: Structure and evidence of validity. *Journal of Community Psychology*, 27(1), 93-113.
Humphreys, K.　1997　Individual and social benefits of mutual aid self-help groups. *Social Policy*, 27(spring), 12-19.
Humphreys, K. & Noke, J. M.　1997　The influence of posttreatment mutual help group participation on the friendship networks of substance abuse patients. *American Journal of Community Psychology*, 25(1), 1-16.
市瀬幸平　1994　老いと死　関東学院大学人文科学研究所編　"死"を考える　理想社　pp. 13-30.
医学のあゆみ編　2008　あゆみ　医師のストレス(特集)　医学のあゆみ，227(2), 87-143.
飯島裕子・ビッグイシュー基金　2011　ルポ若者ホームレス　ちくま新書
池田謙一・小林哲郎　2005　メディアの受容とデジタルデバイド　池田謙一編　インターネット・コミュニティと日常世界　誠信書房　pp. 29-46.
池田琴恵　2009　研究者と組織のコミュニティ心理学的協働モデルの構築に向けて——協働に関する研究の動向と特徴　コミュニティ心理学研究，13(1), 51-68.
稲葉昭英・浦　光博・南　隆男　1987　「ソーシャルサポート」研究の現状と課題　哲学(慶應義塾大学), 85, 109-149.
稲葉陽二　2011　ソーシャル・キャピタル入門——孤立から絆へ　中公新書
稲葉陽二・大守　隆・近藤克則・宮田加久子・矢野　聡・吉野諒三編　2011　ソーシャル・キャピタルのフロンティア——その到達点と可能性　ミネルヴァ書房
稲谷ふみ枝　2008　高齢者の心理的ウェルビーイングと臨床健康心理学的支援　風間書房
Iscoe, I.　1974　Community psychology and the competent community. *American Psychologist*, 29(8), 607-613.
石田慎二　2004　ソーシャル・サポート・ネットワーク　上野谷加代子・松端克文・山縣文治編　よくわかる地域福祉　ミネルヴァ書房　pp. 124-125.
石原　治・内藤佳津雄・長嶋紀一　1992　主観的尺度に基づく心理的な側面を中心とした QOL 評価表作成の試み　老年社会科学, 14, 43-51.
石井留美　1997　主観的幸福感研究の動向　コミュニティ心理学研究，1(1), 94-107.
石川利江　2007　在宅介護家族のストレスとソーシャルサポートに関する健康心理学的研究　風間書房
石隈利紀　1999　学校心理学　誠信書房
石盛真徳　2009　大都市住民のコミュニティ意識とまちづくり活動への参加——京都市における調査から　コミュニティ心理学研究，13(1), 21-36.
石盛真徳　2010　コミュニティ意識と地域情報化の社会心理学　ナカニシヤ出版
Israel, B. A., Checkoway, B., Schulz, A., & Zimmerman, M.　1994　Health education and community empowerment: Conceptualizing and measuring perceptions of individual,

organizational and community control. *Health Education Quarterly*, 21(2), 149-170.

伊藤亜矢子　1999　学級風土質問紙作成の試み──学級風土を捉える尺度の機能的な抽出　コミュニティ心理学研究, 2(2), 56-66.

伊藤亜矢子　2001　学級風土質問紙の臨床的妥当性検討の試み──学級編成時の生徒のメンタルヘルスが風土形成に与える影響を中心に　コミュニティ心理学研究, 5(1), 11-22.

伊藤亜矢子　2003　スクールカウンセリングにおける学級風土アセスメントの利用──学級風土質問紙を用いたコンサルテーションの試み　心理臨床学研究, 21(2), 179-190.

伊藤亜矢子　2009　学級のアセスメント　伊藤亜矢子編著　［改訂版］学校臨床心理学──学校という場を生かした支援　北樹出版　pp. 116-126.

伊藤智佳子　2002　障害をもつ人たちのエンパワーメント──支援・援助者も視野に入れて　一橋出版

伊藤裕子・相良順子・池田政子・川浦康至　2003　主観的幸福感尺度の作成と信頼性, 妥当性の検討　心理学研究, 74(3), 276-281.

岩堂美智子・松島恭子編　2001　臨床コミュニティ心理学　創元社

岩本聖子　2002　インターネット上のセルフヘルプネットワークの現場から　心理学ワールド, 19, 17-20.

岩田泰夫・西谷清美・太田幸子・野口明美　2004　セルフヘルプグループとその支援その3──セルフヘルプグループへの専門職の支援の方法　Facilities net(ファシリティーズネット), 8(1), 23-37.

城　仁士・小花和尚子　1995　阪神大震災による災害ストレスの諸相　実験社会心理学研究, 35(2), 232-242.

Jason, L. A.　1991　Participation in social change: A fundamental value of our discipline. *American Journal of Community Psychology*, 19(1), 1-16.

情報通信白書　2008　平成20年版　総務省

門間晶子　1997　コミュニティ心理学におけるエンパワーメント研究の動向──エンパワーメントの測定・評価面から　コミュニティ心理学研究, 1(2), 152-160.

蔭山正子　2002　セルフヘルプ・グループへの専門職の関わり　保健の科学, 44(7), 519-524.

貝ノ瀬滋編　2003　子どもの夢を育むコミュニティスクール　教育出版

垣内国光・櫻谷真理子　2002　子育て支援の現在──豊かな子育てコミュニティの形成をめざして　ミネルヴァ書房

亀口憲治　2002　概説／コラボレーション──協働する臨床の知を求めて　亀口憲治編　コラボレーション　現代のエスプリ, 419, 5-19.

上川あや　2007　変えてゆく勇気──「性同一性障害」の私から　岩波新書

金井篤子　2002　ワーク・ファミリー・コンフリクトの規定因とメンタルヘルスへの影響に関する心理的プロセスの検討　産業・組織心理学研究, 15(2), 107-122.

金沢吉展　2004　コミュニティ援助の理念　金沢吉展編　臨床心理学的コミュニティ援助論　誠信書房　pp. 1-55.

金沢吉展編　2004　臨床心理学的コミュニティ援助論　誠信書房
金子郁容・鈴木　寛・渋谷恭子　2000　コミュニティ・スクール構想——学校を変革するために　岩波書店
金子郁容・玉村雅俊・宮垣　元編　2009　コミュニティ科学——技術と社会のイノベーション　勁草書房
金子　勇　2011　コミュニティの創造的探求——公共社会学の視点　新曜社
金子龍太郎　1996　実践発達心理学——乳幼児施設をフィールドとして　金子書房
苅谷剛彦・清水睦美・藤田武志・堀　健志・松田洋介・山田哲也　2008　杉並区立「和田中」の学校改革　岩波ブックレット
柏木惠子・森下久美子編　1997　子育て広場武蔵野市立0123吉祥寺——地域子育て支援への挑戦　ミネルヴァ書房
桂　戴作　1989　ストレス・ケア——東洋の療法における心身問題を含む　季刊精神療法，15(1), 35-44.
川端　隆　2008　児童相談所でのコラボレーションの実際　臨床心理学, 8(2), 211-216.
川口貞親　2004　職場領域におけるストレスマネジメント(2)——看護師への取り組みを中心に　坂野雄二監修　嶋田洋徳・鈴木伸一編　学校，職場，地域におけるストレスマネジメント実践マニュアル　北大路書房　pp. 113-134.
河合克義　2009　大都市のひとり暮らし高齢者と社会的孤立　法律文化社
川島ゆり子　2011　地域を基盤としたソーシャルワークの展開——コミュニティケアネットワーク構築の実践　ミネルヴァ書房
Kelly, J. G.　1966　Ecological constraints on mental health services. *American Psychologist,* 21, 535-539.
Kelly, J. G.　1971　Qualities for the community psychologist. *American Psychologist*, 26, 897-903.
Kelly, J. G.　1990　Changing contexts and the field of community psychology. *American Journal of Community Psychology,* 18(6), 769-792.
Kemp, S. P., Whittaker, J. K., & Tracy, E. M.　1997　*Person-Environment Practice : The social ecology of interpersonal helping*. Aldine De Gruyter.（横山　穰・北島英治・久保美紀・湯浅典人・石河久美子訳　2000　人-環境のソーシャルワーク実践——対人援助の社会生態学　川島書店）
金　愛慶　2011　多文化共生に向けた心理学的視点からの提案——ステレオタイプ・偏見・差別の改善を目指して　佐竹眞明編　在日外国人と多文化共生——地域コミュニティの視点から　明石書店　pp. 228-241.
木村直子　2005a　「子どものウェルビーイング」とは　畠中宗一編　子どものウェルビーイング　現代のエスプリ, 453, 31-39.
木村直子　2005b　「子どものウェルビーイング」を思考する枠組みと指標化　畠中宗一編　子どものウェルビーイング　現代のエスプリ, 453, 40-50.
岸本寛史　2008　コラボレーションという物語　臨床心理学, 8(2), 173-178.
来島修志　2007　地域回想法とは　遠藤英俊監修　地域回想法ハンドブック　河出書房新社　pp. 47-61.

来生奈巳子　2009　こんにちは赤ちゃん事業と養育支援訪問事業　子どもの虐待とネグレクト，11(3), 313-321.
北島茂樹・深尾　誠　2007　産業領域での実践──[1] 職場のメンタルヘルス　日本コミュニティ心理学会編　コミュニティ心理学ハンドブック　東京大学出版会　pp. 652-656.
小林寿一　2003　「割れ窓」理論に基づく地域の犯罪予防について　犯罪と非行，135, 33-47.
小林哲郎　2009　地域社会とインターネット　三浦麻子・森尾博昭・川浦康至編　インターネット心理学のフロンティア──個人・集団・社会　誠信書房　pp. 218-250.
小林哲郎・池田謙一　2005　携帯コミュニケーションがつなぐもの・引き離すもの　池田謙一編　インターネット・コミュニティと日常世界　誠信書房　pp. 67-84.
小島恵美　2007　地域回想法の伸展と町づくり　遠藤英俊監修　地域回想法ハンドブック　河出書房新社　pp. 141-174.
国民生活白書　2004a　なくてはならない住民の足．守ろう自分たちのバス(生活バス四日市)　平成16年版　pp. 36-37.
国民生活白書　2004b　地域の防犯活動に助っ人集団，参上します(日本ガーディアン・エンジェルス)　平成16年版　pp. 32-33.
国民生活審議会調査部会編　1969　コミュニティ──生活の場における人間性の回復　コミュニティ問題小委員会報告書
小松源助　1994　解説──ソーシャルサポートネットワークの動向と課題（Magire, L.　1991　*Social Support Systems in Practice: A generalist approach*. National Association of Social Workers, 小松源助・稲沢公一訳　1994　対人援助のためのソーシャルサポートシステム　川島書店　pp. 241-253.）
小松隆二　2002　現代の公益(活動)と公益学──市民社会の成立と公益　小松隆二編　市民社会と公益学　不磨書房
小宮信夫　2000　NPOによるセミフォーマルな犯罪統制──ガーディアン・エンジェルスの社会学　犯罪と非行，123, 96-123.
近藤　勉・鎌田次郎　2003　高齢者向け生きがい感スケール(K-I式)の作成および生きがい感の定義　社会福祉学，43(2), 93-101.
近藤　勉・鎌田次郎　2004　高齢者の生きがい感に影響する性別と年代からみた要因──都市の老人福祉センター高齢者を対象として　老年精神医学雑誌，15(11), 1281-1290.
近藤洋子　2007　乳幼児期の育児環境と子どもの発達　保健の科学，49(6), 382-385.
Korchin, S. J.　1976　*Modern Clinical Psychology: Principles of intervention in the clinic and community*. Basic Books.(村瀬孝雄監訳　1980　現代臨床心理学──クリニックとコミュニティにおける介入の原理　弘文堂）
小杉正太郎編著　2002　ストレス心理学　川島書店
小杉正太郎　2006　ストレスと健康　小杉正太郎編　ストレスと健康の心理学　朝倉書店　pp. 1-20.
古谷野亘　2004　社会老年学におけるQOL研究の現状と課題　保健医療科学(国立保健

医療科学院),53(3), 204-208.
久保紘章 1998 セルフヘルプ・グループとは何か 久保紘章・石川到覚編 セルフヘルプ・グループの理論と展開 中央法規出版 pp. 2-20.
久保真人 2004 バーンアウトの心理学——燃え尽き症候群とは サイエンス社
窪田由紀 2009 臨床実践としてのコミュニティ・アプローチ 金剛出版
久木田純 1998 エンパワーメントとは何か 久木田純・渡辺文夫編 エンパワーメント 現代のエスプリ,376, 10-34.
黒田裕子 1992 クオリティ・オブ・ライフ(QOL)その測定方法について 看護研究,25(3), 2-12.
黒川由紀子 2005 回想法——高齢者の心理療法 誠信書房
黒沢幸子 2004 コンサルテーション面接 楡木満生・松原達哉編 臨床心理面接演習 培風館 pp. 188-205.
楠見 孝 1999 ラベリング 中島義明・安藤清志・子安増生・坂野雄二・繁桝算男・立花政夫・箱田裕司編 心理学辞典 有斐閣 pp. 873-874.
Lachenmeyer, J. R. 1992 Consultation. In Gibbs, M. S., Lachenmeyer, J. R., & Sigal, J.(Eds.)*Community Psychology and Mental Health*. Gardner Press. pp. 103-118.
Larson, R. 1978 Thirty years of research on the subjective well-being of older Americans. *Journal of Gerontology,* 33(1), 109-125.
Lawton, M. P. 1975 The Philadelphia Geriatric Center Morale Scale: A revision. *Journal of Gerontology*, 30(1), 85-89.
Lazarus, R. S. & Folkman, S. 1984 *Stress, Appraisal, and Coping*. Springer.(本明 寛・春木 豊・織田正美監訳 1991 ストレスの心理学——認知的評価と対処の研究 実務教育出版)
Levine, M. & Perkins, D. V. 1987 *Principles of Community Psychology*. Oxford University Press.
Levine, M., Perkins, D. D., & Perkins, D. V. 2005 *Principles of Community Psychology: Perspectives and applications*(3rd ed.). Oxford University Press.
Levine, M., Toro, P. A., & Perkins, D. V. 1993 Social and community interventions. *Annual Review of Psychology,* 44, 525-538.
Levy, L. H. 2000 Self-help groups. In Rappaport, J. & Seidman, E.(Eds.)*Handbook of Community Psychology*. Kluwer Academic/Plenum. pp. 591-613.
Lewin, K. 1951 *Field Theory in Social Science*. Harper. (猪股佐登留訳 1956 社会科学における場の理論 誠信書房)
Lewis, J. A., Lewis, M. D., Daniels, J. A., & D'Andrea, M. J. 2003 *Community Counseling: Empowerment strategies for a diverse society*(3rd ed.). Brooks/Cole. (井上孝代監訳 2006 コミュニティ・カウンセリング——福祉・教育・医療のための新しいパラダイム ブレーン出版)
Lipnack, J. & Stamps, J. 1982 *Networking: The first report and directory*. Doubledday.(正村公宏監修・社会開発統計研究所訳 1984 ネットワーキング プレジデント社)
Long, D. A. & Perkins, D. D. 2003 Confirmatory factor analysis of the sense of com-

munity index and development of a brief SCI. *Journal of Community Psychology*, 31(3), 279-296.

前田大作・浅野 仁・谷口和江 1979 老人の主観的幸福感の研究——モラール・スケールによる測定の試み 社会老年学, 11, 15-31.

Mahan, E., Garrard, W., Lewis, S., & Newbrough, J. R. 2002 Sense of community in a university setting: Campus as workplace. In Fisher, A., Sonn, C., & Bishop, B.(Eds.) *Psychological Sense of Community: Research, applications and implications*. Kluwer/Plenum. pp. 123-140.

Maslach, C. & Jackson, S. E. 1981 The measurement of experienced burnout. *Journal of Occupational Behavior*, 2, 99-113.

増田真也 1999 バーンアウト研究の現状と課題——Maslach Burnout Inventory の尺度としての問題点 コミュニティ心理学研究, 3(1), 21-32.

増田真也 2006 ラベリング理論 植村勝彦・高畠克子・箕口雅博・原 裕視・久田 満編 よくわかるコミュニティ心理学 ミネルヴァ書房 pp. 90-91.

松田博雄・山本真実・熊井利廣編 2003 三鷹市の子ども家庭支援ネットワーク——地域における子育て支援の取り組み ミネルヴァ書房

松岡克尚・山本 誠・孫 良・浅野 仁 1995 QOL 測定スケール(日本語版 QLI)の開発——高齢者を対象として 関西学院大学社会学部紀要, 72, 113-133.

松本 洸 1986 クオリティ・オブ・ライフの指標化と分析法 金子 勇・松本 洸編 クオリティ・オブ・ライフ——現代社会を知る 福村出版 pp. 29-56.

McMillan, D. W. 1996 Sense of community. *Journal of Community Psychology*, 24(4), 315-325.

McMillan, D. W. & Chavis, D. M. 1986 Sense of community: A definition and theory. *Journal of Community Psychology*, 14(1), 6-23.

McNeil, J. K., Stones, M. J., & Kozma, A. 1986 Subjective well-being in later life: Issues concerning measurement and prediction. *Social Indicators Research*, 18, 35-70.

目黒依子 1987 個人化する家族 勁草書房

箕口雅博 2007 臨床心理地域援助とは何か——定義・理念・発想・独自性・サービス提供のあり方 箕口雅博編 臨床心理地域援助特論 放送大学教育振興会 pp. 25-46.

箕口雅博編 2007 臨床心理地域援助特論 放送大学教育振興会

箕口雅博・上手幸治 2007 コンサルテーション 日本コミュニティ心理学会編 コミュニティ心理学ハンドブック 東京大学出版会 pp. 150-172.

箕口雅博・高畠克子 2007 ソーシャル・サポート・ネットワーキング——連携と協働による援助 箕口雅博編 臨床心理地域援助特論 放送大学教育振興会 pp. 95-106.

Miller, G. A. 1969 On turning psychology over to the unwashed. *Psychology Today*, 3 (7), 53-54, 66-74.

南 雅樹・出村慎一・野田政弘・多田信彦・野田洋平・石川幸生・村瀬智彦・植屋春見 2000 在宅高齢者を対象とした生活満足度尺度の作成 教育医学, 46(2), 961-969.

三島一郎 2001 精神障害回復者クラブ——エンパワーメントの展開 山本和郎編 臨床心理学的地域援助の展開——コミュニティ心理学の実践と今日的課題 培風館 pp.

164-182.
三島一郎　2007a　エンパワメント　日本コミュニティ心理学会編　コミュニティ心理学ハンドブック　東京大学出版会　pp. 70-84.
三島一郎　2007b　セルフヘルプ・グループ　日本コミュニティ心理学会編　コミュニティ心理学ハンドブック　東京大学出版会　pp. 218-235.
宮田加久子　2005　きずなをつなぐメディア——ネット時代の社会関係資本　NTT出版
百瀬由美子　2007　高齢者のヘルスプロモーションにおけるエンパワーメント尺度の開発　身体教育医学研究, 8(1), 21-32.
Moos, R. H.　1973　Conceptualization of human environment. *American Psychologist*, 28, 652-665.
Moos, R. H.　1976　*The Human Context: Environmental determinants of behavior*. John Wiley & Sons.(望月　衛訳　1979　環境の人間性　朝倉書店)
守田孝恵・高橋正雄・山村　礎・山崎秀夫・山口　忍・宇津木恵　2003　地域における精神障害者セルフ・ヘルプ・グループへの保健師による支援——都内における2グループへの関わりの特徴を中心に　精神障害とリハビリテーション, 7(1), 69-75.
Moritsugu, J., Wong, F. Y., & Duffy, K. G.　2010　*Community Psychology* (4th ed.). Allyn & Bacon.
元木昌彦　2008　孤独死ゼロの町づくり　ダイヤモンド社
向谷地生良　2002　地域活性化　佐藤久夫・北野誠一・三田優子編　障害者と地域生活　中央法規出版　pp. 108-111.
向谷地生良・小林　茂　2009　浦河におけるコミュニティ支援(総論)　臨床心理学, 9(6), 816-821.
村本邦子　2004　子育て支援のソーシャル・サポートとコンサルテーション　臨床心理学研究, 4(5), 606-610.
村山正治編　2003　コミュニティ・アプローチ特論　放送大学教育振興会
Murrell, S. A.　1973　*Community Psychology and Social Systems: A conceptual framework and intervention guide*. Behavior Publisher.（安藤延男監訳　1977　コミュニティ心理学——社会システムへの介入と変革　新曜社）
長井　進　2001-2009　警察官のストレス講座(1)-(43)　月刊交通, 32(5)-40(9)
内藤まゆみ　2000　インターネットにおける自助グループ　坂元　章編　インターネットの心理学　学文社　pp. 72-82.
中山　巌　1990　適応　小林利宣編　教育臨床心理学中辞典　北大路書房　p. 303.
中里克治　1992　心理学からのQOLへのアプローチ　看護研究, 25(3), 13-22.
中沢卓実著　結城康博監修　2008　常磐平団地発信　孤独死ゼロ作戦——生きかたは選べる！　本の泉社
中島朱美・梅本充子　2007　地域在住高齢者の事例からみる回想法への期待——"音"による回想を手がかりとして　介護福祉学, 14(2), 203-212.
根市恵子　2006　地域における自殺予防活動の今後の課題——青森県名川町(現南部町)での取り組み　ストレス科学, 21(1), 35-41.
Nelson, G. & Prilleltensky, I.　2005a　Values for community psychology. In Nelson, G.

& Prilleltensky, I.(Eds.) *Community Psychology: In puesuit of liberation and well-being.* Palgrave. pp. 47-69.

Nelson, G. & Prilleltensky, I. 2005b Commitment, accountability and inclusion. In Nelson, G. & Prilleltensky, I.(Eds.) *Community Psychology: In pursuit of liberation and well-being.* Palgrave. pp. 115-136.

Neugarten, B. L., Havighurst, R. J., & Tobin, S. S. 1961 The measurement of life satisfaction. *Journal of Gerontology,* 16, 134-143.

NHKクローズアップ現代取材班編 2010 助けてと言えない——いま30代に何が 文藝春秋

NHK「無縁社会プロジェクト」取材班編 2010 無縁社会——"無縁死"三万二千人の衝撃 文藝春秋

NHKスペシャル取材班&佐々木とく子 2007 ひとり誰にも看取られず 阪急コミュニケーションズ

日本コミュニティ心理学会編 2007 コミュニティ心理学ハンドブック 東京大学出版会

日本小児科医会「子どもとメディア」対策委員会 2004 「子どもとメディア」の問題に対する提言 http://jpa.umin.jp/image/PDF/info/proposal02.pdf

西田裕紀子 2000 成人女性の多様なライフスタイルと心理的well-beingに関する研究 教育心理学研究, 48(4), 433-443.

西川正之・高木 修 1990 援助がもたらす自尊心への脅威が被援助者の反応に及ぼす効果 実験社会心理学研究, 30(2), 123-132.

丹羽郁夫 2007a ソーシャルサポートとセルフヘルプ 植村勝彦編 コミュニティ心理学入門 ナカニシヤ出版 pp. 119-140.

丹羽郁夫 2007b ソーシャルサポート・ネットワーキング 日本コミュニティ心理学会編 コミュニティ心理学ハンドブック 東京大学出版会 pp. 205-217.

野田正彰 1988 漂白される子どもたち 情報センター出版局

野田哲郎 1998 セルフヘルプ・グループ活動の6つの志向群——セルフヘルプ・グループ活動のタイプ分類 久保紘章・石川到覚編 セルフヘルプ・グループの理論と展開 中央法規出版 pp. 21-38.

野口裕二 1991 高齢者のソーシャルサポート——その概念と測定 社会老年学, 34, 37-48.

野村信縁・橋本 宰 2006 地域居住高齢者に対するグループ回想法の試み 心理学研究, 77(1), 32-39.

野村豊子 1998 回想法とライフレビュー——その理論と技法 中央法規出版

Norton, S., Wandersman, A., & Goldman, C. 1993 Perceived costs and benefits of membership in a self-help group: Comparisons of members and nonmembers of the alliance for the mentally ill. *Community Mental Health Journal,* 29(2), 143-160.

Obst, P., Smith, S., & Zinkiewicz, L. 2002a An exploration of sense of community, part 3: Dimensions and predictors of psychological sense of community in geographical communities. *Journal of Community Psychology,* 30(1), 119-133.

Obst, P., Zinkiewicz, L., & Smith, S. 2002b Sense of community in science fiction fandom, Part 2: Comparing neighbourhood and inerest group sense of community. *Journal of Community Psychology,* 30(1), 105-118.

Obst, P. & White, K. 2004 Reviting the sense of community index: A confirmatory factor analysis. *Journal of Community Psychology,* 32(6), 691-705.

落合美貴子 2009 バーンアウトのエスノグラフィー──教師・精神科看護師の疲弊　ミネルヴァ書房

小田利勝 2003 サクセスフル・エイジングの概念と測定方法　人間科学研究(神戸大学発達科学部),11(1),17-38.

荻野ひろみ・對馬節子・萬歳芙美子 2002 精神保健分野のコラボレーションにおけるソーシャルワーカーの果たすべき機能と適用理論　精神療法,28(3),301-309.

岡　知史 1999 セルフヘルプグループ　庄司洋子・木下康仁・武川正吾・藤村正之編　福祉社会事典　弘文堂　pp. 640-641.

岡林秀樹・杉澤秀博・高梨　薫・中谷陽明・柴田　博 1999 在宅障害高齢者の種介護者における対処方略の構造と燃え尽きへの効果　心理学研究,69(6),486-493.

岡田　謙 2005 事例で学ぶ教師のストレス対処法(1)-(12)　児童心理,59(1)-(17)

岡田憲夫・杉万俊夫・平塚伸治・河原利和 2000 地域からの挑戦　岩波ブックレット

沖中由美 2006 身体障害をもちながら老いを生きる高齢者の自己ラベリング　日本看護研究学会雑誌,29(4),23-31.

奥田道大 1971 コミュニティ形成の論理と住民意識　磯村英一・鵜飼信成・川野重任編　都市形成の論理と住民　東京大学出版会　pp. 135-177.

奥田道大 1993 コミュニティ意識　森岡清美・塩原　勉・本間康平編　新社会学辞典　有斐閣　p. 479.

奥山千鶴子 2008 わが国の子育て支援政策の流れ　大豆生田啓友・太田光洋・森上史朗編　よくわかる子育て支援・家族援助論　ミネルヴァ書房　pp. 34-35.

奥山今日子 2002 関心事や「問題」を共有する人びとが参加するオンライングループに関する研究の現状と課題──当事者間の相互援助と専門家の介入の視点から　コミュニティ心理学研究,6(1),15-30.

奥山今日子・久田　満 2002 自助資源としてのインターネット──「引きこもり」の人たちが参加する電子掲示板に関する事例研究　コミュニティ心理学研究,5(2),111-123.

奥山正司 1999 エイジズム　庄司洋子・木下康仁・武川正吾・藤村正之編　福祉社会事典　弘文堂　pp. 66-67.

大熊一夫 1973 ルポ・精神病棟　朝日新聞社

大野　裕 2003 地域におけるうつ病と自殺予防のためのスクリーニングの実際　心理学ワールド,23,5-8.

大山博史・渡邉洋一・坂下智恵・森元しげみ・高橋玲子・種市有希・駒田亜衣・千葉敦子 2006 地域介入による高齢者自殺予防──本邦における介入研究の分析と統合　ストレス科学,21(1),1-10.

大山眞人 2008 団地が死んでいく　平凡社新書

Olds, D., Henderson, C. R., Chamberlin, R., & Tatelbaum, R. 1986 Preventing child abuse and neglect: A randomized trial of nurse home visitation. *Pediatrics,* 78(1), 65-78.

Olds, D. & Kitzman, H. 1993 Review of research on home visiting. *The Future of Children,* 3(3), 51-92.

小俣謙二 2011 コミュニティと防犯 小俣謙二・島田貴仁編 犯罪と市民の心理学——犯罪リスクに社会はどのように関わるか 北大路書房 pp. 130-148.

O'Neill, P., Duffy, C., Enman, M., Blackmer, E., & Goodwin, J. 1988 Cognition and citizen perticipation in social action. *Journal of Applied Sociology,* 18(12), 1067-1083.

Orford, J. 1992 *Community Psychology: Theory and practice.* John Wiley & Sons.（山本和郎監訳 1997 コミュニティ心理学 ミネルヴァ書房）

Orford, J. 2008 *Community Psychology: Challenges, controversies, and emerging consensus.* John Wiley & Sons.

Osgood, N. J. 1992 *Suicide in Later Life.* Lexington Books.（野坂秀雄訳 1994 老人と自殺 春秋社）

Overall, J. E. & Gorham, D. R. 1962 The brief psychiatric rating scale. *Psychological Report,* 10, 799-812.

パブリックヘルスリサーチセンター 2004 ストレススケールガイドブック 実務教育出版

Palmore, E. B. 1999 *Ageizm: Negative and Positive* (2nd ed.). Springer.（鈴木研一訳 2002 エイジズム——高齢者差別の実装と克服の展望 明石書店）

Pancer, S. M. & Pratt, M. 1999 Social and family determinants of community service involvement in Canadian youth. In Yates, M. & Youniss, J.(Eds.) *Roots of Civic Identity: International perspectives on community service and activism in youth.* Cambridge University Press. pp. 32-55.

Pavot, W. & Diener, E. 1993 Review of the satisfaction with life scale. *Psychological Assessment,* 5(2), 164-172.

Perkins, D. D., Brown, B. B., & Taylor, R. B. 1996 The ecology of empowerment: Predicting perticipation in community organizations. *Journal of Social Issues,* 52(1), 85-110.

Perkins, D. D., Florin, P., Rich, R. C., Wandersman, A., & Cavis, D. M. 1990 Participation and the social and physical environment of residential blocks: Crime and community context. *American Journal of Community Psychology,* 18(1), 83-115.

Perkins, D. D. & Long, D. A. 2002 Neighbourhood sense of community and social capital: A multi-level analysis. In Fisher, A. T., Sonn, C. C., & Bishop, B. J.(Eds.) *Psychological Sense of Community: Research application, and implications.* Kluwer/Plenum. pp. 291-318.

Perkins, D. D. & Zimmerman, M. A. 1995 Empowerment theory, research, and application to a special issue. *American Journal of Community Psychology,* 23(5), 569-579.

Peters, W. 1987 *A Class Devided: Then and now.* Yale University Press.（白石文人訳 1988 青い目茶色い目——人種差別と闘った教育の記録 日本放送出版協会）

Peterson, N. A., Speer, P. W., & McMillan, D. W. 2008 Validation of a brief sense of community scale: Confirmation of the principal theory of sense of community. *Journal of Community Psychology*, 36(1), 61-73.

Phillips, D. 2006 *Quality of Life: Concepts, policy and practice*. Routledge. (新田 功訳 2011 クオリティ・オブ・ライフ——概念・政策・実践 人間の科学社)

Pistrang, N., Barker, C., & Humphreys, K. 2008 Mutual help groups for mental health problems: A review of effectiveness studies. *American Journal of Community Psychology*, 42(1/2), 110-121.

Polich, J. M., Armor, D. J., & Braiker, H. B. 1981 *The Course of Alcoholism*. John Wiley & Sons.

Pope, K. S. 1990 Identifying and implementing ethical standards for primary prevention. *Prevention in Human Services*, 8, 43-64.

Powell, T. J. 1987 *Self-Help Organizations and Professional Practice*. National Association of Social Workers.

Pretty, G. M. H. 1990 Relating psychological sense of community to social climate characteristics. *Journal of Community Psychology*, 18(1), 60-65.

Putnam, R. D. 1993 *Making Democracy Work: Civic traditions in modern Italy*. Princeton University Press.(河田潤一訳 2001 哲学する民主主義——伝統と改革の市民的構造 NTT出版)

Putnam, R. D. 2000 *Bowling Alone: The collapse and revival of American community*. Simon & Schuster.(柴内康文訳 2006 孤独なボウリング——米国コミュニティの崩壊と再生 柏書房)

Rappaport, J. 1977 *Community Psychology: Values, research, and action*. Holt Rinehart & Winston.

Rappaport, J. 1981 In praise of paradox: A social policy of empowerment over prevention. *American Journal of Community Psychology*, 9(1), 1-25.

Rappaport, J. 1987 Terms of empowerment/examplars of prevention: Toward a theory for community psychology. *Ameican Journal of Community Psychology*, 15(2), 121-144.

Rappaport, J. 1995 Empowerment meets narrative: Listening to stories and creating settings. *American Journal of Community Psychology*, 23(5), 795-807.

Rappaport, J. 2000 Community narratives: Tales of terror and joy. *American Journal of Community Psychology*, 28(1), 1-24.

Rappaport, J. & Cleary, C. P. 1980 Labeling theory and the social psychology of experts and helpers. In Gibbs, M. S., Lachenmeyer, J. R., & Sigal, J.(Eds.) *Community Psychology: Theoretical and empilical approaches*. Gardner Press. pp.71-96.

Reese, D. J. & Sontag, M. A. 2001 Successful inter-professional collaboration on the hospice team. *Health & Social Work*, 26(3), 167-175.

Richman, J. M., Bowen, G. L., & Woolly, M. E. 2004 学校での不適応——生態学的相互作用発達の視座 In Fraser, M. W.(Ed.) *Risk and Resilience in Childhood*. National Association of Social Workers.(門永朋子・岩間伸之・山縣文治訳 2009 子どものリ

スクとレジリエンス——子どもの力を活かす援助　ミネルヴァ書房　pp. 154-188.）
Riessman, F.　1965　The "helper" therapy principle. *Social Work,* 10(April), 27-32.
Rogers, E. M.　1983　*Diffusion of Innovations.* Free Press.（青池慎一・宇野善康監訳　1990　イノベーション普及学　産業能率大学出版部）
Rogers, E. S., Chamberlin, J., Ellison, M. R., & Crean, T.　1997　A consumer-constructed scale to measure empowerment among users of mental health service. *Psychiatric Services,* 48(8), 1042-1047.
Rosenhan, D.　1973　On being sane in insane places. *Science,* 179, 250-258.
Rosenthal, R. & Jacobson, L.　1972　*Pygmarion in the Classroom.* Holt Rinehart & Winston.
Royal, M. A. & Rossi, R. J.　1996　Individual-level correration of sense of community: Findings from workplace and school. *Journal of Community Psychology,* 24(4), 395-416.
Rudkin, J. K.　2003　*Community Psychology: Guiding principles and orienting concepts.* Prentice Hall.
Ryan, W.　1971　*Blaming the Victim.* Random House.
Ryff, C. D.　1989　Happiness is everything, or is it? Explorations on the meaning of psychological well-being. *Journal of Personality and Social Psychology,* 57(6), 1069-1081.
Ryff, C. D. & Keyes, C. L. M.　1995　The structure of psychological well-being revisited. *Journal of Personality and Social Psychology,* 69(4), 719-727.
三枝将史　2007　児童相談所における心理臨床家の連携と協働のあり方について　箕口雅博編　臨床心理地域援助特論　放送大学教育振興会　pp. 203-204.
斎藤　環　2003　ひきこもりの治療と援助——本人に対して　精神医学, 45(3), 263-269.
坂野雄二監修　嶋田洋徳・鈴木伸一編　2004　学校，職場，地域におけるストレスマネジメント実践マニュアル　北大路書房
Sampson, R., Raudenbush, S., & Eals, F.　1997　Neighbourhoods and violent crime: A multi-level study of collective efficacy. *Science,* 277, 918-924.
佐野未来　2003　ホームレスの仕事をつくる！——雑誌『ビッグイシュー』の挑戦　世界, 8月号, 244-249.
佐野章二　2010　ビッグイシューの挑戦　講談社
Sarason, S. B.　1974　*The Psychological Sense of Community: Prospects for a community psychology.* Jossey-Bass.
笹尾敏明　2006　プログラム評価　植村勝彦・高畠克子・箕口雅博・原　裕視・久田　満編　よくわかるコミュニティ心理学　ミネルヴァ書房　pp. 112-115.
笹尾敏明　2007　コミュニティ感覚　日本コミュニティ心理学会編　コミュニティ心理学ハンドブック　pp. 115-129.
笹尾敏明・小山　梓・池田　満　2003　次世代型ファカルティ・ディベロップメント（FD）プログラムに向けて——コミュニティ心理学的視座からの検討　教育研究（国際基督教大学），45, 55-71.
笹尾敏明・渡辺直登・池田　満　2007　コミュニティ心理学の誕生から現在まで　日本コミュニティ心理学会編　コミュニティ心理学ハンドブック　東京大学出版会　pp.

4-20.
佐藤晴雄 2002 学校を変える地域が変わる——相互参画による学校・家庭・地域連携の進め方 教育出版
佐藤央庸・濱野 強・片見眞由美・高野千代・大川優子・藤澤由和 2007 精神障害者の普及啓発イベントへの参画とエンパワーメントの関係性 新潟医療福祉学会誌, 7(1), 51-56.
佐藤眞一 2007 高齢期のサクセスフル・エイジングと生きがい 谷口幸一・佐藤眞一編 エイジング心理学——老いについての理解と支援 北大路書房 pp. 37-52.
澤井 勝 2007 住民・議会への説明のあり方——説明責任の拡大と市民参加 地方財務, 4月号, 41-49.
Schwartz, D. B. 1992 *Crossing the River: Creating a conceptual revolution in community & disability.* Brookline Books.(冨安芳和・根ヶ山公子訳 1996 川を渡る 慶應義塾大学出版会)
Scheff, T. J. 1966 *Being Mentally Ill: A sociological perspective.* Aldine.(市川孝一・真田孝昭訳 1979 狂気の烙印 誠信書房)
Scheff, T. J.(Ed.) 1975 *Labeling Madness.* Prentice Hall.
Scileppi, J. A., Teed, E. L., & Torres, R. D. 2000 *Community Psychology: A common sense approach to mental health.* Prentice Hall.(植村勝彦訳 2005 コミュニティ心理学 ミネルヴァ書房)
Scribner, S. 1970 What is community psychology made of? In Cook, P. E.(Ed.)*Community Psychology and Community Mental Health: Introductory readings.* Holden-Day.
Segal, S. P., Silverman, C., & Temkin, T. 1995 Measuring empowerment in client-run selfhelp agencies. *Community Mental Health Journal,* 31(3), 215-227.
Selye, H. 1976 *The Stress of Life.*(revised edition). McGraw Hill.(杉靖三郎・田多井吉之介・藤井尚治・竹宮 隆訳 1988 現代生活とストレス 法政大学出版局)
渋沢田鶴子 2002 対人援助における協働——ソーシャルワークの観点から 精神療法, 28(3), 270-277.
島井哲志編 2006 ポジティブ心理学——21世紀の心理学の可能性 ナカニシヤ出版
島津明人 2002 心理学的ストレスモデルの概要とその構成要因 小杉正太郎編著 ストレス心理学 川島書店 pp. 31-58.
清水準一・山崎喜比古 1997 アメリカ地域保険分野のエンパワーメント理論と実践に込められた意味と期待 日本健康教育学会誌, 4(1), 11-18.
志水宏吉 2008 公立学校の底力 ちくま新書
下山晴彦 2010a これからの臨床心理学(臨床心理学をまなぶ1) 東京大学出版会
下山晴彦 2010b 今, 日本の心理職に求められていること 下山晴彦・村瀬嘉代子編 今, 心理職に求められていること——医療と福祉の現場から 誠信書房 pp. 1-10.
下山田鮎美・吉武清實・上埜高志 2006 エンパワーされたコミュニティの創生過程に関する研究(第1報)——A県M町におけるソーシャル・サポート・ネットワーキングの過程 コミュニティ心理学研究, 9(2), 149-163.
下山田鮎美・吉武清實・上埜高志 2007 エンパワーされたコミュニティの創生過程に

関する研究(第2報)——コア・メンバーらを突き動かす創発的な社会的相互作用の過程 コミュニティ心理学研究, 11(1), 56-75.
塩見邦雄 2001 スクールカウンセラーの機能と役割 塩見邦雄編 スクールカウンセリング——その理論と実践 ナカニシヤ出版 pp. 3-23.
白石 拓 2010 高層マンション症候群 祥伝社新書
Skjaeneland, O., Garling, T., & Maeland, J. G. 1996 A multidimensional measure of neighbourhood. *American Journal of Community Psychology*, 24(3), 413-435.
Slater, L. 2004 *Opening Skinner's Box: Great psychological experiments of the twentieth century*. Witherspoon Associates, Inc.(岩坂 彰訳 2005 心は実験できるか——20世紀心理学実験物語 紀伊國屋書店)
Strother, C. R. 1987 Reflections on the Stanford Conference and subsequent events. *American Journal of Community Psychology*, 15(5), 519-522.
菅野圭樹・石塚忠晴 1998 精神障害者の社会復帰活動とエンパワーメント 久木田純・渡辺文夫編 エンパワーメント 現代のエスプリ, 376, 62-73.
菅原ますみ 2009 テレビと子どもの発達 心理学ワールド, 46, 9-12.
杉万俊夫 2000 住民自治の社会システムを目指して 杉万俊夫編 よみがえるコミュニティ ミネルヴァ書房 pp. 29-148.
杉万俊夫 2005 社会構成主義とコミュニティ・アプローチ コミュニティ心理学研究, 9(1), 60-75.
杉万俊夫 2008 地域活性化のアクションリサーチ サトウタツヤ・南 博文編 社会と場所の経験(質的心理学講座3) 東京大学出版会 pp. 155-181.
杉村省吾 2001 阪神淡路大震災被災者への心のケア 山本和郎編 臨床心理学的地域援助の展開——コミュニティ心理学の実践と今日的課題 培風館 pp. 36-53.
杉岡正典・兒玉憲一 2005 滞日日系ブラジル人の抑うつ症状と文化的所属感およびサポート・ネットワークの関連 コミュニティ心理学研究, 9(1), 1-13.
杉岡正典・兒玉憲一 2007 滞日日系ブラジル人児童生徒支援のための支援者ネットワーキングの試み コミュニティ心理学研究, 11(1), 76-89.
鈴木 広 1987 コミュニティ論の今日的状況 鈴木 広編 コミュニティ・モラールと社会移動の研究 アカデミア出版会 pp. 9-31.
鈴木伸一 2004 ストレス研究の発展と臨床的応用の可能性 坂野雄二監修 嶋田洋徳・鈴木伸一編 学校, 職場, 地域におけるストレスマネジメント実践マニュアル 北大路書房 pp. 3-11.
鈴木有美 2002 自尊感情と主観的ウェルビーイングからみた大学生の精神的健康——共感性およびストレス対処との関連 名古屋大学大学院教育発達科学研究科紀要(心理発達科学), 49, 145-155.
Szasz, T. S. 1970 *The Manufacture of Madness: A comparative study of the inquisition and the health movement*. Harper & Row.
高畠克子 2005 コミュニティ心理学におけるコラボレーション コミュニティ心理学研究, 8(1/2), 1-4.
高畠克子 2007a コラボレーション 日本コミュニティ心理学会編 コミュニティ心

理学ハンドブック　東京大学出版会　pp. 100-114.

高畠克子　2007b　コミュニティ心理学者の役割——概説　日本コミュニティ心理学会編　コミュニティ心理学ハンドブック　東京大学出版会　pp. 440-442.

高畠克子　2011　コミュニティ・アプローチ（臨床心理学をまなぶ5）　東京大学出版会

高木　修・山口智子　1998　セルフヘルプグループの有効性——アトピー性皮膚炎患者におけるヘルパーセラピー原則　関西大学社会学部紀要, 30(2), 1-22.

高木大資・辻　竜平・池田謙一　2010　地域コミュニティによる犯罪抑制——地域内の社会関係資本および協力行動に焦点を当てて　社会心理学研究, 26(1), 36-45.

高橋尚也　2010　地域防犯活動に対する市民参加を規定する要因——東京都江戸川区における二つの調査結果をもとに　社会心理学研究, 26(2), 97-108.

高橋重宏　1999　ウェルビーイング　庄司洋子・木下康仁・武川正吾・藤村正之編　福祉社会事典　弘文堂　p. 64.

高畑　隆　2001　自立生活とエンパワメント　埼玉県立大学紀要, 3, 117-123.

高畑　隆　2006　社会資源の活用　植村勝彦・高畠克子・箕口雅博・原　裕視・久田　満編　よくわかるコミュニティ心理学　ミネルヴァ書房　pp. 46-47.

玉井康之編　2002　学校・地域・家庭連携事例集　教育開発研究所

田中江里子・坂本真士　2003　地域や職場における自殺予防活動　心理学ワールド, 23, 9-12.

田中英樹　2001　精神障害者の地域生活支援——統合的生活モデルとコミュニティソーシャルワーク　中央法規出版

田中國夫・藤本忠明・植村勝彦　1978　地域社会への態度の類型化について——その尺度構成と背景要因　心理学研究, 49, 36-43.

田中正敏　1991　医学におけるストレスの概念　早石　修監修　高度情報化社会の健康と医療（ストレス社会と心の健康1）　世界保健通信社　pp. 11-19.

田尾雅夫・久保真人　1996　バーンアウトの理論と実際——心理学的アプローチ　誠信書房

Tartaglia, S.　2006　A preliminary study for a new model of sense of community. *Journal of Community Psychology*, 34(1), 25-36.

田崎美弥子・中根允文　2007　WHO QOL26 手引［改訂版］　金子書房

多田羅浩三編　2001　健康日本21推進ガイドライン　ぎょうせい

富永健一　1993　社会変動　森岡清美・塩原　勉・本間康平編　新社会学辞典　有斐閣　pp. 658-659.

虎井まさ衛　1997　ある性転換者の記録　虎井まさ衛・宇佐美恵子著　ある性転換者の記録　青弓社　pp. 11-148.

虎井まさ衛　2007　性同一性障害　厳しすぎる法の要件緩和を　朝日新聞7月18日（私の視点）

Toro, P. A.　2005　Community psychology: Where do we go from here? *American Journal of Community Psychology*, 35(1/2), 9-15.

藤後悦子　2002　保育実践のエンパワーメントに関する研究——エンパワーメント尺度作成の試み　保育の研究, 19(12), 71-77.

文献

藤後悦子・箕口雅博 2005 子育て支援ボランティア養成プログラムを受講したボランティアの変容――自己効力感とネットワークに焦点をあてて コミュニティ心理学研究, 8(1/2), 5-22.

藤後悦子・箕口雅博 2006 子育て地域グループ 井上孝代編 コミュニティ支援のカウンセリング 川島書店 pp. 69-82.

藤南佳代・園田明人・大野 裕 1995 主観的健康感尺度(SUBI)日本語版の作成と, 信頼性, 妥当性の検討 健康心理学研究, 18(2), 12-19.

Trickett, E. J., Barone, C., & Watts, R. 2000 Contextual influences in mental health consultation: Toward an ecological perspective on radiating change. In Rappaport, J. & Seidman, E. (Eds.) *Handbook of Community Psychology*. Kluwer Academic/Plenum. pp. 303-330.

土田昭司 2002 コミットメント 古畑和孝・岡 隆編 社会心理学小辞典 [増補版] 有斐閣 pp. 76-77.

土谷みち子 2001 子どもとメディア――乳児期早期からのテレビ・ビデオ接触の問題点と臨床的保育活動の有効性 国立女性教育会館研究紀要, 5, 35-46.

津田 彰・永冨香織・村田 伸・稲谷ふみ枝・津田茂子 2004 ストレスマネジメント学の構築に向けて ストレス科学, 18(4), 163-176.

辻 正二 2000 高齢者ラベリングの社会学――老人差別の調査研究 恒星社厚生閣

植村勝彦 1977 Fessler-金田の「地域連帯性尺度」の再構成 年報社会心理学, 18, 149-169.

植村勝彦 1981 地域連帯性尺度の構成に関する研究(Ⅲ)――地域連帯性の概念と測定法の検討 社会福祉学部研究報告(愛知県心身障害者コロニー・発達障害研究所), 6, 9-24.

植村勝彦 1984 地域社会に対する住民の態度の類型化尺度の構成とその適用(Ⅱ) 山本和郎編 コミュニティ心理学の実際 新曜社 pp. 275-288.

植村勝彦 1994 ストレスと対処行動 岩田 紀編 人間の社会行動 ナカニシヤ出版 pp. 131-147.

植村勝彦 1996 高齢期夫婦のパートナーシップに関する社会心理学的研究――「写真投影法」による分析 平成6年度ジェロントロジー研究報告(日本火災福祉財団), 2, 179-186.

植村勝彦 2006 コミュニティの概念 植村勝彦・高畠克子・箕口雅博・原 裕視・久田 満編 よくわかるコミュニティ心理学 ミネルヴァ書房 pp. 2-5.

植村勝彦 2007 予防 植村勝彦編 コミュニティ心理学入門 ナカニシヤ出版 pp. 47-69.

植村勝彦 2008 今日のコミュニティ心理学の理念――研究および実践への指針のための一試論 コミュニティ心理学研究, 11(2), 129-143.

植村勝彦・新美明夫・田中國夫・藤本忠明 1977 地域社会に対する態度の類型化による心身障害者観の構造分析 社会福祉研究(鉄道弘済会), 21, 21-25.

植村勝彦・新美明夫 1984 心身障害児をもつ家族の近隣・地域社会に対するストレス 地域福祉研究(日本生命済生会), 12, 39-49.

植村勝彦・笹尾敏明　2007　コミュニティ感覚と市民参加　植村勝彦編　コミュニティ心理学入門　ナカニシヤ出版　pp. 161-182.

植村勝彦・山口桂子　2007　ストレスとコーピング　植村勝彦編　コミュニティ心理学入門　ナカニシヤ出版　pp. 71-94.

植山起佐子　2008　学校臨床におけるコラボレーションの実際　臨床心理学，8(2)，204-210.

梅本充子　2007　回想法研究史　遠藤英俊監修　地域回想法ハンドブック　河出書房新社　pp. 63-72.

梅本充子　2011　グループ回想法実践マニュアル　すぴか書房

梅本充子・遠藤英俊　2007　地域在住高齢者に対する介護予防に資する回想法の有効性の研究　名古屋女子大学紀要(人文・社会編)，53, 55-64.

梅本充子・中島朱美・遠藤英俊・津田理恵子　2007　介護予防に資する地域における回想法の研究　日本看護福祉学会誌，13(1), 45-57.

浦河べてるの家　2002　べてるの家の「非」援助論　医学書院

浦河べてるの家　2005　べてるの家の「当事者研究」　医学書院

Videka-Sherman, L. & Lieberman, M.　1985　The effects of self-help and psychotherapy on child loss: The limits of recovery. *American Journal of Orthopsychiatry*, 55(1), 70-82.

和田修一　1982　人生満足度尺度の分析　社会老年学，14, 21-35.

若林佳史　2003　災害の心理学とその周辺——北海道南西沖地震の被災地へのコミュニティ・アプローチ　多賀出版

Wandersman, A.　2003　Community science: Bridging the gap between science and practice with community-centered models. *American Journal of Community Psychology*, 31(3/4), 227-242.

渡井いずみ　2007　ワーク・ライフ・バランスとワーク・ファミリー・コンフリクト　ストレス科学，22(3), 164-171.

渡邉敏惠・山崎喜比古　2004　幸福な老いの要件とは——高齢者の主観的ウェルビーイングに関連する要因の文献検討　埼玉県立大学紀要，16, 75-86.

Watts, R. J., Griffith, D. M., & Abdul-Adil, J.　1999　Sociopolitical development as an antidote for oppression: Theory and action. *American Journal of Community Psychology*, 27(2), 255-272.

Watzlawick, P., Weakland, J. H., & Fisch, R.　1974　*Change: Principles of problem formation and problem resolution*. Norton.

Wicker, A. W.　1979　*An Introduction to Ecological Psychology*. Books/Cole.（安藤延男監訳　1994　生態学的心理学入門　九州大学出版会）

谷口幸一　2010　高齢者と生きがい　佐藤眞一・大川一郎・谷口幸一編　老いと心のケア——老年行動科学入門　ミネルヴァ書房　pp. 136-153.

山田純栄・鈴木國文　2008　統合失調症者におけるエンパワーメントスケールの正当な怒り因子と遂行機能の関係　作業療法，27(3), 265-274.

山田雄一　1997　ストレスマネジメント　日本健康心理学会編　健康心理学辞典　実務教育出版　p. 173.

山口桂子・服部淳子・中村菜穂・山本貴子・小林督子　2002　看護師の職場コミュニティ感覚とストレス反応——看護師用コミュニティ感覚尺度の作成を中心に　愛知県立看護大学紀要，8, 17-24.
山本和郎　1986　コミュニティ心理学——地域臨床の理論と実践　東京大学出版会
山本和郎　1995　生活者としてのクライエント理解　山本和郎・原　裕視・箕口雅博・久田　満編　1995　臨床・コミュニティ心理学——臨床心理学的地域援助の基礎知識　ミネルヴァ書房　pp. 36-37.
山本和郎　1995　コミュニティにおける心理社会的問題へのコミットメント　山本和郎・原　裕視・箕口雅博・久田　満編　1995　臨床・コミュニティ心理学——臨床心理学的地域援助の基礎知識　ミネルヴァ書房　pp. 44-46.
山本和郎　2000a　危機介入とコンサルテーション　ミネルヴァ書房
山本和郎　2000b　コミュニティ心理学　氏原　寛・成田善弘編　コミュニティ心理学とコンサルテーション・リエゾン　培風館　pp. 32-47.
山本和郎　2001　臨床心理学的地域援助とは何か——その定義・理念・独自性・方法について　山本和郎編　臨床心理学的地域援助の展開——コミュニティ心理学の実践と今日的課題　培風館　pp. 244-256.
山本和郎　2006　コミュニティ心理学と価値　植村勝彦・高畠克子・原　裕視・箕口雅博・久田　満編　よくわかるコミュニティ心理学　ミネルヴァ書房　pp. 12-13.
山本和郎編　1984　コミュニティ心理学の実際　新曜社
山本和郎編　2001　臨床心理学的地域援助の展開——コミュニティ心理学の実践と今日的課題　培風館
山本和郎・原　裕視・箕口雅博・久田　満編　1995　臨床・コミュニティ心理学——臨床心理学的地域援助の基礎知識　ミネルヴァ書房
安田節之　2011　プログラム評価——対人・コミュニティ援助の質を高めるために　新曜社
安田節之・渡辺直登　2008　プログラム評価研究の方法　新曜社
安川悦子・竹島伸生編　2002　「高齢者神話」の打破——現代エイジング研究の射程　御茶の水書房
横須賀俊司　2007　障害者団体のプログラムに見られるエンパワーメント実践の技法　人間と科学(県立広島大学保健福祉学部紀要), 7(1), 51-62.
横山博子　2010　高齢者はどうみられているか　佐藤眞一・大川一郎・谷口幸一編　老いと心のケア——老年行動科学入門　ミネルヴァ書房　pp. 154-174.
吉森　護　1995　主観的よい状態　小川一夫監修　[改訂新版] 社会心理学用語辞典　北大路書房　p. 161.
Zarit, S. H. & Zarit, J. M.　1987　*The Memory and Behavior Problems Checklist-1987R and Burde Interview*. Pennsylvania University.
Zax, M. & Specter, A. S.　1974　*An Introduction to Community Psychology*. John Wiley & Sons.
Zimmerman, M. A.　2000　Empowerment theory: Psychological, organizational, and community level of analysis. In Rappaport, J. & Seidman, E.(Eds.) *Handbook of Commu-*

nity Psychology. Kluwer Academic/Prenum. pp. 43-63.

Zimmerman, M. A. & Rappaport, J. 1988 Citizen perticipation, perceived control, and empowerment. *American Journal of Community Psychology,* 16(5), 725-750.

オープニング・クイズ　正解

【子どもクイズ】

① 3　推計1665万人で全人口の13.0%．1997年に老年人口と逆転．朝日新聞2012.5.5朝刊

② 3　2002年(2万1401人)をピークに漸減傾向にある．朝日新聞2010.7.24朝刊「人生デザイン：出産④」

③ 3　2011年4月時点，全国で2.5万人強で4年ぶりに微減．ただし依然高率．朝日新聞2011.10.5朝刊

④ 2　2009年度の児童相談所による全虐待対応件数4.4万件中，約2.6万件．平成23年版『子ども・若者白書』p.46

⑤ 2　ここ9年ほど3万人程度で推移している．平成23年版『子ども・若者白書』p.47

⑥ 3　情緒問題が35%で最大．朝日新聞2009.10.10朝刊「あなたの安心：不登校，どう付き合う①」

⑦ 1　2011年度間の確定値で，2.7%(37人に1人)．「平成23年度学校基本調査(確定値)」文部科学省

⑧ 3　ゲーム・ビデオ・ケータイなどのメディア接触時間世界一である．『子ども白書2010』p.185

⑨ 2　中退率は2%強(7.5万人)で推移している．平成21年版『青少年白書』p.61

⑩ 1　2000年度約2250名，2010年度約5400名．朝日新聞2012.2.21朝刊

【高齢者クイズ】

① 2　男性は世界第4位(79.6歳)．女性は86.4歳，男性1位は香港80.0歳．朝日新聞2011.7.28朝刊

② 1　2004年より5割を超え続けている．平成23年版『高齢社会白書』p.6

③ 3　1980年以降増加し続けている．平成23年版『高齢社会白書』p.40

④ 2　「親しくつきあっている」より「挨拶する程度」が増えている．平成22年版『高齢社会白書』p.38

⑤ 3　2000年123人，2009年472人．都市再生機構調査．平成23年版『高齢社会白書』p.69

⑥ 3　ちなみに件数は増加傾向にあり2万件に達する．『少子高齢社会総合統計年報2009』p.258

オープニング・クイズ　正解

⑦ 1　主介護者が男性の割合は 15.5%，女性 30.5%．厚生労働省平成 22 年『国民生活基礎調査の概況』p. 32
⑧ 3　1997 年をピークにクラブ数・会員数とも減少傾向．『高齢社会基礎資料 '09-'10 年版』p. 205
⑨ 1　2009 年 2452 人で 49.9%．死亡者数は年々減少傾向にある．平成 22 年版『交通安全白書』p. 10
⑩ 3　20 年間増加し続けている．入所受刑者全体と比べ，その増加傾向は著しく，1991 年との比較で 2011 年は 3.6 倍．平成 23 年版『犯罪白書のあらまし』p. 29

【障害者クイズ】

① 3　身体 366.3 万，知的 54.7 万，精神 323.3 万，合計 744.3 万人．平成 23 年版『障害者白書』p. 12
② 1　2008 年時点で 323 万人．1999 年の 1.6 倍．平成 22 年版『厚生労働白書』p. 346
③ 3　社会的入院といわれるもので，31.9 万人の入院患者中 6.9 万人．平成 18 年版『障害者白書』p. 190
④ 1　2005 年 (1.49%) より増加に転じ，2010 年 34 万人強 (1.68%)．平成 23 年版『障害者白書』p. 95
⑤ 3　民間は 1.8%，国・自治体は 2.1% が法定基準値．平成 23 年版『障害者白書』p. 84
⑥ 3　企業への常用雇用は知的障害就業者全体の 20% に満たない．平成 23 年版『障害者白書』p. 27
⑦ 2　約 7 割が，過去に受けたことがあると答えている．平成 22 年版『障害者白書』p. 17
⑧ 2　障害の有無に関係なく，「改めるべき」22% 程度，「必要なし」43% 程度．「改める必要なし」の意見の方が多い．また，改めるならば「障がい」．平成 23 年版『障害者白書』p. 45
⑨ 1　北九州，東京池袋のデータに基づく．読売新聞 2010. 4. 20 朝刊．
⑩ 2　2009 年 5 月現在で 69.5% と低い状態にある．平成 23 年版『障害者白書』p. 52

【市民クイズ】

① 3　2009 年時点で 62.3%．年々増加傾向にある．『女性白書 2010』p. 243
② 1　2009 年時点で 1.7%．厚生労働省は「イクメン」作戦展開中．平成 23 年『厚生労働白書』資料編
③ 2　ニート (若年無業者) は 63 万人程度でこの 10 年変化はない．平成 23 年版『子ども・若者白書』p. 32

④ 1　44.6%．2008年調査では56.1%．2010年日本生産性本部による調査．朝日新聞2010. 8. 22朝刊

⑤ 3　妻親権の離婚が激増．夫親権2.5万件前後で30年変化なし．平成23年版『厚生労働白書』資料編

⑥ 3　傷害はここ10年1200件前後で高止まり状態．暴行は2000年124件に対し，2010年1376件．『男女共同参画社会白書平成23年版』p. 88

⑦ 3　65.7%．内閣府「国民生活選好度調査」(2007)による．平成19年版『国民生活白書』p. 68

⑧ 1　およそ男7：女3の割合．原因・動機のトップは健康問題．朝日新聞2012. 3. 10夕刊

⑨ 1　2006年の出所者データで，5年内再入所率は，満期釈放者53.4%，仮釈放者30.0%．平成23年版『犯罪白書』p. 168

⑩ 2　中国68万人，韓国・朝鮮58万人，ブラジル27万人．平成22年版『出入国管理』p. 20

あとがき

　コミュニティ心理学のテキストを書くことは永年の念願であった．ただ，コミュニティにおける社会問題を扱うコミュニティ心理学は，社会問題自体が時とともに変化するので，ある時点で切り取ったテーマが，次の時点では意味をもちえないことも多い．このことを現実として痛感させられたのが，昨年の東日本大震災である．本書の最終章の初草稿を3月5日に書き終え，推敲のためにもしばらく休みを取ろうと考えていた矢先のことであった．未曾有の事態に直面してコミュニティや住民が混乱を極めている中で，平穏な時に書いてきたこのような構成や内容で本当によいのか，この時期に出版に値するものか，今この時点でコミュニティ心理学に求められているものは別にあるのではないか，等々が頭の中を巡った．これらについて，正直なところ迷いを払拭しきれていないが，刊行についての判断は出版社に委ねることで，個人としては回避して今に至っている．

　本書が生まれるきっかけとなったのは，2007年6月末，日本コミュニティ心理学会創設10周年を記念して，東京大学出版会から『コミュニティ心理学ハンドブック』が刊行されたことである．病に倒れられた山本和郎先生の代役として，その時，学会副会長として無任所であった著者に，図らずもその総編集者の役割が課せられ，多くの仲間の協力と支援で何とか果たすことができた．その過程で，この大著のすべての原稿を一人の目で通して読むという，過酷な中にも得がたい体験をし，そこから，今日のコミュニティ心理学の理念や目標となるものをおぼろげながら掴むに至った．

　このハンドブックの刊行直後に九州大学で開催された学会の年次大会の席で，ハンドブックの出版編集を担当された後藤健介氏から，単著でコミュニティ心理学のテキストを書くことを勧められたが，達成感と疲労感という心身のアンバランスの中である種の飽和状態に見舞われ，態度保留のまま半年ほどが過ぎた．その間に，先の体験をもとに総説論文にまとめ，それを学会の機関誌に投稿することで，著者なりの骨格づくりと整理ができたことが，本書の誕生の直

接の動機付けである．序章で，その時取りあげた理念をなぞっているが，1章以降の展開は，これをもとに構成する形をとっている．

　ところで，本書を書くに当たって，常に意識の中心を占めていたのは，1986年に出版された，山本和郎先生の『コミュニティ心理学――地域臨床の理論と実践』（東京大学出版会）であった．何とかこれを超える「現代の」コミュニティ心理学を著したい．出版25年を経て今なお読み継がれているこの著作を超えることが，この書から実に多くの事柄を学ばせていただいた者としての，先達への恩返しではないかと心得た．その理由としては，一つに，今や世界のコミュニティ心理学の潮流は，かつての臨床心理学の域に留まっていないことである．「臨床心理的地域援助＝コミュニティ心理学」ではない．二つに，精神保健問題を中心テーマとすることからの脱却である．日本に固有のコミュニティ心理学があってよいことは認めるが，それ以上に，社会正義や多様性の尊重，差別の撤廃といった広義の「社会問題」に目を向け，変革を志す姿勢の必要性である．三つに，コミュニティ心理学を名乗りながら，「コミュニティ」を強く意識した視点や記述が乏しいように思われることである．関係的コミュニティ，地理的コミュニティを問わず，改めて原点に立ち戻って考えてみたい．

　この試みが成功しているかどうかは，読者の判断に委ねられるが，ともあれ，本書を世に出す産婆役の労をとっていただいた後藤健介氏と，煩雑な編集実務を丁寧に担当していただいた依田浩司氏に感謝申しあげる．

　著者が，曲がりなりにも今日ここまで辿り着くことができたのは，多くの方々のご支援と学恩によるものであるが，とりわけ，コミュニティ心理学の世界に導いてくださった星野　命先生，安藤延男先生，山本和郎先生には，改めて深甚なる敬意を表するとともに，お礼の言葉を申し述べるものである．

　最後に，妻　陽子にも，永年の内助に対して，衷心より感謝したい．

　　　　　　　　　　　70歳の誕生日を前にして，東日本被災地コミュニティの
　　　　　　　　　　　一日も早い復興と再生を祈りつつ筆を擱く．

　　　　　　　　　　　　　　　2012年6月

　　　　　　　　　　　　　　　　　　　　植 村 勝 彦

人名索引

ア行

青木きよ子　100
青木秀夫　293
秋本美世　101
秋山博介　146
浅田秀子　275-276
阿部太郎　274
天田城介　117
天野瑞枝　172
荒井由美子　240
安藤香織　279
安藤延男　6, 22-23, 25, 306, 308, 316
安梅勅江　169
飯島裕子　293
池田謙一　314
池田琴恵　253-255, 259
石井留美　101-102
石川利江　239
石隈利紀　81
石田慎二　58
石原　治　104
石盛真徳　194
市瀬幸平　149
伊藤亜矢子　40, 43, 89-90
伊藤智佳子　167
伊藤裕子　106
稲谷ふみ枝　102-103, 111-112
稲葉昭英　55-56
稲葉陽二　318
岩田泰夫　217
岩堂美智子　317
岩本聖子　214-215
植村勝彦　8, 11, 23, 25, 61, 114, 127, 139, 164, 182, 185, 192, 196, 198-199, 218, 224, 227, 232, 318

植山起佐子　255-256
梅本充子　134-136
枝元なほみ　291
遠藤英俊　134
大熊一夫　146
大野　裕　128
大山博史　131
大山眞人　132
岡田　謙　235
岡田憲夫　286
岡　知史　203
岡林秀樹　238-239
沖中由美　155
荻野ひろみ　247
奥田道大　192
奥山今日子　282-283
奥山正司　138
奥山千鶴子　51
小田利勝　97
落合美貴子　235
小俣謙二　289

カ行

貝ノ瀬滋　290
垣内国光　66
蔭山正子　216-217
柏木惠子　66
桂　戴作　240
門間晶子　171-172
金沢吉展　208, 317
金子郁容　289, 318
金子　勇　202, 318
金子龍太郎　44
上川あや　273-274
亀口憲治　15, 247
苅谷剛彦　290

河合克義　133
川口貞親　234-235
川島ゆり子　202
川端　隆　259-260
来島修志　134
岸本寛史　243-244
来生奈巳子　67
北島茂樹　237
金　愛慶　276
木村直子　101, 107
久木田純　161
楠見　孝　138
窪田由紀　316
久保紘章　201, 203-204, 207, 216
久保真人　235
黒川由紀子　134
黒沢幸子　75, 79, 86, 89
黒田裕子　100
小島恵美　135
小杉正太郎　223-224, 234
小林寿一　289
小林哲郎　283, 314-315
小松源助　57
小松隆二　267
小宮信夫　288
古谷野亘　104
近藤　勉　112-113
近藤洋子　49

サ 行

斎藤　環　258
三枝将史　259, 261
坂野雄二　231, 234
笹尾敏明　3, 17, 23, 184-185, 279
佐々木とく子　132
佐藤眞一　100
佐藤晴雄　280, 289-290
佐藤央庸　170, 177
佐野章二　291-292
佐野未来　292
澤井　勝　281
塩見邦雄　74

渋沢田鶴子　250-251
島井哲志　105, 111
志水宏吉　290
清水準一　168, 171-172
下山田鮎美　170
下山晴彦　246
城　仁士　240
白石　拓　48
新福尚武　22
菅野圭樹　162
菅原ますみ　50
杉岡正典　276
杉万俊夫　246, 285
杉村省吾　241
鈴木伸一　232
鈴木　広　192
鈴木有美　105

タ 行

田尾雅夫　235
高木　修　212-213
高木大資　289
高橋重宏　101
高橋尚也　289
高畠克子　23, 127, 244, 247-248, 251, 303, 307, 316-317
高畑　隆　162, 210
田崎美弥子　99
多田羅浩三　128
田中江里子　128
田中國夫　192
田中英樹　167, 173-175
田中正敏　223
玉井康之　290
辻　正二　138-139, 141-142, 150-152
津田　彰　231-233
土田昭司　299
土谷みち子　49
藤後悦子　69-70, 172
藤南佳代　106
富永健一　266
虎井まさ衛　274

人名索引　　　　　　　　　　　355

ナ 行

内藤まゆみ　214
長井　進　235
中里克治　100, 103
中沢卓実　132
中島朱美　134
中山　巖　31
西川正之　57
西田祐紀子　102, 106
丹羽郁夫　53-54, 56, 61, 63
根市恵子　131
野口裕二　57
野田哲郎　204
野田正彰　114
野村豊子　134
野村信威　136

ハ 行

橋本美枝子　168, 206
長谷川明弘　112
畑　哲信　175
畠中宗一　255
濱嶋　朗　139, 266
原田　謙　152, 154
原田正文　66-67
原　裕視　4, 306
坂　鏡子　58-59, 65
板東充彦　258-259
稗田和博　292
檜垣昌也　149
久田　満　119
平川忠敏　74, 167, 270, 299, 310
広井良典　318
廣兼潤子　146
広瀬幸雄　278-279
福岡欣治　57
福丸由佳　57
福山和女　244, 249
藤川　麗　243, 246, 248-249
藤田綾子　149-150
藤本　豊　178

淵上克義　145
船津　衛　137
古川雅文　172
古川孝順　286
宝月　誠　140
星野和実　104, 111
細野久容　55, 57
堀内重人　278

マ 行

前田大作　101
増田真也　142, 272
松岡克尚　105
松田博雄　66
松本　洸　100
箕口雅博　23, 58, 81-83, 317
三島一郎　136, 163, 203, 205, 211, 217-218
南　雅樹　103
宮田加久子　214
向谷地生良　178
村瀬孝雄　22
村本邦子　54
村山正治　316
目黒依子　319
元木昌彦　132
百瀬由美子　172
守田孝恵　217

ヤ・ワ行

谷口幸一　113
安川悦子　137
安田節之　302
山口桂子　186
山田純栄　162, 177
山田雄一　231
山本和郎　3, 6, 9, 17, 22-23, 47-48, 60, 75, 77-79, 83, 272, 298, 304, 308-309, 312, 317
横須賀俊司　168
横山博子　150
吉森　護　102-103
若林佳史　242
渡井いずみ　236-237

和田修一　101　　　　　　　　　　渡邉敏惠　103

欧文人名

Adams, R.　216
Ahern, M. M.　186
Albee, G. W.　118, 125
Allport, G. W.　152
Andrews, F. M.　99, 102

Barker, R. G　23, 36-37, 39, 41, 43
Barrera, M.　55
Becker, R. G.　139-140
Bergin, A. E.　3
Biglan, A.　309
Bloom, B.　124
Borkman, T. J.　207
Bright, J. I.　208
Brodsky, A. E.　186, 189
Bronfenbrenner, U.　34, 41, 43-44, 302
Broom, B. L.　304
Brown, D.　80-81
Brown, L.　218
Butler, R. N.　97, 137-138, 152

Caplan, G.　22, 53, 75, 77, 82, 121-125, 134, 216, 228
Carver, C. S.　230
Cassel, J.　53
Catano, V. M.　186
Chavis, D. M.　183-186, 188
Chipuer, D. M.　188
Cobb, S　53
Cohen, S.　55-56, 61
Cottrell, L. S.　169, 172
Cowen, E.　121
Cutrona, C. E.　61-65

Dalkey, N. C.　101
Dalton, J.　10, 19, 23, 89, 98, 118, 125-127, 164, 169, 185-186, 189-190, 210, 231, 252, 259, 263, 267, 270, 273, 278, 309, 316

Damon, W.　301
Diener, E.　102, 105
Dohrenwend, B. S.　224-229, 233
Duffy, K. G.　10, 14-16, 23, 98, 118, 127, 245, 263-268, 270, 272, 279, 281, 294, 306
Dulmus, C. N.　127
Durlak, J. A.　119

Elias, M. J.　125-126
Elliot, J.　145
Eng, E.　173
Engel, G. L.　245
Erikson, E.　315
Eysenck, H. J.　3

Ferrari, J. F.　195
Fisher, A. T.　188
Fraboni, M.　152
Freud, S.　4

Gardner, D. B.　251
Gartner, A.　212
Goeppinger, J.　172-173
Graham, J. R.　252
Gray, B.　252
Gutierrez, L. M.　13

Hampton, K.　315
Havighurst, R. J.　97
Heller, K.　124
Holahan, C.　34
Holmes, T. H.　224
Hornbrook, M. C.　117
Hughey, J.　185
Humphreys, K.　209

Iscoe, I.　169
Israel, B. A.　172

人名索引

Jason, L. A.   263
Johnson, L. B.   19

Kahan, R. L.   97
Kelly, J. G.   38-39, 244, 271, 306, 309
Kemp, S. P.   29-30
Kennedy, J. F   4
King, M. L. Jr   4
Korchin, S. J.   4, 22, 306

Lachenmeyer, J. R.   80
Larson, R.   103
Lawton, M. P.   101, 103
Lazarus, R. S.   224, 229-230, 233
Lemert, E.   140
Levine, M.   201, 204-205, 207-208, 216, 226, 311
Levy, L. H.   202
Lewin, K.   9, 11, 34, 245, 302
Lewis, J. A.   82, 212
Lipnack, J.   269
Long, D. A.   186

Mahan, E.   186
Maslach, C.   235
Maslow, A. H.   32
McMillan, D. W.   183-184, 186, 188-189, 191-192, 194, 210
McNeil, J. K.   103
Miller, G. A.   73, 303
Moos, R. H.   39-41, 43, 89-90
Moritsugu, J.   14, 98, 118, 127, 263-264, 266-268, 270, 272, 281
Murrell, S. A.   22, 231, 301-302, 306, 317

Nelson, G.   107, 109, 299-301, 304-305, 311
Neugarten, B. L.   101, 103
Norton, S.   209

Obst, P.   185-186
Olds, D.   68-69

O'Neill, P.   271
Orford, J.   1-2, 23, 35, 39-40, 82, 124, 127, 134, 169, 205, 248, 302-304
Osgood, N. J.   137

Palmore, E. B.   137
Pancer, S. M.   301
Parks, R.   4
Pavot, W.   105
Perkins, D. D.   166, 185, 190
Peters, W.   145-146
Peterson, N. A.   185
Phillips, D.   99
Pinel, P.   4
Pistrang, N.   209
Polich, J. M.   208
Pope, K. S.   126
Powell, T. J.   204
Pretty, G. M. H.   185-186
Putnam, R. D.   201-202

Rappaport, J.   136, 142, 145, 162-163, 194, 211, 267, 311
Reese, D. J.   251
Richman, J. M.   32-33
Riessman, F   195, 206, 211
Rogers, E. S.   175, 270
Rosenhan, D.   146-147
Rosenthal, R   144-145
Rowe, J. W.   97
Royal, M. A.   185-186
Rudkin, J. K.   82, 140, 163, 263, 314
Ryan, W.   304
Ryff, C. D.   105-106, 111

Sampson, R.   190
Sarason, S. B.   8, 14, 17, 181-184, 191-192, 194
Scheff, T. J.   140, 143, 151
Schwartz, D. B.   181, 194
Scileppi, J. A.   13, 23, 31, 33, 74, 80-81, 117-118, 127, 143, 147, 205, 207-208, 266,

268, 271-272, 282, 303-304, 311
Scribner, S.　308
Segal, S. P.　172
Selye, H.　223-224
Shevin, M.　148
Skjaeveland, O.　190
Slater, L.　147-148
Strother, C. R.　244
Szasz, T. S.　143

Tartaglia, S.　185
Toro, P. A.　315-316

Trickett, E. J.　83

Videka-Sherman, L.　208

Walzlawick, P.　268
Wandersman, A.　316, 318
Watts, R. J.　301
Wicker, A. W.　23, 36-37

Zarit, S. H.　240
Zax, M.　9
Zimmerman, M. A.　164-167, 269, 279

事項索引

ア 行

IOM レポート　122
IT 革命　265
アウトリーチ　303
アクション・リサーチ　190, 245
アドボカシー（権利擁護）　270
アメリカ・コミュニティ心理学会　6
アルコール依存者匿名協会（AA）　168, 204
医学的・生理学的ストレス研究　223
『医学のあゆみ』　235
医学モデル（修理モデル）　12
生きがい感　112
育児不安　51
一時的ストレス反応　229
1.57 ショック　51
逸脱行動　139
医療職　245
インターネット　282
　　――・コミュニティ　313
インテグレーション　181
ウェルビーイング　13, 98
　関係的――　109
　個人的――　108
　集合的――　109
　主観的――（SWB）　101
うつ病　128
影響力　184
エイジズム（高齢者差別）　137
疫学　120
エクソシステム　41
SCI-2　186
NPO　64
　　――活動　278
遠城寺式乳幼児分析的発達検査　46
エンパワメント　1, 13, 163

過程としての――　165
個人の――　166
コミュニティ・――　168
障害者の――　162
心理的――　166
成果としての――　165
組織の――　167
横断的研究　189
オースチン会議　5
オンライン・グループ　282
オンライン・コミュニティ　185, 313
オンライン・セルフヘルプ・グループ　282
オンライン・ネットワーク　214

カ 行

介護ストレス　238
介護予防　133
快ストレッサー　227
改正育児・介護休業法　51
回想法　134
外的ストレッサー　227
介入　306
　維持（予後）的――　306
　――の効果　64
　――プログラム　63
回復力（レジリエンス）　12
解放　14, 139
カウンセリング　79
科学的中立性　16, 272, 311
過疎地域　285
価値的選択　312
価値の中立性　16, 272, 311
学級環境尺度（CES）　40
学級風土質問紙（CCI）　40, 90
家庭環境尺度（FES）　40

家庭訪問プログラム　68
ガラティア効果　146
環境中心の介入　233
看護職　245
緩衝効果　56
間接的サポート　54
危機理論　228
虐待　51
虐待防止ネットワーク　67
QOL（Quality of Life）　13, 98
　健康関連——　100
　主観的——　100
　知覚された——　100
Quality of Life Index：QLI 日本語版　105
急性ストレス障害（ASD）　241
急性ストレッサー　227
行政職　246
協働　→コラボレーション
協働的コミュニティ研究　252
近所付き合い　190
近隣凝集性　190
草の根運動　164
グラウンデッドセオリー法　174
クリアリングハウス　216
グローカリゼーション　315
KJ法　70, 174
携帯電話　283
Kテスト　37
刑務所問題　291
健康　101
　——なまちづくり　169
健康日本21　128
後期高齢者　149
公共政策　270, 281
高層集合住宅　46
公的ラベリング　150
行動場面　36
公民権運動　4
高齢化社会　97
高齢社会　97
高齢者神話　137
コーピング　13, 223-224, 230

　——方略　230
国民生活白書　277, 288
孤族　319
子育てサポート尺度　55
子育て支援センター　65
子育て支援ネットワーク　66-67
孤独死予防　128
子どものウェルビーイング尺度　107
コミットメント　299
コミュニティ　8
　関係的——　7
　機能的——　7
　健全な——　183
　地理的——　7
　有能な——　169
コミュニティ・アプローチ　316
コミュニティ意識　192
　——モデル　192
　——類型　198
コミュニティ開発　229
コミュニティ科学　316
コミュニティ感覚（SOC）　14, 182
コミュニティ・コーディネーター　299
コミュニティ・コンフリクト　265
『コミュニティ心理学研究』　23
コミュニティ心理学者の役割　307
コミュニティ心理学シンポジウム　22
コミュニティ心理学の原理　302
コミュニティ・スクール　289
コミュニティ中心主義　74, 298
コミュニティ・ディベロップメント　170
コミュニティの語り　136
コラボレーション　9, 15, 243
　コミュニティ・——　252
コンサルタント　74
コンサルティ　74
コンサルテーション　74
　危機——　78
　定期的——　78
　クライアント中心のケース・——　77
　コミュニティ・——　82
　コンサルティ中心の管理的——　77

事項索引

コンサルティ中心のケース・── 77
　　プログラム中心の管理的── 77
コンサルテーション・モデル　216
コントロール感　13, 166
こんにちは赤ちゃん事業　67
コンピテンス　12

サ 行

サービス供給の待機的様式　132, 303
サービス供給の探索的様式　132, 303
災害ストレス　240
在宅介護　238
在宅服役制度　294
サクセスフル・エイジング　97
差別　14, 138
サポートグループ　208
サポート源　54
サポート・ネットワーク　2
参加研究　218
参加的理論構成者　308
3歳児健康診断　47
資源の循環　38
自己概念　166
自己効力感　166
自己成就的予言（予言の自己成就）　141
自己ラベリング　155
自殺対策基本法　128
自殺予防　128
指示的予防　124
システム・オーガナイザー　308
施設退所者　271
施設－地域コンフリクト　287
自然発生的ネットワーク　61
自尊感情　166
実行されたサポート　55
私的ラベリング　150
児童心理司　259
児童相談所　259
児童発達の生態学理論　41
児童福祉司　259
市民参加　4, 166, 269, 281
社会化　29

社会構成主義　246
社会資源　58, 202
社会精神医学的ストレス理論　224
社会的環境　44
社会的距離　140
社会的再適応　224
社会的風土　39
　　──尺度　39
社会的文脈の中の存在としての人間　30
社会的変革　267
社会的包絡　55
社会的良心の心理学　301
社会復帰促進センター　293
社会変革　16, 163, 266
　　計画的──　266
　　非計画的──　266
社会問題　6, 263
写真投影法　114
集合の効力感　190
従属人口　149
縦断的研究　190
12ステップ　206
周辺化　1, 314
主観の環境　31
主観的健康感尺度　106
主観的幸福感　100
　　──尺度　106
主観的よい状態　102
障害者基本法　173
障害者甲子園　168
状況の媒介要因　228
少子化対策基本法　51
情緒の結合の共有　184
情動焦点型　230
情動的サポート　54
情報的資源　298
情報普及　270
自立支援　167
人種差別　138
　　──撤廃　4
新障害者基本計画　271
身体障害者　167

身体的虐待　68
心的外傷後ストレス障害（PTSD）　241
人的環境　44
人的資源　298
心理学的ストレス研究　224
心理学的ストレス理論　224
心理社会的ストレス反応　225
心理社会的ストレス・モデル　225
心理社会的問題　299
心理職　245
心理政治的妥当性　300
心理的ウェルビーイング評価尺度（PWD尺度）　111
心理的孤独　128
心理的コミュニティ感覚（PSOC）　182
心理的媒介要因　228
スーパーヴィジョン　79
スクールカウンセラー（SC）　73, 255
スティグマ（社会的烙印）　139
ステークホルダー（利害関係者）　253
ステレオタイプ　137
ストレイン　236
ストレス　223
　――状態　223
ストレス対処　→コーピング
ストレス反応　223
ストレスフルな生活出来事　226
ストレスマネジメント　231
　――介入　232
ストレス予防モデル　56
ストレッサー（ストレス源）　223
生育環境　29
生活事件　226
生活者　298
生活出来事　224
生活満足度尺度　101
性差別　138
精神機能障害　225
精神障害　3
精神障害者　167
　――と精神遅滞者に関する教書　4, 119
生態学的視座　9, 30

生態学的心理学　23
生態学的モデル　35
生態学の原理　38
成長促進モデル　6, 12
性的指向性　273
性同一性障害　273
性同一性障害者特例法　273
生物医学モデル　245
生物 - 心理 - 社会モデル　245
生理学的ストレス学説　224
説明責任　264, 279
セルフヘルプ　11
　――・グループ　203
ゼロ分のイチ村おこし運動　286
遷移　39
前期高齢者　149
全コミュニティ型予防　124
Sense of Community Index（SCI）　183
選択的予防　123
専門家中心主義　298
相互依存　38
増進　12
ソーシャルキャピタル（社会関係資本）　190, 201
ソーシャルサポート　53
　――介入　61
　――・ネットワーク　57
ソーシャルワーカー　259
ソーシャルワーク　244
組織的変革　267

タ　行

第一次逸脱　140
第二次逸脱　140
第一次変革　268
第二次変革　268
第1種の過誤　143
第2種の過誤　143
体験的知識　207
第3の精神医学革命　4
胎児期・乳児期プロジェクト　68
対処　13

滞日日系ブラジル人　274
脱施設化　4, 271
WHO（世界保健機構）　101
WHO QOL26　99
多様性　13, 264
　——の尊重　6
地域回想法　134
地域精神保健　5
　——センター法　4
地域連帯性　192
地域連帯表象尺度　194
知恵　111
知覚されたサポート　55
超高齢者　149
超高齢社会　97
直接効果　56
直接的サポート　54
治療　229
治療的介入　306
強い紐帯　284
強さ　12, 111
ディスエンパワメント（無力化）　1
適応　32
適合　32
テクノフォビア　265
デジタルデバイド（情報格差）　314
電子掲示板　282
道具的サポート　54
道具的資源　164
統合失調症患者　175
統合とニーズの充足　184
トップダウン形式の変革　268
どぶ川の金魚　33

ナ　行

内集団　201
内的ストレッサー　227
ナラティブ（語り）　136
楢山節考　151
日常の苛立ちごと　226
日本ガーディアン・エンジェルス（日本GA）　288

日本語版バーンアウト尺度　235
日本コミュニティ心理学会　23
乳幼児家庭全戸訪問事業　67
乳幼児施設　44
人間生態学　35
認知症予防　128
認知的評価　224
ネガティブサポート　57
ネグレクト　68
ネットワーキング（ネットワークづくり）　60, 269
年齢差別　138
ノーマライゼーション　170, 181

ハ　行

バーチャルコミュニティ　211
パートナーシップ（伴侶性）　114
パートナーシップ・モデル　216
バーンアウト　235
ハイリスク型予防　124
場所の愛着　190
発症数　120
パブリックヘルスリサーチセンター　234
パワー　1, 164
　——の欠如状態　13
パワレスネス　161
半構造化面接　212
汎適応症候群　224
$B=f(P, E)$　9
PGCモラールスケール改訂版　101
被害者非難（被害者責め）　304
東日本大震災　320
ひきこもり　258
非専門家　209
ビッグイシュー日本版　291
ビッグ・テント　316
否定的コミュニティ感覚　189
人中心の介入　233
人と環境の適合　6, 31
ひまわりシステム　286
費用対効果　12
病棟雰囲気尺度（WAS）　40

費用便益分析　294
開かれた学校づくり　280
貧困との戦い　19
フェミニズム運動　161
不快ストレッサー　227
福祉職　246
不公正　2, 138
物的資源　298
物理的環境　45
物理的孤独　128
不登校児童・生徒　73
普遍的予防　123
Flaboni エイジズム尺度　152
プロダクティブ・エイジング　97
文脈の中の存在としての人間　11, 34
ヘッドスタート　4
べてるの家　162, 177
ヘルシーピープル計画　117
ヘルスケア　117
ヘルパー・セラピー原則　206, 211
偏見　14, 138
ホームレス自立支援法　292
ホームレス問題　2, 290
保護要因　120
ポジティブ心理学　105
ボストン会議　5
ボトムアップ形式の変革　268
ボランティア　64
　──活動　278

マ　行

マイノリティ　4
マイルストーン型予防　124
マクロシステム　42
Maslach Burnout Inventory (MBI)　235
マッチング仮説　57
慢性ストレッサー　227

ミクロシステム　41
無縁社会　319
メゾシステム　41
メタ分析　4
メディア環境　48
メディア接触　49
メディア・リテラシー　50
メンバーシップ　183
モデル志向　299
問題志向　299
問題焦点型　230

ヤ　行

薬物乱用　185
やどかりの里　179
ユーザー　59
有症数　120
夕張市の財政再建問題　280
養護教諭　256
予防　12, 118
　一次──　121
　二次──　121
　三次──　122
　──的介入　119, 306
弱い紐帯　315

ラ・ワ行

ラベリング　14, 138
　──効果　147
　──差別論　141
　──理論　139
リスク要因　120
連携　244
論理実証主義　246
ワーク・ファミリー・コンフリクト　236
ワーク・ライフ・バランス　236
「割れ窓」理論　289

著者略歴

1942 年　名古屋市生まれ
1969 年　大阪大学大学院文学研究科心理学専攻修士課程修了
　　　　名古屋大学教育学部助手，愛知県心身障害者コロ
　　　　ニー発達障害研究所地域福祉研究室長，
　　　　愛知淑徳短期大学教授を経て
現　　職　愛知淑徳大学心理学部・大学院心理学研究科教授
研究領域　コミュニティ心理学・福祉社会心理学

主要著作

『コミュニティ心理学』（監訳，ナカニシヤ出版，1999）
『コミュニティ心理学』（単訳，ミネルヴァ書房，2005）
『よくわかるコミュニティ心理学』（共編，ミネルヴァ書房，2006）
『コミュニティ心理学入門』（単編，ナカニシヤ出版，2007）
『コミュニティ心理学ハンドブック』（総編集，東京大学出版会，2007）
「今日のコミュニティ心理学の理念──研究および実践への指針のため
　の一私論」『コミュニティ心理学研究』第 11 巻 2 号（2008）

　　　　　現代コミュニティ心理学
　　　　　　理論と展開

　　　　　2012 年 6 月 15 日　初　版

　　　　　　［検印廃止］

　著　者　植村勝彦
　　　　　うえむらかつひこ

　発行所　財団法人　東京大学出版会

　代表者　渡辺　浩

　　　　　113-8654　東京都文京区本郷 7-3-1 東大構内
　　　　　http://www.utp.or.jp/
　　　　　電話 03-3811-8814　Fax 03-3812-6958
　　　　　振替 00160-6-59964

　印刷所　株式会社平文社
　製本所　誠製本株式会社

Ⓒ2012 Katsuhiko Uemura
ISBN 978-4-13-012107-1　Printed in Japan

Ⓡ〈日本複製権センター委託出版物〉
本書の全部または一部を無断で複写複製（コピー）することは，著作
権法上での例外を除き，禁じられています．本書からの複写を希望さ
れる場合は，日本複製権センター（03-3401-2382）にご連絡ください．

臨床心理学をまなぶ⑤ コミュニティ・アプローチ
高畠克子 A5判・320頁・2800円
実践の現場は，教育機関，医療機関などのコミュニティであり，他の専門職や当事者らとの協働が欠かせない．個人から社会への視点と協働の基本を身につけるために，コミュニティ心理学のエッセンスから研究の方法までを網羅．

コミュニティ心理学——地域臨床の理論と実践
山本和郎 A5判・260頁・3000円
悩める人への援助は専門家と地域社会のさまざまな人々との連携の中でこそ可能である．ソーシャルワーカー，保健師，教師などに向けて，危機介入，コンサルテーション，社会的支援とその組織づくりなどを具体的に説く．

コミュニティ心理学ハンドブック
日本コミュニティ心理学会［編］ 菊判・864頁・12000円
日本コミュニティ心理学会が，30年以上の研究と活動の成果をまとめたハンドブック．コミュニティ心理学の基本概念と方法論を整理し，各領域における活動のポイントを提示．さまざまな領域の活動を統合する協働の起点となる一書．

現代社会心理学
末永俊郎・安藤清志［編］ A5判・288頁・3000円
「社会的存在としての人間」を知るための基本的な知識を提示し，これまでの研究の成果をバランスよく取り入れたテキスト．日常生活とのかかわりを意識した記述と，多くの図や表によって，わかりやすく親しみやすい内容になっている．

新版 社会心理学研究入門
安藤清志・村田光二・沼崎 誠［編］ A5判・288頁・2900円
問題の設定から実験・観察・調査，資料収集，分析，論文（レポート）作成や事後の留意点まで，実勢の研究の流れに沿ってわかりやすく解説した新しいスタンダード・テキスト．豊富なコラムや例で，最新の研究動向もおさえる．

ここに表示された価格は本体価格です．ご購入の際には消費税が加算されますのでご了承ください．